职场人文素养

Zhichang Renwen Suyang

谭小琴 ◎ 主编

余醴 刘韶 ◎ 副主编

黎修良 ◎ 主审

21 Shiji Gaodeng Zhiye Yuanxiao Tongshi Jiaoyu Guihua Jiaocai

世纪高等职业院校通识教育规划教材

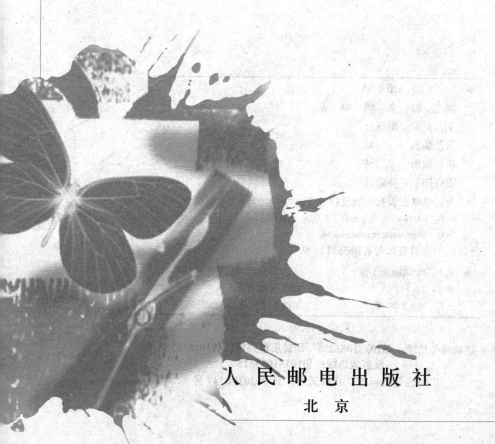

人民邮电出版社

北 京

图书在版编目（CIP）数据

职场人文素养 / 谭小琴主编. — 北京：人民邮电
出版社，2013.10（2019.2 重印）
ISBN 978-7-115-32086-5

Ⅰ. ①职… Ⅱ. ①谭… Ⅲ. ①素质教育－高等职业教
育－教材 Ⅳ. ①G718.5

中国版本图书馆CIP数据核字(2013)第208014号

内 容 提 要

本书在大量的调查研究基础上，针对高职教育和高职学生的实际需求编写而成。全书内容分为"素养篇"和"技能篇"两部分。其中"素养篇"包括"文心慧眼"、"职业形象"、"美之趣味"3 个模块，"技能篇"包括"口头表达"、"应用写作"、"信息搜集与处理"3 个模块。

本书内容涵盖中外经典文学作品欣赏、日常审美指导、常见应用文写作、口头表达能力训练、职场礼仪指导、信息搜集处理能力等，使用了大量真实案例，具有详细的实践操作指导，并在每一章后面附有视野拓展书目和实践训练题目。

本书适合作为大中专学校人文素养等相关课程的教材，也可供读者自学使用。

◆ 主　　编　谭小琴
　　副主编　余　醴　刘　韶
　　主　　审　黎修良
　　责任编辑　王　威
　　执行编辑　范博涛
　　责任印制　焦志炜

◆ 人民邮电出版社出版发行　　北京市丰台区成寿寺路 11 号
　　邮编　100164　　电子邮件　315@ptpress.com.cn
　　网址　http://www.ptpress.com.cn
　　三河市君旺印务有限公司印刷

◆ 开本：787×1092　1/16
　　印张：22　　　　　　　　　2013 年 10 月第 1 版
　　字数：501 千字　　　　　　2019 年 2 月河北第 9 次印刷

定价：49.80 元

读者服务热线：**(010)81055256**　印装质量热线：**(010)81055316**
反盗版热线：**(010)81055315**
广告经营许可证：京东工商广登字 20170147 号

前　言

人文素养归根结底是人之为人的素养。但凡有关"为人"的教育，都须重视人文，此乃教育界专家之共识。建设符合高职学生实际需求的人文课程，是高等职业教育课程改革的重要任务。

好的人文课程，必须兼顾"养成"与"致用"的目标，既要以提升学生的人文素养为其本分，又要以培养学生社会能力为其追求。因此，高职人文课程注定面临着教学内容的重构与教学方式的更新。本书遵循以上思路编写，在内容和教学方式上力图体现变革。

本书在内容选取上，以针对高职学生的调查研究为依据，打破传统的课程壁垒，重新构建以人文素养积累作"纬"，以能力培养为"经"的课程内容，整合了大学语文、应用写作、有效沟通、社交礼仪、艺术欣赏、信息搜集与处理等内容。教学方式上以综合性的实践活动为载体，以任务驱动为主要模式，具体包括读书汇报、即兴演讲、模拟求职应聘、市场调查、来访接待等活动情境。

必须说明的是，为了表述和阅读方便，本书将各模块内容分开陈述，但是，这并不等于各模块内容的简单叠加。使用本书时，不能机械地以模块为单位教学，应注意体现其有机整合性：将本书各模块提供的知识作为活动素材和知识支撑，以说写能力培养为主线，以各种形式的说写实践活动为载体。惟其如此，才能体现以素养积累作"纬"，以能力培养为"经"的理念。为了便于教师按要求操作，我们还编写了与本书配套的《教学实践活动方案》作为教学实施的蓝本。

本书主要由长期从事高职教育的一线教师编写，主要分工如下：刘韶、黄任元、冯秀云负责"文心慧眼"，冯秀云负责"职业形象"和"信息搜集与处理"，黄任元负责"美之趣味"，余醴负责"口头表达"，谭小琴负责"应用写作"。

此外，本书在编写过程中得到了黎修良教授的指导，以及徐保国和邓荟荟两位老师的倾力支持。在此一并表示感谢。

由于作者水平有限，书中难免存在不足之处，敬请广大读者批评指正。

编　者

2013 年 6 月

目　录

素养篇

素养篇

模块一　文心慧眼

　　阅读改变人生，阅读改变世界。古今中外的优秀作品，承载着人类几千年文明，蕴涵着无数人生故事，流淌着丰富动人的情感，映射着闪光的哲思智慧。阅读这些作品，可以使你视通四海，思接千载，让你在美的境界与贤者对话、与智者交谈，启迪心灵，构筑精神家园。

　　我们提取了五个文本阅读母题——"世态百相"、"命运之弦"、"爱的喃语"、"心灵憩园"和"天赐灵秀"。每个母题精选了四篇经典美文和时贤佳作，时间地域不限，古今中外均有。作品选录不算很多，重在启发和提升。让我们一起走进阅读的天地，去品味，去赏析，去思考，去超越，提高阅读能力，养育丰美人生。

让阅读成为"悦读"

　　一个人活着，追求的不仅是物质的享受，还需要有精神的寄托和心灵的安顿。而读书，可以滋润人的灵魂、提高生活质量、升华人生境界。培根说："读史使人明智，读诗使人灵秀，科学使人深刻，伦理学使人庄重……"可是，一说到读书，有些人就会觉得苦不堪言。那么，如何让阅读成为"悦读"，如何在阅读中吸取养料、提升自己呢？

　　首先，阅读应在良好的心境中开始。阅读是一种心理行为，只有保持良好的心境，才能静下心来去领悟作者的玄思妙语，才能以心会心，从而有所感悟、有所启发。那么，我们在阅读中该持有怎样的心境呢？

　　其一，对知识的渴求是应该持有的一种心境。所谓渴求，即自视腹空，要虔诚、要怀

百川东到海，何时复西归？少壮不努力，老大徒伤悲。——汉乐府《长歌行》

着虚心地获取知识，唯有如此才能饱览群书。装满水的杯子是一定不可能再装进水的。渴求阅读，才能使阅读成为自觉的行动，才能使阅读成为一种需要。日积月累地阅读，其知识的积累定能转化成人生的智慧。

其二，保持心绪的安宁也是一种该有的心境。放弃日常周遭的一切，让身心都专注于自己的阅读，去接受书中的存在。这时我们的视野会遵循阅读中的语言轨道，进入远离自己现实的一个虚拟的存在。我们的身心就进入一个由文字建筑的别样世界，就像一场优雅的漫步，漫步在宁静的文字森林，感叹其奥妙无穷。

其三，与作者产生共鸣也是一种心境。当我们沉浸在别人用文字建筑的世界里的时候，眼前会呈现出有声有色的生动的空间。此时我们的想象力就被激活了，我们的心被某个细节触动了，我们的心情与其中的情景产生共鸣了。于是，我们的思绪自然就活跃了，还可能幻化成自己的思想火花。这就是我们从文字的阅读中能获取属于自己的一种体验，通俗的说法是从阅读中获取营养和经验，来滋养自己内心萌动的新的创造力。让思想的火花结成思想的果实，此时我们的阅读就进入了佳境。

读书须有好心境，而好心境的营造关键在于自我把握。闹中取静、书中安神，才能找到提升人生大境界的捷径。

4

另外，阅读应在选择与思考中开花。有所选择，有所思考，注重积累，知识之花才能盛开。

我国文化博大精深，现代知识浩如烟海，但人的精力有限，不可能"阅尽天下书"，所以我们应该多选择那些贴近人心与人生的书来阅读。通过这些书的阅读来了解传统文化精髓、人类历史进程，体悟人间冷暖，通达人情世故。当然阅读内容也应该考虑与自己所学习的专业领域结合起来，与自己的人生规划结合起来，与自己的旨趣爱好结合起来。这样，你就会觉得书阅读得多了，你的知识结构会越来越完善，你的人生道路会越来越宽阔，你的阅读兴趣会越来越浓厚，最终使你受益终生。

要有所选而读，也要有所思而读。阅读时，要善于抓住关键，带着疑问去读，要有自己的思想和见解。如果没有自己的分析、观点、立场，只为读书而读书，很难有所收获。

要在阅读中积累，积累写作素材，积累知识，丰富人生底蕴。读书，是用别人的故事和经验打磨心志，磨炼心灵，沉淀优雅的内涵、潇洒的气质和宽容的心胸。写作是人生经验和人生感悟的积累，最需要的是阅历，不可能读几本书就一蹴而就。所以要在阅读中积累、提炼、升华，切忌浮光掠影、蜻蜓点水、时过境迁。词汇、佳句、知识等积累多了，底蕴丰厚了，写作自然就水到渠成了。茅盾先生曾说："一个作家阅读古今中外的名著而能深刻领会其构思、剪裁、塑造形象的好处，并且每读一遍会有新的心得，这就意味着他的欣赏力在一步步提高；而欣赏力的步步提高反过来会提高表现能力。"这个过程，其实就是一个逐步积累，从而引发量变到质变的过程。

最后，阅读应在读写结合中结果。读写结合、以读促写，提高文学鉴赏力和写作能力，阅读才能结出丰硕的果实。

百学须先立志。——宋·朱熹《朱子语类》

写作能力和计算机、外语运用能力一起，已经成为当代大学生必须掌握的基本技能。阅读的目的无外乎拓展知识面，丰富人生阅历，提高欣赏能力和写作能力。俗语说得好"读书破万卷，下笔如有神"。写作能力是在写作实践中习得的，阅读时积累了大量的词汇、知识，为写作提供了素材，为灵感的产生提供了土壤。如果在日常生活中有所触动，心灵就会迸发出思想的火花，这时你该尝试去创作，抒发你的所见、所闻、所感、所思。当你在创作中获得审美体验，自然就能体会到无穷的乐趣，这种创作的乐趣反过来又会促使你更自觉地去阅读，如此形成良性循环，阅读便成为了真正的"悦读"。

快乐阅读，保持良好的阅读习惯，把读书当作一种终身的爱好，你会发现，书籍和阅读带给我们的不仅是对心中理想世界的坚持，更是对自我思想和心灵的升华与净化，使你拓展人生的深度和宽度，进而提升人生的境界。

主题一　世态百相

每个人都既有个体性，又有社会性，都处于个体和社会的各种矛盾关系中。因而每个人都面临认识社会和融入社会的问题，都要做好一个"社会人"，并推动社会的发展。

社会在不断发展，人的社会素质也应不断提升。作为"社会人"和现代公民，我们要有忧患意识和参与意识，既努力完善自我，又积极建设阳光、公正的和谐社会。

阅读经典，让我们一起思考"世态百相"的命题。

《论语》三则

作品欣赏

其一

《论语·里仁》

子曰："富与贵，是人之所欲也，不以其道①得之，不处也；贫与贱，是人之所恶也，不以其道得之，不去也。君子去仁，恶乎②成名？君子无终食之间③违④仁，造次⑤必于是，颠沛必于是。"

【注释】

① 其道：此处指正当的手段。

② 恶（wū）乎：于何处，在哪儿。

③ 终食之间：吃顿饭的时间，比喻时间仓促。

④ 违：离开。

⑤ 造次：仓促，匆忙。

其二

《论语·泰伯》

曾子有疾，孟敬子①问②之。曾子言曰："鸟之将死，其鸣也哀；人之将死，其言也善。君子所贵乎道者三：动容貌③，斯远暴慢④矣；正颜色⑤，斯近信矣；出辞气⑥，斯远鄙倍⑦矣。笾豆之事⑧，则有司⑨存。"

【注释】

① 孟敬子：即鲁国大夫仲孙捷。

② 问：探望、探视。

③ 动容貌：使自己的内心感情表现于面容。

④ 暴慢：粗暴、放肆。

⑤ 正颜色：使自己的脸色庄重严肃。

⑥ 出辞气：出言，说话。指注意说话的言辞和口气。

⑦ 鄙倍：鄙，粗野，鄙陋。倍同"背""悖"，不合理、错误。

⑧ 笾豆之事：笾（音 biān）和豆都是古代祭祀和典礼中的用具，这里代表礼仪的具体细节。

⑨ 有司：指主管某一方面事务的官吏，这里指主管祭祀、礼仪事务的官吏。

其三

《论语·乡党》

食不厌精①，脍②不厌细。食饐③而餲④，鱼馁⑤而肉败⑥，不食。色恶，不食；臭⑦恶，不食；失饪⑧，不食；不时⑨，不食；割不正⑩，不食；不得其酱，不食；肉虽多，不使胜食气⑪。惟酒无量，不及乱⑫。沽酒市脯，不食。不撤姜食，不多食。

【注释】

① 精：米舂得很精细。

② 脍（kuài）：切细的鱼、肉。

③ 饐（yì）：陈旧。食物放置时间长了。

④ 餲（ài）：变味了。

⑤ 馁（něi）：鱼腐烂，这里指鱼不新鲜。

⑥ 败：肉腐烂，这里指肉不新鲜。

⑦ 臭（xiù）：气味。

⑧ 饪：烹调制作饭菜。

⑨ 不时：应时，时鲜。

别裁伪体亲风雅，转益多师是汝师。——唐·杜甫《戏为六绝句》

⑩ 割不正：肉切得不方正。

⑪ 气：同"饩"，即粮食。

⑫ 不及乱：乱，指酒醉。不到酒醉时。

❧ 阅读指导

《论语》是儒家学派的经典著作之一，由孔子的弟子及其再传弟子编撰而成，没有严格的体例。它以语录体和对话文体为主，记录了孔子及其弟子言行，集中体现了孔子的政治主张、伦理思想、道德观念及教育原则等。《论语》的语言简洁精练，含义深刻，其中有许多言论至今仍被世人视为至理。

《论语》比较集中地反映了孔子的思想，其核心是"仁""礼"。孔子把"仁"作为最高的道德原则、道德标准和道德境界。他第一个把整体的道德规范集于一体，形成了以"仁"为核心的伦理思想结构，它包括孝、弟（悌）、忠、恕、礼、知、勇、恭、宽、信、敏、惠等内容。其中孝悌是仁的基础，是仁学思想体系的基本支柱之一。"仁"是儒家学说的核心，表述人与人的一种亲善关系，对中华文化和社会的发展产生了重大影响。作为观念形态的"礼"，在孔子的思想体系中是同"仁"分不开的。孔子说"人而不仁，如礼何？"他主张"道之以德，齐之以礼"的德治，打破了"礼不下庶人"的限制。以"礼"为支柱的治人之学，以礼作为治国之本，倡导"德化""礼治"，形成以礼乐教化治国安邦的思想。在长期的历史发展中，"礼"作为中国社会的道德规范和生活准则，对中华民族精神素质的修养起了重要作用。同时，随着社会的变革和发展，"礼"不断被赋予新的内容，不断地发生着改变和调整。

❧ 鉴赏与思考

1. 理解本文所选的名段，领悟蕴涵其中的 "仁义""礼""有度有节"等思想。

2. 谈谈《论语》对当代大学生为人处事有哪些启发及借鉴意义。

曾国藩家书（选段）

❧ 作品欣赏

劝学篇 致诸弟·勉励自立课程（节选）

诸弟在家读书，不审每日如何用功?余自十月初一立志自新以来，虽懒惰如故，而每日楷书写日记，每日读史十页，每日记茶余偶谈一则，此三事未尝一日间断。十月二十一日立誓永戒吃水烟，洎①今已两月不吃烟，已习惯成自然矣。予自立课程甚多，惟记茶余偶谈、读史十面、写日记楷本，此三事者誓终身不间断也。诸弟每人自立课程，必须有日日不断之功，虽行船走路，俱须带在身边，除此三事外，他课程不必能有成，而此三事者。将终身以之。

博观而约取，厚积而薄发。——宋·苏轼《杂说送张琥》

修身十二款

一、主敬。整齐严肃、无时不慎，无事时心在腔子里，应事时专一不杂。

二、静坐。每日不拘何时，静坐一会，体验静极生阳来复之仁心，正位凝命，如鼎之镇[2]。

三、早起。黎明即起，醒后勿沾恋。

四、读书不二。一书未点完，断不看他书，东翻西阅，徒循外[3]为人，每日以十页为率。

五、读史。丙申购廿三史，每日读十页，虽有事不间断。

六、写日记。须端楷，凡日间过恶，身过、心过、口过、意过皆记出，终身不间断。

七、日知其所亡[4]、每日记茶余偶谈一则，分德行门，学问门，经济门，艺术门。

八、月无忘所能。每月作诗文数首，以验积理之多寡，养气之盛否，不可一味眈着，最容易溺心丧志。

九、谨言。刻刻留心，是工夫第一。

十、养气。无不可对人言之事，气藏丹田。

十一、保身。谨遵大人手谕，节欲，节劳，节饮食。

十二、作字。早饭后作字半小时，凡笔墨应酬，当作自己功课，不留待明日，愈积愈难清。

十三、夜不出门、旷功疲神，切戒切戒！

【注释】

① 泊：到、至。

② 此句意为宁心静气，内心踏实安稳，如鼎镇住一般。

③ 循外：顺从于身外的客观环境。

④ 亡：无。

持家篇　致四弟·牢记祖训八字（节选）

家中兄弟子侄，惟当记祖父之八个字，曰考[1]宝[2]早[3]扫[4]，书[5]蔬[6]鱼[7]猪[8]。又谨记祖父之三不信，曰不信地师，不信医药，不信僧巫。余日记册中，又有八本之说，曰读书以训诂为本，作诗文以声调为本，事亲以得欢心为本，养身以戒恼怒为本，立身以不妄语为本，居家以不晏起为本，作官以不要钱为本，行军以不扰民为本。此八本者，皆余阅历而确有把握之论，弟亦当教诸子侄谨记之。无论世之治乱，家之贫富，但能守星冈公之八字，与余之八本，总不失为上等人家。余每次写家信，必谆谆嘱咐，盖因军事危急，故预告一切也。（咸丰十一年二月廿四日）

【注释】

① 早：起早。

笔落惊风雨，诗成泣鬼神。——唐·杜甫《寄李十二白二十韵》

② 扫：打扫洁净。

③ 考：诚修祭祀。

④ 宝：善待亲族邻里。

⑤ 书：读书。

⑥ 蔬：种菜。

⑦ 鱼：养鱼。

⑧ 猪：喂猪。

❧❧ 阅读指导

曾国藩（1811 年－1872 年），初名子城，字伯涵，号涤生，谥文正，汉族，出生于湖南长沙府湘乡县杨树坪（现属湖南省娄底市双峰县荷叶镇）。晚清重臣湘军的创立者和统帅者。清朝军事家、理学家、政治家、书法家、文学家，晚清散文"湘乡派"创立人。晚清"中兴四大名臣"之一，官至两江总督、直隶总督、武英殿大学士，封一等毅勇侯，谥曰文正。毛泽东有曰："予于近人，独服曾文正。"表达出对这位已故乡人的推崇之情。

《曾国藩家书》是曾国藩写给在老家的家人的书信集，记录了曾国藩在清道光三十年（1850 年）至同治十年（1871 年）前后 20 多年的翰苑和从武生涯，近 1500 封。所涉及的内容极为广泛，是曾国藩一生的主要活动和其治政、治家、治学之道的生动反映。曾氏家书行文从容镇定，形式自由，随想而发，挥笔自如，在平淡家常中蕴涵真知良言，具有极强的说服力和感召力。尽管曾氏留传下来的著作太少，但仅就一部书便可以体现他的学识造诣和道德修养，从而赢得了"道德文章冠冕一代"的赞誉。

❧❧ 鉴赏与思考

1. 从曾国藩的课程表你看出了一个怎样的封建士大夫形象，对我们今天学习、修身有什么启示？

2. 辩证理解"八字""八本"，谈谈它们贵在哪里。

尘世是唯一的天堂

林语堂

❧❧ 作品欣赏

我们的生命总有一日会灭绝的，这种省悟，使那些深爱人生的人，在感觉上加添了悲哀的诗意情调，然而这种悲感却反使中国的学者更热切深刻地要去领略人生的乐趣。我们的尘世人生因为只有一个，所以我们必须趁人生还未消逝的时候，尽情地把它享受。

博学之，审问之，慎思之，明辨之，笃行之。——西汉·戴圣《礼记·中庸》

如果我们有了一种永生的渺茫希望，那么我们对于这尘世生活的乐趣，便不能尽情地领略了。吉士爵士（Sir Arthur Keith）曾说过一句和中国人的感想不谋而合的话："如果人们的信念跟我的一样，认尘世是唯一的天堂，那么他们必将更竭尽全力，把这个世界造成天堂。"

苏东坡的诗中有"事如春梦了无痕"之句，因为如此，所以他那么深刻坚决地爱好人生。在中国的文学作品中，常常可以看到这种"人生不再"的感觉。中国的诗人和学者，在欢娱宴乐的时候，常被这种"人生不再""生命易逝"的悲哀感觉所烦扰，在花前月下，常有"花不常好，月不常圆"的伤悼。

李白在《春夜宴桃李园序》一篇赋里有着两句名言："浮生若梦，为欢几何？"王羲之在和他的一些朋友欢宴的时候，曾写下《兰亭集序》这篇不朽的文章，它把"人生不再"的感觉表现得最为亲切。

永和九年，岁在癸丑，暮春之初，会于会稽山阴之兰亭，修禊事也。群贤毕至，少长咸集。此地有崇山峻岭，茂林修竹，又有清流激湍，映带左右，引以为流觞曲水，列坐其次，虽无丝竹管弦之盛大，一觞一咏，亦足以畅叙幽情。 是日也，天朗气清，惠风和畅。仰观宇宙之大，俯察品类之盛，所以游目骋怀，足以极视听之娱，信可乐也。

夫人之相与，俯仰一世，或取诸怀抱，晤言一室之内；或因寄所托，放浪形骸之外。虽取舍万殊，静躁不同，当其欣于相遇，暂得于己，快然自足，曾不知老之将至。及其所之既倦，情随事迁，感慨系之矣！向之所欣，俯仰之间，已为陈迹，犹不能不以之兴怀。况修短随化，终期于尽！古人云："死生亦大矣。"岂不痛哉！

每览昔人感兴之由，若合一契，未尝不临文嗟悼，不能喻之于怀。固知一死生为虚诞，齐彭殇为妄作。后之视今，亦犹今之视昔，悲夫！故列叙时人，录其所述。虽世殊事异，所以兴怀，其致一也。后之览者，亦将有感于斯文。

我们都相信做人总是要死的，一支烛光，总有一日要熄灭的，我认为这感觉是好的。它使我们清醒，使我们悲哀，它也使某些人感到一种诗意。此外还有一层最为重要：它使我们能够坚定意志，去想法过一种合理的、真实的生活，随时使我们感悟到自己的缺点。它也使我们心中平安。因为一个人的心中有了这种接受恶劣遭遇的准备，才能够获得平安。这由心理学的观点看来，它是一种发泄身上储力的程序。

中国的诗人和平民，即使是在享受人生的乐趣时，下意识里也常有一些好景不长的感触，例如在中国人欢聚完毕时，常常说："千里搭凉棚，没有不散的宴席。"所以人生的宴会便是尼布甲尼撒（Nebuchadnezzar，古巴比伦国王，以强猛、骄傲、奢侈著称）的宴会。这种感觉使那些不信宗教的人们也有一种神灵的意识。他观看人生，好比是宋代的山水画家观看山景，是给一层神秘的薄雾包围着的，或者是空气中有着过多的水蒸气似的。

我们消除了永生观念，生活上的问题就变得简单了。问题就是这样的：人类的寿命有限，很少能活到七十岁以上，因此我们必须把生活调整，在现实的环境之下，尽量地过着快乐的生活。这种观念就是儒家的观念。它含着浓厚的尘世气息，人类的活动依着一种固

不患人之不己知，患不知人也。——战国《论语·学而篇》

执的常识而行，他的精神，就是桑塔耶讷所说，把人生当作人生看的"动物信念"。根据这个动物的信念，我们可以把人类和动物的根本关系，不必靠达尔文的帮助，也能作一个明慧的猜测，这个动物的信念，使我们依恋人生——本能和情感的人生。

因为我们相信：既然大家都是动物，所以我们只有在正常的本能上，获得正常的满足，我们才能获得真正的快乐。这包括着生活各方面的享受。

这样说起来，我们不是变成唯物主义者了吗？

但是这个问题，中国人是几乎不知道怎样回答的。因为中国人的精神哲理，根本是建筑在物质上的，他们对尘世的人生，分不出精神或是肉体。无疑地，他爱物质上的享受，但这种享受就是属于情感方面的。人类只有靠理智才能分得出精神和肉体的区别，但是上面已经说过，精神和肉体的享受都必须通过我们的感官。

音乐无疑地是各种艺术中最属于心灵的，它能够把人们高举到精神的境界里去，可是音乐必须通过我们的听觉。所以对于为什么食物的享受跟交响乐相比更不属于心灵这一问题，中国人实在有些不明白。我们只有在这种实际的意义上，才能意识到我们所爱的女人。我们要分别女人的灵魂和肉体是不可能的。我们爱一个女人，不单是爱她外表的曲线美，并且也爱她的举止、她的仪态、她的眼波和她的微笑。那么，这些是属于肉体的呢？还是精神的呢？我想没有人能回答出来吧。

这种人生现实性和人生精神性的感觉，中国的人性主义是赞成的，或者可以说，它得到中国人全部思想方法和生活方式的赞成。简单来讲，中国的哲学，可说是注重人生的知识而不注重真理的知识，中国哲学家把一切的抽象理论撇开不谈，认为和生活问题不生关系，以为这些东西是我们理智上所产生的浅薄感想。他们只把握人生，提出一个最简单的问题："我们怎样生活？"

西洋哲学在中国人看来是很无聊的。西洋哲学以伦理或逻辑为基点，着重研究获得知识的方法，以知识论为基点提出知识可能性的问题，但最后关于生活本身的知识却忘记了，那真是愚蠢琐碎的事，像一个人只谈谈恋爱求婚并不结婚生子，又像操练甚勤的军队不开到战场上去正式打仗。法国的哲学家要算最无谓，他们追求真理，如追求爱人那样地强烈，但不想和她结婚。

✿ ❧ 阅读指导

林语堂（1895 年－1976 年），中国现代著名学者、文学家、语言学家。福建龙溪人，出生于福建省漳州市平和县坂仔镇贫穷的牧师家庭。早年留学国外，回国后在北京大学、厦门大学等著名大学任教，1966 年定居台湾，1976 年在香港逝世，享年八十二岁。林语堂既有扎实的中国古典文学功底，又有很高的英文造诣，他一生笔耕不辍，著作等身。林语堂于 1940 年和 1950 年两度获得诺贝尔文学奖的提名。

林语堂一生珍视生命，他曾大肆咏叹："生命，这个宝贵的生命太美，我们恨不得长生不老。"林语堂认为，人生的目的就是享受生活，人的本能天赋即向往悠闲。悠闲

不入虎穴，不得虎子。——南朝·范晔《后汉书·班超传》

是人类文明不可或缺的组成部分，智慧地消遣悠闲是人类文明和进步的表现。现实世界上的一切都是为了人的某种享受而存在与发展的，文艺亦如此。他还对人生享受做出了自己的规范：在家庭生活中主张怡然自得，在社会生活中追求闲适和谐，在文化生活中注重张扬自我。

林语堂的散文风格以"闲适、性灵、幽默"著称。本文就是以散淡的笔调，阐述了他对人生的看法——既然人生苦短，何不尽情享受？"即使这尘世是一个黑暗的牢狱，我们也要努力使生活美满。""明知此生有涯，仍保留着充分的现实感，走完人生应走的道路，尘世是唯一的天堂。"

🍂 鉴赏与思考

1. 作者引用了很多古代文人诗词歌赋，甚至还不惜长篇引用王羲之的《兰亭集序》原文，用意何在？为什么说"尘世是唯一的天堂"？请从文中找到相应的语句概括说明。

2. 你认为尘世是不是唯一的天堂，人生苦短，我们又该怎么做才对得起这只有一次的人生？

12

多年父子成兄弟

汪曾祺

🍂 作品欣赏

这是我父亲的一句名言。

父亲是个绝顶聪明的人。他是画家，会刻图章，画写意花卉。图章初宗浙派，中年后治汉印。他会摆弄各种乐器，弹琵琶，拉胡琴，笙箫管笛，无一不通。他认为乐器中最难的其实是胡琴，看起来简单，只有两根弦，但是变化很多，两手都要有功夫。他拉的是老派胡琴，弓子硬，松香滴得很厚——现在拉胡琴的松香都只滴了薄薄的一层。他的胡琴音色刚亮。胡琴码子都是他自己刻的，他认为买来的不中使。他养蟋蟀，养金铃子。他养过花，他养的一盆素心兰在我母亲病故那年死了，从此他就不再养花。我母亲死后，他亲手给她做了几箱子冥衣——我们那里有烧冥衣的风俗。按照母亲生前的喜好，选购了各种花素色纸做衣料，单夹皮棉，四时不缺。他做的皮衣能分得出小麦穗、羊羔、灰鼠、狐腋。

父亲是个很随和的人，我很少见他发过脾气，对待子女，从无疾言厉色。他爱孩子，喜欢孩子，爱跟孩子玩，带着孩子玩。我的姑妈称他为"孩子头"。春天，不到清明，他领一群孩子到麦田里放风筝。放的是他自己糊的蜈蚣(我们那里叫"百脚")，是用染了色的绢糊的。放风筝的线是胡琴的老弦。老弦结实而轻，这样风筝可笔直地飞上去，没有"肚

不塞不流，不止不行。——唐·韩愈《原道》

儿"。用胡琴弦放风筝，我还未见过第二人。清明节前，小麦还没有"起身"，是不怕践踏的，而且越踏会越长得旺。孩子们在屋里闷了一冬天，在春天的田野里奔跑跳跃，身心都极其畅快。他用钻石刀把玻璃裁成不同形状的小块，再一块一块逗拢，接缝处用胶水粘牢，做成小桥、小亭子、八角玲珑水晶球。桥、亭、球是中空的，里面养了金铃子。从外面可以看到金铃子在里面自在爬行，振翅鸣叫。他会做各种灯。用浅绿透明的"鱼鳞纸"扎了一只纺织娘，栩栩如生。用西洋红染了色，上深下浅，通草做花瓣，做了一个重瓣荷花灯，真是美极了。用小西瓜（这是拉秧的小瓜，因其小，不中吃，叫做"打瓜"或"笃瓜"）上开小口挖净瓜瓤，在瓜皮上雕镂出极细的花纹，做成西瓜灯。我们在这些灯里点了蜡烛，穿街过巷，邻居的孩子都跟过来看，非常羡慕。

父亲对我的学业是关心的，但不强求。我小时了了，国文成绩一直是全班第一。我的作文，时得佳评，他就拿出去到处给人看。我的数学不好，他也不责怪，只要能及格，就行了。他画画，我小时也喜欢画画，但他从不指点我。他画画时，我在旁边看，其余时间由我自己乱翻画谱，瞎抹。我对写意花卉那时还不太会欣赏，只是画一些鲜艳的大桃子，或者我从来没有见过的瀑布。我小时字写得不错，他倒是给我出过一点主意。在我写过一阵"圭峰碑"和"多宝塔"以后，他建议我写写"张猛龙"。这建议是很好的，到现在我写的字还有"张猛龙"的影响。我初中时爱唱戏，唱青衣，我的嗓子很好，高亮甜润。在家里，他拉胡琴，我唱。我的同学有几个能唱戏的，学校开同乐会，他应我的邀请，到学校去伴奏。几个同学都只是清唱。有一个姓费的同学借到一顶纱帽，一件蓝官衣，扮起来唱"朱砂井"，但是没有配角，没有衙役，没有犯人，只是一个赵廉，摇着马鞭在台上走了两圈，唱了一段"郡坞县在马上心神不定"便完事下场。父亲那么大的人陪着几个孩子玩了一下午，还挺高兴。我十七岁初恋，暑假里，在家写情书，他在一旁瞎出主意。我十几岁就学会了抽烟喝酒。他喝酒，给我也倒一杯。抽烟，一次抽出两根，他一根我一根。他还总是先给我点上火。我们的这种关系，他人或以为怪。父亲说："我们是多年父子成兄弟。"

我和儿子的关系也是不错的。我戴了"右派分子"的帽子下放张家口农村劳动，他那时从幼儿园刚毕业，刚刚学会汉语拼音，用汉语拼音给我写了第一封信。我也只好赶紧学会汉语拼音，好给他写回信。"文化大革命"期间，我被打成"黑帮"，送进"牛棚"。偶尔回家，孩子们对我还是很亲热。我的老伴告诫他们"你们要和爸爸'划清界限'"，儿子反问母亲："那你怎么还给他打酒？"只有一件事，两代之间，曾有分歧。他下放山西忻县"插队落户"。按规定，春节可以回京探亲。我们等着他回来。不料他同时带回了一个同学。他这个同学的父亲是一位正受林彪迫害，搞得人囚家破的空军将领。这个同学在北京已经没有家，按照大队的规定是不能回北京的，但是这孩子很想回北京，在一伙同学的秘密帮助下，我的儿子就偷偷地把他带回来了。他连"临时户口"也不能上，是个"黑人"，我们留他在家住，等于"窝藏"了他。公安局随时可以来查户口，街道办事处的大妈也可能举报。当时人人自危，自顾不暇，儿子惹了这么一个麻烦，使我们非常为难。我和老伴把他叫到

不识庐山真面目，只缘身在此山中。——宋·苏轼《题西林壁》

我们的卧室，对他的冒失行为表示很不满，我责备他："怎么事前也不和我们商量一下！"我的儿子哭了，哭得很委屈，很伤心。我们当时立刻明白了：他是对的，我们是错的。我们这种怕担干系的思想是庸俗的。我们对儿子和同学之间的义气缺乏理解，对他的感情不够尊重。他的同学在我们家一直住了四十多天，才离去。

对儿子的几次恋爱，我采取的态度是"闻而不问"。了解，但不干涉。我们相信他自己的选择，他的决定。最后，他悄悄和一个小学时期女同学好上了，结了婚。有了一个女儿，已近七岁。我的孩子有时叫我"爸"，有时叫我"老头子"！连我的孙女也跟着叫。我的亲家母说这孩子"没大没小"。我觉得一个现代化的、充满人情味的家庭，首先必须做到"没大没小"。父母叫人敬畏，儿女"笔管条直"，最没有意思。

儿女是属于他们自己的。他们的现在，和他们的未来，都应由他们自己来设计。一个想用自己理想的模式塑造自己的孩子的父亲是愚蠢的，而且，可恶！另外作为一个父亲，应该尽量保持一点童心。

1990 年 9 月 1 日

阅读指导

汪曾祺（1920 年－1997 年），江苏高邮人，中国当代文学史上著名的作家、散文家、戏剧家，京派作家的代表人物。早年毕业于西南联大，历任中学教师、北京市文联干部、《北京文艺》编辑、北京京剧院编辑。在短篇小说创作上颇有成就。著有小说集《邂逅集》，小说《受戒》《大淖记事》，散文集《蒲桥集》，大部分作品收录在《汪曾祺全集》中。被誉为"抒情的人道主义者，中国最后一个纯粹的文人，中国最后一个士大夫"。

本文作者记述了父亲与自己，自己与儿子之间那种亲近、温馨、平等的关系，文章提出了许多颇具教益的观点，对于告诉人们如何"做父亲"，如何处理好家庭父子关系提供了良好的借鉴。本文语言生动、简练，体现了"短篇高手"汪曾祺先生一贯的幽默风趣风格。

鉴赏与思考

1. 本文艺术表现上的特点之一是细处落笔，小中见大。请概述一例。从文章选材的角度看，第四段中有些材料似乎有损于"父亲"的完美形象，作者为什么还要写这些内容？谈谈你的理解。

2.《论语》强调"孝悌之义"，作者在本文中也认为做父亲的能尽量保持一点童心，与儿女处成兄弟一般的关系，或许是父子人伦一种较高的境界。那么，推而言之，多年夫妻能否成兄妹？多年母女能否成姐妹？多年邻里、同事能否成亲人？想一想，如何使人际关系变得更加融洽，美好。

不飞则已，一飞冲天，不鸣则已，一鸣惊人。——汉·司马迁《史记·滑稽列传》

相信未来

食指

当蜘蛛网无情地查封了我的炉台

当灰烬的余烟叹息着贫困的悲哀

我依然固执地铺平失望的灰烬

用美丽的雪花写下：相信未来

当我的紫葡萄化为深秋的露水

当我的鲜花依偎在别人的情怀

我依然固执地用凝霜的枯藤

在凄凉的大地上写下：相信未来

我要用手指那涌向天边的排浪

我要用手掌那托住太阳的大海

摇曳着曙光那枝温暖漂亮的笔杆

用孩子的笔体写下：相信未来

我之所以坚定地相信未来

是我相信未来人们的眼睛

她有拨开历史风尘的睫毛

她有看透岁月篇章的瞳孔

不管人们对于我们腐烂的皮肉

那些迷途的惆怅、失败的苦痛

是寄予感动的热泪、深切的同情

还是给以轻蔑的微笑、辛辣的嘲讽

我坚信人们对于我们的脊骨

那无数次的探索、迷途、失败和成功

一定会给予热情、客观、公正的评定

是的，我焦急地等待着他们的评定

朋友，坚定地相信未来吧

相信不屈不挠的努力

相信战胜死亡的年轻

相信未来、热爱生命

会当凌绝顶，一览众山小。——唐·杜甫《望岳》

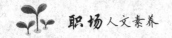

阅读指导

食指，生于 1948 年，原名郭路生，著名诗人，被称为新潮诗歌第一人。20 世纪 60 年代中后期，食指诗歌的出现代表了真正意义上现代诗歌在当代中国的第一次复兴，他的诗直接影响和推动了稍后出现的北岛、舒婷、多多、顾城等为代表的、被称为"朦胧诗"的现代诗歌的创作潮流。著有诗集《相信未来》《食指、黑大春现代抒情诗合集》《诗探索金库·食指卷》《食指的诗》。

《相信未来》这首诗，作于 1968 年。"文革"期间几乎是中国文学史上的空白期，然而民间的创作却顽强地生存着。食指就是其中一位杰出的民间诗人，一位填补了历史空白的优秀诗人。这首诗曾以手抄本的形式在社会上广为流传，并迅速传颂于一代青年人的口中。

这首诗以其深刻的思想、优美的意境、朗朗上口的诗风让人们懂得了在逆境中，怎样好好的生活，怎样自我鼓励，怎样矢志不渝地恪守自己对明天的承诺。

这首诗构思巧妙。前三节写我是怎样"相信未来"的，后三节写为什么要"相信未来"，最后一节呼唤人们带着对未来的信念去努力，去热爱，去生活。用语质朴，而思想深刻；性格鲜明，又令人折服。全诗基本上遵从了四行一节，在轻重音不断变化中求得感人效果的传统方式；以语言的时间艺术，与中国画式的空间艺术相结合，实现了诗人所反复讲述的"我的诗是一面窗户，是窗含西岭千秋雪"的艺术。通读全诗，虽然我们感受更多的不是轻松而是压抑，不是快乐而是痛苦，但从诗人那压抑和痛苦的呻吟中，我们也真切地感受到了诗人那撼人心魄的信念——无时不在地渴望和憧憬着光明的未来以及为理想和光明而奋斗挣扎。

鉴赏与思考

1. 赏析诗歌，首先必须抓住诗歌的意象。朗诵全诗，找出本诗的意象，说说它们分别象征了什么，诠释了怎样的主题。

2. 课外阅读食指的另一首诗《热爱生命》，比较两首诗的异同。

视野拓展

1. 林语堂：《中国人》，学林出版社，1994 年版。

2. 巴金：《随想录》，作家出版社，2009 年版。

3. 刘小枫：《苦难记忆（为奥斯维辛集中营解放四十五周年而作）》，见《这一代的怕和爱》，三联书店，1997 年版。

圆桌议题

1. 学习弗洛姆的"社会无意识"理论，试说它对你有何启发。

三军可夺帅也，匹夫不可夺志也。——战国《论语·子罕篇》

2．联系亲身体验，谈谈为何要"勿以善小而不为，勿以恶小而为之"。

3．谈谈你为什么而活着？你希望如何活着？

主题二　命运之弦

贝多芬说："我要扼住命运的咽喉，它不能使我完全屈服。"人们常常为命运叹息、迷惘，又对命运奋起抗争。命运是人一生中的遭遇，似乎是有其必然性的，难以改变。

人生的遭际变化无常，一帆风顺者少，历经坎坷者多，谁不经过一番风雨的考验和磨砺呢？穷厄的命运对于有志者来说，也许正是他更上一层境界的砺石。当然，摆脱逆境，乞求好运，乃人之常情。命运的产生与形成有其深刻的内涵。我们要认识命运，改变命运。

老屋窗口

余秋雨

✿❧ **作品欣赏**

前年冬天，母亲告诉我，家乡的老屋无论如何必须卖掉了。全家兄弟姐妹中，我是最反对卖屋的一个，为着一种说不清的理由。而母亲的理由却说得无可辩驳："几十年没人住，再不卖就要坍了。你对老屋有情分，索性这次就去住几天吧，给它告个别。"

我家老屋是一栋两层的楼房，不知是祖父还是曾祖父盖的。在贫瘠的山村中，它像一座城堡矗立着，十分显眼。全村几乎都姓余，既有余氏祖堂也有余氏祠堂，但是最能代表余氏家族荣耀的，是这座楼。这次我家这么多兄弟姐妹一起回去，每人都可以宽宽敞敞地住一间。我住的是我出生和长大的那一间，在楼上，母亲昨天就雇人打扫得一尘不染。

人的记忆真是奇特。好几十年过去了，这间屋子的一切细枝末节竟然都贮积在脑海的最低层，一见面全都翻腾出来，连每一缕木纹、每一块污斑都严丝密缝地对应上了。我痴痴地环视一周，又伸出双手沿壁抚摩过去，就像抚摩着自己的肌体，自己的灵魂。

终于，我摸到了窗台。这是我的眼睛，我最初就在这儿开始打量世界。母亲怜惜地看着成日扒在窗口的儿子，下决心卸去沉重的窗板，换上两页推拉玻璃。玻璃是托人从县城买来的，路上碎了两次，装的时候又碎了一次，到第四次才装上。从此，这间屋子和我的眼睛一起明亮。窗外是茅舍、田野，不远处便是连绵的群山。于是，童年的岁月便是无穷无尽的对山的遐想。跨山有一条隐隐约约的路，常见农夫挑着柴担在那里蠕动。山那边是什么呢？是集市？是大海？是庙台？是戏台？是神仙和鬼怪的所在？我到今天还没有到山那边去过，我不会去，去了就会破碎了整整一个童年。我只是记住了山脊的每一个起伏，

零落成泥碾作尘，只有香如故。——宋·陆游《卜算子·咏梅》

如果让我闭上眼睛随意画一条曲线，画出的很可能是这条山脊起伏线。这对我，是生命的第一曲线。

这天晚上我睡得很早。天很冷，乡间没有电灯，四周安静得怪异，只能睡。一床刚刚缝好的新棉被是从同村族亲那里借来的，已经晒了一天太阳，我一头钻进新棉花和阳光的香气里，几乎融化了。或许会做一个童年的梦吧？可是什么梦也没有，一觉睡去，直到明亮的光逼得我把眼睛睁开。

怎么会这么明亮呢？我眯缝着眼睛向窗外看去，兜眼竟是一排银亮的雪岭，昨天晚上下了一夜大雪，下在我无梦的沉睡中，下在岁月的沟壑间，下得如此充分，如此透彻。

一个陡起的记忆猛地闯入脑海。也是躺在被窝里，两眼直直地看着银亮的雪岭。母亲催我起床上学，我推说冷，多赖一会儿。母亲无奈，陪着我看窗外。"诺，你看！"她突然用手指了一下。

顺着母亲的手看去，雪岭顶上，晃动着一个红点。一天一地都是一片洁白，这个红点便显得分外耀眼。这是河英，我的同班同学，她住在山那头，翻山上学来了。那年我才6岁，她比我大10岁，同上着小学二年级。她头上扎着一方长长的红头巾，那是学校的老师给她的。这么一个女孩子一大清早就要翻过雪山来上学，家长和老师都不放心。后来有一位女教师出了主意，叫她扎上这方红头巾。女教师说："只要你翻过山顶，我就可以凭着红头巾找到你，盯着你看，你摔跤了我就上来帮你。"河英的母亲说："这主意好，上山时归我看。"

于是，这个河英上一趟学好气派，刚刚在那头山坡摆脱妈妈的目光，便投入这头山坡老师的注视。每个冬天的清早，她就化作雪岭上的一个红点，在两位女性的呵护下，像朝圣一样，透透迤迤走向学校，走向书本。

这件事，远近几个山村都知道，因此每天注视这个红点的人，远不止两位女性。我母亲就每天期待着这个红点，作为催我起床的理由。这红点，已成了我们学校上课的预备铃声。只要河英一爬上山顶，山这边有孩子的家庭就忙碌开了。

女孩到十五六岁，在当时的山乡已是应该结婚的年龄。早在一年前，家里已为河英准备了婚礼。举行婚礼的前一天，新娘子找不到了，两天后，在我们教室的窗口，躲躲闪闪地伸出了一个漂亮姑娘蓬头散发的脸。她怎么也不肯离开，要女教师收下她干杂活。女教师走过来，一手抚着她的肩头，一手轻轻地将起她的头发……刹时，两双同样明净的眼睛静静相对。女教师眼波一闪，说声"跟我走"，拉起她的手走向办公室。

我在《牌坊》一文中已有记述，我们的小学设在一座废弃的尼姑庵里。几个不知从哪里来的美貌女教师，都像是大户人家的小姐，都有逃婚的嫌疑。她们都不姓余，但点名的时候，她们一般都只叫我们的名字，把姓省略了，因为全班学生绝大多数都一个姓。只有坐在我旁边的米根是例外，姓陈，他家是从外地迁来的。

那天河英从办公室出来，她和几个女教师的眼圈都是红红的。当天傍晚放学后，女教师们锁了校门，一个不剩地领着河英翻过山去，去与她的父母亲商量。第二天，河英就坐进了我们教室，成了班级里第二个不姓余的学生。

生当作人杰，死亦为鬼雄。——宋·李清照《夏日绝句》

这件事何以办得这样爽利，直到我长大后还在经常疑惑。新娘子逃婚在山村可是一件大事，如果已成事实，家长势必还要承担"赖婚"的责任。哪部小说、戏曲一写到这样的事不是渲染得天翻地覆、险象环生？河英的父母怎么会让自己的女儿如此干脆地斩断前姻来上学呢？我想，根本原因在于几位女教师的奇异出现。

山村的农民一辈子也难得见到一个读书人，更无法想象一个能识文断字的女人。我母亲因抗日战争从上海逃难到乡下，被乡人发现竟能坐在家里看一本本线装书和洋装书，还能帮他们代写书信、查核契约，视为奇事。好多年了，母亲出门还会有很多人指指点点、交头接耳，吓得母亲只好成天躲在"城堡"里。这天晚上，这么多女教师一起来到山那边的河英家，一定把她父母震慑了。这些完全来自另一世界的雅洁女子，柔声细气地说着他们根本反驳不了的陌生言辞。她们居然说，把河英交给她们，过不了几年也能变得像她们这样！父母亲只知抹凳煮茶，频频点头，完全乱了方寸，最后，燃起火把，把女教师们送过了山岭。

据说，那天夜里，与河英父母一起送女教师过山的乡亲很多，连原本该是河英的"婆家"也在，长长的火把阵接成了一条火龙。

只有举行盛大的庙会，才会出现这种景象。

河英是我们学校的第一个女生。她进校之后，陆续又有一些女孩子进来，教室里满满的，很像一个班级了。

女教师常常到县城去，观摩正规小学的教学，顺便向县里申请一点经费。她们每次回来，总要在学校里搞点新花样，后来，竟然开起了学生运动会。

当然没有运动衣，教师要求学生都穿短裤和汗衫来参加。那几天，家家孩子都在缠逼自己的母亲缝制土布短裤衫。这也变成了一种事先舆论，等到开运动会的那一天，小操场的短围墙外面早已挤满了观看的乡亲。

学生们排队出来了，最引人注目的是河英。她已是一个大姑娘，运动衫裤是她自己照着画报上女运动员的照片缝制的，深蓝色的土布衣衫裁得很窄，绷得很紧，身材一下子显得更加颀长，线条流畅而柔韧。我记得她走出操场前几次在女教师跟前忸怩退缩，不断抻拉着自己的短裤，像要把它拉长。最后，几个女教师一把将她推出了门外。门外，立即卷起乡亲们的一片怪叫，怪叫过后一片喊嚓，喊嚓过后一片寂静。河英终于把头昂起，开始跨栏、滚翻、投篮。这一天，整个运动会的中心是她，其他稚气未脱的孩子的跳跳蹦蹦，都引不起太多的注意。河英背后，站着一排女教师，她们都穿着县城买来的长袖运动衣，脖子上挂着哨子，满脸鼓励，满脸笑容；再背后，是尼姑庵斑驳的门庭。这里，重叠着三度景深。

这次运动会的后果是灾难性的。从此，经常可以听到妇女这样骂女儿："你去浪吧，与河英一样！"好几个女孩子退学了，男孩子也经不起家长的再三叮嘱，不再与河英一起玩，一起走路。村里一位近似于族长的老人还找到了女教师，希望将河英退学，说余氏家族很难看得惯这样的学生。我母亲听说这事后，怔怔地出了半天神，最后要我去邀请河英来家里玩。那次河英来玩了之后，母亲特意牵着我的手，笑吟吟地把她送到村口。村民们都惊讶极了，因为母亲平日送客，历来只送到大门。这以后，河英对我像亲弟弟一样。我本来就与我的邻座陈米根要好，于是三个人老在一起玩，放学后一起到我家做作业，坐在玻璃窗前，由我母亲辅导。母亲笑着对我说："你们姓余的可不能这么霸道，这儿四个人就四个姓！"

今天，我躺在被窝里，透过玻璃窗死死盯着远处的雪岭，总想在那里找到什么。好久好久，什么也没有，没有红点，也没有褐点和灰点。

起床后，我与母亲谈起河英，母亲也还记得她，说："可以找米根打听一下，听说他开了一家小店。"

陈米根这位几十年前的好朋友本来就是我要拜访的，那天上午，我踏雪找到了他的小店，就在小学隔壁。两人第一眼就互相认出来了，他极其热情，寒暄过一阵后，从一个木箱里拿出两块芝麻饼塞在我手里，又沏出一杯茶来放在柜台上。店堂里没有椅子，我们就站着说话。他突然笑得有点奇怪，凑上嘴来说："还是告诉你了吧，最后也瞒不住，这次买你家房子的正是我的儿子。我不出面，是怕伯母在价格上为难。说来见笑，我那时到你家温习功课，就看中了你家的房子。伯母也真是，几十年前就安上了玻璃窗！据说装了四次？"

这个话题谈下去对我实在有点艰难，我只好客气地打断他，打听河英的下落。他说："亏得你还记得她。山里女人，就那个样子了，成天干粗活，又生了一大堆孩子，孩子结婚后与儿媳妇们合不来，分开过。成了老太婆了，我前年进山看到她，连我的名字也忘了。"

就这样，三言两语，就把童年时代最要好的两个朋友都交割清了。

离开小店，才走几步就看到了我们的校门。放寒假了，校园里阒寂无人，我独个儿绕围墙走了一圈便匆匆离开。回家告诉母亲，我明天就想回去了。母亲忧伤地说："你这一回去，再也不会来了。没房了，从此余家这一脉的后代真要浪迹天涯了。"

第二天一早，我依然躺在被窝里凝视着雪岭。那个消失的红点，突然变得那么遥远，那么抽象，却又那么震撼人心。难道，这红点竟是倏忽而逝的哈雷彗星？迷迷糊糊地，心中浮现出一位早就浪迹天涯的余姓诗人写哈雷彗星的几句诗。

你永远奔驰在轮回的悲剧
一路扬着朝圣的长旗

阅读指导

余秋雨，浙江省余姚人。当代文艺理论家，散文作家，生于1946年。1968年毕业于上海戏剧学院戏剧文学系，曾担任该院院长。他被大众熟悉缘于他的散文。他的散文集有《文化苦旅》《山居笔记》《霜冷长河》和《千年一叹》等，尤其是《文化苦旅》和《山居笔记》在读者中产生了强烈的反响，在台湾文化界和出版界也引起了轰动，作品发行量很大。

余秋雨的散文被称为"学者散文"和"文化散文"。以文采飞扬、思维敏捷、知识丰厚、见解独到而备受万千读者喜爱。他的历史散文更是别具一格，见常人所未见，思常人所未思，善于在美妙的文字中一步步将读者带入文化意识的河流，启迪哲思，引发情致，

一身报国有万死，双鬓向人无再青。——宋·陆游《夜泊水村》

具有极高的审美价值和史学意义上的文化价值。散文写成美文不易，写出点历史文化意味更难。余秋雨的历史散文，也许可以让人二者兼得。

《老屋窗口》借乡下的老屋回忆自己的童年往事，感悟到了人们对新事物的不理解和人情的变迁，以及对时光流逝的感慨。文章以老屋窗口那个红点子为引子，将一个农村女孩河英的故事娓娓道来，有条不紊，看似平淡实则曲折；看似一个河英的故事，实则是中国那个时代许多农村妇女的故事。

鉴赏与思考

1. 同样是故乡，同样是老屋，本文主人公河英和鲁迅笔下的"祥林嫂""闰土"的命运是否相似，是什么造成了她的悲剧命运？

2. 每个人都有自己的故乡，每个人都有自己心目中的"老屋"，你的老屋在你的心里，是一种怎样的存在？

命若琴弦

史铁生

作品欣赏

莽莽苍苍的群山之中走着两个瞎子，一老一少，一前一后，两顶发了黑的草帽起伏蹿动，匆匆忙忙，像是随着一条不安静的河水在漂流。无所谓从哪儿来，也无所谓到哪儿去，每人带一把三弦琴，说书为生。

方圆几百上千里的这片大山中，峰峦叠嶂，沟壑纵横，人烟稀疏，走一天才能见一片开阔地，有几个村落。荒草丛中随时会飞起一对山鸡，跳出一只野兔、狐狸，或者其他小野兽。山谷中常有鹞鹰盘旋。

寂静的群山没有一点阴影，太阳正热得凶。

"把三弦子抓在手里，"老瞎子喊，在山间震起回声。

"抓在手里呢。"小瞎子回答。

"操心身上的汗把三弦子弄湿了。弄湿了晚上弹你的肋条？"

"抓在手里呢。"

老少二人都赤着上身，各自拎了一条木棍探路，缠在腰间的粗布小褂已经被汗水洇湿了一大片。蹚起来的黄土干得呛人。这正是说书的旺季。天长，村子里的人吃罢晚饭都不待在家里，有的人晚饭也不在家里吃，捧上碗到路边去，或者到场院里。老瞎子想赶着多说书，整个热季领着小瞎子一个村子一个村子紧走，一晚上一晚上紧说。老瞎子一天比一天紧张、激动，心里算定：弹断一千根琴弦的日子就在这个夏天了，说不定就在前面的野羊坳。

先天下之忧而忧，后天下之乐而乐。——宋·范仲淹《岳阳楼记》

暴躁了一整天的太阳这会儿正平静下来，光线开始变得深沉。远远近近的蝉鸣也舒缓了许多。

"小子！你不能走快点吗？"老瞎子在前面喊，不回头也不放慢脚步。

小瞎子紧跑几步，吊在屁股上的一只大挎包叮嗵哐嗵地响，离老瞎子仍有几丈远。

"野鸽子都往窝里飞啦。"

"什么？"小瞎子又紧走几步。

"我说野鸽子都回窝了，你还不快走！"

"噢。"

"你又鼓捣我那电匣子呢。"

"噫——！鬼动来。"

"那耳机子快让你鼓捣坏了。"

"鬼动来！"

老瞎子暗笑：你小子才活了几天？"蚂蚁打架我也听得着，"老瞎子说。

小瞎子不争辩了，悄悄把耳机子塞到挎包里去，跟在师父身后闷闷地走路。无尽无休的无聊的路。

走了一阵子，小瞎子听见有只獾在地里啃庄稼，就使劲学狗叫，那只獾连滚带爬地逃走了，他觉得有点开心，轻声哼了几句小调儿，哥哥呀妹妹的。师父不让他养狗，怕受村子里的狗欺负，也怕欺负了别人家的狗，误了生意。又走了一会儿，小瞎子又听见不远处有条蛇在游动，弯腰摸了块石头砍过去，"哗啦啦"一阵高粱叶子响。老瞎子有点可怜他了，停下来等他。

"除了獾就是蛇，"小瞎子赶忙说，担心师父骂他。

"有了庄稼地了，不远了。"老瞎子把一个水壶递给徒弟。

"干咱们这营生的，一辈子就是走，"老瞎子又说。"累不？"

小瞎子不回答，知道师父最讨厌他说累。

"我师父才冤呢。就是你师爷，才冤呢，东奔西走一辈子，到了没弹够一千根琴弦。"

小瞎子听出师父这会儿心绪好，就问："什么是绿色的长乙（椅）？"

"什么？噢，八成是一把椅子吧。"

"曲折的油狼（游廊）呢？"

"油狼？什么油狼？"

"曲折的油狼。"

"不知道。"

"匣子里说的。"

"你就爱瞎听那些玩意儿。听那些玩意儿有什么用？天底下的好东西多啦，跟咱们有什么关系？"

"我就没听您说过，什么跟咱们有关系。"小瞎子把"有"字说得重。

为人性僻耽佳句，语不惊人死不休。——唐·杜甫《江上值水如海势聊短述》

"琴！三弦子！你爹让你跟了我来，是为让你弹好三弦子，学会说书。"

小瞎子故意把水喝得咕噜噜响。

再上路时小瞎子走在前头。

大山的阴影在沟谷里铺开来。地势也渐渐的平缓，开阔。

接近村子的时候，老瞎子喊住小瞎子，在背阴的山脚下找到一个小泉眼。细细的泉水从石缝里往外冒，淌下来，积成脸盆大的小洼，周围的野草长得茂盛，水流出去几十米便被干渴的土地吸干了。

"过来洗洗吧，洗洗你那身臭汗味。"

小瞎子拨开野草在水洼边蹲下，心里还在猜想着"曲折的油狼"。

"把浑身都洗洗。你那样儿准像个小叫花子。"

"那您不就是个老叫花子了？"小瞎子把手按在水里，嘻嘻地笑。

老瞎子也笑，双手掬起水往脸上泼。"可咱们不是叫花子，咱们有手艺。"

"这地方咱们好像来过。"小瞎子侧耳听着四周的动静。

"可你的心思总不在学艺上。你这小子心太野。老人的话你从来不着耳朵听。"

"咱们准是来过这儿。"

"别打岔！你那三弦子弹得还差着远呢。咱这命就在这几根琴弦上，我师父当年就这么跟我说。"

泉水清凉凉的。小瞎子又哥哥呀妹妹的哼起来。

老瞎子挺来气，"我说什么你听见了吗？"

"咱这命就在这几根琴弦上，您师父我师爷说的。我都听过八百遍了。您师父还给您留下一张药方，您得弹断一千根琴弦才能去抓那付药，吃了药您就能看见东西了。我听您说过一千遍了。"

"你不信？"

小瞎子不正面回答，说："干吗非得弹断一千根琴弦才能去抓那付药呢？"

"那是药引子。机灵鬼儿，吃药得有药引子！"

"一千根断了的琴弦还不好弄？"小瞎子忍不住"哧哧"地笑。

"笑什么笑！你以为你懂得多少事？得真正是一根一根弹断了的才成。"

小瞎子不敢吱声了，听出师父又要动气。每回都是这样，师父容不得对这件事有怀疑。

老瞎子也没再作声，显得有些激动，双手搭在膝盖上，两颗骨头一样的眼珠对着苍天，像是一根一根地回忆着那些弹断的琴弦。盼了多少年了呀，老瞎子想，盼了五十年了！五十年中翻了多少架山，走了多少里路哇，挨了多少回晒，挨了多少回冻，心里受了多少委屈呀。一晚上一晚上地弹，心里总记着，得真正是一根一根尽心尽力地弹断的才成。现在快盼到了，绝出不了这个夏天了。老瞎子知道自己又没什么能要命的病，活过这个夏天一点不成问题。"我比我师父可运气多了，"他说，"我师父到了没能睁开眼睛看一回。"

"咳！我知道这地方是哪儿了！"小瞎子忽然喊起来。

我劝天公重抖擞，不拘一格降人才。——清·龚自珍《己亥杂诗》之一老瞎子这才动了动，抓起自己的琴来摇了摇，叠好的纸片碰在蛇皮上发出细微的响声，那张药方就在琴槽里。

"师父，这儿不是野羊岭吗？"小瞎子问。

老瞎子没搭理他，听出这小子又不安稳了。

"前头就是野羊坳，是不是，师父？"

"小子，过来给我擦擦背，"老瞎子说，把弓一样的脊背弯给他。

"是不是野羊坳，师父？"

"是！干什么？你别又闹猫似的。"

小瞎子的心"扑通扑通"跳，老老实实地给师父擦背。老瞎子觉出他擦得很有劲。

"野羊坳怎么了？你别又叫驴似的会闻味儿。"

小瞎子心虚，不吭声，不让自己显出兴奋。

"又想什么呢？别当我不知道你那点儿心思。"

"又怎么了，我？"

"怎么了你？上回你在这儿疯得不够？那妮子是什么好货！"老瞎子心想，也许不该再带他到野羊坳来。可是野羊坳是个大村子，年年在这儿生意都好，能说上半个多月。老瞎子恨不能立刻弹断最后几根琴弦。

小瞎子嘴上嘟嘟囔囔的，心却飘飘的，想着野羊坳里那个尖声细气的小妮子。

"听我一句话，不害你，"老瞎子说，"那号事靠不住。"

"什么事？"

"少跟我贫嘴。你明白我说的什么事。"

"我就没听您说过，什么事靠得住。"小瞎子又偷偷地笑。

老瞎子没理他，骨头一样的眼珠又对着苍天。那儿，太阳正变成一汪血。

两面脊背和山是一样的黄褐色。一座已经老了，嶙峋瘦骨像是山根下裸露的基石。另一座正年青。老瞎子七十岁，小瞎子才十七。

小瞎子十四岁上父亲把他送到老瞎子这儿来，为的是让他学说书，这辈子好有个本事，将来可以独自在世上活下去。

老瞎子说书已经说了五十多年。这一片偏僻荒凉的大山里的人们都知道他：头发一天天变白，背一天天变驼，年年月月背一把三弦琴满世界走，逢上有愿意出钱的地方就拨动琴弦唱一晚上，给寂寞的山村带来欢乐。开头常是这么几句："自从盘古分天地，三皇五帝到如今，有道君王安天下，无道君王害黎民。轻轻弹响三弦琴，慢慢稍停把歌论，歌有三千七百本，不知哪本动人心。"于是听书的众人喊起来，老的要听董永卖身葬父，小的要听武二郎夜走蜈蚣岭，女人们想听秦香莲。这是老瞎子最知足的一刻，身上的疲劳和心里的孤寂全忘却，不慌不忙地喝几口水，待众人的吵嚷声鼎沸，便把琴弦一阵紧拨，唱道："今日不把别人唱，单表公子小罗成。"或者："茶也喝来烟也吸，唱一回哭倒长城的孟姜女。"满场立刻鸦雀无声，老瞎子也全心沉到自己所说的书中去。

天生我材必有用，千金散尽还复来。——唐·李白《将进酒》

他会的老书数不尽。他还有一个电匣子，据说是花了大价钱从一个山外人手里买来，为的是学些新词儿，编些新曲儿。其实山里人倒不太在乎他说什么唱什么。人人都称赞他那三弦子弹得讲究，轻轻漫漫的，飘飘洒洒的，疯癫狂放的，那里头有天上的日月，有地上的生灵。老瞎子的嗓子能学出世上所有的声音，男人、女人、刮风下雨，兽啼禽鸣。不知道他脑子里能呈现出什么景象，他一落生就瞎了眼睛，从没见过这个世界。

小瞎子可以算见过世界，但只有三年，那时还不懂事。他对说书和弹琴并无多少兴趣，父亲把他送来的时候费尽了唇舌，好说歹说连哄带骗，最后不如说是那个电匣子把他留住。他抱着电匣子听得入神，甚至没发觉父亲什么时候离去。

这只神奇的匣子永远令他着迷，遥远的地方和稀奇古怪的事物使他幻想不绝，凭着三年朦胧的记忆，补充着万物的色彩和形象，譬如海，匣子里说蓝天就像大海，他记得蓝天，于是想象出海；匣子里说海是无边无际的水，他记得锅里的水，于是想象出满天排开的水锅。再譬如漂亮的姑娘，匣子里说就像盛开的花朵，他实在不相信会是那样，母亲的灵柩被抬到远山上去的时候，路上正开遍着野花，他永远记得却永远不愿意去想。但他愿意想姑娘，越来越愿意想，尤其是野羊坳的那个尖声细气的小妮子，总让他心里荡起波澜。直到有一回匣子里唱道，"姑娘的眼睛就像太阳"，这下他才找到了一个贴切的形象，想起母亲在红透的夕阳中向他走来的样子，其实人人都是根据自己的所知猜测着无穷的未知，以自己的感情勾画出世界。每个人的世界就都不同。

也总有一些东西小瞎子无从想象，譬如"曲折的油狼"。

这天晚上，小瞎子跟着师父在野羊坳说书，又听见那小妮子站在离他不远处尖声细气地说笑。书正说到紧要处——"罗成回马再交战，大胆苏烈又兴兵。苏烈大刀如流水，罗成长枪似腾云，好似海中龙叼宝，犹如深山虎争林。又战七日并七夜，罗成清茶无点唇……"老瞎子把琴弹得如雨骤风疾，字字句句唱得铿锵。小瞎子却心猿意马，手底下早乱了套数……

野羊岭上有一座小庙，离野羊坳村二里地，师徒二人就在这里住下。石头砌的院墙已经残断不全，几间小殿堂也歪斜欲倾百孔千疮，唯正中一间尚可遮蔽风雨，大约是因为这一间中毕竟还供奉着神灵。三尊泥像早脱尽了尘世的彩饰，还一身黄土本色返璞归真了，认不出是佛是道。院里院外、房顶墙头都长满荒藤野草，蓊蓊郁郁倒有生气。老瞎子每回到野羊坳说书都住这儿，不出房钱又不惹是非。小瞎子是第二次住在这儿。

散了书已经不早，老瞎子在正殿里安顿行李，小瞎子在侧殿的檐下生火烧水。去年砌下的灶稍加修整就可以用。小瞎子撅着屁股吹火，柴草不干，呛得他满院里转着圈儿咳嗽。

老瞎子在正殿里数叨他："我看你能干好什么。"

"柴湿吗。"

"我没说这事。我说的是你的琴，今儿晚上的琴你弹成了什么。"

小瞎子不敢接这话茬，吸足了几口气又跪到灶火前去，鼓着腮帮子一通猛吹。"你要是不想干这行，就趁早给你爹捎信把你领回去。老这么闹猫闹狗的可不行，要闹回家闹去。"

粉身碎骨浑不怕，要留清白在人间。——明·于谦《石灰吟》

　　小瞎子咳嗽着从灶火边跳开，几步蹿到院子另一头，"呼哧呼哧"大喘气，嘴里一边骂。

　　"说什么呢？"

　　"我骂这火。"

　　"有你那么吹火的？"

　　"那怎么吹？"

　　"怎么吹？哼，"老瞎子顿了顿，又说："你就当这灶火是那妮子的脸！"

　　小瞎子又不敢搭腔了，跪到灶火前去再吹，心想：真的，不知道兰秀儿的脸什么样。那个尖声细气的小妮子叫兰秀儿。

　　"那要是妮子的脸，我看你不用教也会吹，"老瞎子说。

　　小瞎子笑起来，越笑越咳嗽。

　　"笑什么笑！"

　　"您吹过妮子脸？"

　　老瞎子一时语塞。小瞎子笑得坐在地上。"日他妈，"老瞎子骂道，笑笑，然后变了脸色，再不言语。

　　灶膛里"腾"的一声，火旺起来。小瞎子再去添柴，一心想着兰秀儿。才散了书的那会儿，兰秀儿挤到他跟前来小声说："哎，上回你答应我什么来？"师父就在旁边，他没敢吭声。人群挤来挤去，一会儿又把兰秀儿挤到他身边。"噫，上回吃了人家的煮鸡蛋倒白吃了？"兰秀儿说，声音比上回大。这时候师父正忙着跟几个老汉拉话，他赶紧说："嘘——，我记着呢。"兰秀儿又把声音压低："你答应给我听电匣子你还没给我听。""嘘——，我记着呢。"幸亏那会儿人声嘈杂。

　　正殿里好半天没有动静。之后，琴声响了，老瞎子又上好了一根新弦。他本来应该高兴的，来野羊坳头一晚上就又弹断了一根琴弦。可是那琴声却低沉、零乱。

　　小瞎子渐渐听出琴声不对，在院里喊："水开了，师父。"

　　没有回答。琴声一阵紧似一阵了。

　　小瞎子端了一盆热水进来，放在师父跟前，故意嘻嘻笑着说："您今儿晚还想弹断一根是怎么着？"

　　老瞎子没听见，这会儿他自己的往事都在心中，琴声烦躁不安，像是年年旷野里的风雨，像是日夜山谷中的流溪，像是奔奔忙忙不知所归的脚步声。小瞎子有点害怕了：师父很久不这样了，师父一这样就要犯病，头疼、心口疼、浑身疼，会几个月爬不起炕来。

　　"师父，您先洗脚吧。"

　　琴声不停。

　　"师父，您该洗脚了。"小瞎子的声音发抖。

　　琴声不停。

　　"师父！"

　　琴声戛然而止，老瞎子叹了口气。小瞎子松了口气。

牢骚太盛防肠断，风物长宜放眼量。——毛泽东《七律·和柳亚子先生》

老瞎子洗脚，小瞎子乖乖地坐在他身边。

"睡去吧，"老瞎子说，"今儿个够累的了。"

"您呢？"

"你先睡，我得好好泡泡脚。人上了岁数毛病多。"老瞎子故意说得轻松。

"我等您一块儿睡。"

山深夜静。有了一点风，墙头的草叶子就会响。夜猫子在远处哀哀地叫。听得见野羊坳里偶尔有几声狗吠，又引得孩子哭。月亮升起来，白光透过残损的窗棂进了殿堂，照见两个瞎子和三尊神像。

"等我干吗，时候不早了。"

"你甭担心我，我怎么也不怎么，"老瞎子又说。"听见没有，小子？"

小瞎子到底年轻，已经睡着。老瞎子推推他让他躺好，他嘴里咕囔了几句倒头睡去。老瞎子给他盖被时，从那身日渐发育的筋肉上觉出，这孩子到了要想那些事的年龄，非得有一段苦日子过不可了。唉，这事谁也替不了谁。

老瞎子再把琴抱在怀里，摩挲着根根绷紧的琴弦，心里使劲念叨：又断了一根了，又断了一根了。再摇摇琴槽，有轻微的纸和蛇皮的摩擦声。唯独这事能为他排忧解烦。一辈子的愿望。

小瞎子作了一个好梦，醒来吓了一跳，鸡已经叫了。他一骨碌爬起来听听，师父正睡得香，心说还好。他摸到那个大挎包，悄悄地掏出电匣子，蹑手蹑脚出了门。

往野羊坳方向走了一会儿，他才觉出不对头，鸡叫声渐渐停歇，野羊坳里还是静静的没有人声。他愣了一会儿，鸡才叫头遍吗？灵机一动扭开电匣子。电匣子里也是静悄悄。现在是半夜。他半夜里听过匣子，什么都没有。这匣子对他来说还是个表。只要扭开一听，便知道是几点钟，什么时候有什么节目都是一定的。

小瞎子回到庙里，老瞎子正翻身。

"干嘛哪？"

"撒尿去了。"小瞎子说。

一上午，师父逼着他练琴。直到晌午饭后，小瞎子才瞅机会溜出庙来，溜进野羊坳。鸡也在树荫下打盹，猪也在墙根下说着梦话，太阳又热得凶，村子里很安静。

小瞎子踩着磨盘，扒着兰秀儿家的墙头轻声喊："兰秀儿——兰秀儿——"

屋里传出雷似的鼾声。

他犹豫了片刻，把声音稍稍抬高："兰秀儿——！兰秀儿！"

狗叫起来。屋里鼾声停了，一个闷声闷气的声音问："谁呀？"

小瞎子不敢回答，把脑袋从墙头上缩下来。屋里吧唧了一阵嘴，又响起鼾声。

他叹口气，从磨盘上下来怏怏地往回走。忽听见身后嘎吱一声院门响，随即一阵细碎的脚步声向他跑来。

"猜是谁？"尖声细气。小瞎子的眼睛被一双柔软的小手捂上了。——这才多余呢。兰

老骥伏枥，志在千里；烈士暮年，壮心不已。——魏晋·曹操《龟虽寿》

秀儿不到十五岁，认真说还是孩子。

"兰秀儿！"

"电匣子拿来没？"

小瞎子掀开衣襟，匣子挂在腰上。"嘘——，别在这儿，找个没人的地方听去。"

"咋啦？"

"回头招好些人。"

"咋啦？"

"那么多人听，费电。"

两个人东拐西弯，来到山背后那眼小泉边。小瞎子忽然想起件事，问兰秀儿："你见过曲折的油狼吗？"

"啥？"

"曲折的油狼。"

"曲折的油狼？"

"知道吗？"

"你知道？"

"当然。还有绿色的长椅。就一把椅子。""椅子谁不知道。"

"那曲折的油狼呢？"

兰秀儿摇摇头，有点崇拜小瞎子了。小瞎子这才郑重其事地扭开电匣子，一支欢快的乐曲在山沟里飘荡。

地方又凉快又没有人来打扰。

"这是'步步高'。"小瞎子说，跳着哼。一会儿又换了支曲子，叫"旱天雷"，小瞎子还能跟着哼。兰秀儿觉得很惭愧。

"这曲子也叫'和尚思妻'。"

兰秀儿笑起来：瞎骗人！

"你信不信？"

"不信。"

"爱信不信。这匣子里说的古怪事多啦。"小瞎子玩着凉凉的泉水，想了一会儿。"你知道什么叫接吻吗？"

"你说什么叫？"

这回轮到小瞎子笑，光笑不答。兰秀儿明白准不是好话，红着脸不再问。

音乐播完了一个女人说，"现在是讲卫生节目。"

"啥？"兰秀儿没听清。

"讲卫生。"

"是什么？"

"嗯——，你头发上有虱子吗？"

路漫漫其修远兮，吾将上下而求索。——战国·屈原《离骚》

"去——，别动！"

小瞎子赶忙缩回手来，赶忙解释："要有就是不讲卫生。"

"我才没有。"兰秀儿抓抓头，觉得有些刺立，"嘻——瞧你自个儿吧！"兰秀儿一把搬过小瞎子的头。"看我捉几个大的。"

这时候听见老瞎子在半山上喊："小子，还不给我回来！该做饭了，吃罢饭还得去说书！"他已经站在那儿听了好一会儿了。

野羊坳里已经昏暗，羊叫、驴叫、狗叫、孩子们叫，处处起了炊烟，野羊岭上还有一线残阳，小庙正在那淡薄的光中，没有声响。

小瞎子又撅着屁股烧火。老瞎子坐在一旁淘米，凭着听觉他能把米中的沙子捡出来。

"今天的柴挺干。"小瞎了说。

"嗯。"

"还是焖饭？"

"嗯。"

小瞎子这会儿精神百倍，很想找些话说，但是知道师父的气还没消，心说还是少找骂。两个人默默地干着自己的事，又默默地一块儿把饭做熟。岭上也没了阳光。

小瞎子盛了一碗小米饭，先给师父："您吃吧。"声音怯怯的，无比驯顺。

老瞎子终于开了腔："小子，你听我一句行不？"

"嗯 。"小瞎子往嘴里扒拉饭，回答得含糊。

"你要是不愿意听，我就不说。"

"谁说不愿意听了？我说'嗯'！"

"我是过来人，总比你知道得多。"

小瞎子闷头扒拉饭。

"我经过那号事。"

"什么事？"

"又跟我贫嘴！"老瞎子把筷子往灶台上一摔。

"兰秀儿光是想听听电匣子。我们光是一块儿听电匣子来。"

"还有呢？"

"没有了。"

"没有了？"

"我还问她见没见过曲折的油狼。"

"我没问你这个。"

"后来，后来，"小瞎子不那么气壮了，"不知怎么一下就说起了虱子……"

"还有呢？"

"没了，真没了！"

两个人又默默地吃饭。老瞎子带了这徒弟好几年，知道这孩子不会撒谎，这孩子最让

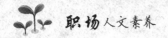

人放心的地方就是诚实、厚道。

"听我一句话，保准对你没坏处。以后离她远点好。早年你师爷这么跟我说，我也不相信……"

"师爷？说兰秀儿？"

"什么兰秀儿，那会儿还没她呢，那会儿还没有你们呢……"老瞎子阴郁的脸又转向暮色浓重的天际，骨头一样白色的眼珠不住地转动，不知道在那儿他能"看"见什么。许久，小瞎子说："今儿晚上您多半又能弹断一根琴弦。"想让师父高兴些。

这天晚上师徒在野羊坳说书。"上回说到罗成死，三魂七魄赴幽冥，听歌君子莫嘈嚷，列位听我道下文。罗成阴魂出地府，一阵旋风就起身，旋风一阵来得快，长安不远面前存……"老瞎子的琴声也乱，小瞎子的琴声也乱，小瞎子回忆着那双柔软的小手捂在自己脸上的感觉，还有自己的头被兰秀儿搬过去的滋味。老瞎子想起的事情更多……

夜里老瞎子翻来覆去睡不安稳，多少往事在他耳边喧嚣，在他心头动荡，身体里仿佛有什么东西要爆炸。坏了，要犯病，他想。头昏，胸口憋闷，浑身紧巴巴地难受。他坐起来，对自己叨咕："可别犯病，一犯病今年就甭想弹够那些琴弦了。"他又摸到琴。要能叮叮当当随心所欲地疯弹一阵，心头的忧伤或许就能平息，耳边的往事或许就会消散。可是小瞎子正睡得香甜。

他只好再全力去想那张药方和琴弦：还剩下几根，还只剩最后几根了。那时就可以去抓药了，然后就能看见这个世界——他无数次爬过的山，无数次走过的路，无数次感到过她的温暖和炽热的太阳，无数次梦想着的蓝天和月亮和星星……还有呢？还有什么？他朦胧中所盼望的东西似乎比这要多得多……

夜风在山里游荡。

猫头鹰又在凄哀地叫。

不过现在他老了，无论如何没几年活头了，失去的，已经永远失去了，他像是刚刚意识到这一点。七十年中所受的全部辛苦就为了最后能看一眼世界，这值得吗？他问自己。

小瞎子在梦里笑，在梦里说："那是一把椅子，兰秀儿……"

老瞎子静静地坐着，静静地坐着的还有那三尊分不清是佛是道的泥像。

鸡叫头遍的时候老瞎子决定，天一亮就带这孩子离开野羊坳。否则这孩子受不了，他自己也受不了。兰秀儿不坏，可这事会怎么结局，老瞎子比谁都"看"得清楚。鸡叫二遍，老瞎子开始收拾行李。

可是一早起来小瞎子病了，肚子疼，随即又发烧。老瞎子只好把行期推迟。

一连好几天，老瞎子无论是烧火、淘米、捡柴，还是给小瞎子挖药、煎药，心里总在说："值得，当然值得。"要是不这么反反复复对自己说身上的力气几乎就要垮掉。"我非要最后看一眼不可。""要不怎么着？就这么死了去？""再说就只剩下最后几根了。"后面三句都是理由。老瞎子又冷静下来，天天晚上还到野羊坳去说书。

这一下小瞎子倒来了福气。每天晚上师父到岭下去了，兰秀儿就猫似地轻轻跳进庙里

僵卧孤村不自哀，尚思为国戍轮台。——宋·陆游《十一月四日风雨大作》

来听匣子。兰秀儿还带来熟的鸡蛋，条件是得让她亲手去扭那匣子的开关。"往哪边扭？""往右。""扭不动。""往右，笨货，不知道哪边是右啊？""咔哒"一下，无论是什么便响起来，无论是什么俩人都爱听。

又过了几天，老瞎子又弹断了三根弦。

这一晚，老瞎子在野羊坳里自弹自唱："不表罗成投胎事，又唱秦王李世民。秦王一听双泪流，可怜爱卿丧残身，你死一身不打紧，缺少扶朝上将军……"

野羊岭上的小庙里这时更热闹。电匣子的音量开得挺大，又是孩子哭，又是大人喊，轰隆隆地又响炮，嘀嘀哒哒地又吹号。月光照进正殿，小瞎子躺着啃鸡蛋，兰秀儿坐在他旁边。两个人都听得兴奋，时而大笑，时而稀里糊涂莫名其妙。

"这匣子你师父哪卖来？"

"从一个山外头的人手里。"

"你们到山外头去过？"兰秀儿问。

"没。我早晚要去一回就是，坐坐火车。"

"火车？"

"火车你也不知道？笨货。"

"噢，知道知道，冒烟哩是不是？"

过了一会儿兰秀儿又说："保不准我就得到山外头去。"语调有些恓惶。

"是吗？"小瞎子一挺坐起来，"那你到底瞧瞧曲折的油狼是什么。"

"你说是不是山外头的人都有电匣子？"

"谁知道。我说你听清楚没有？曲、折、的、油、狼，这东西就在山外头。"

"那我得跟他们要一个电匣子。"兰秀儿自言自语地想心事。

"要一个？"小瞎子笑两声，然后住气，然后大笑："你干吗不要俩？你可真本事大。你知道这匣子几千块钱一个？把你卖了吧，怕也换不来。"

兰秀儿心里正委屈，一把揪住小瞎子的耳朵使劲拧，骂道："好你个死瞎子。"

两个人在殿堂里扭打起来。三尊泥像袖手旁观帮不上忙，两个年轻的正在发育的身体碰撞在一起，纠缠在一起，一个把一个压在身下，一会儿又颠倒过来，骂声变成笑声。匣子在一边唱。

打了好一阵子，两个人都累得住手，心怦怦跳，躺着喘气，不言声儿，谁却也不愿意再拉开距离，兰秀儿呼出的气吹在小瞎子的脸上，小瞎子感到了诱惑，并且想起那天吹火时师父说的话，就往兰秀儿脸上吹气。兰秀儿并不躲。

"嘿，"小瞎子小声说，"你知道接吻是什么了吗？"

"是什么？"兰秀儿的声音也小。

小瞎子对着兰秀儿的耳朵告诉她。兰秀儿不说话。老瞎子回来之前，他们试着亲了嘴儿，滋味真不坏……

就是这天晚上，老瞎子弹断了最后两根琴弦。两根弦一齐断了。他没料到。他几乎是

31

模块一 文心慧眼

千古兴亡多少事？悠悠。不尽长江滚滚流。——宋·辛弃疾《南乡子·登京口北固亭有怀》

连跑带爬地上了野羊岭，回到小庙里。小瞎子吓了一跳："怎么了，师父？"

老瞎子喘吁吁地坐在那儿，说不出话。小瞎子有些犯嘀咕：莫非是他和兰秀儿干的事让师父知道了？

老瞎子这才相信一切都是值得的。一辈子的辛苦是值得的。能看一回，好好看一回，怎么都是值得的。

"小子，明天我就去抓药。"

"明天？"

"明天。"

"又断了一根了？"

"两根。两根都断了。"

老瞎子把那两根弦卸下来，放在手里揉搓了一会儿，然后把他们并到另外的九百九十八根去，绑成一捆。

"明天就走？"

"天一亮就动身。"

小瞎子心里一阵发凉。老瞎子开始剥琴槽上的蛇皮。

"可我的病还没好利索。"小瞎子小声叨咕。

"噢，我想过了，你就先留在这儿，我用不了十天就回来。"

小瞎子喜出望外。

"你一个人行不？"

"行！"小瞎子紧忙说。

老瞎子早忘了兰秀儿的事。"吃的、喝的、烧的全有。你要是病好利索了，也该学着自个儿出去说回书。行吗？"

"行。"小瞎子觉得有点对不住师父。

蛇皮剥开了，老瞎子从琴槽中取出一张叠得方方正正的纸条。他想起这药方进琴槽时，自己才二十岁，便觉得浑身上下都好像冷。

小瞎子也把那药方放在手里摸了一会儿，也有了几分肃穆。

"你师爷一辈子才冤呢。"

"他弹断了多少根？"

"他本来能弹够一千根，可他记成了八百。要不然他能弹断一千根。"

天不亮老瞎子就上路了。他说最多十天就回来，谁也没想到他竟去了那么久。

老瞎子回到野羊坳时已经是冬天。漫天大雪，灰暗的天空连接着白色的群山。没有声息，处处也没有生气，空旷而沉寂。所以老瞎子那顶发了黑的草帽就尤其蹒动得显著。他蹒蹒跚跚地爬上野羊岭，庙院中衰草瑟瑟，蹿出一只狐狸，仓皇逃远。

村里人告诉他，小瞎子已经走了些日子。

"我告诉他等我回来。"

前不见古人，后不见来者。念天地之悠悠，独怆然而涕下。——唐·陈子昂《登幽州台歌》

"不知道他干吗就走了。"

"他没说去哪儿，留下什么话没？"

"他说让您甭找他。"

"什么时候走的？"

人们想了好久，都说是在兰秀儿嫁到山外去的那天。老瞎子心里便一切全明白。

众人劝老瞎子留下来，这么冰天雪地的上哪去？不如在野羊坳说一冬天书。老瞎子指指他的琴，人们见琴柄上空荡荡已经没了琴弦。老瞎子面容也憔悴，呼吸也孱弱，嗓音也沙哑了，完全变了个人。他说得去找他的徒弟。

若不是还想着他的徒弟，老瞎子就回不到野羊坳。那张他保存了五十年的药方原来是一张无字的白纸。他不信，请了多少个识字而又诚实的人帮他看，人人都说那果真就是一张无字的白纸。

老瞎子在药铺前的台阶上坐了一会儿，他以为是一会儿，其实已经几天几夜，骨头一样的眼珠在询问苍天，脸色也变成骨头一样的苍白。有人以为他是疯了，安慰他，劝他。老瞎子苦笑：七十岁了再疯还有什么意思？他只是再不想动弹，吸引着他活下去、走下去、唱下去的东西骤然间消失干净。就像一根不能拉紧的琴弦，再难弹出赏心悦"耳"的曲子。老瞎子的心弦断了。现在发现那目的原来是空的。老瞎子在一个小客店里住了很久，觉得身体里的一切都在熄灭。他整天躺在炕上，不弹也不唱，一天天迅速地衰老。

直到花光了身上所有的钱，直到忽然想起了他的徒弟，他知道自己的死期将至，可那孩子在等他回去。

茫茫雪野，皑皑群山，天地之间蹀动着一个黑点。走近时，老瞎子的身影弯得如一座桥。他去找他的徒弟。他知道那孩子目前的心情、处境。

他想自己先得振作起来，但是不行，前面明明没有了目标。

他一路走，便怀恋起过去的日子，才知道以往那些奔奔忙忙、兴致勃勃的翻山、赶路、弹琴，乃至心焦、忧虑都是多么欢乐！那时有个东西把心弦扯紧，虽然那东西原是虚设。老瞎子想起他师父临终时的情景。他师父把那张自己没用上的药方封进他的琴槽。

"您别死，再活几年，您就能睁眼看一回了。"说这话时他还是个孩子。他师父久久不言语，最后说："记住，人的命就像这琴弦，拉紧了才能弹好，弹好了就够了。"……不错，那意思就是说：目的本来没有。老瞎子知道怎么对自己的徒弟说了。可是他又想：能把一切都告诉小瞎子吗？老瞎子又试着振作起来，可还是不行，总摆脱不掉那张无字的白纸……

在深山里，老瞎子找到了小瞎子。

小瞎子正跌倒在雪地里，一动不动，想那么等死。老瞎子懂得那绝不是装出来的悲哀。老瞎子把他拖进一个山洞，他已无力反抗。

老瞎子捡了些柴，打起一堆火。

小瞎子渐渐有了哭声。老瞎子放了心，任他尽情尽意地哭。只要还能哭就还有救，只

穷则独善其身，达则兼善天下。——战国·孟轲《孟子·尽心章句》

要还能哭就有哭够的时候。

小瞎子哭了几天几夜，老瞎子就那么一声不吭地守候着。火头和哭声惊动了野兔子、山鸡、野羊、狐狸和鹞鹰……

终于小瞎子说话了："干吗咱们是瞎子！"

"就因为咱们是瞎子。"老瞎子回答。

终于小瞎子又说："我想睁开眼看看，师父，我想睁开眼看看！"

哪怕就看一回。"你真那么想吗？"

"真想，真想——"

老瞎子把篝火拨得更旺些。

雪停了。铅灰色的天空中，太阳像一面闪光的小镜子。鹞鹰在平稳地滑翔。

"那就弹你的琴弦，"老瞎子说，"一根一根尽力地弹吧。"

"师父，您的药抓来了？"小瞎子如梦方醒。

"记住，得真正是弹断的才成。"

"您已经看见了吗？师父，您现在看得见了？"

小瞎子挣扎着起来，伸手去摸师父的眼窝。老瞎子把他的手抓住。

"记住，得弹断一千二百根。"

"一千二？"

"把你的琴给我，我把这药方给你封在琴槽里。"老瞎子现在才弄懂了他师父当年对他说的话——咱的命就在这琴弦上。

目的虽是虚设的，可非得有不行，不然琴弦怎么拉紧；拉不紧就弹不响。

"怎么是一千二，师父？"

"是一千二，我没弹够，我记成了一千。"老瞎子想：这孩子再怎么弹吧，还能弹断一千二百根？永远扯紧欢跳的琴弦，不必去看那张无字的白纸……

这地方偏僻荒凉，群山不断。荒草丛中随时会飞起一对山鸡，跳出一只野兔、狐狸、或者其他小野兽。山谷中鹞鹰在盘旋。

现在让我们回到开始：莽莽苍苍的群山之中走着两个瞎子，一老一少，一前一后，两顶发了黑的草帽起伏颠动，匆匆忙忙，像是随着一条不安静的河水在漂流。无所谓从哪儿来、到哪儿去，也无所谓谁是谁……

一九八五年四月二十日

🌿 阅读指导

史铁生（1951 年－2010 年），当代作家，1951 年生于北京。1969 年赴延安插队，1972 年双腿瘫痪回到北京。1974 年始在某街道工厂做工，七年后因病情加重回家疗养。

1979 年开始发表文学作品。著有中短篇小说集《我的遥远的清平湾》《礼拜日》《命若琴弦》《往事》等；散文随笔集《自言自语》《我与地坛》《病隙碎笔》等；长篇小说《务虚笔记》以及《史铁生作品集》。曾先后获全国优秀短篇小说奖、鲁迅文学奖，以及多种全国文学刊物奖。一些作品被译成英、法、日等文字，单篇或结集在海外出版。

2002年，史铁生荣获华语文学传播大奖年度杰出成就奖，同年，《病隙碎笔》（之六）获首届"老舍散文奖"一等奖。他的作品风格清新质朴，意蕴深沉，哲理韵味极为浓郁，呈现出与众不同的哲学色彩。

《命若琴弦》情节很简单，语言也很朴素，作品的重心在对人生的理性思考之上。显然有关琴弦的意象是一种人生感悟的结晶，目的其实是虚设的，但这虚设的目的又非得有。不然，弦拉不紧，琴也弹不响。作者巧妙地将哲学思考与故事叙述相结合，在平静的叙述下蕴涵深沉的人生感悟，具有耐人寻味的艺术效果。

本文按时间顺序进行叙述，语言自然质朴，描写细致深切。如小瞎子爱情萌芽的朦胧和甜蜜，爱情失去之后的绝望和痛苦；老瞎子对光明和信念的极度渴望，希望破灭之后的伤心和无助；以及两代人之间相依为命的深厚感情，都表现得真挚感人。本文对"人"的命运和困境进行了深刻的反思，对人的生存目的和过程进行了深入解读，对生命意义和轮回进行了可贵探求。

🌿 ❀ 鉴赏与思考

1．琴弦在本文中有很强的象征意味，三代之间，从800到1000，再从1000到1200，琴弦数量在增加，那么这种增加代表着生存的希望更大了，还是更渺茫了？

2．总结师徒两人的人物形象，并结合全文，探讨作品结尾一段的象征意义。

人逢喜事精神爽，月到中秋分外明。——明·冯梦龙《醒世恒言》

住多久才算是家

刘亮程

作品欣赏

喜欢在一个地方长久地生活下去——具体点说，是在一个村庄的一间房子里。如果这间房子结实，我就不挪窝地住一辈子。一辈子进一扇门，睡一张床，在一个屋顶下御寒和纳凉。如果房子坏了，在我四十岁或五十岁的时候，房梁朽了，墙壁出现了裂缝，我会很高兴地把房子拆掉，在老地方盖一幢新房子。

我庆幸自己竟然活得比一幢房子更长久。只要在一个地方久住下去，你迟早会有这种感觉。你会发现周围的许多东西没有你耐活。树上的麻雀有一天突然掉下一只来，你不知道它是老死的还是病死的。树有一天被砍掉一棵，做了家具或当了烧柴。陪伴你多年的一头牛，在一个秋天终于老得走不动。算一算，它远没有你的年龄大，只跟你的小儿子岁数差不多，你只好动手宰掉或卖掉它。

一般情况，我都会选择前者。我舍不得也不忍心把一头使唤老的牲口再卖给别人使唤。我把牛皮钉在墙上，晾干后做成皮鞭和皮具。把骨头和肉炖在锅里，一顿一顿吃掉。这样我才会觉得舒服些，我没有完全失去一头牛，牛的某些部分还在我的生活中起着作用，我还继续使唤着它们。尽管皮具有一天也会被磨断，拧得很紧的皮鞭也会被抽散，扔到一边。这都是很正常的。

甚至有些我认为是永世不变的东西，在我活过几十年后，发现它们已几经变故，面目全非。而我，仍旧活生生的，虽有一点衰老迹象，却远不会老死。

早年我修房后面那条路的时候，曾想到这是件千秋功业，我的子子孙孙都会走在这条路上。路比什么都永恒，它平躺在大地上，折不断、刮不走，再重的东西它都能经住。

有一年一辆大卡车开到村里，拉着一满车铁，可能是走错路了，想掉头回去。村中间的马路太窄，转不过弯。开车的师傅找到我，很客气地说要借我们家房后的路走一走，问我行不行。我说没事，你放心走吧。其实我是想考验一下我修的这段路到底有多结实。卡车开走后我发现，路上只留下浅浅的两道车辘辘印。这下我更放心了，暗想，以后即使有一卡车黄金，我也能通过这条路运到家里。

可是，在一年后的一场雨中，路却被冲断了一大截，其余的路面也泡得软软的，几乎连人都走不过去。雨停后我再修补这段路面时，已经不觉得道路永恒了，只感到自己会生存得更长久些。以前我总以为一生短暂无比，赶紧干几件长久的事业留传于世。现在倒觉得自己可以久留世间，其他一切皆如过眼烟云。

我在调教一头小牲口时，偶尔会脱口骂一句：畜生，你爷爷在我手里时多乖多卖力。骂完之后忽然意识到，又是多年过去。陪伴过我的牲口、农具已经消失了好几茬，而我还

无可奈何花落去，似曾相识燕归来。——宋·晏殊《浣溪沙》

那样年轻有力、信心十足地干着多少年前的一件旧事。多少年前的村庄又浮现在脑海里。

如今谁还能像我一样幸福地回忆多少年前的事呢。那匹三岁的儿马，一岁半的母猪，以及路旁林带里只长了三个夏天的白杨树，它们怎么会知道几十年前发生在村里的那些事情呢。它们来得太晚了，只好遗憾地生活在村里，用那双没见过世面的稚嫩眼睛，看看眼前能够看到的，听听耳边能够听到的。却对村庄的历史一无所知，永远也不知道这堵墙是谁垒的，那条渠是谁挖的。谁最早趟过河开了那一大片荒地，谁曾经乘着夜色把一大群马赶出村子，谁总是在天亮前提着裤子翻院墙溜回自己家里……这一切，连同完整的一大段岁月，被我珍藏了。成了我一个人的。除非我说出来，谁也别想再走进去。

当然，一个人活得久了，麻烦事也会多一些。就像人们喜欢在千年老墙万年石壁上刻字留名以求共享永生，村里的许多东西也都喜欢在我身上留印迹。它们认定我是不朽之物，咋整也整不死。我的腰上至今还留着一头母牛的半只蹄印。它把我从牛背上掀下来，朝着我的光腰杆就是一蹄子。踩上了还不赶忙挪开，直到它认为这只蹄印已经深刻在我身上了，才慢腾腾移动蹄子。我的腿上深印着好几条狗的紫黑牙印，有的是公狗咬的，有的是母狗咬的。它们和那些好在文物古迹上留名的人一样，出手隐蔽敏捷，防不胜防。我的脸上身上几乎处处有蚊虫叮咬的痕迹，有的深，有的浅。有的过不了几天便消失了，更多的伤痕永远留在身上。一些隐秘处还留有女人的牙印和指甲印儿。而留在我心中的东西就更多了。

我背负着曾经与我一同生活过的众多事物的珍贵印迹，感到自己活得深远而厚实，却一点儿不觉得累。有时在半夜腰疼时，想起踩过我的已离世多年的那头母牛，它的毛色和花纹，硕大无比的乳房和发情季节亮汪汪的水门；有时走路腿困时，记起咬伤我的一条黑狗的皮，还展展地铺在我的炕上，当了多年的褥子。我成了记载村庄历史的活载体，随便触到哪儿，都有一段活生生的故事。

在一个村庄活得久了，就会感到时间在你身上慢了下来。而在其他事物身上飞快地流逝着。这说明，你已经跟一个地方的时光混熟了。水土、阳光和空气都熟悉了你，知道你是个老实安分的人，多活几十年也没多大害处。不像有些人，有些东西，满世界乱跑，让光阴满世界追他们。可能有时他们也偶尔躲过时间，活得年轻而滋润。光阴一旦追上他们就会狠狠报复一顿，一下从他们身上减去几十岁。事实证明，许多离开村庄去跑世界的人，最终都没有跑回来，死在外面了。他们没有赶回来的时间。

平常我也会自问：我是不是在一个地方生活得太久，土地是不是已经烦我了?道路是否早就厌倦了我的脚印，虽然它还不至于拒绝我走路。事实上我有很多年不在路上走了，我去一个地方，照直就去了，水里草里。一个人走过一些年月后就会发现，所谓的道路不过是一种摆设，供那些在大地上瞎兜圈子的人们玩耍的游戏。它从来都偏离真正的目的。不信去问问那些永远匆匆忙忙走在路上的人，他们走到自己的归宿了吗，没有。否则他们不会没完没了地在路上转悠。

而我呢，是不是过早地找到了归宿，多少年住在一间房子里，开一个门，关一扇窗，跟一个女人睡觉。是不是还有另一种活法，另一番滋味。我是否该挪挪身，面朝一生的另

言之无文,行而不远。——春秋·左丘明《左传·襄公二十五年》

一些事情活一活。就像这幢房子，面南背北多少年，前墙都让太阳晒得发白脱皮了。

我是不是把它掉个过，让一向阴潮的后墙根也晒几年太阳。

这样想着就会情不自禁在村里转一圈，果真看上一块地方，地势也高，地盘也宽敞。于是动起手来，花几个月时间盖起一院新房子。至于旧房子嘛，最好拆掉，尽管拆不到一根好檩子，一块整土块。毕竟是住了多年的旧窝，有感情，再贵卖给别人也会有种被人占有的不快感。墙最好也推倒，留下一个破墙圈，别人会把它当成天然的茅厕，或者用来喂羊圈猪，甚至会有人躲在里面干坏事。这样会损害我的名誉。

当然，旧家具会一件不剩地搬进新房子，柴火和草也一根不剩拉到新院子。大树砍掉，小树连根移过去。路无法搬走，但不能白留给别人走。在路上挖两个大坑。有些人在别人修好的路上走顺了，老想占别人的便宜，自己不愿出一点力。我不能让那些自私的人变得更加自私。

我只是把房子从村西头搬到了村南头。我想稍稍试验一下我能不能挪动。人们都说：树挪死，人挪活。树也是老树一挪就死，小树要挪到好地方会长得更旺呢。我在这块地方住了那么多年，已经是一棵老树，根根脉脉都扎在了这里，我担心挪不好把自己挪死。先试着在本村里动一下，要能行，我再往更远处挪动。

可这一挪麻烦事跟着就来了。在搬进新房子的好几年间，我收工回来经常不由自主地回到旧房子，看到一地的烂土块才恍然回过神；牲口几乎每天下午都回到已经拆掉的旧圈棚，在那里挤成一堆；我的所有的梦也都是在旧房子。有时半夜醒来，还当是门在南墙上；出去解手，还以为茅厕在西边的墙角。不知道住多少年才能把一个新地方认成家。认定一个地方时或许人已经老了，或许到老也无法把一个新地方真正认成家。一个人心中的家，并不仅仅是一间属于自己的房子，而是你长年累月在这间房子里度过的生活。尽管这房子低矮陈旧，清贫如洗，但堆满房子角角落落的那些黄金般珍贵的生活情节，只有你和你的家人共拥共享，别人是无法看到的。走进这间房子，你就会马上意识到：到家了。即使离乡多年，再次转世回来，你也不会忘记回这个家的路。

我时常看到一些老人，在一些晴朗的天气里，背着手，在村外的田野里转悠。他们不仅仅是看庄稼的长势，也在瞅一块墓地。他们都是些幸福的人，在一个村庄的一间房子里，生活到老，知道自己快死了，在离家不远的地方，择一块墓地。虽说是离世，也离得不远。坟头和房顶日夜相望，儿女们的脚步声在周围的田地间走动，说话声、鸡鸣狗吠时时传来。这样的死没有一丝悲哀，只像是搬一次家。离开喧闹的村子，找个清静处待待。地方是自己选好的，棺木是早几年便吩咐儿女们做好的。从木料、样式到颜色，都是照自己的意愿去做的，没有一丝让你不顺心不满意。

唯一舍不得的便是这间老房子，你觉得还没住够，亲人们也这么说：你不该早早离去。其实你已经住得太久太久，连脚下的地都住老了，连头顶的天都活旧了。但你一点儿没觉得自己有多么"不自觉"。要不是命三番五次地催你，你还会装糊涂生活下去，还会住在这间房子里，还进这个门，睡这个炕。

管中窥豹，时见一斑。——唐·房玄龄等《晋书》

我一直庆幸自己没有离开这个村庄，没有把时间和精力白白耗费在另一片土地上。在我年轻的时候、年壮的时候，曾有许多诱惑让我险些远走他乡，但我留住了自己。没让自己从这片天空下消失。我还住在老地方，所谓盖新房搬家，不过是一个没有付诸行动的梦想。我怎么会轻易搬家呢？我们家屋顶上面的天空，经过多少年的炊烟熏染，已经跟别处的天空大不一样。当我在远处，还看不到村庄，望不见家园的时候，便能一眼认出我们家屋顶上面的那片天空，它像一块补丁，一幅图画，不管别处的天空怎样风云变幻，它总是晴朗祥和地贴在高处，家安安稳稳坐落在下面；家园周围的这一窝子空气，多少年被我吸进呼出，也已经完全成了自己的气息，带着我的气味和温度；我在院子里挖井时，曾潜到三米多深的地下，看见厚厚的土层下面褐黄色的沙子，水就从细沙中缓缓渗出；而在西边的一个墙角上，我的尿水年复一年已经渗透到地壳深处，那里的一块岩石已被我含碱的尿水腐蚀得变了颜色。

看看，我的生命上抵高天，下达深地。这都是我在一个地方地久天长生活的结果。我怎么会离开它呢。

阅读指导

刘亮程，著名作家，1962年出生在新疆古尔班通古特沙漠边缘的一个小村庄。著有诗集《晒晒黄沙梁的太阳》，散文集《风中的院门》《一个人的村庄》《库车》等。刘亮程被誉为"21世纪中国最后一位散文家"和"乡村哲学家"，他的文章语言素淡、明澈，充满欣悦感和表达事物的微妙肌理，展现了汉语独特的纯真和瑰丽。本文选自他的散文集《一个人的村庄》。

刘亮程是农民作家。作为农民，写作是他的业余爱好；而作为作家，他却无时不在创作，即使是在他扛着一把铁锨在田间地头闲逛的时候。在他的散文集《一个人的村庄》中，刘亮程不同于其他作家，他所写农村生活的一个重要特点是，他不是站在一边以"体验生活"的作家的身份来写，而是以参与者的身份写他自己的村庄，写他眼中的、心中的、生于斯长于斯、亦必葬于斯的这一方土地。这就是《一个人的村庄》之命题和立意所在。

鉴赏与思考

1. 人的命运总是与家紧密联系在一起。刘亮程出生在新疆的一个小村庄里，在这个人畜共居的村庄里，房子被风吹旧，太阳将人和牲畜晒老，所有事物都按自然的意志伸叶展枝。有评论认为刘亮程散文体现了他的村庄之"道"：天、人、生物合一，请结合本文谈谈你的体会和理解。

2. 中国人对故乡很难割舍，有句话叫"落叶归根"，说的就是这个意思。但随着现代经济和科技的发达，很多人离开自己的故乡，在外地建立了自己的家。我们该怎么取舍故乡的"家"与外地的"家"，到底住多久才算是家？

夕阳无限好，只是近黄昏。——唐·李商隐《乐游原》

天龙八部（节选）

金庸

作品欣赏

四十二回　老魔小丑　岂堪一击　胜之不武（有删节）

……

少林寺戒律院执法僧人听得玄寂喝道："用杖！"便即捋起虚竹僧衣，露出他背上肌肤，另一名僧人举起了"守戒棍"。虚竹心想："我身受杖责，是为了罚我种种不守戒律之罚，每受一罚，罪业便消去一分。倘若运气低御，自身不感痛楚，这杖却是白打了。"

忽听得一个女子尖锐的声音叫道："且慢，且慢！你……你背上是什么？"

众人齐向虚竹背上瞧去，只见他腰背之间整整齐齐地烧着九点香疤。僧人受戒，香疤都是烧在头顶，不料虚竹除了头顶的香疤之外，背上也有香疤。背上的疤痕大如铜钱，显然是在他幼年时所烧炙，光着身子长大，香疤也渐渐增大，此时看来，已非十分圆整。

人丛中突然奔出一个中年女子，身穿淡青色长袍，左右脸颊上各有三条血痕，正是四大恶人中的"无恶不作"的叶二娘。她疾扑而前，双手一分，已将少林寺戒律院的两名执法僧推开，伸手便去拉虚竹的裤子，要把他裤子扯将下来。

虚竹吃了一惊，转身站起，向后飘开数尺，说道："你……你干什么？"叶二娘全身发颤，叫道："我……我的儿啊！"张开双臂，便去搂抱虚竹。虚竹一闪身，叶二娘便抱了个空。众人都想："这女人发了疯？"叶二娘接连抱了几次，都给虚竹轻轻巧巧地闪开。她如痴如狂，叫道："儿啊，你怎么不认你娘了？"

虚竹心中一凛，有如电震，颤声道："你……你是我娘？"叶二娘叫道："儿啊，我生你不久，便在你背上、两边屁股上，都烧上了九个戒点香疤。你这两边屁股上是不是各有九个香疤？"

虚竹大吃一惊，他双股之上确是各有九个香疤。他自幼便是如此，从来不知来历，也羞于向同侪启齿，有时沐浴之际见到，还道自己与佛门有缘，天然生就，因而更坚了向慕佛法之心。这时徒然听到叶二娘的话，当真有如半空中打了个霹雳，颤声道："是，是！我……我两股上各有九点香疤，是你……是娘……是你给我烧的？"

叶二娘放声大哭，叫道："是啊，是啊！若不是我给你烧的，我怎么知道？我……我找到儿子了，找到我亲生乖儿子了！"一面哭，一面伸手去抚虚竹的面颊。虚竹不再避让，任由她抱在怀里。他自幼无爹无娘，只知是寺中僧侣所收养的一个孤儿，他背心双股烧有香疤，这隐秘只有自己一个知道，叶二娘居然也能知悉，哪里还有假的？突然间领略到了生平从所未知的慈母之爱，眼泪涔涔而下，叫道："娘……娘，你是我妈妈！"

这件事突如其来，旁观众人无不大奇，但见二人相拥而泣，又悲又喜，一个舐犊情深，一个至诚孺慕，群雄之中，不少人为之鼻酸。

叶二娘道："孩子，你今年二十四岁，这二十四年来，我白天也想你，黑夜也想念你，

同是天涯沦落人，相逢何必曾相识！——唐·白居易《琵琶行》

我气不过人家有儿子，我自己儿子却给天杀的贼子偷去了。我……我只好去偷人家的儿子。可……可是……别人的儿子，哪有自己亲生的好？"

南海鳄神哈哈大笑，说道："三妹！你老是去偷人家白白胖胖的娃儿来玩，玩够了便捏死了他，原来是为了自己儿子给人家偷去了啦。岳老二问你缘故，你总是不肯说！很好，妙极！虚竹小子，你妈妈是我义妹，你快叫我一声'岳老伯！'"想到自己的辈分还在这武功奇高的灵鹫宫主人之上，这份乐子可真不用说了。云中鹤摇头道："不对、不对！虚竹子是你师父的把兄，你得叫他一声师伯。我是他母亲的义弟，辈分比你高了两辈，你快叫我'师叔祖'！"南海鳄神一怔，吐了一口浓痰，骂道："你奶奶的，老子不叫！"

叶二娘放开了虚竹头颈，抓住他肩头，左看右瞧，喜不自禁，转头向玄寂道："他是我的儿子，你不许打他！"随即向虚竹大声道："是哪一个天杀的狗贼，偷了我的孩儿，害得我母子分离二十四年？孩儿，孩儿，咱们走遍天涯海角，也要找到这个狗贼，将他千刀万刮，斩成肉浆。你娘斗他不过，孩儿武功高强，正好给娘报仇雪恨。"

坐在大树下一直不言不动的黑衣僧人忽然站起身来，缓缓说道："你这孩儿是给人家偷去的，还是抢去的？你面上这六道血痕，从何而来？"

叶二娘突然变色，尖声叫道："你……你是谁？你……你怎么知道？"黑衣僧道："你难道不认得我吗？"叶二娘尖声大叫："啊！是你！就是你！"纵身向他扑去，奔到离他身子丈余之处，突然立定，伸手戟指，咬牙切齿，愤怒已极，却也不敢近前。

黑衣僧道："不错，你孩子是我抢去了，你脸上这六道血痕，也是我抓的。"叶二娘叫道："为什么？你为什么要抢我孩儿？我和你素不相识，无冤无仇。你……你……害得我好苦。你害得我在这二十四年之中，日夜苦受煎熬，到底为什么？为……为什么？"黑衣僧指着虚竹，问道："这孩子的父亲是谁？"叶二娘全身一震，道："他……他……我不能说。"

虚竹心头激荡，奔到叶二娘身边，叫道："妈，你跟我说，我爹爹是谁？"

叶二娘连连摇头，道："我不能说。"

黑衣僧缓缓说道："叶二娘，你本来是个好好的姑娘，温柔美貌，端庄贞淑。可是在你十八岁那年，受了一个武功高强、大有身份的男子所诱，失身于他，生下了这个孩子，是不是？"叶二娘木然不动，过了好一会儿，才点头道："是。不过不是他引诱我，是我去引诱他的。"黑衣僧道："这男子只顾到自己的声名前程，全不顾念你一个年纪轻轻的姑娘，未嫁生子，处境是何等的凄惨。"叶二娘道："不、不！他顾到我了，他给了我很多银两，给我好好安排了下半世的生活。"黑衣僧道："他为什么让你孤零零地漂泊江湖？"

叶二娘道："我不能嫁他的。他怎么能娶我为妻？他是个好人，他向来待我很好。是我自己不愿连累他的。他……他是好人。"言辞之中，对这个遗弃了她的情郎，仍是充满了温馨和思念，昔日恩情，不因自己深受苦楚、不因岁月消逝而有丝毫减退。

众人均想："叶二娘恶名素著，但对她当年的情郎，却着实情深义重。只不知这男人是谁？"

段誉、阮星竹、范骅、华赫艮、巴天石等大理一系诸人，听二人说到这一桩昔年的风流事迹，情不自禁地都偷眼向段正淳瞄了一眼，都觉叶二娘这个情郎，身份、性情、处事、

露从今夜白，月是故乡明。——唐·杜甫《月夜忆舍弟》

年纪、无一不和他相似。更有人想起："那日四大恶人同赴大理，多半是为了找镇南王讨这笔孽债。"连段正淳也是大起疑心："我所识女子着实不少，难道有她在内？怎么半点也记不起来？倘若当真是经累得她如此，纵然在天下英雄之前声名扫地，段某也决不能丝毫亏待了她，只不过……只不过……怎么全然记不得了？"

黑衣僧人朗声道："这孩子的父亲，此刻便在此间，你干吗不指他出来？"叶二娘惊道："不，不！我不能说。"黑衣僧问道："你为什么在你孩儿的背上、股上，烧上三处二十七点戒点香疤？"叶二娘掩面道："我不知道，我不知道！求求你，别问我了。"

黑衣僧声音仍是十分平淡，好似无动于衷，继续问道："你孩儿一生下来，你就想要他当和尚吗？"叶二娘道："不是，不是的。"黑衣僧人道："那么，为什么给他身上烧这些佛门的香疤？"叶二娘道："我不知道，我不知道！"黑衣僧朗声道："你不肯说，我却知道。只因为这孩儿的父亲，乃是佛门弟子，是一位大大有名的有道高僧。"

叶二娘一声呻吟，再也支持不住，晕倒在地。

群雄登时大哗，眼见叶二娘这等神情，那黑衣僧所言显非虚假，原来和她私通之人，竟然是个和尚，而且是有名的高僧。众人交头接耳，议论纷纷。

虚竹扶起叶二娘，叫道："妈，妈，你醒醒！"过了半晌，叶二娘悠悠醒转，低声道："孩儿，快扶我下山去。这……这人是妖怪，他……什么都知道。我再也不要见他了。这仇也……也不用报了。"虚竹道："是，妈，咱们这就走吧。"

黑衣僧道："且慢，我话还没说完呢。你不要报仇，我却要报仇。叶二娘，我为什么抢你孩子，你知道么？因为……因为有人抢去了我的孩儿，令我家破人亡，夫妇父子，不得团聚。我这是为了报仇。"

叶二娘道："有人抢你孩儿？你是为了报仇。"

黑衣僧道："正是，我抢了你的孩儿来，放在少林寺的菜园之中，让少林僧将他抚养长大，授他一身武艺。只因为我自己的亲生孩儿，也是被人抢了去，抚养长大，由少林僧授了他一身武艺。你想不想瞧瞧我的真面目？"不等叶二娘意示可否，黑衣僧伸手便拉去了自己的面幕。

萧峰惊喜交集，抢步上前，拜伏在地，颤声叫道："你……你是我爹爹……"

那人哈哈大笑，说道："好孩子，好孩儿，我正是你的爹爹。咱爷儿俩一般的身形相貌，不用记认，谁都知道我是你的老子。"一伸手，扯开胸口衣襟，露出一个刺花的狼头，左手一提，将萧峰拉了起来。

萧峰扯开自己衣襟，也现出胸口那张口露牙、青郁郁的狼头来。两人并肩而行，突然间同时仰天而啸，声若狂风怒号，远远传了出去，只震得山谷鸣响，数千豪杰听在耳中，尽感不寒而栗。"燕云十八骑"拔下长刀，呼号相和，虽然一共只有二十人，但声势之盛，直如千军万马一般。

萧峰从怀中摸出一个油布包打开，取出一块缝缀而成的大白布，展将开来，正是智光和尚给他的石壁遗文的拓片，上面一个个都是空心的契丹文字。

予独爱莲之出淤泥而不染，濯清涟而不妖。——宋·周敦颐《爱莲说》

那虬髯老人指着最后那几个字笑道："萧远山绝笔，萧远山绝笔！哈哈，孩儿，那日我伤心之下，跳崖自尽，哪知道命不该绝，坠在谷底一株大树的枝干之上，竟得不死。这一来，为父的死志已去，便兴复仇之念。那日雁门关外，中原豪杰不问情由，便杀了你不会武功的妈妈。孩儿，你说此仇该不该报！"

萧峰道："父母之仇，不共戴天，焉可不报？"

萧远山道："当日害你母亲之人，大半已为我当场击毙。智光和尚以及那个自称'赵钱孙'的家伙，已为孩儿所杀。丐帮前任帮主汪剑通染病身故，总算便宜了他。只是那个领头的'大恶人'，迄今兀自健在。孩儿，你说咱们拿他怎么办？"

萧峰急道："此人是谁？"

萧远山一声长啸，喝道："此人是谁？"目光如电，在群豪脸上一一扫射而过。

群豪和他目光接触之时，无不栗栗自危，虽然这些人均与当年雁门关外之事无关，但见到萧氏父子的神情，谁也不敢动上一动，发出半点声音，唯恐惹祸在身。

萧远山道："孩儿，那日我和你妈怀抱着你，到你外婆家去，不料路经雁门关外，数十名中土武士跃将出来，将你妈和我的随从杀死。大宋和契丹有仇，互相斫杀，原非奇事，但这些中土武士埋伏山后，显有预谋。孩儿，你可知那是什么缘故？"

萧峰道："孩儿听智光大师说道，他们得到讯息，误信契丹武士要来少林寺夺取武学典籍，以为他日国谋夺大宋江山的张本，是以突出袭击，害死了我妈妈。"

萧远山惨笑道："嘿嘿，嘿嘿！当年你老子并无夺取少林寺武学典籍之心，他们却冤枉了我。好，好！萧远山一不做，二不休，人家冤枉我，我便做给人家瞧瞧。这三十年来，萧远山便躲在少林寺中，将他们的武学典籍瞧了个饱。少林寺诸位高僧，你们有本事便将萧远山杀了，否则少林武功非流入大辽不可。你们再在雁门关外埋伏，可来不及了。"

少林群僧一听，无不骇然惊色，均想此人之言多半不假，本派武功倘若流入了辽国，令契丹人如虎添翼，那便如何是好？连同武林群豪，也人人都想："今日说什么也不能让此人活着下山。"

萧峰道："爹爹，这大恶人当年杀我妈妈，还可说是事出误会，虽然鲁莽，尚非故意为恶。可是他却去杀了我义父义母乔氏夫妇，令孩儿大蒙恶名，那却是大大不该了。到底此人是谁，请爹爹指出来。"

萧远山哈哈大笑，道："孩儿，你这可错了。"萧峰愕然道："孩儿错了？"萧远山点点头，道："错了。那乔氏夫妇，是我杀的！"

萧峰大吃一惊，颤声道："是爹爹杀的？那……那为什么？"

萧远山道："你是我的亲生孩儿，本来我父子夫妇一家团聚，何等快乐？可是这些南朝武人将我契丹人看作猪狗不如，动不动便横加杀戮，将我孩儿抢了，去交给别人，当作他的孩儿。那乔氏夫妇冒充是你父母，既夺了我的天伦之乐，又不跟你说明真相，那便该死。"

萧峰胸口一酸，说道："我义父义母待孩儿极有恩义，他二位老人家实是大好人。然则放火焚烧单家庄，杀死谭公、谭婆等等，也都是……"

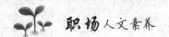

　　萧远山道："不错！都是你爹爹干的。当年带头在雁门关外杀你妈妈的是谁，这些人明明知道，却偏不肯说，个个袒护于他，岂不该死？"

　　萧峰转默然，心想："苦苦追寻的'恶人'却原来竟是我的爹爹，这……这却从何说起？"缓缓地道："少林寺玄苦大师亲授孩儿武功，十年中寒暑不间，孩子得有今日，全蒙恩师栽培……"到这里，低下头来，已然虎目含泪。

　　萧远山道："这些南朝武人阴险奸诈，有什么好东西了？这玄苦是我一掌震死的。"

　　少林群僧齐声诵经："阿弥陀佛！"声音十分悲愤，虽然一时未有人上前向萧远山挑战，但群僧在这念佛声中所含的沉痛之情，显然已包含了极大决心，绝不能与他善罢甘休。各人均想："过去的确是错怪了萧峰。但他父子同体，是老子作的恶，怪在儿子头上，也没什么不该。"

　　萧远山又道："杀我爱妻、夺我独子的大仇人之中，有丐帮帮主，也少林派高手，嘿嘿，他们只想永远遮瞒这桩血腥罪过，将我儿子变作了汉人，叫我儿子拜大仇人为师，继大仇人为丐帮的帮主。嘿嘿，孩儿，那日晚间我打了玄苦，见我父子容貌相似，只道是你出手，连那小沙弥也分不清你我父子。孩儿，咱契丹人受他们冤枉欺侮，还少得了吗？"

　　萧峰这时方始恍然，为什么玄苦大师那晚见到自己之时，竟然如此错愕，而那小沙弥又为什么力证自己出手打死玄苦。却哪里想得真正行凶的，竟是个和自己容貌相似、血肉相连之人？说道："这些人既是爹爹所杀，便和孩儿所杀没有分别，孩儿一直担负着这名声，却也不枉了。那个带领中原武人在雁门关外埋伏的恶人，爹爹可探明白了没有？"

　　萧远山道："嘿嘿，岂有不探查明白之理？此人害得我家破人亡，我若将他一掌打死，岂不是便宜他了。叶二娘，且慢！"

　　他见叶二娘扶着虚竹，正一步步走远，当即喝住，说道："跟你生下这孩子是谁，你若不说，我可要说出来了。我在少林寺中隐伏三十年，什么事能逃得过我的眼去？你们在紫云洞中相会，他叫乔婆婆来给你接生，种种事，要我一五一十地当众说出来吗？"

　　叶二娘转身过来，向萧远山奔近几步，跪倒在地，说道："萧老英雄，请你大仁大义，高抬贵手，放过了他。我孩儿和你公子有八拜之交，结为金兰兄弟，他……他……他在武林中这么大的名声，这般的身份地位……年纪又这么大了，你要打要杀，只对付我，可别……可别去难为他。"

　　群雄先听萧远山说道虚竹之父乃是个"有道高僧"，此刻又听叶二娘说他武林中声誉甚隆，地位甚高，几件事一凑合，难道此人竟是少林寺中一位辈分甚高的僧人？各人眼光不免便向少林寺一干白飘飘的老僧射了过去。

　　忽听得玄慈方丈说道："善哉，善哉！既造业因，便有业果。虚竹，你过来！"虚竹走到方丈身前屈膝跪下，玄慈向他端相良久，伸手轻轻抚摸他的头顶，脸上充满温柔慈爱，说道："你在寺中二十四年，我竟始终不知你便是我的儿子！"

　　此言一出，群僧和众豪杰齐声大哗。各人面上神色之诧异、惊骇、鄙视、愤怒、恐惧、怜悯，形形色色，实是难以形容。玄慈方丈德高望重，武林中人无不钦仰，谁能想到他竟会做出这种事？过了好半天，纷扰才渐渐停歇。

玄慈缓缓说话，声音极是安详镇静，一如平时："萧老施主，你和令郎分离三十余年，不得相见，却早知他武功精进，声名鹊起，成为江湖上一等一的英雄好汉，心下自必安慰。我和我儿日日相见，却只道他为强梁掳去，生死不知，反而日夜为此悬心。"

叶二娘哭道："你……你不用说出来，那……那便如何是好？可怎么办？"玄慈温言道："二娘，既已作下了恶业，反悔固然无用，隐瞒也是无用。这些年来，可苦了你啦！"叶二娘道："我不苦！你有苦说不出，那才是真苦。"

玄慈缓缓摇头，向萧远山道："萧老施主，雁门关外一役，老衲铸成大错。众家兄弟为老衲包涵此事，又一一送命。老衲今日再死，实在已经晚矣。"忽然提高声音，说道："慕容博慕容老施主，当日你假传音讯，说道契丹武士要大举来少林寺夺取武学典籍，以致酿成种种大错，你可也曾有丝毫内疚于此吗？"

众人突然听到他说出"容博"字，又都是一惊。群雄大多知道慕容公子的父亲单名一个"博"字，听说此人已然逝世，怎么玄慈会突然叫出这个名字来？难道假报音讯的便是慕容博？各人顺着他的眼光瞧去，但见他双目所注，却是坐在大树底下的灰衣僧人。

那灰衣僧人一声长笑，站起身来，说道："方丈大师，你眼光好生厉害，居然将我认了出来。"伸手扯下面幕，露出一张神清目秀、白眉长垂的脸来。

慕容复惊喜交集，叫道："爹爹，你……你没有……没有死？"随即心头涌起无数疑窦：那日父亲逝世，自己不止一次试过他心停气绝，亲手入殓安葬，怎么又能复活？那自然他是以神功闭气假死。但为什么要装假死？为什么连亲生儿子也要瞒过？

玄慈道："慕容老施主，我和你多年交好，素来敬重你的为人。那日你向我告知此事，老衲自是深信不疑。其后误杀了好人，老衲可再也见你不到了。后来听到你因病去世了，老衲好生痛悼，一直只道你当时和老衲一般，也是误信人言，酿成无意的错失，心中内疚，以致英年早逝，哪知道……唉！"他这一声长叹，实是包含了无穷的悔恨和责备。

萧远山和萧峰对望一眼，直到此刻，他父子方知这个假传音讯、挑拨生祸之人竟是慕容博。萧峰心头更涌出一个念头："当年雁门关外的惨事，虽是玄慈方丈带头所为，但他是少林寺方丈，关心大宋江山和本寺典籍，倾力以赴，原是义不容辞。其后发觉错失，便尽力补过。真正的大恶人，实是慕容博而不是玄慈。"

慕容复听了玄慈这番话，立即明白："爹爹假传讯息，是要挑起宋辽武人的大斗，我大燕便可从中取利。事后玄慈不免要向我爹爹质问。我爹爹自也无可辩解，以他大英雄、大豪杰的身份，又不能直认其事，毁却一世英名。他料到玄慈方丈的性格，只须自己一死，玄慈便不会吐露真相，损及他死后的名声。"随即又想深一层："是了。我爹爹既死，慕容氏声名无恙，我仍可继续兴复大业。否则的话，中原英豪群起与慕容氏为敌，自存已然为难，遑论纠众复国？其时我年岁尚幼，倘若复知爹爹乃是假死，难免露出马脚，因此索性连我也瞒过了。"想到父亲如此苦心孤诣，为了兴复固燕，不惜舍弃一切，更觉

树树皆秋色，山山唯落晖。——唐·王绩《野望》

自己肩负之重。

玄慈缓缓地道："慕容老施主，老衲今日听到你对令郎劝导的言语，才知你姑苏慕容氏竟是帝王之裔，所谋者大。那么你假传音讯的用意，也就明白不过了。只是你所图谋的大事，却也终究难成，那不是枉自害死了这许多无辜的性命吗？"

慕容博道："谋事在人，成事在天！"

玄慈脸有悲悯之色，说道："我玄悲师弟曾奉我之命，到姑苏来向你请问此事，想来他言语之中得罪了你。他又在贵府见到了若干蛛丝马迹，猜到了你造反的意图，因此你要杀他灭口。却为什么你隐忍多年，直至他前赴大理，这才下手？嗯，你想挑起大理段氏和少林派的纷争，料想你向我玄悲师弟偷袭之时，使的是段氏一阳指，只是你一阳指所学不精，奈何不了他，终于还是用慕容氏'以彼之道，还施彼身'的家传本领，害死了我玄悲师弟。"

慕容博嘿嘿一笑，身子微侧，一拳打向身旁大树，喀喇喇两声，树上两根粗大的树枝落了下来。他打的是树干，竟将距他拳处丈许的两根树枝震落，实是神功非凡。

少林寺中十余名老僧齐声叫道："韦陀杵！"声音中充满了惊骇之意。

玄慈点头道："你在敝寺这许多年，居然将少林七十二绝技之一的'陀杵'功也练成了。但河南伏牛派那招'灵千裂'以你的身份武功，想来还不屑花工夫去练。你杀柯百岁柯施主，使的才真正是家传功夫，却不知又为了什么？"

慕容博阴恻恻地一笑，说道："老方丈精明无比，足不出山门，江湖上诸般情事却了如指掌，令人好生钦佩。这件事倒要请你猜上一猜……"未说完，突然两人齐声怒吼，向他急扑过去，正是金算盘崔百泉和他的师侄过彦之。慕容博袍袖一拂，崔过两人摔出数丈，躺在地上动弹不得，在这霎时间，竟已被他分别以"袖中指"点中了穴道。

玄慈道："那柯施主家财豪富，行事向来小心谨慎。嗯，你招兵买马，积财贮粮，看中了柯施主的家产，想将他收为己用，柯施主不允，说不定还想禀报官府。"

慕容博哈哈大笑，大拇指一竖，说道："老方丈了不起，了不起！只可惜你明察秋毫之际，却不见舆薪。在下与这位萧兄躲在贵寺这么多年，你竟一无所知。"

玄慈缓缓摇头，叹了口气，说道："明白别人容易，明白自己甚难。克敌不易，克服自己心中贪嗔痴三毒大敌，更是艰难无比。"

慕容博道："方丈，念在昔年你我相交多年的故人之谊，我一切直言相告。你还有什么事要问我？"

玄慈道："萧峰萧施主的为人，丐帮马大元副帮主、马夫人、白世镜长老三位，料想不会是他杀害的，不知是慕容老施主呢，还是萧老施主下的手？"

萧远山道："大元是他妻子和白世镜合谋所害死，白世镜是我杀的。其间过节，大理段王爷亲眼目睹，方丈欲知详情，待会请问段王爷便是。"

萧峰踏上两步，指着慕容博喝道："容老贼，你这罪魁祸首，上来领死吧！"

慕容博一声长笑，纵身而起，疾向山上蹿去。萧远山和萧峰齐喝："追！"追上山去。这三人都是登峰造极的武功，晃眼之间，便已去得老远。慕容复叫道："爹爹，爹爹！"跟

黄梅时节家家雨，青草池塘处处蛙。——宋·赵师秀《约客》
等闲识得东风面，万紫千红总是春。——宋·朱熹《春日》

着也追上山。他轻功也甚是了得，但比之前面三人，却显得不如了。但见慕容博、萧远山、萧峰一前二后，三人竟向少林寺奔去。一条灰影，两条黑影，霎时间都隐没在少林寺的黄墙碧瓦之间。

阅读指导

金庸，1924年出生，本名查良镛，著名武侠小说家，浙江海宁人。

金庸有两支笔：一支是写武侠小说的"世界第一侠笔"，另一支是写社评的"香港第一健行"。金庸共写武侠小说15部，取其中14部作品名称的字首，可概括为"飞雪连天射白鹿，笑书神侠倚碧鸳"，外加一部《越女剑》。

金庸武侠作品思想内容博大精深：就历史角度来说，有很多学问值得探讨。金庸的作品很多以历史为背景，取材于宋元之际、元明之际、明清之际的民族关系。民族关系问题，向来是很敏感又复杂的问题。金庸却能站在新的历史视角上，通过他的人物作了很好的回答。在非历史题材的作品中，金庸以"武"为载体，寄寓了他对社会人生的体验和见解。他极注重写人性，尤其是对人性的残忍、卑鄙、狡诈、无耻，无不给予无情地揭露。

《天龙八部》以宋哲宗时代为背景，通过宋、辽、大理、西夏、吐蕃及女真等王国之间的武林恩怨和民族矛盾，从哲学的高度对人生和社会进行审视和描写，展示了一幅波澜壮阔的生活画卷。

三十年前，慕容博为使中原武林与契丹结怨，假传消息，说契丹武士要前往少林寺抢夺武功图谱，众武林豪杰在少林寺玄慈方丈的带领下前往雁门关伏击，杀死无辜的契丹武林高手萧远山的妻子和手下之人，萧远山奋力反抗。后见爱妻身亡，伤心跳崖，将周岁的儿子扔在昏迷的丐帮帮主汪剑通身旁，这个孩子就是乔峰（萧峰）。萧远山跳崖后并没有死，他隐姓埋名，潜入少林寺偷学武功。慕容博假传消息后，为免玄慈责难，便诈言身死，也不时去少林寺偷阅武林秘籍。玄慈杀死萧远山妻子侍从后，意识到自己被人欺骗，便和汪剑通一同托人照料萧峰。如今真相大白，萧峰苦苦追寻的凶手正是自己的父亲；而更叫人难以预料的是虚竹是玄慈与无恶不作叶二娘所生之子，玄慈受少林寺规之罚后自尽，叶二娘殉情，萧远山、慕容博被少林寺藏经阁一神秘老僧点化，皈依佛门。

本回主要内容即揭露事情真相，为全书的高潮。

鉴赏与思考

1. 金庸塑造了许多栩栩如生的人物形象，《天龙八部》的主人公萧峰就是其中之一，他是悲剧英雄的代表，他的悲剧力量是震撼人心的。请结合剧情和金庸其他作品，讨论萧峰之死的根源与意义。

2. 《天龙八部》小说人物众多，各有特色，萧峰的光明磊落、段誉的至诚至性，就连配角也有南海鳄神的雄霸憨直、马夫人的邪恶，还有丐帮的四大长老等，各个性格迥异，特点鲜明。你能说说当中你最喜欢的人物特点吗？

沾衣欲湿杏花雨，吹面不寒杨柳风。——南宋·志南和尚《绝句》

古诗十九首之一　行行重行行

❧ 作品欣赏

行行重①行行，与君生别离②。

相去③万余里，各在天一涯④；

道路阻⑤且长，会面安可知。

胡马⑥依北风，越鸟⑦巢南枝。

相去日以⑧远，衣带日以缓⑨；

浮云蔽白日，游子不顾反⑩。

思君令人老⑪，岁月忽已晚⑫。

弃捐⑬勿复道，努力加餐饭。⑭

【注释】

① 重（chóng）：又。这句是说行而不止。

② 生别离：是"生离死别"的意思。屈原《九歌·少司命》："悲莫悲兮生别离。"

③ 相去：相距，相离。

④ 涯：方。

⑤ 阻：艰险。

⑥ 胡马：北方所产的马。

⑦ 越鸟：南方所产的鸟。"胡马倚北风，越鸟朝南枝"，是当时习用的比喻，借喻眷恋故乡的意思。

⑧ 已：同"以"。

⑨ 缓：宽松。这句意思是说，人因相思而躯体一天天消瘦。

⑩ 顾反：还返，回家。顾，返也。反，同返。

⑪ 老：并非实指年龄，而指消瘦的体貌和忧伤的心情，是说心身憔悴，有似衰老而已。

⑫ 晚：指行人未归，岁月已晚。

⑬ 弃捐：抛弃。

⑭ 这两句的意思是说这些都丢开不必再说了，只希望你在外保重；一说是指这些都丢开不必再说，自己要努力保重自己，以待后日相会。

《行行重行行》是一首在东汉末年动荡岁月中的相思乱离之歌。尽管在流传过程中失去了作者的名字，但"情真、景真、事真、意真"（陈绎《诗谱》），读之使人悲感无端，反复低徊，为女主人公真挚痛苦的爱情呼唤所感动。

诗中淳朴清新的民歌风格，内在节奏上重叠反复的结构形式，同一相思别离用或显或寓、或直或曲、或托物比兴的艺术方法，"若秀才对朋友说家常话"式的单纯优美的语言，正是这首诗具有永恒艺术魅力之所在。而首叙初别之情——次叙路远难会——再叙相思之苦——末以宽慰期待作结。离合奇正，现转换变化之妙。不迫不露、句意平远的艺术风格，表现出东方女性热恋相思的心理特点。

❧ 鉴赏与思考

1. 请分析《行行重行行》中的思妇形象，在中国古代，"思妇"有何典型意义？
2. 查阅资料，总结本诗的艺术特色。收集《古诗十九首》中的其他作品，熟读并理解。

❧ 视野拓展

1. 鲁迅：《野草》，见《鲁迅全集》第 2 卷，人民文学出版社，1958 年版。
2. 杰克·伦敦：《热爱生命》，见《杰克·伦敦中短篇小说选》，山东文艺出版社，1999 年版。
3. 司马迁：《报任少安书》，见《中国历代文学作品选》，上海古籍出版社，2008 年版。

❧ 圆桌议题

1. 或言"命运天定"，或言"性格即命运"，或言"改变命运"，你如何看待"命运"？
2. 如何理解苦难之于人生的意义？
3. 讲几个在"绝望"中寻找"希望"的故事。

主题三　爱的喃语

木兰花令·拟古决绝词

纳兰性德

❧ 作品欣赏

人生若只如初见，①何事秋风悲画扇。②等闲变却故人心，③却道故人心易变。骊山语罢清宵半，④泪雨霖铃终不怨。何如薄幸锦衣郎，⑤比翼连枝当日愿。

春潮带雨晚来急，野渡无人舟自横。——唐·韦应物《滁州西涧》

【注释】

① 人生句：意思是说与意中人相处应当总像刚刚相识的时候，那样地甜蜜，那样地温馨，那样地深情和快乐。

② 何事句：此用汉班婕妤被弃典故。班婕妤为汉成帝妃，被赵飞燕诬害，退居冷宫，后有诗《怨歌行》，以秋扇为喻抒发被弃之怨情。南北朝梁刘孝绰《班婕妤怨》诗又点明"妾身似秋扇"，后遂以秋扇见捐喻女子被弃。这里是说本应当相亲相爱，但却成了今日的相离相弃。

③ 等闲二句：意思是说如今轻易地变了心，却反而说情人间就是容易变心的。故人，指情人。

④ 骊山二句：《太真外传》载，唐明皇与杨玉环曾于七月七日夜，在骊山华清宫长生殿里盟誓，愿世世为夫妻。白居易《长恨歌》："在天愿作比翼鸟，在地愿作连理枝。"对此作了生动的描写。

⑤ 何如二句：薄幸，薄情。锦衣郎，指唐明皇。意谓怎比得上当年的唐明皇呢，他总还是与杨玉环有过比翼鸟、连理枝的誓愿！意思是纵死而分离，也还是刻骨地念念不忘旧情。

50

阅读指导

纳兰性德（1655 年－1685 年），清代词人，与朱彝尊、陈维崧并称"清词三大家"。字容若，大学士明珠长子。出生于满州正黄旗。自幼天资聪颖，18 岁考中举人。公元 1676 年中进士，授乾清门三等侍卫，后循迁至一等。随扈出巡南北，并曾出使梭龙（黑龙江流域）考察沙俄侵扰东北情况。诗文均很出色，尤以词作杰出，著称于世。曾把自己的词作编选成集，名为《侧帽集》，后更名为《饮水词》，后人将两部词集增遗补缺，共 342 首，编辑为《纳兰词》。

这是一首拟古之作，其所拟之《决绝词》本是古诗中的一种，是以女子的口吻控诉男子的薄情，从而表态与之决绝。词作以一个女子的口吻，抒写了被丈夫抛弃的幽怨之情。词情哀怨凄婉，屈曲缠绵。

鉴赏思考

1. 用典是《木兰花令·拟古决绝词》的一大特色，本诗用了哪几个典故？该如何解读？
2. 结合实际，分析本诗的现实意义。

我也这样叫她：惠

傅天琳

作品欣赏

惠，这样痴痴地看着她自己，眼波盈盈……这是我从我的日记册上取出的照片，少女

接天莲叶无穷碧，映日荷花别样红。——宋·杨万里《晓出静慈寺送林子方》

时代的惠，娇如春花，媚若秋月，像煞一个古典美人。

那口洁白的小牙正轻轻吐出照片背后的一串字："送给我亲爱的净。"

不消说，这些照片是送给一个叫净的男人了。此时，这个男人正坐在我的对面，双眼弥漫一片水草的氤氲。他这是歉？是悔？是爱？还是怨？自不必细究了。谁都会明白：这是一对过去的情人。

而净，是我的丈夫。

我只是不习惯这样的称呼——净。别人叫过的，我偏不！要简称就叫罗。

更多的时候，是像山野的风那样呼唤：

"罗怀净，吃——饭——！"

此时，我应该说些什么？或者，背过脸到另间屋子去，让别人的净和别人的惠去畅叙别后？不，没有必要。我走开反弄得场面尴尬。别人只是见见面，又没别的意思。再说，俺如今已是写得出书的人了，比他们得行，还恐慌个什么？

但是，很快我的眼睛也跟着潮湿起来，为刚才闪过的那么一丝醋意和居高临下之感而愧疚。

不知比青梅竹马更早的契约称为什么？当两个年轻妇人躲在军营帐篷内照镜子，照着相互都高挺着的那一脯浑圆的骄傲时，便嘻嘻笑着订了亲家。两个妈妈也都会生，一个生男一个生女。就是说，这一对男女，在胚胎时期就手牵手度过了七夕。

除去两小无猜及少年朦胧的暧昧岁月，他们正式相好也有五年（五年，而我只好过一年！）。那五年，应当是这篇文章的中心，我想听听其中的故事，可是罗不说。我向他保证我不会吃醋也不会算账，他还是不说。尤其知道我要写成文章将他卖了，就更是守口如瓶。

一日，正切菜，俺冷不防一个侧击：

"你亲过她没有？"

"亲过。"

亲过！这就够了。我不再往下问，我可以通过这一个情节作各种想象了。可惜我的文章一向只会纪实不会想象，对二十二年间惠和净的故事，仍只是一片美丽的空白。

应该说是天地人和，辰钩已近。惠在净的家中进进出出，是未过门的媳妇，也是女儿。"惠，星期天我们炖了一只鸡，你没有来，就差你。"这是净给惠的信，出自惠的口。我凭此感觉到当时他们之间已达到更近本质的和谐。

那么，为什么分手？是他有负于她？还是她有负于他？

这事，罗对我说过，在我们初恋的时候。初恋的纯洁与美好，逼得男女双方都要自觉地交代"历史"。那是文革初期，罗家被抄，父亲遭逼死，母亲被赶到长江边一间破陋的木楼。罗想到自己的父亲曾是国民党军官，而惠的父亲（虽然是继父，却已养育她十几年）是三代血统工人，不愿因自己的出身成分影响惠的前途，便写了一封措辞生硬的信，与她断了。

罗的一番话说得既扼要又平淡，且神态漠然。我没有再问什么。想想，一个刚刚爱着

谁将平地万堆雪，剪刻作此连天花。——唐·韩愈《李花二首》

但还未吻过的人怎么知道去问别人接吻没有？想想，一个刚刚爱着尚不知失恋为何种滋味的人又怎么能理解别人失恋的痛苦？只是惠的照片，实在好看，我爱美的天性不愿伤了这张好看的脸，我用纸将它们包起来，夹进一本日记册里。

松林坡旁边的杏树，旋转翩翩的黄叶。我的第一个吻在那儿发芽开花了。一股男人的血气，让我迷醉。是啊，罗，我曾经热烈地仅仅因为爱而爱过你，那么我的一生因这种纯粹而不悔。

恋爱，结婚，生孩子，像果园所有的人一样经营着日子。而我们的日子也许比别人经营得更声色惨淡一些。

别人走的路，没有我们爬的坡多。

别人种的草，没有我们栽的花多。

别人说的话，没有我们吵的架多。

日子穷，娃儿乖，火气大，"我是户主！"罗怀净常说。是啊，挑煤挑水是他，爱我抚我是他，刺我伤我是他，动不动就要扇孩子一个耳光，而每天都要牵着孩子上坡去的也是他。我无法不依赖的男人，我时时想摆脱的男人，罗，我爱与怨的焦点！

至于惠，完全地从我们生活中消失了。

1984年初夏，我从雁荡山归来，罗好像有很重的心事，好像很需要我为他分担些什么。

啊，是见到惠了。相见是偶然的。是偶然的一天，在两路口被惠的母亲认出来，说惠刚从云南探亲回家，他就去了。

坐在床头的惠依然是那样楚楚动人。柔柔的声音丝丝入扣，串辽远的往事为一副珠帘。虽说分别已近二十载，却原是影与形相依，魂与梦相连的一脉冤情啊！

惠和净分手后，一气之下嫁了表哥，从四川去了云南。惠亦是想到不能因自己的家庭出身影响所爱的人。净的父亲起义之后，是由中国人民解放军某部正式任命为师长的。根据政务院的规定，净的出身成分从父亲起义之日起就不是什么"伪军官"，而应该是"革命军人"。而惠的生父，由于去世太早，只能永远叫做国民党军人了。

啊！好一场指腹为婚！错就错在先天的契约上都写着一颗同样胆小、自卑、谦让、崇高的、富于自我牺牲的心灵。没有棍棒，没有血迹，甚至没有互相责怨，彼此清清白白，彼此不明不白，一对恋人就这样分手。一对贞洁的花朵，仅在各自的心划过十字，便拱手交出曾经祈祷过憧憬过的爱情。所谓灵魂的殷殷相托，在社会与自身干扰之下，竟是这样可悲可敬可叹可疑！

不能说表哥对惠爱得不深、不真，不能说结婚后的惠就没有幸福。顺着另一个方向走去，人生怎么也是路。

惠，生了三个儿子。但是，就是第三个儿子出生之时，表哥死了。那可恶的癌症。

惠是怎样拉扯着这三个孩子，自是苦不堪言。可以想象她带着孩子们去拣烂菜叶子的情景；可以想象上夜班的她将孩子们锁在家中（而最小的才一岁）的情景；可以想象不满三十岁的依然妩媚动人的惠面对追求、渴望、谗言——独立苍茫的种种情景。失望和挫败

少年不识愁滋味，爱上层楼，爱上层楼，为赋新词强说愁。而今识尽愁滋味，欲说还休，欲说还休，却说天凉好个秋。——宋·辛弃疾《丑奴儿》

将勇气赋予了柔弱的人！

这时，你想到过净吗，惠？

净继续讲着他的惠，他是那样凄楚、茫然。被自己杀死的爱，复活为一种道义，在血管内折磨他，抗议他。惠的悲惨是他造成的——怎么能说不是他呢？是他首先拒绝了她！无论出于什么动机，他拒绝了她！

双目之间，一片迷蒙。这是我从未见到的情态温婉的伤情的罗，一个生动的富有人性人情人道的男人，一个情感的创伤不轻淤血难以凝固而终于得到倾泻的心灵。

似乎逾越了千沟万壑，在罗怀念另一个女人之时，我觉得和他近了，同时感到了自己的力量。我是多么明确地被一个人所相信，所需要，并且所爱着。

1987 年 6 月，惠再次回到重庆探亲，自然也是要到出版社看看罗怀净的。就是这一次，无意被我撞上了。我邀她到家里来，我要给她看一件东西。

惠一直是深爱着净的。惠的眼睛、声音和手指让我感觉到了罗怀净一直不愿说出的过去，感觉到了这爱的深度和透明度。这爱情经岁月的磨砺，在相互的记忆中永远闪耀理想的绝望的光芒。他们的对方都不再是穿衣吃饭生儿育女会咳嗽会打喷嚏会生气会让人讨厌的人了，而是神，一对爱神！

在惠的心中，这种崇拜尤其强烈。这是因为我们女性的爱总是最纯净、最勇敢、最持久的缘故。我于是对惠讲了三年前净与我的那次倾诉，我要她相信，罗有一颗眼泪透明清澈，那是只属于惠的珍珠。

我不禁心酸，罗从来没有为我湿过眼睛，这个慷慨激昂的男人！这个英雄！

惠抬起头来，凝视着我：

"天琳，你把我的照片放得这么好，你真好！"

"天琳，你把我们（她总是称自己和净为"我们"）的事情写出来，好吗？"

"天琳，看着你们的家这么好，我心里好酸。"

啊！现在轮到我说，我说，我能说什么？在一对昔日的恋人之间，我怎么也是一堵墙。能说这墙是罪过？那么墙又是什么呢？墙本身是否又尽然幸福？能起嫉妒？能生醋意？这个灵魂赤裸的男人，长处，短处，大处，小处，处处斑斑点点。他又是哪一份魅力使另一个女子如此钟情并伤情于他，使我从此也小看他不得？那么我能开怀大度，不以为然？那么我的家——家这个字眼的含义不是神圣不可侵犯的吗？天下有没有这么率直这么大度的人？能叫惠不来？能叫惠常来？

惠，我终究是不知道，我能慰藉你什么？我能分担你什么？

有时，一个人是另一个人的问题；有时，一个人是另一个人的答案。而我，什么也不是。

啊，惠，我的姐妹！

惠和净一样，都将我视为唯一可以说话的人。他们悲怆得如此真挚，我却报之以沉默。

但我在想，以后我要对罗好一些。

我又想，假如他们一起过，肯定比我们过得好。惠显然比我温柔贤淑，净也许不会打

其生殁矣，其言立于后世，此之谓死而不朽。——春秋·左丘明《国语·晋语八》

人骂人。惠如今仍然是自由人，咱们离一个婚来一个成全吧？反正俺也不是找不到。但，二十年唇齿相依相咬咬出的那些血肉的情爱，罗又能超脱吗？不可能，绝对不可能！放弃自己的两个孩子，去爱别人的三个儿子，单这一点，他就做不到！

我这样想，这样地胡思乱想，也许有失我诗人的体面，有愧眼前的四只泪眼。但是，它确是人的一种本能的思维。

天平的两头都有些失重。一头是不曾实现的希望，是纯洁最富魅力的爱的梦幻；一头是现实，是现实达成后的麻木，或遗憾或误会或不以为然。问谁错，谁都没有错，而放在一起都是错。是命运将一份份阴差阳错，漠然地分给每一个人，并且继续分给每一个人。这差错，便倒映着神形各异的人生，直奔酷丽的美的极致。

深深的爱情啊，人类永远为你哭泣！

阅读指导

傅天琳，1946出生，女，四川资中人，重庆出版社编审，重庆市作协副主席。

本文写的是家庭的敏感问题：准第三者。之所以加上"准"字，是因为作者所写的惠只是丈夫的旧情人，并没有介入他们现在的生活。两个老情人虽然旧情难忘，却一直控制在"非礼勿视，非礼勿动"的范围内。因为惠的理智，因为作者的通情达理，两个爱着同一个男人的女人还成了好朋友。作者把一对前恋人感情的纯净真挚写得力透纸背，有痛惜，有理解，有同情，有无奈。文字情真意切，表现了作者对丈夫和他的前恋人的过去的尊重，它是夫妻相处的一种境界！

鉴赏思考

1. 讨论：该怎么样面对爱情的得与失，该怎么样处理爱情与生活的关系？
2. 谈谈你读了这篇文章的感受。

现代诗二首

偶然

徐志摩

作品欣赏

我是天空里的一片云，
偶尔投影在你的波心——
你不必惊异，
更无须欢喜——
在转瞬间消灭了踪影。

夫君子之行，静以修身，俭以养德，非淡泊无以明志，非宁静无以致远。——三国·诸葛亮《诫子书》

你我相逢在黑夜的海上，

你有你的，我有我的，方向；

你记得也好，

最好你忘掉，

在这交会时互放的光亮。

❦❦ 阅读指导

徐志摩（1897 年—1931 年），浙江海宁人，现代诗人、散文家。先后就读于上海沪江大学、天津北洋大学和北京大学。1918 年赴美国学习银行学。1921 年赴英国留学，入伦敦剑桥大学当特别生，研究政治经济学。在剑桥两年深受西方教育的熏陶及欧美浪漫主义和唯美派诗人的影响。

著有诗集《志摩的诗》《翡冷翠的一夜》《猛虎集》《云游》及散文、翻译等多种。

《偶然》这首诗作于 1926 年 5 月，初载同年 5 月 27 日《晨报副刊·诗镌》第 9 期。诗人运用多种意象将自己的人生历程融入于此，表明诗人人生中经历了太多的偶然，将偶然形象化，不仅充满情趣意味，还给读者留下了足够的想象空间。无数次偶然，无数次坎坷，无数次邂逅，似乎都显得如此平常。他与张幼仪的结合是偶然，与林徽因的恋情是偶然，与陆小曼的风波也是偶然；他学习金融是偶然，倾心康桥是偶然，飞机失事更是偶然。这些偶然就像一根串线的珠子。

在贫困黑暗的时代里，诗人的偶然何尝不是一种对人生的呐喊，对爱与美的追求，抒写着诗人的灵魂空间。在呐喊与追求的路上，难道不是苦苦挣扎的路吗？

一棵开花的树

席慕蓉

❦❦ 作品欣赏

如何让你遇见我

在我最美丽的时刻

为这——

我已在佛前求了五百年

求它让我们结一段尘缘

佛于是把我化作一棵树

长在你必经的路旁

阳光下慎重地开满了花

朵朵都是我前世的盼望

古之立大事者，不惟有超世之才，亦必有坚韧不拔之志。——宋·苏轼《晁错论》

当你走近

请你细听

那颤抖的叶是我等待的热情

而当你终于无视地走过

在你身后落了一地的

朋友啊

那不是花瓣

是我凋零的心

阅读指导

席慕蓉，1943年生，著名诗人、散文家、画家。原籍内蒙古，是蒙古族王族之后，外婆是王族公主，后随家定居台湾。出版的诗集有《七里香》（1981年）、《无怨的青春》（1982年）、《时光九篇》（1987年）等。

《一棵开花的树》是一首歌颂美丽、凄凉的爱情的现代诗，从诗的字里行间可以看出诗人初恋的激动和爱人无视的忧伤。本诗的感情由乐转愁，充分体现了诗人的情感变化。本诗可以想象为由多幅画面组成的一幕幕动人的故事。

鉴赏思考

1. 《偶然》全诗运用了哪些写作手法？它揭示了怎样的人生哲理？
2. 感受"开花的树"这一意象所营造的意境，体会象征手法的运用。

与妻书

林觉民

作品欣赏

意映卿卿如晤：

吾今以此书与汝永别矣！吾作此书时，尚为世中一人；汝看此书时，吾已成为阴间一鬼。吾作此书，泪珠和笔墨齐下，不能竟书而欲搁笔。又恐汝不察吾衷，谓吾忍舍汝而死，谓吾不知汝之不欲吾死也，故遂忍悲为汝言之。

吾至爱汝，即此爱汝一念，使吾勇于就死也！吾自遇汝以来，常愿天下有情人都成眷属，然遍地腥云，满街狼犬，称心快意，几家能彀？司马青衫，吾不能学太上之忘情也。语云：仁者"老吾老，以及人之老；幼吾幼，以及人之幼"。吾充吾爱汝之心，助天下人爱其所爱，所以敢先汝而死，不顾汝也。汝体吾此心，于啼泣之余，亦以天下人为念，当亦乐牺牲吾身与汝身之福利，为天下人谋永福也。汝其勿悲！

爱人者，人恒爱之；敬人者，人恒敬之。——战国·孟轲《孟子》

汝忆否？四五年前某夕，吾尝语曰："与使吾先死也，无宁汝先吾而死。"汝初闻言而怒，后经吾婉解，虽不谓吾言为是，而亦无辞相答。吾之意盖谓以汝之弱，必不能禁失吾之悲，吾先死留苦与汝，吾心不忍，故宁请汝先死，吾担悲也。嗟夫！谁知吾卒先汝而死乎！吾真真不能忘汝也！回忆后街之屋，入门穿廊，过前后厅，又三四折，有小厅，厅旁一室，为吾与汝双栖之所。初婚三四个月，适冬之望日前后，窗外疏梅筛月影，依稀掩映，吾与汝并肩携手，低低切切，何事不语？何情不诉？及今思之，空余泪痕。又回忆六七年前，吾之逃家复归也，汝泣告我："望今后有远行，必以告妾，妾愿随君行。"吾亦既许汝矣。前十余日回家，即欲乘便以此行之事语汝，及与汝相对，又不能启口；且以汝之有身也，更恐不胜悲，故惟日日呼酒买醉。嗟夫！当时余心之悲，盖不能以寸管形容之。

吾诚愿与汝相守以死。第以今日事势观之，天灾可以死，盗贼可以死，瓜分之日可以死，奸官污吏虐民可以死，吾辈处今日之中国，国中无地无时不可以死，到那时使吾眼睁睁看汝死，或使汝眼睁睁看我死，吾能之乎？抑汝能之乎！即可不死，而离散不相见，徒使两地眼成穿而骨化石，试问古来几曾见破镜能重圆，则较死为苦也，将奈之何？今日吾与汝幸双健。天下人不当死而死与不愿离而离者，不可数计，钟情如我辈者，能忍之乎？此吾所以敢率性就死不顾汝也。吾今死无余憾，国事成不成自有同志者在。依新已五岁，转眼成人，汝其善抚之，使之肖我。汝腹中之物，吾疑其女也，女必像汝，吾心甚慰。或又是男，则亦教其以父志为志，则我死后尚有二意洞在也，甚幸甚幸！吾家后日当甚贫，贫无所苦，清静过日而已。

吾今与汝无言矣！吾居九泉之下遥闻汝哭声，当哭相和也。吾平日不信有鬼，今则又望其真有。今人又言心电感应有道，吾亦望其言是实，则吾之死，吾灵尚依依旁汝也，汝不必以无侣悲！

吾生平未尝以吾所志语汝，是吾不是处；然语之，又恐汝日日为吾担忧。吾牺牲百死而不辞，而使汝担忧，则非吾所忍。吾爱汝至，所以为汝谋者惟恐未尽。汝幸而偶我，又何不幸而生今日之中国！吾幸而得汝，又何不幸而生今日之中国！卒不忍独善其身。嗟夫！巾短情长，所未尽者尚有万千，汝可以摹拟得之。吾今不能见汝矣！汝不能舍吾，其时时于梦中得我乎！一恸！辛亥三月念六夜四鼓，意洞手书。

家中诸母皆通文，有不解处，望请其指教，当尽吾意为幸。

林觉民（1887年－1911年），字意洞，福建闽侯（现福州市）人。少年之时，即接受民主革命思想，推崇自由平等学说。留学日本期间，加入中国同盟会。1911年春回国，留下情真意切的绝笔《与妻书》，随黄兴、方声洞等革命党人参加黄兴领导的广州起义。在进攻总督衙门的战斗中受伤力尽被俘。在提督衙门受审时慷慨宣传革命道理，最后从容就义，"黄花岗七十二烈士"之一。

这封信中洋溢着对妻子无尽的爱恋和对生活的无比热爱。但作者并没停留在儿女私情

少壮不努力，老大徒悲伤。——汉《长歌行》

上，而是将儿女之情同革命事业相比，使二者很好地统一起来。作者时时作安慰，时时作解释，信中反复强调"吾至爱汝，即此爱汝一念，使吾勇于就死也。"此种豪情令人感动。作者回忆二人世界的缠绵蜜意，回忆二人对生活的美好憧憬，谱写出了一曲爱情的颂歌。然而这封信的价值更在于作者舍小家为大家的伟大的献身精神，表现出资产阶级民主志士的革命情怀。

全文语言委婉曲折又不乏闲情逸致，文辞优美，为读者平添几多的惆怅和心酸。

鉴赏思考

1. 作者深爱妻子，希望与妻子"相守以死"，甚至希望妻子先自己而死，但最终却决意离妻别子、慷慨赴死，这体现了作者怎样的生死观、幸福观？

2. 查找并阅读"黄花岗起义"的有关资料，重新感受林觉民、喻培伦、方声洞等近百名烈士为革命事业不惜牺牲个人一切的高尚情操。

沉香屑　第一炉香（节选）

张爱玲

作品欣赏

请您寻出家传的霉绿斑斓的铜香炉，点上一炉沉香屑，听我说一支战前香港的故事。您这一炉沉香屑点完了，我的故事也该完了。

在故事的开端，葛薇龙，一个极普通的上海女孩子，站在半山里一座大住宅的走廊上，向花园里远远望过去。薇龙到香港来了两年了，但是对于香港山头华贵的住宅区还是相当的生疏。这是第一次，她到姑母家里来。姑母家里的花园不过是一个长方形的草坪，四周绕着矮矮的白石栏杆，栏杆外就是一片荒山。这园子仿佛是乱山中凭空擎出的一只金漆托盘。园子里也有一排修剪得齐齐整整的常青树，疏疏落落两个花床，种着艳丽的英国玫瑰，都是布置谨严，一丝不乱，就像漆盘上淡淡的工笔彩绘。草坪的一角，栽了一棵小小的杜鹃花，正在开着，花朵儿粉红里略带些黄，是鲜亮的虾子红。墙里的春天，不过是虚应个景儿，谁知星星之火，可以燎原，墙里的春延烧到墙外去，满山轰轰烈烈开着野杜鹃，那灼灼的红色，一路摧枯拉朽烧下山坡子去了。杜鹃花外面，就是那浓蓝的海，海里泊着白色的大船。这里不单是色彩的强烈对照给予观者一种眩晕的不真实的感觉——处处都是对照；各种不调和的地方背景，时代气氛，全是硬生生地给掺揉在一起，造成一种奇幻的境界。

山腰里这座白房子是流线型的，几何图案式的构造，类似最摩登的电影院。然而屋顶上却盖了一层仿古的碧色琉璃瓦。玻璃窗也是绿的，配上鸡油黄嵌一道窄红边的框。窗上安着雕花铁栅栏，喷上鸡油黄的漆。屋子四周绕着宽绰的走廊，当地铺着红砖，支着巍峨的两三丈高一排白石圆柱，那却是美国南部早期建筑的遗风。从走廊上的玻璃门里进去是客室，里面是立体化的西式布置，但是也有几件雅俗共赏的中国摆设，炉台上陈列着翡翠鼻烟壶与象牙观音像，沙发前围着斑竹小屏风，可是这一点东方色彩的存在，显然是看在外国朋友们的面上。英国人老远的来看看中国，不能不给点中国给他们瞧瞧。但是这里的中国，是西方人心目中的中国，荒诞、精巧、滑稽。

葛薇龙在玻璃门里瞥见她自己的影子——她自身也是殖民地所特有的东方色彩的一部分，她穿着南英中学的别致的制服，翠蓝竹布衫，长齐膝盖，下面是窄窄的裤脚管，还是满清末年的款式；把女学生打扮得像赛金花模样，那也是香港当局取悦于欧美游客的种种设施之一。然而薇龙和其他的女孩子一样的爱时髦，在竹布衫外面加上一件绒线背心，短背心底下，露出一大截衫子，越发觉得非驴非马。

薇龙对着玻璃门扯扯衣襟，理理头发。她的脸是平淡而美丽的小凸脸，现在，这一类的"粉扑子脸"是过了时了。她的眼睛长而媚，双眼皮的深痕，直扫入鬓角里去。纤瘦的鼻子，肥圆的小嘴。也许她的面部表情稍嫌缺乏，但是，惟其因为这呆滞，更加显出那温柔敦厚的古中国情调。她对于她那白净的皮肤，原是引为憾事的，一心想晒黑它，使它合于新时代的健康美的标准。但是她来到香港之后，眼中的粤东佳丽大多是橄榄色的皮肤。她在南英中学读书，物以稀为贵，倾倒于她的白的，大不乏人；曾经有人下过这样的考语：如果湘粤一带深目削颊的美人是"糖醋排骨"，上海女人就是"粉蒸肉"。薇龙端详着自己，这句"非礼之言"蓦地兜上心来。她把眉毛一皱，掉过身子去，将背倚在玻璃门上。

姑母这里的娘姨大姐们，似乎都是俏皮人物，"糖醋排骨"之流，一个个拖着木屐，在走廊上踢托踢托地串来串去。这时候便听到一个大姐娇滴滴地叫道："睇睇，客厅里坐的是谁？"睇睇道："想是少奶娘家的人。"听那睇睇的喉咙，想必就是适才倒茶的那一个，长脸儿，水蛇腰；虽然背后一样的垂着辫子，额前却梳了虚笼笼的鬅头。薇龙肚里不由得纳闷起来，那"少奶"二字不知指的是谁？没听说姑母有子嗣，哪儿来的媳妇？难不成是姑母？姑母自从嫁了粤东富商梁季腾做第四房姨太太，就和薇龙的父亲闹翻了，不通庆吊，那时薇龙还没出世呢。但是常听家人谈起，姑母年纪比父亲还大两岁，算起来是年逾半百的人了，如何还称少奶，想必那女仆是侍候多年的旧人，一时改不过口来？正在寻思，又听那睇睇说道："真难得，我们少奶起这么一大早出门去！"那一个鼻里哼了一声道："还不是乔家十三少爷那鬼精灵，说是带她到浅水湾去游泳呢！"睇睇哦了一声道："那，我看今儿指不定什么时候回来呢。"那一个道："可不是，游完水要到丽都去吃晚饭，跳舞。今天天没亮就催我打点夜礼服，银皮鞋，带了去更换。"睇睇悄悄地笑道："乔家那小子，怄人也怄够了！我只道少奶死了心，想不到他那样机灵人，还是跳不出她的手掌心去！"那一个道："罢了！罢了！少嚼舌头，里面有人。"睇睇道："叫她回去吧。白叫人家呆等着，作孽相！"那一个道："理她呢！你说是少奶娘家人，想必是打抽丰的，我们应酬不了那么多！"睇睇半天不做声，然后细着嗓子笑道："还是打发她走吧，一会儿那修钢琴的俄罗斯人要来了。"那一个听了，咯咯地笑了起来，拍手道："原来你要腾出这间屋子来和那亚历山大·阿历山杜维支鬼混！我道你为什么忽然婆婆妈妈的，一片好心，不愿把客人干搁在这里。果

天行健，君子以自强不息。——西周《周易·乾·象》

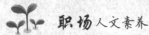

然里面大有道理。"睇睇赶着她便打，只听得一阵劈啪，那一个尖声叫道："君子动口，小人动手！"睇睇也嗳唷连声道："动手的是小人，动脚的是浪蹄子！……你这蹄子，真踢起人来了！真踢起人来了！"一语未完，门开处，一只朱漆描金折枝梅的玲珑木屐溜溜地飞了进来，不偏不倚，恰巧打中薇龙的膝盖，痛得薇龙弯了腰直揉腿。再抬头看时，一个黑里俏的丫头，金鸡独立，一步步跳了进来，踏上那木屐，扬长自去了，正眼也不看薇龙一看。

薇龙不由得生气，再一想："阎王好见，小鬼难当。在他檐下过，怎敢不低头？"这就是求人的苦处。看这光景，今天是无望了，何必赖在这里讨人厌？只是我今天大远地跑上山来，原是扯了个谎，在学校里请了假来的，难道明天再逃一天学不成？明天又指不定姑母在家不在。这件事，又不是电话里可以约好面谈的！踌躇了半晌，方道："走就走罢！"出了玻璃门，迎面看见那睇睇斜倚在石柱上，搂起裤脚来揉腿肚子，踢伤的一块还有些红红的。那黑丫头在走廊尽头探了一探脸，一溜烟跑了。睇睇叫道："睨儿你别跑！我找你算账！"睨儿在那边笑道："我哪有那么多的工夫跟你胡闹？你爱动手动脚，等那俄国鬼子来跟你动手动脚好了。"睇睇虽然喃喃骂着小油嘴，也撑不住笑了；掉转脸来瞧见薇龙，便问道："不坐了？"薇龙含笑点了点头道："不坐了，改天再来；难为你陪我到花园里去开一开门。"

两人横穿过草地，看看走近了那盘花绿漆的小铁门。香港地气潮湿，富家宅第大多建筑在三四丈高的石基上，因此出了这门，还要爬下螺旋式的百级台阶，方才是马路。睇睇正在抽那门闩，底下一阵汽车喇叭响，睨儿不知从哪儿钻了出来，斜刺里掠过薇龙睇睇二人，噔噔噔跑下石级去，口里一路笑嚷："少奶回来了！少奶回来了！"睇睇耸了耸肩冷笑道："芝麻大的事，也值得这样舍命忘身的，抢着去拔个头筹！一般是奴才，我却看不惯那种下贱相！"一扭身便进去了。丢下薇龙一个人呆呆站在铁门边；她被睨儿乱哄哄这一阵搅，心里倒有些七上八下的发了慌。扶了铁门望下去，汽车门开了，一个娇小个子的西装少妇跨出车来，一身黑，黑草帽檐上垂下绿色的面网，面网上扣着一个指甲大小的绿宝石蜘蛛，在日光中闪闪烁烁，正爬在她腮帮子上，一亮一暗，亮的时候像一颗欲坠未坠的泪珠，暗的时候便像一粒青痣。那面网足有两三码长，像围巾似的兜在肩上，飘飘拂拂。开车的看不清楚，似乎是个青年男子，伸出头来和她道别，她把脖子一僵，就走上台阶来了。睨儿早满面春风迎了上去问道："乔家十三少爷怎么不上来喝杯啤酒？"那妇人道："谁有空跟他歪缠？"睨儿听她声气不对，连忙收起笑容，接过她手里的小藤箱，低声道："可该累着了！回来得倒早！"那妇人回头看汽车已经驶开了，便向地上重重地啐了一口，骂道："去便去了，你可别再回来！我们是完了！"睨儿看她是真动了大气，便不敢再插嘴。那妇人瞅了睨儿一眼，先是不屑对她诉苦的神气，自己发了一会愣，然后鼻子里酸酸地笑了一声道："睨儿你听听，巴巴的一大早请我到海边去，原来是借我做幌子呢。他要约玛琳赵，她们广东人家规矩严，怕她父亲不答应，有了长辈在场监督，赵家的千金就有了护身符。他打的这种主意，亏他对我说得出口！"睨儿忙不迭跌脚叹息，骂姓乔的该死。那妇人且不理会她，透过一口气来接下去说道："我替人拉拢是常事，姓乔的你不该不把话说明白了，作弄老娘。老娘眼睛里瞧过的人就多

志不强者智不达。——战国·墨翟《墨子·修身》

了，人人眼睛里有了我就不能有第二个人。唱戏唱到私订终身后花园，反正轮不到我去扮奶妈！吃酒，我不惯做陪客！姓乔的你这小杂种，你爸爸巴结英国人弄了个爵士衔，你妈可是来历不明的葡萄牙婊子，澳门摇摊场子上数筹码的。你这猴儿崽子，胆大包天，到老娘面前捣起鬼来了！"一面数落着，把面纱一掀，掀到帽子后头去，移步上阶。

薇龙这才看见她的脸，毕竟上了几岁年纪，白腻中略透青苍，嘴唇上一抹紫黑色的胭脂，是这一季巴黎新拟的"桑子红"。薇龙却认识那一双似睡非睡的眼睛，父亲的照相簿里珍藏着一张泛了黄的"全家福"照片，里面便有这双眼睛。美人老去了，眼睛却没老。薇龙心里一震，脸上不由热辣辣起来。再听睨儿跟在姑母后面问道："乔家那小子再俏皮也俏皮不过您。难道您真陪他去把赵姑娘接了出来不成？"那妇人这才眉飞色舞起来，道："我不见得那么傻！他在汽车上一提议，我就说：'好吧，去接她，但是三个人怪僵的，你再去找一个人来。'他倒赞成，可是他主张先接了玛琳赵再邀人，免得二男二女，又让赵老爷瞎疑心。我说：'我们顺手牵羊，拉了赵老太爷来，岂不是好？我不会游泳，赵老太爷也不会，躺在沙滩上晒晒太阳，也有个伴儿。'姓乔的半天不言语，末了说：'算了罢！还是我们两个人去清静些。'我说：'怎么啦？'他只闷着头开车；我看看快到浅水湾了，推说中了暑，逼着他一口气又把车开了回来，累了他一身大汗，要停下来喝瓶汽水，我也不许；总算出了一口气。"睨儿拍手笑道："真痛快！少奶摆布得他也够了！只是一件，明儿请客，想必他那一份帖子是取消了，还得另找人补缺吧？请少奶的示。"那妇人偏着头想了一想道："请谁呢？这批英国军官一来了就算计我的酒，可是又不中用，喝多了就烂醉如泥。哦！你给我记着，那陆军中尉，下次不要他上门了，他喝醉了尽黏着睐睐胡调，不成体统！"睨儿连声答应着。那妇人又道："乔诚爵士有电话来没有？"睨儿摇了摇头笑道："我真是不懂了：从前我们爷在世，乔家老小两三代的人，成天电话不断，鬼鬼祟祟地想尽方法，给少奶找麻烦，害我们底下人心惊肉跳，只怕爷知道了要恼。如今少奶的朋友都是过了明路的了，他们反而一个个拿班做势起来！"那妇人道："有什么难懂的？贼骨头脾气罢了！必得偷偷摸摸的，才有意思！"睨儿道："少奶再找个合适的人嫁了，不怕他们不眼红！"那妇人道："呸！又讲呆话了。我告诉你——"说到这里，石级走完了，见铁门边有生人，便顿住了口。

薇龙放胆上前，叫了一声姑妈。她姑妈梁太太把下巴儿一抬，眯着眼望了她一望。薇龙自己报名道："姑妈，我是葛豫琨的女儿。"梁太太劈头便问道："葛豫琨死了吗？"薇龙道："我爸爸托福还在。"梁太太道："他知道你来找我吗？"薇龙一时答不出话来。梁太太道："你快请罢，给他知道了，有一场大闹呢！我这里不是你走动的地方，倒玷辱了你好名好姓的！"薇龙赔笑道："不怪姑妈生气，我们到了香港这多时，也没有来给姑妈请安，实在是该死！"梁太太道："哟！原来你今天是专程来请安的！我太多心了，我只当你们无事不登三宝殿，想必有用得着我的地方。我当初说过这话：有一天葛豫琨寿终正寝，我乖乖地拿出钱来替他买棺材。他活一天，别想我借一个钱！"被她单刀直入这么一说，薇龙到底年轻脸嫩，再也敷衍不下去了。原是浓浓的堆上一脸笑，这时候那笑便冻在嘴唇上。

睨儿在旁，见她窘得下不来台，心有不忍，笑道："人家还没有开口，少奶怎么知道人

青，取之于蓝而青于蓝；冰，水为之而寒于水。——战国·荀况《荀子·劝学》

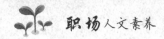

家是借钱来的？可是古话说的，三年前被蛇咬了，见了条绳子也害怕！葛姑娘您有所不知，我们公馆里，一年到头，川流不息的有亲戚本家同乡来打抽丰，少奶是把胆子吓细了。姑娘您别性急，大老远地来探亲，娘儿俩也说句体己话儿再走。你且到客厅里坐一会，让我们少奶歇一歇，透过这口气来，我自会来唤你。"梁太太淡淡地一笑道："听你这丫头，竟替我赔起礼来了。你少管闲事罢！也不知你受了人家多少小费！"睨儿道："呵哟！就像我眼里没见过钱似的！你看这位姑娘也不像是使大钱的人，只怕还买不动我呢！"睨儿虽是一片好意给薇龙解围，这两句话却使人难堪，薇龙勉强微笑着，脸上却一红一白，神色不定。睨儿又凑在梁太太耳朵边唧唧哝哝说道："少奶，你老是忘记，美容院里冯医生嘱咐过的，不许皱眉毛，眼角容易起鱼尾纹。"梁太太听了，果然和颜悦色起来。睨儿又道："大毒日头底下站着，仔细起雀斑！"一阵风把梁太太撮哄到屋里去了。

薇龙一个人在太阳里立着，发了一回呆，腮颊晒得火烫；滚下来的两行泪珠，更觉得冰凉的，直凉进心窝里去。抬起手背来揩了一揩，一步懒似一步地走进回廊，在客室里坐下。心中暗想："姑妈在外面的名声原不很干净，我只道是造谣言的人有心糟蹋寡妇人家，再加上梁季腾是香港数一数二的阔人，姑母又是他生前的得意人儿，遗嘱上特别派了一大注现款给她，房产在外，眼红的人多，自然更不出好话来。如今看这情形，竟是真的了！我平白来搅在浑水里，女孩子家，就是跳到黄河里也洗不清！我还得把计划全盘推翻，再行考虑一下。可是这么一来，今天受了这些气，竟有些不值得！把方才那一幕细细一想，不觉又心酸起来。

葛家虽是中产之家，薇龙却也是娇养惯了的，哪里受过这等当面抢白，自己正伤心着，隐隐地听得那边屋里有人高声叱骂，又有人摔门，又有人抽抽咽咽地哭泣。一个小丫头进客厅来收拾喝残了的茶杯，另一个丫头便慌慌张张跟了进来，扯了扯她的袖子，问道："少奶和谁发脾气？"这一个笑道："骂的是睨睨，要你吓得这样做什么？"那一个道："是怎样闹穿的？"这一个道："不仔细。请乔诚爵士请不到，查出来是睨睨陪他出去过几次，人家乐得叫她出去，自然不必巴巴的上门来挨光了。"她们叽叽咕咕说着，薇龙两三句中也听到了一句。只见两人端了茶碗出去了。

薇龙一抬眼望见钢琴上面，宝蓝瓷盘里一棵仙人掌，正是含苞欲放，那苍绿的厚叶子，四下里探着头，像一窠青蛇，那枝头的一捻红，便像吐出的蛇信子，花背后门帘一动，睨儿笑嘻嘻走了出来。薇龙不觉打了个寒噤。睨儿向她招了招手，她便跟着走进穿堂。睨儿低声笑道："你来得不巧，紧赶着少奶发脾气。回来的时候，心里就不受用，这会儿又是家里这个不安分的，犯了她的忌，两面夹攻，害姑娘受了委屈。"薇龙笑道："姐姐这话说重了！我哪里就受了委屈？长辈奚落小孩子几句，也是有的，何况是自己姑妈，骨肉至亲？就打两下也不碍什么。"睨儿道："姑娘真是明白人。"一引把她引进一间小小的书房里，却是中国旧式布置，白粉墙，地下铺着石青漆布，金漆几案，大红绫子椅垫，一色大红绫子窗帘，那种古色古香的绫子，薇龙这一代人，除了做被面，却是少见。地下搁着一只二尺来高的景泰蓝方樽，插的花全是小白骨朵，粗看似乎晚香玉，只有华南住久的人才认识是淡巴菰花。

志当存高远。——三国·诸葛亮《诫外生书》

薇龙因为方才有那一番疑虑，心里打算着，来既来了，不犯着白来一趟，自然要照原来计划向姑母提出要求，依不依由她。她不依，也许倒是我的幸运。这么一想，倒坦然了。四下里一看，觉得这间屋子，俗却俗得妙。梁太太不端不正坐在一张金漆交椅上，一条腿勾住椅子的扶手，高跟织金拖鞋荡悠悠地吊在脚趾尖，随时可以啪的一声掉下地来。她头上的帽子已经摘了下来，家常扎着一条鹦哥绿包头，薇龙忍不住要猜测，包头底下的头发该是什么颜色的，不知道染过没有？薇龙站在她跟前，她似乎并不知道，只管把一把芭蕉扇子阖在脸上，仿佛是睡着了。

薇龙趑趄着脚，正待走开，梁太太却从牙缝里迸出两个字来道："你坐！"以后她就不言语了，好像等着对方发言。薇龙只得低声下气说道："姑妈是水晶心肝玻璃人儿，我在你跟前扯谎也是白扯。我这都是实话：两年前，因为上海传说要有战事，我们一家大小避到香港来，我就进了这儿的南英中学。现在香港生活程度一天一天地涨，我爸爸的一点儿积蓄，实在维持不下去了。同时上海时局也缓和了下来，想想还是回上海。可是我自己盘算着，在这儿书念得好好的，明年夏天就能够毕业了，回上海，换学堂，又要吃亏一年。可是我若一个人留在香港，不但生活费要成问题，只怕学费也出不起了。我这些话闷在肚子里，连父母面前也没讲；讲也是白讲，徒然使他们发愁。我想来想去，还是来找姑妈设法。"

梁太太一双纤手，搓得那芭蕉扇柄的溜溜地转，有些太阳光从芭蕉筋纹里漏进来，在她脸上跟着转。她道："小姐，你处处都想到了，就是没替我设身处地想一想。我就是愿意帮忙，也不能帮你的忙；让你爸爸知道了，准得咬我诱拐良家女子。我是你家什么人？——自甘下贱，败坏门风，兄弟们给我找的人家我不要，偏偏嫁给姓梁的做小，丢尽了我娘家那破落户的脸。吓！越是破落户，越是茅厕里砖头，又臭又硬。你生晚了，没赶上热闹，没听得你爸爸当初骂我的话哩！"薇龙道："爸爸就是这书呆子脾气，再劝也改不了。说话又不知轻重，难怪姑妈生气。可是事隔多年，姑妈是宽宏大量的，难道还在我们小孩子身上计较不成？"梁太太道："我就是小性儿！我就是爱嚼这陈谷子烂芝麻！我就是忘不了他说的那些话！"她那扇子偏了一偏，扇子里筛入几丝黄金色的阳光，拂过她的嘴边，正像一只老虎猫的须，振振欲飞。

薇龙赔笑道："姑妈忘不了，我也忘不了。爸爸当初造了口舌上的罪过，姑妈得给我一个赎罪的机会。姑妈把我教育成人了，我就是您的孩子，以后慢慢地报答您！"梁太太只管把手去撕芭蕉扇上的筋纹，撕了又撕。薇龙猛然省悟到，她把那扇子挡着脸，原来是从扇子的漏缝里盯眼看着自己呢！不由得红了脸。梁太太的手一低，把扇子徐徐叩着下颏，问道："你打算住读？"薇龙道："我家里搬走了，我想我只好住到学校里去。我打听过了，住读并不比走读贵许多。"梁太太道："倒不是贵不贵的话。你跟着我住，我身边多个人，陪着我说说话也好。横竖家里有汽车，每天送你上学，也没有什么不便。"薇龙顿了一顿方道："那是再好也没有了！"梁太太道："只是一件，你保得住你爸爸不说话吗？我可担不起这离间骨肉的罪名。"薇龙道："我爸爸若有半句不依，我这一去就不会再回来见姑妈。"梁

丈夫志四海，万里犹比邻。——三国·曹植《赠白马王彪》

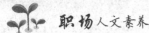

太太咯咯笑道："好吧！我随你自己去编个谎哄他。可别圆不了谎！"薇龙正待分辩说不打算扯谎，梁太太却岔开问道："你会弹钢琴吗？"薇龙道："学了两三年；可是手笨，弹得不好。"梁太太道："倒也不必怎样高明，拣几支流行歌曲练习练习，人人爱唱的，能够伴奏就行了。英国的大户人家小姐都会这一手，我们香港行的是英国规矩。我看你爸爸那古董式的家教，想必从来不肯让你出来交际。他不知道，就是你将来出了阁，这些子应酬工夫也少不了的，不能一辈子不见人。你跟着我，有机会学着点，倒是你的运气。"她说一句，薇龙答应一句。梁太太又道："你若是会打网球，我练习起来倒有个伴儿。"薇龙道："会打。"梁太太道："你有打网球的衣服吗？"薇龙道："就是学校里的运动衣。"梁太太："恶！我知道，老长的灯笼裤子，怪模怪样的，你拿我的运动衣去试试尺寸，明天裁缝来了，我叫他给你做去。"便叫睨儿去寻出一件鹅黄丝质衬衫，鸽灰短裤；薇龙穿了觉得太大，睨儿替她用别针把腰间折了起来。梁太太道："你的腿太瘦了一点，可是年轻的女孩子总是瘦的多。"薇龙暗暗担着心事，急欲回家告诉父母，看他们的反应如何，于是匆匆告了辞，换了衣服，携了阳伞，走了出来，自有小丫头替她开门。睨儿特地赶来，含笑挥手道："姑娘好走！"那一份儿殷勤，又与前不同了。

薇龙沿着路往山下走，太阳已经偏了西，山背后大红大紫，金绿交错，热闹非凡，倒像雪茄烟盒盖上的商标画，满山的棕榈，芭蕉，都被毒日头烘焙得干黄松鬈，像雪茄烟丝。南方的日落是快的，黄昏只是一刹那。这边太阳还没有下去，那边，在山路的尽头，烟树迷离，青溶溶的，早有一撇月影儿。薇龙向东走，越走那月亮越白，越晶亮，仿佛是一头肥胸脯的白凤凰，栖在路的转弯处，在树桠叉里做了窠。越走越觉得月亮就在前头树深处，走到了，月亮便没有了。薇龙站住了歇了一会儿脚，倒有点惘然。再回头看姑妈的家，依稀还见那黄地红边的窗棂，绿玻璃窗里映着海色。那巍巍的白房子，盖着绿色的琉璃瓦，很有点像古代的皇陵。

薇龙自己觉得是《聊斋志异》里的书生，上山去探亲出来之后，转眼间那贵家宅第已经化成一座大坟山；如果梁家那白房子变了坟，她也许并不惊奇。她看她姑母是个有本领的女人，一手挽住了时代的巨轮，在她自己的小天地里，留住了满清末年的淫逸空气，关起门来做小型慈禧太后。薇龙这么想着："至于我，我既睁着眼走进了这鬼气森森的世界，若是中了邪，我怪谁去？可是我们到底是姑侄，她被面子拘住了，只要我行得正，立得正，不怕她不以礼相待。外头人说闲话，尽他们说去，我念我的书。将来遇到真正喜欢我的人，自然会明白的，绝不会相信那些无聊的流言。"她那天回去仔细一盘算，父亲面前，谎是要扯的，不能不和母亲联络好了，上海方面埋个伏线，声气相通，谎话戳穿的机会少些。主意打定，便一五一十告诉了母亲，她怎样去见了姑母，姑母怎样答应供给学费，并留她在家住，却把自己所见所闻梁太太的家庭状况略过了。

她母亲虽然不放心让她孤身留在香港，同时也不愿她耽误学业。姑太太从前闹的那些话柄子，早已事过境迁，成为历史上的陈迹，久之也就为人淡忘了。如今姑太太上了年纪，自然与前不同，这次居然前嫌冰释，慷慨解囊，资助侄女儿读书，那是再好也没有的事。

岁寒，然后知松柏之后凋也。——战国《论语•子罕篇》

薇龙的母亲原说要亲身上门去道谢，薇龙竭力拦住了，推说梁太太这两天就要进医院割治盲肠，医生吩咐静养，姑嫂多年没见面，一旦会晤，少不得有一番痛哭流涕，激动了情感，恐怕于病体不宜。葛太太只得罢了，在葛豫琨跟前，只说薇龙因为成绩优良，校长另眼看待，为她捐募一个奖学金，免费住读。葛豫琨原是个不修边幅的名士脾气，脱略惯了，不像他太太一般的讲究礼数，听了这话，只夸赞了女儿两句，也没有打算去拜见校长，亲口谢他造就人才的一片苦心。

阅读指导

张爱玲（1920 年—1995 年），现代作家，生于上海。一生创作了大量文学作品，包括小说、散文、电影剧本以及文学论著，她的书信也被人们作为著作的一部分加以研究。1944年张爱玲结识作家胡兰成并与之交往。1973 年，张爱玲定居洛杉矶，1995 年 9 月 8 日，张爱玲的房东发现她逝世于加州韦斯特伍德市罗彻斯特大道的公寓，终年 75 岁，死因为动脉硬化心血管病。

《沉香屑·第一炉香》叙述的是上海女学生葛薇龙求学香港，被其姑母梁太太（富豪遗孀）所利用，来作为吸引男人的诱饵，满足其虚荣、荒糜的生活。在求学的过程里，生活在梁家的葛薇龙终不免也陷入其中，变得热衷于这种享乐主义的声色犬马的生活，与花花公子乔琪开始了一段注定是悲剧的恋爱与婚姻。故事的结局不言而喻：葛薇龙失去了利用的价值之后就被乔琪无情地抛弃。

作为张爱玲的处女作，《沉香屑·第一炉香》一经发表，就在上海引起巨大轰动，使其在文学界崭露头角。此文现收录于《张爱玲文集》中。

鉴赏思考

1. 探究张爱玲创作《沉香屑·第一炉香》的意图。
2. 鉴赏《沉香屑·第一炉香》的思想性和艺术性。

视野拓展

1. 史铁生：《爱情问题》，见《对话练习》，时代文艺出版社，2000 年。
2. 汤显祖：《牡丹亭》，人民文学出版社，2005 年。
3. 仓央嘉措：《仓央嘉措情歌》，见《仓央嘉措情歌及秘传》，民族出版社，1981 年。

圆桌议题

1. 如何理解爱情和责任的关系？
2. 如果爱情和物质产生矛盾，你将如何选择？

天将降大任于是人也，必先苦其心志，劳其筋骨，饿其体肤，空乏其身，行拂乱其所为。——战国·孟轲《孟子·告子下》

主题四　　心灵憩园

　　人生好比一株植物，发芽、成长、开花、结果、凋零，直至枯萎，最终会消逝于无痕。每当我们感悟人生时，总是慨叹人生的残酷与无情。其实只要在你的心灵深处，有一方净土，就能提醒你自身的存在，感受到心灵的清净。当你孤单、寂寞之时，你可以涉足你的后花园，静静地享受一下那份孤寂、那份恬淡，宁静而致远……生命必须构筑一个精神的伊甸园，一个心灵的疗养地，让世俗的、物质的一些污垢在这里得到涤荡，坦然面对人生。

我很重要

毕淑敏

作品欣赏

　　当我说出"我很重要"这句话的时候，颈项后面掠过一阵战栗。我知道这是把自己的额头裸露在弓箭之下了，心灵极容易被别人的批判洞伤。许多年来，没有人敢在光天化日之下表示自己"很重要"。我们从小受到的教育都是——"我不重要"。

　　作为一名普通士兵，与辉煌的胜利相比，我不重要。

　　作为一个单薄的个体，与浑厚的集体相比，我不重要。

　　作为一位奉献型的女性，与整个家庭相比，我不重要。

　　作为随处可见的人的一分子，与宝贵的物质相比，我们不重要。

　　我们——简明扼要地说，就是每一个单独的"我"——到底重要还是不重要？

　　我是由无数星辰日月、草木山川的精华汇聚而成的。只要计算一下我们一生吃进去多少谷物，饮下了多少清水，才凝聚成一具美轮美奂的躯体，我们一定会为那数字的庞大而惊讶。平日里，我们尚要珍惜一粒米、一叶菜，难道可以对亿万粒菽粟亿万滴甘露濡养出的万物之灵，掉以丝毫的轻心吗？

　　当我在博物馆里看到北京猿人窄小的额和前凸的吻时，我为人类原始时期的粗糙而黯然。他们精心打制出的石器，用今天的目光看来不过是极简单的玩具。如今很幼小的孩童，就能熟练地操纵语言，我们才意识到已经在进化之路上前进了多远。我们的头颅就是一部历史，无数祖先进步的痕迹储存于脑海深处。我们是一株亿万年苍老树干上最新萌发的绿叶，不单属于自身，更属于土地。人类的精神之火，是连绵不断的链条，作为精致的一环，我们否认了自身的重要，就是推卸了一种神圣的承诺。

　　回溯我们诞生的过程，两组生命基因的嵌合，更是充满了人所不能把握的偶然性。我们每一个个体，都是机遇的产物。

　　常常遥想，如果是另一个男人和另一个女人，就绝不会有今天的我……

《孟子·告子下》

忧劳可以兴国，逸豫可以亡身。——宋·欧阳修《五代史伶官传序》

即使是这一个男人和这一个女人，如果换了一个时辰相爱，也不会有此刻的我……

即使是这一个男人和这一个女人在这一个时辰，由于一片小小落叶或是清脆鸟啼的打搅，依然可能不会有如此的我……

一种令人怅然以至走入恐惧的想象，像雾霭一般不可避免地缓缓升起，模糊了我们的来路和去处，令人不得不断然打住思绪。

我们的生命，端坐于概率垒就的金字塔的顶端。面对大自然的鬼斧神工，我们还有权利和资格说我不重要吗？

对于我们的父母，我们永远是不可重复的孤本。无论他们有多少儿女，我们都是独特的一个。

假如我不存在了，他们就空留一份慈爱，在风中蛛丝般飘荡。

假如我生了病，他们的心就会皱缩成石块，无数次向上苍祈祷我的康复，甚至愿灾痛以十倍的烈度降临于他们自身，以换取我的平安。

我的每一滴成功，都如同经过放大镜，进入他们的瞳孔，摄入他们心底。

假如我们先他们而去，他们的白发会从日出垂到日暮，他们的泪水会使太平洋为之涨潮。面对这无法承载的亲情，我们还敢说我不重要吗？

我们的记忆，同自己的伴侣紧密地缠绕在一处，像两种混淆于一碟的颜色，已无法分开。你原先是黄，我原先是蓝，我们共同的颜色是绿，绿得生机勃勃，绿得苍翠欲滴。失去了妻子的男人，胸口就缺少了生死攸关的肋骨，心房裸露着，随着每一阵轻风滴血。失去了丈夫的女人，就是齐斩斩折断的琴弦，每一根都在雨夜长久地自鸣……面对相濡以沫的同道，我们忍心说我不重要吗？

俯对我们的孩童，我们是至高至尊的唯一。我们是他们最初的宇宙，我们是深不可测的海洋。假如我们隐去，孩子就永失淳厚无双的血缘之爱，天倾东南，地陷西北，万劫不复。盘子破裂可以粘起，童年碎了，永不复原。伤口流血了，没有母亲的手为他包扎。面临抉择，没有父亲的智慧为他谋略……面对后代，我们有胆量说我不重要吗？

与朋友相处，多年的相知，使我们仅凭一个微蹙的眉尖、一次睫毛的抖动，就可以明了对方的心情。假如我不在了，就像计算机丢失了一份不曾复制的文件，他的记忆库里留下不可填补的黑洞。夜深人静时，手指在揿了几个电话键码后，骤然停住，那一串数字再也用不着默诵了。逢年过节时，她写下一沓沓的贺卡。轮到我的地址时，她闭上眼睛……许久之后，她将一张没有地址只有姓名的贺卡填好，在无人的风口将它焚化。

相交多年的密友，就如同沙漠中的古陶，摔碎一件就少一件，再也找不到一模一样的成品。面对这般友情，我们还好意思说我不重要吗？

我很重要。

我对于我的工作我的事业，是不可或缺的主宰。我的独出心裁的创意，像鸽群一般在天空翱翔，只有我才捉得住它们的羽毛。我的设想像珍珠一般散落在海滩上，等待着我把它用金线串起。我的意志向前延伸，直到地平线消失的远方……没有人能替代我，就像我不能替代别人。我很重要。

我对自己小声说。我还不习惯嘹亮地宣布这一主张，我们在不重要中生活得太久了。

时危见臣节，世乱识忠良。——南朝·鲍照《代出自蓟北门行》

我很重要。

　　我重复了一遍。声音放大了一点。我听到自己的心脏在这种呼唤中猛烈地跳动。我很重要。

　　我终于大声地对世界这样宣布。片刻之后，我听到山岳和江海传来回声。

　　是的，我很重要。我们每一个人都应该有勇气这样说。我们的地位可能很卑微，我们的身份可能很渺小，但这丝毫不意味着我们不重要。

　　重要并不是伟大的同义词，它是心灵对生命的允诺。

　　人们常常从成就事业的角度，断定我们是否重要。但我要说，只要我们在时刻努力着，为光明在奋斗着，我们就是无比重要地生活着。

　　让我们昂起头，对着我们这颗美丽的星球上无数的生灵，响亮地宣布——

　　我很重要。

阅读指导

　　毕淑敏，女，国家一级作家，内科主治医师，注册心理咨询师。祖籍山东，曾在西藏高原阿里地区当兵。曾获小说月报百花奖、当代文学奖、解放军文艺奖、青年文学奖等各种文学奖 30 余次。著有《毕淑敏文集》八卷，长篇小说《红处方》《血玲珑》《拯救乳房》等。

　　读毕淑敏的散文，不仅能让人感受到情感的细腻，文辞的华美，更能使人受到深深的启迪。在她的笔下，我们看到的是一位用充满睿智的眼光在对生活、对生命进行理性思索的智者。

　　长期以来，我们习惯说"我不重要"，其实这是忽视个体尊严和个体价值、缺乏人文关怀的。作者从多方面列举了"我很重要"理由：对生命、对父母、对爱人、对子女、对朋友、对事业，我们都无法说不重要。

　　我们应该有这份勇气，大声说出"我很重要"，这是心灵对生命的一种庄严的承诺。你确实很重要，这就是作家毕淑敏对生命的解读。我们，也一定会不看轻自己而好好地活着，珍惜光阴，时刻努力，为光明奋斗，让自己的生命绽放出它应有的光彩！

鉴赏与思考

1. 通过阅读本文你得到了哪些启迪？
2. 作者认为"我很重要"，你认为还有没有比"我"更重要的？请简述你的见解。

精神的故乡（节选）

周国平

作品欣赏

灵魂是一个游子

苟利国家生死以，岂因祸福避趋之。——清·林则徐《赴戍登程口占示家人》

如果你吃了一顿美餐，你会感到快乐，是什么东西在快乐呢？当然，是你的身体。如果你读了一本好书，听了一支优美的乐曲，看到了一片美丽的风景，你也会感到快乐。是什么东西在快乐呢？显然不是身体了，你只好说，是你的心灵、灵魂感到了快乐。

　　你犯了胃痛，你摔了一跤，你被虫子蜇了一口，你的身体会受疼痛的折磨。可是，当你失恋了，你的亲人去世了，你想到了自己有一天会死，或者你遭到了不义的事情，是你的哪一部分在痛苦呢？当然，又是灵魂。

　　看起来，人有一个身体，又有一个灵魂，它们是很不同的东西。有些哲学家否认人有灵魂，他们把灵魂说成是肉体的一种功能。可是，如果没有灵魂，我们怎么解释上述种种精神性质的快乐和痛苦的根源呢？

　　灵魂是看不见、摸不着的，它不像眼睛、耳朵、四肢、胃、心脏、大脑那样是人体的一个器官，但是，根据人有着不同于肉身生活的精神生活，我们可以相信它是存在的。其实，所谓灵魂，也就是承载我们的精神生活的一个内在空间罢了。

　　渴望回到远方的故乡信仰、思想、艺术之类的精神价值。我们把这种对理想和精神价值的追求称作精神生活。如果一个人只知道吃睡和赚钱，完全没有精神生活，我们就会嘲笑他没有灵魂，认为他与动物没有多大区别。

　　灵魂好像永远不会满足于现状，它总是在追求一种完美的境界。这种对理想境界的渴望从何而来？当我们看到美的形象，听到美的音乐，我们的灵魂为何会感动和陶醉？一颗未被污染的淳朴的灵魂似乎自然而然地就喜欢美善的东西，讨厌丑恶的东西，它是怎么会具备这样的特性的？古希腊最伟大的哲学家柏拉图对此提出了一种解释。他推测，灵魂必定曾经在一个理想的世界里生活过，见识过完美无缺的美和善，所以，当它投胎到肉体中以后，现实世界里的未必完善的美和善的东西会使它朦胧地回忆起那个理想世界，这既使它激动和快乐，又使它不满足而向往完善的美和善。他还由此得出进一步的结论：灵魂和肉体有着完全不同的来源，肉体会死亡，而灵魂是不朽的。他的这个解释受到了后世许多哲学家的批评，被指责为神秘主义。使我感到奇怪的是，人们怎么没有听出柏拉图是在讲一个寓言呢？他其实是想说，人的灵魂渴望向上，就像游子渴望回到故乡一样，灵魂的故乡在非常遥远的地方，只要生命不止，它就永远在思念，在渴望，永远走在回乡的途中。至于这故乡究竟在哪里，却是一个永恒的谜。我们只好用寓言的方式说，那是一个像天堂一样美好的地方。我们岂不是在同样的意义上说，灵魂是我们身上的神性，当我们享受灵魂的愉悦时，我们离动物最远而离神最近？

人的高贵在于灵魂

　　法国思想家帕斯卡尔有一句名言："人是一支有思想的芦苇。"他的意思是说，人的生命像芦苇一样脆弱，宇宙间任何东西都能置人于死地。可是，即使如此，人依然比宇宙间任何东西高贵得多，因为人有一颗能思想的灵魂。我们当然不能也不该否认肉身生活的必要，但是，人的高贵却在于他有灵魂生活。作为肉身的人，人并无高低贵贱之分。唯有作为灵魂的人，由于内心世界的巨大差异，人才分出了高贵和平庸，乃至高贵和卑鄙。

勿以恶小而为之，勿以善小而不为。——晋·陈寿《三国志》

两千多年前，罗马军队攻进了希腊的一座城市，他们发现一个老人正蹲在沙地上专心研究一个图形。他就是古代最著名的物理学家阿基米德。他很快便死在了罗马军人的剑下，当剑朝他劈来时，他只说了一句话："不要踩坏我的圆！"在他看来，他画在地上的那个图形是比他的生命更加宝贵的。更早的时候，征服了欧亚大陆的亚历山大大帝视察希腊的另一座城市，遇到正躺在地上晒太阳的哲学家第欧根尼，便问他："我能替你做些什么？"得到的回答是："不要挡住我的阳光！"在他看来，面对他在阳光下的沉思，亚历山大大帝的赫赫战功显得无足轻重。这两则传为千古美谈的小故事表明了古希腊优秀人物对于灵魂生活的珍爱，他们爱思想胜于爱一切包括自己的生命，把灵魂生活看得比任何外在的事物包括显赫的权势更加高贵。

珍惜内在的精神财富甚于外在的物质财富，这是古往今来一切贤哲的共同特点。英国作家王尔德到美国旅行，入境时，海关官员问他有什么东西要报关，他回答："除了我的才华，什么也没有。"使他引以为豪的是，他没有什么值钱的东西，但他拥有不能用钱来估量的艺术才华。正是这位骄傲的作家在他的一部作品中告诉我们："世间再没有比人的灵魂更宝贵的东西，任何东西都不能跟它比。"

其实，无须举这些名人的事例，我们不妨稍微留心观察周围的现象。我常常发现，在平庸的背景下，哪怕是一点不起眼的灵魂生活的迹象，也会绽放出一种很动人的光彩。有一回，我乘车旅行。列车飞驰，车厢里闹哄哄的，旅客们在聊天、打牌、吃零食。一个少女躲在车厢的一角，全神贯注地读着一本书。她读得那么专心，还不时地往随身携带的一个小本子上记些什么，好像完全没有听见周围嘈杂的人声。望着她仿佛沐浴在一片光辉中的安静的侧影，我心中充满感动，想起了自己的少年时代。那时候我也和她一样，不管置身于多么混乱的环境，只要拿起一本好书，就会忘记一切。如今我自己已经是一个作家，出过好几本书了，可是我却羡慕这个埋头读书的少女，无限缅怀已经渐渐远逝的有着同样纯正追求的我的青春岁月。

每当北京举办世界名画展览时，便有许多默默无闻的青年画家节衣缩食，自筹旅费，从全国各地一路风尘来到首都，在名画前流连忘返。我站在展厅里，望着这一张张热忱仰望的年轻的面孔，心中也会充满感动。我对自己说：有着纯正追求的青春岁月的确是人生最美好的岁月。

若干年过去了，我还会常常不由自主地想起列车上的那个少女和展厅里的那些青年，揣摩他们现在不知怎样了。据我观察，人在年轻时多半是富于理想的，随着年龄增长就容易变得越来越实际。由于生存斗争的压力和物质利益的诱惑，大家都把眼光和精力投向外部世界，不再关注自己的内心世界。其结果是灵魂日益萎缩和空虚，只剩下了一个在世界上忙碌不止的躯体，对于一个人来说，没有比这更可悲的事情了。我暗暗祝愿他们仍然保持着纯正的追求，没有走上这条可悲的路。

梦并不虚幻

那是一个非常美丽的真实的故事——在巴黎，有一个名叫夏米的老清洁工，他曾经替朋友抚育过一个小姑娘。为了给小姑娘解闷，他常常讲故事给她听，其中讲了一个金蔷薇

欲思其利，必虑其害，欲思其成，必虑其败。——三国·诸葛亮《便宜十六策·思虑》

的故事。他告诉她，金蔷薇能使人幸福。后来，这个名叫苏珊娜的小姑娘离开了他，并且长大了。有一天，他们偶然相遇。苏珊娜生活得并不幸福。她含泪说："要是有人送我一朵金蔷薇就好了。"从此以后，夏米就把每天在首饰坊里清扫到的灰尘搜集起来，从中筛选金粉，决心把它们打成一朵金蔷薇。金蔷薇打好了，可是，这时他听说，苏珊娜已经远走美国，不知去向。不久后，人们发现，夏米悄悄地死去了，在他的枕头下放着用皱巴巴的蓝色发带包扎的金蔷薇，散发出一股老鼠的气味。

送给苏珊娜一朵金蔷薇，这是夏米的一个梦想。使我们感到惋惜的是，他终于未能实现这个梦想。也许有人会说：早知如此，他就不必年复一年徒劳地筛选金粉了。可是，我倒觉得，即使夏米的梦想毫无结果，这寄托了他的善良和温情的梦想本身已经足够美好，给他单调的生活增添了一种意义，把他同那些没有任何梦想的普通清洁工区分开来了。说到梦想，我发现和许多大人真是讲不通。他们总是这样提问题：梦想到底有什么用?在他们看来，一样东西，只要不能吃，不能穿，不能卖钱，就是没有用。

他们比起一则童话故事里的小王子可差远了，这位小王子从一颗外星落在地球的一片沙漠上，感到渴了，寻找着一口水井。

他一边寻找，一边觉得沙漠非常美丽，他明白了一个道理："使沙漠显得美丽的，是它在什么地方藏着一口水井。"沙漠中的水井是看不见的，我们也许能找到，也许找不到。

可是，正是对看不见的东西的梦想驱使我们去寻找，去追求，在看得见的事物里发现隐秘的意义，从而觉得我们周围的世界无比美丽。

其实，诗、童话、小说、音乐等都是人类的梦想。印度诗人泰戈尔说得好："如果我小时候没有听过童话故事，没有读过《一千零一夜》和《鲁宾逊漂流记》，远处的河岸和对岸辽阔的田野景色就不会如此使我感动，世界对我就不会这样富有魅力。"英国诗人雪莱肯定也听到过人们指责诗歌没有用，他反驳说：诗才"有用"呢，因为它"创造了另一种存在，使我们成为一个新世界的居民"。的确，一个有梦想的人和一个没有梦想的人，他们是生活在完全不同的世界里的。如果你和那种没有梦想的人一起旅行，你一定会觉得乏味透顶。一轮明月当空，他们最多说月亮像一张烧饼，压根儿不会有"把酒问青天，明月几时有"的豪情。面对苍茫大海，他们只看到一大摊水，绝不会像安徒生那样想到海的女儿，或像普希金那样想到渔夫和金鱼的故事。唉，有时我不免想，与只知做梦的人比，从来不做梦的人是更像白痴的。

精神栖身于茅屋

如果你爱读人物传记，你就会发现，许多优秀人物生前都非常贫困。就说说那位最著名的印象派画家凡·高吧，现在他的一幅画已经卖到了几千美元，可是，他活着时，他的一张画连一餐饭钱也换不回，经常挨饿，一生穷困潦倒，终致精神失常，在 37 岁时开枪自杀了。要论家境，他的家族是当时欧洲最大的画商，几乎控制着全欧洲的美术市场。作为一名画家，他有得天独厚的便利条件，完全可以像那些平庸画家那样迎合时尚以谋利，成为一个富翁，但他不屑于这么做，他说，他可不能把他唯一的生命耗费在给非常愚蠢的人

权，然后知轻重；度，然后知长短。物皆然，心为甚。——战国·孟轲《孟子·梁惠王上》

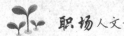

画非常蹩脚的画上面，做艺术家并不意味着卖好价钱，而是要去发现一个未被发现的新世界。确实，凡·高用他的作品为我们发现了一个全新的世界，一个万物在阳光中按照同一节奏舞蹈的世界。另一个荷兰人斯宾诺莎是名垂史册的大哲学家，他为了保持思想的自由，宁可靠磨镜片的收入维持最简单的生活，谢绝了海德堡大学以不触犯宗教为前提要他去当教授的聘请。

我并不是提倡苦行僧哲学。问题在于，如果一个人太看重物质享受，就必然要付出精神上的代价。人的肉体需要是很有限的，无非是温饱，超于此的便是奢侈，而人要奢侈起来却是没有尽头的。温饱是自然的需要，奢侈欲望则是不断膨胀的市场刺激起来的。你本来习惯于骑自行车，不觉得有什么欠缺，可是，当你看到周围不少人开上了汽车，你就会觉得你缺汽车，有必要也买一辆。富了总可以更富，事实上也必定有人比富，于是你永远不会满足，不得不去挣越来越多的钱。这样，赚钱便成了你的唯一目的。即使你是画家，你哪里还顾得上真正的艺术追求？即使你是学者，你哪里还会在乎科学的良心？

所以，自古以来，一切贤哲都主张一种简朴的生活方式，目的就是为了不当物质欲望的奴隶，保持精神上的自由。古罗马哲学家塞涅卡说得好："自由人以茅屋为居室，奴隶才在大理石和黄金下栖身。"柏拉图也说：胸中有黄金的人是不需要住在黄金屋顶下面的。或者用孔子的话说："君子居之，何陋之有？"我非常喜欢关于苏格拉底的一个传说，这位被尊称为"师中之师"的哲人在雅典市场上闲逛，看了那些琳琅满目的货摊后惊叹："这里有多少我用不着的东西呵！"的确，一个热爱精神事物的人必定是淡然于物质的奢华的，而一个人如果安于简朴的生活，他即使不是哲学家，也相去不远了。

❧ 阅读指导

周国平，1945 年 7 月 15 日生于上海。1968 年毕业于北京大学哲学系；1978 年入学于中国社会科学院哲学系，先后获哲学硕士、博士学位；1981 年进入中国社会科学院哲学研究所工作至今。主要著作有《苏联当代哲学》(合著)，学术专著《尼采：在世纪的转折点上》，随感集《人与永恒》《尼采与形而上学》，诗集《忧伤的情欲》《只有一个人生》，散文集《善良丰富高贵》，自传《岁月与性情》《今天我活着》《爱与孤独》等；译著有《论辩证法的叙述方法》(合译)、《偶像的黄昏》、《希腊悲剧时代的哲学》等。其中《周国平文集》中的两则寓言故事被选入了初中一年级教材。

其散文长于用文学的形式谈哲学，诸如生命的意义、死亡、性与爱、自我、灵魂与超越等，虔诚探索现代人精神生活中的普遍困惑，重视观照心灵的历程与磨难，寓哲理于常情中，深入浅出，平易之中多见理趣。他的作品以其文采和哲思赢得了无数读者的青睐，无论是花季少年还是耄耋老人，都能从他的文字中获得智与美的启迪。

❧ 鉴赏与思考

1. 本文节选的是原文的 2～5 节，论述的是精神生活在人生中的地位。

虽有天下易生之物，一日暴之，十日寒之，未有能生者也。——战国·孟轲《孟子·告子上》

2. 在"灵魂是一个游子"里第 5 段开头说"渴望回到远方的故乡信仰、思想、艺术之类的精神价值"，请联系全文理解"远方的故乡信仰"一词，说说什么是"精神的故乡"，再理解为什么"人的高贵在于灵魂"。"梦并不虚幻"，那么梦该落实在哪些地方？说说当代大学生该怎样去提高灵魂的品位。

3. 讨论：精神到底栖不栖身于茅屋，如何看待物质与精神的关系？

月是故乡明

季羡林

作品欣赏

每个人都有个故乡，人人的故乡都有个月亮。人人都爱自己的故乡的月亮。

我的故乡是在山东西北部大平原上。我小的时候，从来没有见过山，也不知山为何物。因此，我在故乡望月，从来不同山联系。像苏东坡说的"月出于东山之上，徘徊于斗牛之间"，完全是我无法想象的。

至于水，我的故乡小村却大大地有。几个大苇坑占了小村面积一多半。在我这个小孩子眼中，虽不能像洞庭湖"八月湖水平"那样有气派，但也颇有一点烟波浩渺之势。

到了夏天，黄昏以后，我在坑边的场院里躺在地上，数天上的星星。更晚的时候，我走到坑边，抬头看到晴空一轮明月，清光四溢，与水里的那个月亮相映成趣。我当时虽然还不懂什么叫诗兴，但也颇而乐之，心中油然有什么东西在萌动。有时候在坑边玩很久，才回家睡觉。在梦中见到两个月亮叠在一起，清光更加晶莹澄澈。

我只在故乡待了六年，以后就离乡背井，漂泊天涯。四十多年间，我曾到过世界上将近三十个国家，我看过许许多多的月亮。在风光旖旎的瑞士莱茫湖上，在平沙无垠的非洲大沙漠中，在碧波万顷的大海中，在巍峨雄奇的高山上，我都看到过月亮，这些月亮应该说都是美妙绝伦的，我都异常喜欢。但是，看到它们，我立刻就想到我故乡那苇坑上面和水中的那个小月亮。对比之下，无论如何我也感到，这些广阔世界的大月亮，万万比不上我那心爱的小月亮。不管我离开我的故乡多少万里，我的心立刻就飞来了。我的小月亮，我永远忘不掉你！

我住的朗润园是燕园胜地。此地有山，有水，有树，有竹，有花，有鸟，每逢望夜，一轮当空，月光闪耀于碧波之上，上下空灵，一碧数顷，而且荷香远溢，宿鸟幽鸣，真不能不说是赏月胜地。荷塘月色的奇景，就在我的窗外。然而，每值这样的良辰美景，我想到的却仍然是故乡苇坑里的那个平凡的小月亮。

见月思乡，已经成为我经常的经历。思乡之病，说不上是苦是乐，其中有追忆，有惆怅，有留恋，有惋惜。流光如逝，时不再来。在微苦中实有甜美在。

月是故乡明，我什么时候能够再看到我故乡的月亮呀！我怅望南天，心飞向故里。

富贵不能淫，贫贱不能移，威武不能屈，是谓大丈夫也。——战国·孟轲《孟子·滕文公下》

阅读指导

季羡林（1911年—2009年），山东临清人。国际著名东方学大师、语言学家、文学家、国学家、佛学家、史学家、教育家和社会活动家。历任中国科学院哲学社会科学部委员、北京大学副校长、中国社科院南亚研究所所长，是北京大学唯一的终身教授。精通英、德、梵、巴利文，能阅读俄、法文，尤其精于吐火罗文，是世界上仅有的精于此语言的几位学者之一。"梵学、佛学、吐火罗文研究并举，中国文学、比较文学、文艺理论研究齐飞"，其著作汇编成《季羡林文集》，共24卷。生前曾撰文三辞桂冠：国学大师、学界泰斗、国宝。

在本文中，季老以细腻的笔触把家乡留在脑海中的记忆细心地写了出来，没有迷人的山，没有多情的水，没有流芳百世的古迹，也没有扣人心弦的神话传说，有的只是一个赤子对家乡的爱恋。

文章列举了自己到过的许多地方，而那些地方的月夜始终没有家乡的月夜那般清凉，那般喜人。对家乡的月亮着墨也不多，只是家乡的月明、门前池塘的月影以及在月夜下的童趣，但把家乡农村的那种静谧祥和气氛与城市里的喧嚣作比较，把北大朗润园与鲁西平原的一个小村比较，让人感受到一个游子对故乡的拳拳深情。

鉴赏与思考

1. 文章追忆了哪些童年趣事，有何作用？作者为什么要写世界各地美妙绝伦的月亮和朗润园的奇景？

2. 每个人都有自己的家乡，都有自己心中的月亮，请搜集整理关于月亮与家乡关联在一起的文字，并仔细领会其中的情感。

听听那冷雨

余光中

作品欣赏

惊蛰一过，春寒加剧。先是料料峭峭，继而雨季开始，时而淋淋漓漓，时而淅淅沥沥，天潮潮地湿湿，就连在梦里，也似乎有把伞撑着。而就凭一把伞，躲过一阵潇潇的冷雨，也躲不过整个雨季。连思想也都是潮润润的。每天回家，曲折穿过金门街到厦门街迷宫式的长巷短巷，雨里风里，走入霏霏令人更想入非非。想这样子的台北凄凄切切完全是黑白片的味道，想整个中国整部中国的历史无非是一张黑白片子，片头到片尾，一直是这样下着雨的。这种感觉，不知道是不是从安东尼奥尼那里来的。不过那一块土地是久违了，二十五年，四分之一的世纪，即使有雨，也隔着千山万山，千伞万伞。二十五年，一切都断了，只有气候，只有气象报告还牵连在一起，大寒流从那块土地上弥天卷来，这种酷冷吾

躬自厚而薄责于人，则远怨矣。——战国《论语·卫灵公篇》

与古大陆分担。不能扑进她怀里，被她的裙边扫一扫把也算是安慰孺慕之情。

这样想时，严寒里竟有一点温暖的感觉了。这样想时，他希望这些狭长的巷子永远延伸下去，他的思路也可以延伸下去，不是金门街到厦门街，而是金门到厦门。他是厦门人，至少是广义的厦门人，二十年来，不住在厦门，住在厦门街，算是嘲弄吧，也算是安慰。不过说到广义，他同样也是广义的江南人，常州人，南京人，川娃儿，五陵少年。杏花春雨江南，那是他的少年时代了。再过半个月就是清明。安东尼奥尼的镜头摇过去，摇过来又摇过来。残山剩水犹如是。皇天后土犹如是。纭纭黔首纷纷黎民从北到南犹如是。那里面是中国吗？那里面当然还是中国永远是中国。只是杏花春雨已不再，牧童遥指已不再，剑门细雨渭城轻尘也都已不再。然则他日思夜梦的那片土地，究竟在哪里呢？

在报纸的头条标题里吗？还是香港的谣言里？还是傅聪的黑键白键马思聪的跳弓拨弦？还是安东尼奥尼的镜底勒马洲的望中？还是呢，故宫博物院的壁头和玻璃柜内，京戏的锣鼓声中太白和东坡的韵里？

杏花。春雨。江南。六个方块字，或许那片土就在那里面。而无论赤县也好神州也好中国也好，变来变去，只要仓颉的灵感不灭，美丽的中文不老，那形象磁石般的向心力当必然长在。因为一个方块字是一个天地。太初有字，于是汉族的心灵他祖先的回忆和希望便有了寄托。譬如凭空写一个"雨"，点点滴滴，滂滂沱沱，淅淅沥沥，一切云情雨意，就宛然其中了。视觉上的这种美感，岂是什么英文，日文，俄文所能满足？翻开一部《辞源》或《辞海》，金木水火土，各成世界，而一入"雨"部，古神州的天颜千变万化，便悉在望中，美丽的霜雪云霞，骇人的雷电霹雹，展露的无非是神的好脾气与坏脾气，气象台百读不厌门外汉百思不解的百科全书。

听听，那冷雨。看看，那冷雨。嗅嗅闻闻，那冷雨，舔舔吧，那冷雨。雨下在他的伞上这城市百万人的伞上雨衣上屋上天线上，雨下在基隆港在防波堤海峡的船上，清明这季雨。雨是女性，应该最富于感性。雨气空濛而迷幻，细细嗅嗅，清清爽爽新新，有一点薄荷的香味，浓的时候，竟发出草和树林沐浴之后特有的腥气，也许那尽是蚯蚓和蜗牛的腥气吧，毕竟是惊蛰了啊。也许地上的地下的生命也许古中国层层叠叠的记忆皆蠢蠢而动，也许是植物的潜意识和梦，那腥气。

第三次去美国，在高高的丹佛他山居住了两年。美国的西部，多山多沙漠，千里干旱。天，蓝似安格罗萨克逊人的眼睛，地，红如印第安人的肌肤，云，却是罕见的白鸟，落基山簇簇耀目的雪峰上，很少飘云牵雾。一来高，二来干，三来森林线以上，杉柏也止步，中国诗词里"荡胸生层云"或是"商略黄昏雨"的意趣，是落基山上难睹的景象。落基山岭之胜，在石，在雪。那些奇岩怪石，相叠互倚，恰似一场惊心动魄的雕塑展览，给太阳和千里的风看。那雪，白得虚虚幻幻，冷得清清醒醒，那股皑皑不绝一仰难尽的气势，压得人呼吸困难，心寒眸酸。不过要领略"白云回望合，青霭入看无"的境界，仍须来中国。台湾湿度很高，最富云情雨意迷离的情调。两度夜宿溪头，树香沁鼻，宵寒袭肘，枕着润碧湿翠苍苍交叠的山影和万籁都歇的俱寂，仙人一样睡去。山中一夜饱雨，次晨醒来，在

君子藏器于身，待时而动。——西周《周易·系辞下》

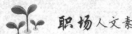

旭日未升的原始幽静中，冲着隔夜的寒气，踏着满地的断柯折枝和仍在流泻的细股雨水，一径探入森林的秘密，曲曲弯弯，步上山去。溪头的山，树密雾浓，蓊郁的水汽从谷底冉冉升起，时稠时稀，蒸腾多姿，幻化无定，只能从雾破云开的空处，窥见乍现即隐的一峰半壑，要纵览全貌，几乎是不可能的。至少上山两次，只能在白茫茫里和溪头诸峰玩捉迷藏的游戏。回到台北，世人问起，除了笑而不答心自问，故作神秘之外，实际的印象，也无非山在虚无之间罢了。云萦烟绕，山隐水迢的中国风景，由来予人宋画的韵味。那天下也许是赵家的天下，那山水却是米家的山水。而究竟，是米氏父子下笔像中国的山水，还是中国的山水上纸像宋画，恐怕是谁也说不清楚了吧？

雨不但可嗅，可亲，更可以听。听听那冷雨。听雨，只要不是石破天惊的台风暴雨，在听觉上总是一种美感。大陆上的秋天，无论是疏雨滴梧桐，或是骤雨打荷叶，听去总有一点凄凉，凄清，凄楚，于今在岛上回味，则在凄楚之外，再笼上一层凄迷了，饶你多少豪情侠气，怕也经不起三番五次的风吹雨打。一打少年听雨，红烛昏沉。再打中年听雨，客舟中江阔云低。三打白头听雨的僧庐下，这便是亡宋之痛，一颗敏感心灵的一生：楼上，江上，庙里，用冷冷的雨珠子串成。十年前，他曾在一场摧心折骨的鬼雨中迷失了自己。雨，该是一滴湿漓漓的灵魂，在窗外喊谁。

雨打在树上和瓦上，韵律都清脆可听。尤其是铿铿敲在屋瓦上，那古老的音乐，属于中国。王禹偁在黄冈，破如椽的大竹为屋。据说住在竹楼里面，急雨声如瀑布，密雪声比碎玉，而无论鼓琴，咏诗，下棋，投壶，共鸣的效果都特别好。这样岂不像是住在竹筒里，任何细脆的声响，怕都会加倍夸大，反而令人耳朵过敏吧。

雨天的屋瓦，浮漾湿湿的流光，灰而温柔，迎光则微明，背光则幽暗，对于视觉，是一种低沉的安慰。至于雨敲在鳞鳞千瓣的瓦上，由远而近，轻轻重重轻轻，夹着一股股的细流沿瓦槽与屋檐潺潺泻下，各种敲击音与滑音密织成网，谁的千指百指在按摩耳轮。"下雨了"，温柔的灰美人来了，她冰冰的纤手在屋顶拂弄着无数的黑键或灰键，把晌午一下子奏成了黄昏。

在古老的大陆上，千屋万户是如此。二十多年前，初来这岛上，日式的瓦屋亦是如此。先是天暗了下来，城市像罩在一块巨幅的毛玻璃里，阴影在户内延长复加深。然后凉凉的水意弥漫在空间，风自每一个角落里旋起，感觉得到，每一个屋顶上呼吸沉重都覆着灰云。雨来了，最轻的敲打乐敲打这城市。苍茫的屋顶，远远近近，一张张敲过去，古老的琴，那细细密密的节奏，单调里自有一种柔婉与亲切，滴滴点点滴滴，似幻似真，若孩时在摇篮里，一曲耳熟的童谣摇摇欲睡，母亲吟哦鼻音与喉音。或是在江南的泽国水乡，一大筐绿油油的桑叶被噬于千百头蚕，细细琐琐屑屑，口器与口器咀咀嚼嚼。雨来了，雨来的时候瓦这么说，一片瓦说千亿片瓦说，说轻轻地奏吧沉沉地弹，徐徐地叩吧挞挞地敲，间间歇歇敲一个雨季，即兴演奏从惊蛰到清明，在零落的坟上冷冷奏挽歌，一片瓦吟千亿片瓦吟。

在旧式的古屋里听雨，听四月，霏霏不绝的黄梅雨，朝夕不断，旬月绵延，湿黏黏的苔藓从石阶下一直侵到舌底，心底。到七月，听台风台雨在古屋顶一夜盲奏，千层海底的

君子求诸己，小人求诸人。——战国《论语·卫灵公篇》

热浪沸沸被狂风挟持，掀翻整个太平洋只为向他的矮屋檐重重压下，整个海在他的蜗壳上哗哗泻过。不然便是雷雨夜，白烟一般的纱帐里听羯鼓一通又一通，滔天的暴雨滂滂沛沛扑来，强劲的电琵琶忐忐忑忑忐忐忑忑，弹动屋瓦的惊悸腾腾欲掀起。不然便是斜斜的西北雨斜斜刷在窗玻璃上，鞭在墙上打在阔大的芭蕉叶上，一阵寒潮泻过，秋意便弥漫旧式的庭院了。

在旧式的古屋里听雨，从春雨绵绵听到秋雨潇潇，从少年听到中年，听听那冷雨。雨是一种单调而耐听的音乐，是室内乐是室外乐，户内听听，户外听听，冷冷，那音乐。雨是一种回忆的音乐，听听那冷雨，回忆江南的雨下得满地是江湖，下在桥上和船上，也下在四川在秧田和蛙塘，下肥了嘉陵江下湿布谷咕咕的啼声，雨是潮潮润润的音乐下在渴望的唇上，舔舔吧那冷雨。

因为雨是最最原始的敲打乐从记忆的彼端敲起。瓦是最最低沉的乐器灰蒙蒙的温柔覆盖着听雨的人，瓦是音乐的雨伞撑起。但不久公寓的时代来临，台北你怎么一下子长高了，瓦的音乐竟成了绝响。千片万片的瓦翩翩，美丽的灰蝴蝶纷纷飞走，飞入历史的记忆。现在雨下下来下在水泥的屋顶和墙上，没有音韵的雨季。树也砍光了，那月桂，那枫树，柳树和擎天的巨椰，雨来的时候不再有丛叶嘈嘈切切，闪动湿湿的绿光迎接。鸟声减了啾啾，蛙声沉了咯咯，秋天的虫吟也减了唧唧。七十年代的台北不需要这些，一个乐队接一个乐队便遣散尽了。要听鸡叫，只有去诗经的韵里找。现在只剩下一张黑白片，黑白的默片。

正如马车的时代去后，三轮车的时代也去了。曾经在雨夜，三轮车的油布篷挂起，送她回家的途中，篷里的世界小得可爱，而且躲在警察的辖区以外，雨衣的口袋越大越好，盛得下他的一只手里握一只纤纤的手。台湾的雨季这么长，该有人发明一种宽宽的双人雨衣，一人分穿一只袖子，此外的部分就不必分得太苛。而无论工业如何发达，一时似乎还废不了雨伞。只要雨不倾盆，风不横吹，撑一把伞在雨中仍不失古典的韵味。任雨点敲在黑布伞或是透明的塑胶伞上，将骨柄一旋，雨珠向四方喷溅，伞缘便旋成了一圈飞檐。跟女友共一把雨伞，该是一种美丽的合作吧。最好是初恋，有点兴奋，更有点不好意思，若即若离之间，雨不妨下大一点。真正初恋，恐怕是兴奋得不需要伞的，手牵手在雨中狂奔而去，把年轻的长发和肌肤交给漫天的淋淋漓漓，然后向对方的唇上颊上尝甜甜的雨水。不过那要非常年轻且激情，同时，也只能发生在法国的新潮片里吧。

大多数的雨伞想不会为约会张开。上班下班，上学放学，菜市来回的途中。现实的伞，灰色的星期三。握着雨伞。他听那冷雨打在伞上。索性更冷一些就好了，他想。索性把湿湿的灰雨冻成干干爽爽的白雨，六角形的结晶体在无风的空中回回旋旋地降下来。等须眉和肩头白尽时，伸手一拂就落了。二十五年，没有受故乡白雨的祝福，或许发上下一点白霜是一种变相的自我补偿吧。一位英雄，经得起多少次雨季？他的额头是水成岩削成还是火成岩？他的心底究竟有多厚的苔藓？厦门街的雨巷走了二十年与记忆等长，一座无瓦的公寓在巷底等他，一盏灯在楼上的雨窗子里，等他回去，向晚餐后的沉思冥想去整理青苔深深的记忆。

巧言乱德，小不忍则乱大谋。——战国《论语·卫灵公篇》

前尘隔海。古屋不再。听听那冷雨。

阅读指导

余光中，生于1928年，现代诗人、散文家。他的诗风是因题材而异的，表达意志和理想的诗，一般都显得壮阔铿锵；而描写乡愁和爱情的作品，一般都显得细腻而柔美。代表作有诗集《舟子的悲歌》《蓝色的羽毛》《钟乳石》《万圣节》《白玉苦瓜》等十余种。

这篇散文抒写的是深深的思乡情绪，这种乡情主要是通过雨声的描写流淌而出的，借冷雨抒情，将自己身处台湾，不能回大陆团聚的思乡情绪娓娓倾诉。另一方面这种乡情也表现在他在文中化用的诗词里面，中国古典诗词的意趣在被赋予生命的冷雨中表现得淋漓尽致。

鉴赏与思考

1. 作者在文中描写了哪些地方哪些时代的雨？是从哪些角度来描写了这些雨的？这些雨表达了作者怎样的感情？

2. 感知意象，把握景物特点；从修辞和句式的角度揣摩语言，体会蕴藉的感情；展开想象，领会文章的神韵。

古人心灵探微

作品欣赏

水龙吟 登建康赏心亭

辛弃疾

楚天千里清秋，水随天去秋无际。遥岑远目，献愁供恨，玉簪螺髻[①]。落日楼头，断鸿[②]声里，江南游子。把吴钩[③]看了，栏杆拍遍，无人会、登临意。休说鲈鱼堪脍[④]，尽西风、季鹰归未？求田问舍[⑤]，怕应羞见，刘郎才气。可惜流年，忧愁风雨，树犹如此！[⑥]倩何人、唤取红巾翠袖，揾[⑦]英雄泪！

【注释】

① "遥岑"三句：远望遥山，像美人头上的碧玉簪、青螺发髻一样，似都在发愁，像有无限怨恨。

② 断鸿：失群孤雁。

③ 吴钩：吴地特产的弯形宝刀，此指剑。

④ "休说"句：表示自己不愿放弃大业，只图个人安逸。

⑤ "求田"句：表示自己羞于置田买屋安居乐业。刘郎：即刘备。

千丈之堤，以蝼蚁之穴溃；百尺之室，以突隙之烟焚。——战国《韩非子·喻老》

⑥ "可惜流年"三句：自惜年华在无所作为中逝去，为国运感到忧愁，人比树老得还快。

⑦ 揾（wèn）：擦拭。

阅读指导

辛弃疾（1140 年－1207 年），字幼安，号稼轩，历城（今山东济南）人。一生以恢复为志。工于词，为豪放派词人代表。风格沉郁顿挫，悲壮激烈，人称"词中之龙"，与苏轼并称"苏辛"。著有《稼轩长短句》，这是稼轩早期词中最负盛名的一篇，作于作者建康通判任上。上阕开头以无际楚天与滚滚长江作背景，境界阔大，触发了家国之恨和乡关之思。"落日楼头"以下，表现词人如离群孤雁、像弃置的宝刀难抑胸中郁闷。下阕用三个典故对于四位历史人物进行褒贬，从而表白自己以天下为己任的抱负。叹惜流年如水，壮志成灰。最后流下英雄热泪。艺术上豪而不放，壮中见悲，力主沉郁顿挫。

《卜算子·黄州定慧院寓居作》

苏轼

缺月挂疏桐，漏①断人初静。谁见幽人②独往来？缥缈孤鸿影。

惊起却回头，有恨无人省③。拣尽寒枝不肯栖，寂寞沙洲冷。

【注释】

① 漏：指更漏而言，古人计时用的漏壶。这里"漏断"即指深夜。

② 幽居的人，形容孤雁。幽：《易·履卦》："幽人贞吉"，其义为幽囚。引申为幽静、优雅。

③ 理解，明白。"无人省"，犹言"无人识"。

阅读指导

这首词写于苏轼被贬为黄州团练副使期间。开头一句，在"缺月"和"疏桐"之间着一"挂"字，自然而巧妙地把天与地的景色连接起来，显示出无限幽渺的夜空。由此奠定了本词的感情基调，并为引出全词的审美意象——孤鸿，埋下了伏笔。

"谁见幽人独往来？缥缈孤鸿影。"在这般夜色之中，仿佛有个幽人独来独往，如同孤鸿之影。作者在这里以幽人来比喻孤鸿，暗示自己孤芳自赏、洁身自好的品格和操守。

"惊起却回头，有恨无人省。"孤鸿缥缈不定，刚一栖身，又遭惊扰。"却回头"，极逼真地描摹出备受惊扰的神态。"有"什么"恨"，苏轼未正面回答，以空白的笔法给读者留下想象空间，增强了本词的诱发力和神秘色彩。

良药苦于口而利于病，忠言逆于耳而利于行。——三国·王肃《孔子家语·六本》

"拣尽寒枝不肯栖，寂寞沙洲冷。"孤鸿心怀幽怨和不满，宁愿寄宿于荒冷的沙洲，也不肯栖于寒枝之上。"拣尽"和"不肯"两词，明确地表明了孤鸿不愿随俗同污，入世屈志的孤高品质。"寂寞"和"冷"，则说明孤鸿甘于忍耐寂寞和苦痛。

这首词运用了比兴、象征等艺术手法，抓住"孤鸿"这一特定的审美意象来状物抒情，巧妙地表达了作者"幽约怨悱不能自言之情"。这正是苏轼贬居黄州时的心情与处境的真实写照。

小重山

岳飞

昨夜寒蛩不住鸣[1]，惊回千里梦[2]，已三更。起来独自绕阶行，人悄悄[3]，帘外月胧明[4]。白首为功名，旧山松竹老，阻归程[5]。欲将心事付瑶琴[6]。知音少，弦断有谁听[7]？

【注释】

① 蛩（qióng）：蟋蟀。
② 千里梦：指恢复中原之梦。
③ 悄悄（qiǎo）：寂静貌。元稹《莺莺传》："更深人悄悄，晨会雨濛濛。"
④ 月胧明：月光明亮。薛绍蕴《小重山》："玉阶华露滴，月胧明。"
⑤ "白首"三句：旧山，指故乡。三句意谓：夙愿为国建功立业，如今头已花白，故乡仍被金兵所占，难以回归。
⑥ 心事：指恢复中原的愿望。付：付与。瑶琴：琴的美称。瑶：美玉。《历代诗馀》卷一一七引陈郁《藏一话腴》载岳飞此词，作"欲将心事付瑶筝"。
⑦ "知音"二句：用俞伯牙和钟子期的典故，慨叹自己的理想不能实现，且没有"知音"能够理解。

阅读指导

岳飞的《满江红》豪放十足，这一首《小重山》则婉约有加。《满江红》以壮怀激烈而著称，慷慨激昂，英雄气概横溢，是其早年之作。《小重山》则是他多年征战并受掣肘时惆怅心理的反映，是用一种含蓄蕴藉的手法表达他抗金报国的壮怀。有人评论岳飞的词说："一种壮怀能蕴藉，诸君细读《小重山》。"用"一种壮怀能蕴藉"来评论《小重山》的艺术风格，可谓切中肯綮。

所谓"一种壮怀能蕴藉"指的是岳飞的《小重山》用含蓄的手法、低沉的格调表达了壮志难酬的孤愤，表达抗金报国的心志，表现出一种沉郁含蓄的风格。

言之者无罪，闻之者足以戒。——春秋《诗经·大序》

渔家傲·秋思①

范仲淹

塞下②秋来风景异，衡阳雁去无留意。③四面边声④连角起。千嶂⑤里，长烟⑥落日孤城闭。浊酒一杯家万里，燕然⑦未勒归无计，羌管⑧悠悠霜满地。人不寐，将军白发征夫泪。

【注释】

① 此词为北宋年间流行歌曲，始见于北宋晏殊。因词中有"神仙一曲渔家傲"句，便取"渔家傲"三字作词名。双调六十二字，上下片各四个七字句，一个三字句，每句用韵，声律谐婉。

② 塞下：边地。风景异：指景物与江南一带不同。

③ 衡阳雁去的倒文。湖南衡阳县南有回雁峰，相传雁至此不再南飞。见王象之"舆地纪胜"卷五十五。

④ 边声：马嘶风号之类的边地荒寒肃杀之声。角：军中的号角。

⑤ 嶂：像屏障一样并列的山峰。

⑥ 长烟：荒漠上的烟。

⑦ 燕然：山名，即今蒙古境内之杭爱山。勒：刻石记功。东汉窦宪追击北匈奴，出塞三千余里，至燕然山刻石记功而还。燕然未勒：指边患未平、功业未成。

⑧ 羌管：羌笛。霜满地：喻夜深寒重。

阅读指导

宋康定元年（1040 年）至庆历三年(1043 年)间，范仲淹任陕西经略副使兼延州知州。据史载，在他镇守西北边疆期间，既号令严明又爱抚士兵，并招徕诸羌推心接纳，深为西夏所叹服，称他"腹中有数万甲兵"。这首题为"秋思"的《渔家傲》就是他身处军中的感怀之作。

上阕写景，描写的自然是塞下的秋景。一个"异"字，统领全部景物的特点：秋来南飞的大雁，风吼马啸夹杂着号角的边声，崇山峻岭里升起的长烟，西沉落日下闭门的孤城……作者用近乎白描的手法，描摹出一幅寥廓荒僻、萧瑟悲凉的边塞图。特别是词中的"长烟落日"，很自然地使人想起王维《使至塞上》中的名句："大漠孤烟直，长河落日圆。"——边塞，虽经过了历史长河的淘洗，但在词人的笔下，却依然留有相同的印迹。

下阕抒情，抒发的是边关将士的愁情。端着一杯浑浊的酒，想起远在万里之外的家乡。可是边患没有平息，哪能谈得到归去？再加上满眼的白霜遍地、盈耳的羌笛声碎，又叫人如何能够入睡？将士们只能是愁白了乌发，流下了浊泪。在这里，作者将直抒胸臆和借景抒情相结合，抒发出边关将士壮志难酬和思乡忧国的情怀。

综观全词，词的意境开阔苍凉，形象生动鲜明，反映出作者耳闻目睹、亲身经历的场景，表达了作者自己和戍边将士们的内心真实感情，读起来真切感人。

不积跬步，无以至千里，不积小流，无以成江海。——战国·荀况《荀子·劝学篇》

鉴赏与思考

1. 要了解一部作品，首先要做到"知人论世"，请联系四位作者所处时代背景和个人经历，说说四首词所表达的思想感情。

2. 分析这四首词的作者面对理想受挫、生存困境时是怎样使自己得到平衡的，我们该学习他们哪些精神？

3. 在艺术特色方面，你最喜欢其中的哪一首？说说理由。

视野拓展

1. 冯友兰：《人生的境界》，见《冯友兰学术文化随笔》，中国青年出版社，1996年版。

2. 王小波：《我的精神家园》，见《王小波文集》，陕西师范大学出版社，2003年版。

3. 周国平：《精神的故乡》，广东教育出版社，1997年版。

圆桌议题

1. 在物欲横流的现代社会，怎样才能构建自己心灵的后花园？

2. 玉可碎而不可损其白，竹可破而不可毁其节。我们该如何看待气节？

3. 《三字经》里有语："人之初，性本善。"；佛家亦有云："善有善报，恶有恶报。"你是如何看待的？结合实际谈谈我们该如何去恶扬善，完善自我。

主题五　天赐灵秀

自然是天地万物。自然中有日月星辰、山川草木、万千生灵……

自然也是人类的慈母。自然是博大无私的，她哺育人类，让人们春种秋收，繁衍生息。

自然又是美丽神奇的，她创造了不可胜数的美景，令人观之不已，悟之不已。

人类曾经敬畏自然，后来又破坏自然，自然又以各种方式惩罚人类。今日，如何对待自然，如何处理人与自然的关系成了重大课题。

庄子有言："天地有大美而不言，四时有明法而不议，万物有成理而不说。"且让我们去领略自然之美，探索自然之理，用自然的方式建立我们的生活。

古诗三首

七里濑①

谢灵运②

玉不琢，不成器；人不学，不知道。——西汉·戴圣《礼记·学记》

羁心积秋晨^③，晨积展游眺^④。
孤客伤逝湍，徒旅苦奔峭^⑤。
石浅水潺湲^⑥，日落山照曜^⑦。
荒林纷沃若^⑧，哀禽相叫啸。
遭物悼迁斥^⑨，存期得要妙^⑩。
既秉上皇心，岂屑末代诮^⑪。
目睹严子濑^⑫，想属任公钓^⑬。
谁谓古今殊，异代可同调^⑭。

【注释】

① 七里濑：在浙江桐庐县富春江上，其下数里有严陵濑。诗人在赴任永嘉太守时，途经七里濑。由秋景的衰败，旅途的困顿，感叹人生的得失，继而向往古人严子陵、任公子的逍遥，生出隐逸之意。

② 谢灵运(385 年－433 年)：中国文学史上山水诗派的开创者,东晋名将谢玄的孙子，小名客儿。年长后袭封为康乐公，后降为康乐侯，因此世人都称他为"谢康乐"。谢灵运自幼好学，博览群书，文字之美与颜延之并称江左第一，名动京师。但由于他在政治上所代表的王、谢等门阀世族，与当时执政的出身比较寒微的刘宋王族之间存在着矛盾，因此虽然自恃功高，以为可以参与政要，但却一直不被重用。于是造成他性情偏激，常怀愤愤之情。少帝时曾为永嘉太守，不久辞官，隐居会稽。文帝时为临川内史，最后在官场倾轧中被杀。

③ 羁（jī）心：羁旅之心，离乡人的愁思。积，聚集。这句是说，在秋晨自己的羁旅之思更加浓重了。

④ 展：申展，这里是尽情的意思。这句是说自己怀着这种秋晨的羁旅之思来尽情地游赏眺望。

⑤ 逝湍：急流不停的江水。湍，急流。徒旅，游客。孤客、徒旅皆诗人自指。奔峭，崩落断裂的陡峭江岸。这二句是说：看到急流的江水和崩落的江岸更感伤自己的长期在外漂荡的生活。

⑥ 潺湲（chán yuán）：水流的样子。

⑦ 日落：日光下射。照曜：阳光闪耀的样子。

⑧ 荒林：无人料理和游赏的野林。纷沃若：枝叶繁茂众多的样子。纷，纷纷，众多。沃若，即沃然，美好繁盛的样子。

⑨ 遭物：看到客观景物，即面对着流水、日光、荒林和哀禽。悼：感伤。迁斥：被贬谪、斥逐。

⑩ 存期：期望，想要。存，想。要妙：精微玄妙的道理，这里指老庄的哲理。

⑪ 秉：掌握，把持。上皇心：上古时代人们淳朴的思想感情。上皇，即羲皇，伏羲氏，历史传说中的上古时帝王。岂屑（xiè）：哪顾，不管。末代：衰乱之世，这里指诗人所处的社会。诮（qiào）：责备，讥诮。这两句是说自己既已具备了上古人的淳朴思想，哪管世人的讥诮呢？

好学近乎知，力行近乎仁，知耻近乎勇。——西汉·戴圣《礼记·中庸》

⑫ 严子濑：即严陵濑，在七里濑东。

⑬ 想属（zhǔ）：联想。任公：任国公子。《庄子·外物篇》中写道：任国的一位公子做了一个大钓钩和大绳子，用五十头牛当作钓饵，到东海去钓鱼。钓了一年才钓得一条极大的鱼。他把这鱼切开做成肉干，从浙河以北到苍梧以东的人都可以吃得很饱。这句是说：他也希望能像任公子那样钓得大鱼给很多人带来好处。

⑭ 同调：情调相同，志同道合。这两句是说：谁说我和严子陵、任公子有古今之别？我们虽处在不同时代，却有着相同的志趣。

终南望余雪

祖咏①

终南②阴岭③秀，积雪浮云端。
林表④明霁色⑤，城中增暮寒。

【注释】

① 祖咏，唐代诗人。洛阳（今属河南）人。生卒年不详。少有文名，擅长诗歌创作。与王维友善。开元十二年(724 年)，进士及第，长期未授官。后入仕，又遭迁谪，仕途落拓，后归隐汝水一带。

② 终南：山名，在陕西省西安市南面。

③ 阴岭：背向太阳的山岭。

④ 林表：林梢。

⑤ 霁色：雨后的阳光。

青溪①

王维②

言入黄花川，每逐青溪水③。
随山将万转，趣途无百里④。
声喧乱石中，色静深松里⑤。
漾漾泛菱荇，澄澄映葭苇⑥。
我心素已闲，清川澹如此⑦。
请留磐石上，垂钓将已矣⑧。

【注释】

① 青溪：在今陕西勉县之东。

君子之交淡如水，小人之交甘若醴。——战国·庄周《庄子·山木》

② 王维（701年－761年），字摩诘，盛唐时期的著名诗人，官至尚书右丞，世称"王右丞"。原籍祁（今山西省祁县），后家迁至蒲（今山西省永济县）。曾因事获罪被贬。晚年隐居于蓝田辋川别墅。其诗、画成就皆高，晚年无心仕途，专诚奉佛。有《王右丞集》，存诗近400首。王维是唐代山水田园派的代表。

③ 言：发语词，无义。黄花川：在今陕西凤翔县东北。逐：顺，循。

④ 趣途：趣同"趋"，指走过的路途。将：将近。万转：形容山路千回万转。

⑤ 声：溪水声。色：山色。

⑥ 漾漾：水波动荡。泛：飘浮。菱荇：泛指水草。澄澄：清澈透明。葭苇：泛指芦苇"漾漾"二句描写菱荇在青溪水中浮动，芦苇的倒影映照于清澈的流水。

⑦ 素：洁白。心素：指高洁的心怀。闲：悠闲淡泊。澹：恬静安然。

⑧ 请：愿。磐石：又大又平的石头。又有写作盘石。将已矣：将以此终其身；从此算了。

阅读指导

《七里濑》：七里濑，又称七里滩，在今浙江省桐庐县富春江上。这附近是东汉严光隐居垂钓的地方。严光，字子陵，是东汉光武帝早年的同学。光武即位后，严光改姓埋名隐居不仕。

永初三年(422年)七月，谢灵运出为永嘉太守。在从都城建康去永嘉上任的途中，他经过自己的庄园始宁墅(今浙江省上虞县)，又游历了富春江和七里濑等处。这首诗就是这期间写的。

诗的开头写秋晨游眺之所见，面对着流逝的江水、陡峭的山崖，诗人充满了羁旅之思。接着又通过对隐居垂钓生活的向往，表达了自己在政治上遭受打击之后的愤懑情绪。

《终南望余雪》：祖咏年轻时去长安应考，文题是"终南望余雪"，必须写出一首六韵十二句的五言长律。祖咏看完后思忖了一下，立刻写完了四句。他感到这四句已经表达完整，按照考官要求，写成六韵十二句的五言体，有画蛇添足的感觉。当考官让他重写时，他又坚持了自己的看法，考官很不高兴。结果祖咏未被录取。但这首诗一直流传至今，备受清代诗人推崇。诗人描写了终南山的余雪，远望积雪，长安城也增添了寒意。这首诗精练含蓄，别有新意。

通过山与阳光的向背表现了各处不同的景象，又联想到山头的积雪消融后，丛林明亮，低处的城中反会增寒，使诗达到全新的境界。

《青溪》：王维在描写自然景物方面，有独到的造诣。无论是名山大川的壮丽宏伟，或是边疆关塞的壮阔荒寒，抑或是田园山水的空明宁静，都能准确地描绘出完美丰富的形象。着墨无多，意境高远，诗情与画意完全融合成为一个整体。

《青溪》借颂扬名不见经传的青溪，来印证自己的凤愿。以青溪之淡泊，喻自身之凤愿之安闲。

全诗自然、清淡、素雅，写景抒情皆轻轻松松，然而韵味却隽永醇厚。诗人笔下的青

天下皆知取之为取，而莫知与之为取。——南朝·范晔《后汉书》

溪是喧闹与沉郁的统一，活泼与安详的揉和，幽深与素静的融合。吟来令人羡慕向往。

这是一首写于归隐之后的山水诗。诗的每一句都可以独立成为一幅优美的画面：溪流随山势蜿蜒，在乱石中奔腾咆哮，在松林里静静流淌；水面微波荡漾，各种水生植物随波浮动；溪边的巨石上，垂钓老翁消闲自在。诗句自然清淡，绘声绘色，静中有动，托物寄情，韵味无穷。

鉴赏与思考

1．试析这三首诗在描写山川美景时采用了什么手法。
2．试析《清溪》诗中景致与诗人情趣高度和谐一致的境界。
3．结合这三首诗收集一些描写祖国山川的古体诗词，体味情随景动、情由景生、情景交融的特点。

绝版的周庄

王剑冰

作品欣赏

你可以说不算太美，你是以自然朴实动人的。粗布的灰色上衣，白色的裙裾，缀以些许红色白色的小花及绿色的柳枝。清澈的流水柔成你的肌肤，双桥的钥匙恰到好处地挂在腰间，最紧要的还在于眼睛的窗子，仲春时节半开半闭，掩不住招人的妩媚。仍是明代的晨阳吧，斜斜地照在你的肩头，将你半晦半明地写意出来。

我真的不知道，你在那里等我，等我好久好久。我今天才来，我来晚了，以致使你这样沧桑。而你依然很美，周身透着迷人的韵致。真的，你还是那样纯秀、古典。只是不再含羞，大方地看着每一位来人。周庄，我呼唤着你的名字，呼唤好久了，却不知你在这里。周庄，我叫着你的名字，你比我想象的还要动人。我真想揽你入怀。只是扑向你的人太多太多，你有些猝不及防，你本来已习惯的清静与孤寂被打破了。我看得出来，你已经有些厌倦与无奈。周庄，我来晚了。

有人说，周庄是以苏州的毁灭为代价的。眼前即刻闪现出古苏州的模样。是的，苏州脱掉了罗衫长褙，苏州现代得多了。尽管手里还拿着丝绣的团扇，已远不是躲在深闺的旧模样。这样，周庄这位江南的古典秀女便名播四海了。然而，霓虹闪烁的舞厅和酒楼正在周庄四周崛起。周庄的操守能持久吗？

参加"富贵茶庄"奠基仪式。颇负盛名的富贵企业与颇负盛名的周庄联姻。而周庄的代表人物沈万三也名富贵，真是巧合。代表富贵茶庄讲话的，是一位长发飘逸女郎，周庄的首席则是位短发女子，又是巧合。富贵、茶、周庄、女子，几个字词在蒙蒙春雨中格外亮丽。回头望去，白蚬湖正闪着粼粼波光。

想起了台湾作家三毛，三毛爱浪游，三毛的足迹遍布全世界，三毛的长发沾得什么风

宁为玉碎，不为瓦全——唐·李百药《北齐书·元景安传》

都有。三毛一来到周庄就哭了，三毛搂着周庄像搂着久别的祖国。三毛心里其实很孤独。三毛没日没夜地跟周庄唠叨，吃着周庄做的小吃。三毛说，我还会来的，我一定会来的。三毛是哭着离去的，三毛离去时最后亲了亲黄黄的油菜花，那是周庄递给她的黄手帕。周庄的遗憾在于没让三毛久久留下，三毛一离开周庄便陷入了更大的孤独，终于把自己交给了一双袜子。三毛临死时还念叨了一声周庄，周庄知道，周庄总这么说。

入夜，乘一只小船，让桨轻轻划拨。时间刚过九点，周庄就早早睡了，是从没有电的明清时代养成的习惯？没有喧闹的声音，没有电视的声音，没有狗吠的声音。

周庄睡在水上。水便是周庄的床。床很柔软，有时轻微地晃荡两下，那是周庄变换了一下姿势。周庄睡得很沉实。一只只船儿，是周庄摆放的鞋子。鞋子多半旧了，沾满了岁月的征尘。我为周庄守夜，守夜的还有桥头一株粲然的樱花。这花原本不是周庄的，如同我。我知道，打着鼾息的周庄，民族味儿很浓。

忽就闻到了一股股沁心润肺的芳香。幽幽长长地经过斜风细雨的过滤，纯净而湿润。这是油菜花。早上来时，一片一片的黄花浓浓地包裹了古老的周庄。远远望去，色彩的反差那般强烈。现在这种香气正氤氲着周庄的梦境，那梦必也是有颜色的。

坐在桥上，我就这么定定地看着周庄，从一块石板、一株小树、一只灯笼，到一幢老屋、一道流水。这么看着的时候，就慢慢沉入进去，感到时间的走动。感到水巷深处，哪家屋门开启，走出一位苍髯老者或纤秀女子，那是沈万三还是迷楼的阿金姑娘？周庄的夜，太容易让人生出幻觉。

🌸 阅读指导

王剑冰，河北唐山人，中国作家协会会员，中国散文学会常务理事，《散文选刊》主编、编审。曾获全国首届冰心散文奖及各类奖项七十余种。著书十余部。部分作品被译成外文。主编有《鲁迅文学奖散文获奖者丛书》等三十余部。

本文选自王剑冰《绝版的周庄》一书，本书是 2008 年度"中国最美的书"之一。由水乡周庄旅游公司创意策划，江苏教育出版社出版。来自中国台湾的著名设计家王行恭在评语中这样说道："该书是一本精湛、典雅、抒情的小品，文字的栏宽，行距的处理让阅读轻松悠闲，其中穿插的表现周庄的水墨画和速写使阅读富有层次感，书中的小插页别具新意，手工的制作与现代工艺相结合，形式上的冲突与矛盾在阅读时充满趣味、充满张力。有趣的封面设计采用了类似邮票的图片，书名采用压烫，处理在一个接近邮戳的图形之中，用手抚摸时的触感成为该书的一大亮点。"《绝版的周庄》在 2009 年代表中国参加了德国莱比锡"世界最美的书"评选，被德国国家图书馆永久收藏。《绝版的周庄》一书向世人展现了周庄"小桥流水人家"的经典水乡风貌。

🌸 鉴赏和思考

1. 本文开头说周庄"不算太美"，第二段又说周庄"依然很美"，是不是自相矛盾？说

亦余心之所善兮，虽九死其犹未悔。——战国·屈原《离骚》

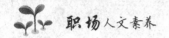

说你的理解。

2. 文章第二段两次写道"我来晚了",这发自内心的呐喊表达了作者怎样的情感?

3. 第三段开头说,"周庄是以苏州的毁灭为代价的",结合本段,谈谈你对这句话的理解。

人畜共居的村庄

刘亮程

作品欣赏

有时想想,在黄沙梁做一头驴,也是不错的。只要不年纪轻轻就被人宰掉,拉拉车,吃吃草,亢奋时叫两声,平常的时候就沉默,心怀"驴"胎,想想眼前嘴前的事儿。只要不懒,一辈子也挨不了几鞭。况且现在机器多了,驴活得比人悠闲,整日在村里村外溜达,调情撒欢。不过,闲得没事对一头驴来说是最最危险的事。好在做了驴就不想这些了,活一日乐一日,这句人话,用在驴身上才再合适不过。

做一条小虫呢,在黄沙梁的春花秋草间,无忧无虑把自己短暂快乐的一生蹦跶完。虽然只看见漫长岁月悠悠人世间某一年的光景,却也无憾。许多年头都是一样的,麦子青了黄,黄了青,变化的仅仅是人的心境。

做一条狗呢?

或者做一棵树,长在村前村后都没关系,只要不开花,不是长得很直,便不会挨斧头。一年一年地活着,叶落归根,一层又一层,最后埋在自己一生的落叶里,死和活都是一番境界。

如此看来,在黄沙梁做一个人,倒是件极普通平凡的事。大不必因为你是人就趾高气扬,是狗就垂头丧气。在黄沙梁,每个人都是名人,每个人都默默无闻。每个牲口也一样,就这么小小的一个村庄,谁还能不认识谁呢。谁和谁多少不发生点关系,人也罢牲口也罢。

你敢说张三家的狗不认识你李四。它只是叫不上你的名字——它的叫声中有一句可能就是叫你的,只是你听不懂。也从不想去弄懂一头驴子,见面更懒得抬头和它打招呼。可那驴却一直惦记着你,那年它在你家地头吃草,挨过你一锨。好狠毒的一锨,你硬是让这头爱面子的驴死后不能留一张完整的好皮。这么多年它一直在瞅机会给你一蹄子呢。还有路边泥塘中的那两头猪,一上午哼哼叽叽,你敢保证它不是在议论你们家的事。猪夜夜卧在窗根,你家啥事它不清楚。

对于黄沙梁,其实你不比一只盘旋其上的鹰看得全面,也不会比一匹老马更熟悉它的路。人和牲畜相处几千年,竟没找到一种共同语言,有朝一日坐下来好好谈谈。想必牲口肯定有许多话要对人说,尤其人之间的是是非非,牲口肯定比人看得清楚。而人,除了要告诉牲口"你必须顺从"外,肯定再不愿与牲口多说半句。

人畜共居在一个小小村庄里,人出生时牲口也出世,傍晚人回家牲口也归圈。弯曲的

千磨万击还坚劲,任尔东西南北风。——清·郑板桥《竹石》

黄土路上，不是人跟着牲口走便是牲口跟着人走。

人踩起的尘土落在牲口身上。

牲口踩起的尘土落在人身上。

家和牲口棚是一样的土房，墙连墙窗挨窗。人忙急了会不小心钻进牲口棚，牲口也会偶尔装糊涂走进人的居室。看上去似亲戚如邻居，却又根本不是那么回事，日子久了难免会认成一种动物。

如你的腰上总有股用不完的牛劲。你走路的架势像头公牛，腿叉得很开，走路一摇三摆。你的嗓音中常出现狗叫鸡鸣。别人叫你"瘦狗"是因为你确实不像瘦马瘦骡子。多少年来你用半匹马的力气和女人生活和爱情。你的女人，是只老鸟了还那样依人。

数年前一个冬天，你觉得有一匹马在某个黑暗角落盯你。你有点怕，它做了一辈子牲口，是不是后悔了，开始揣摸人。那时你的孤独和无助确实被一匹马看见了。周围的人，却总以为你是快乐的，像一只无忧无虑的夏虫，一头乐不知死的驴子、猪……

其实这些活物，都是从人的灵魂里跑出来的。它们没有走远，永远和人呆在一起，让人从这些动物身上看清自己。

而人的灵魂中，其实还有一大群惊世的巨兽被禁锢着，如藏龙如伏虎。它们从未像狗一样咬脱锁链，跑出人的心宅肺院。偶尔跑出来，也会被人当疯狗打了，消灭了。

在人心中活着的，必是些巨蟒大禽。

在人身边活下来的，却只有这群温顺之物了。

人把它们叫牲口，不知道它们把人叫啥。

阅读指导

刘亮程，1962 年生，新疆沙湾县人。在一个靠近沙漠的村子里长大。种过地，当过乡农机管理员。劳动之余写点文字，几乎所有文字都在写自己生活多年的一个村子。在这个村子里，房子被风吹旧，太阳将人晒老，所有树木都按自然的意志生叶展枝。他在不慌不忙中努力接近一种自然生存。作品有散文集《风中的院门》《一个人的村庄》等。

自 2000 年起，刘亮程的散文在全国引起巨大反响，《天涯》《大家》《北京文学》《散文选刊》《南方周末》等报刊对其作品都作了隆重介绍，作者本人亦一鸣惊人。人们评价他："刘亮程是中国 20 世纪的最后一位散文家……他的作品，阳光充沛，令人想起高更笔下的塔西提岛，但是又没有那种原始的浪漫情调，在那里夹杂地生长着的，是一种困苦，一种危机，一种天命中的无助、快乐和幸福"（林贤治）；"真是很少读到这么朴素、沉静而又博大、丰富的文字了。我真是很惊讶作者是怎么在黄沙滚滚的旷野里，同时获得了对生命和语言如此深刻的体验"（李锐）。

鉴赏和思考

1. 为什么说"如此看来，在黄沙梁做一个人，倒是件极普通平凡的事"？

海纳百川，有容乃大；壁立千仞，无欲则刚。——清·林则徐·总督府衙堂联

2. 有评论认为刘亮程散文体现了他的村庄之"道"：天、人、生物合一，请结合本文谈谈你的体会和理解。

草原上的逻辑

董玉洁

一

作品欣赏

非洲草原和非洲沙漠一样个性鲜明：广袤无际，人迹罕至却令人心驰神往。草原位于坦桑尼亚格鲁山以南，名字和景色一样奇美，叫塞伦盖蒂。

草原上生长着一种味道甘美的草，糖分大多集中在草的根茎部。这符合植物生长的逻辑，营养应该首先积淀于靠近营养进口的部位。但这不符合植物自存的逻辑，在野生环境里，如果最美味的部分是根茎，这种植物更易遭灭根之灾，因为差不多所有的动物都是嗜糖的——除了部分理智的糖尿病患者，它们会爱吃草的根茎而胜于枝叶，这样草就少不了会被连根拔起。在中国西部、非洲南部的沙漠，甜草就是这样被牧人的羊和牛啃光的——人类总是这样对待一切口体之享。

但塞伦盖蒂的这种甜草至今没有绝迹，不是气候挽救了它们，也不是缺羊少牛。草原东部生活着四十多万只高大的牛头羚，一种集羊的善啃和牛的海量为一体的食草动物。

按食量计算，这四十万只牛头羚足以在一个月内将塞伦盖蒂东部、西部或任何一部分草原啃秃。但不用担心，牛头羚们从来就没停下脚步仔细品尝过草的味道，它们只是匆匆地将草的枝叶捞上几大口就仓皇而过，因为他们身后追赶着猎豹、狮子、老虎和土狼。

牛头羚云似的从一片草原上掠过，奔向另一片草原。它们长期处于驱赶之下，所以吃得不细，即使发现了甜草根茎的美味也无暇挑三拣四；它们消化得不充分，草籽未等胃液腐蚀就被重新播种在草原上。牛头羚奔波不息，将几天前在那片草原上吃下的草籽带到这片草原上，带来了草的杂交。按此逻辑推理下去，只需数十年的吃吃拉拉，塞伦盖蒂的草就会杂交成单一品种。但现实情况是，牛头羚一般每天只移动十多里地，而且祖祖辈辈都在同一条路径上来回，所以塞伦盖蒂草原上草的品种仍然繁多，而且品种之间过渡平缓，这对植物的品种保持具有相当重要的意义。

二

牛头羚个头庞大，力量惊人，行动迅捷。如果数十万只牛头羚齐心协力干某一件事那是非常危险的，这足以收拾地球上任何一类物种。但牛头羚至今没被划入猛兽之列，而且时刻遭受着草原上其他食肉者的威胁。猛兽袭击时牛头羚们从不团结起来抵御，它们只会惊惶奔逃，将弱小者甩在队伍的尾部。当弱小的同类被捕后，所有的牛头羚都会驻下脚步，

操千曲而后晓声，观千剑而后识器。——南朝·刘勰《文心雕龙·知音》

长喘一口气，就在猛兽的近旁啃起草来，因为它们知道如果有一只同类被杀，就会换来片刻的安宁；而猛兽也和牛头羚达成了这种默契，有一只供食了，就不再惊扰其他——绝大多数猛兽都没有过量储备食物的习惯。如果按照人类的逻辑，应攻其不备，趁牛头羚以为安全时突施袭击，更应多多益善，咬死所有的猎物足足地储下，落个子孙无忧——所幸草原上少有人烟。

面对险境，即使母牛头羚也不会挺身而出保护自己的亲生骨肉，所以从爱心的角度来看，母牛头羚是不称职的母亲。但母牛头羚的逻辑是，追随身后的那些猛兽每天总要捕食数只牛头羚的，自己的儿女如果跑不过身后的天敌，即使这次被保护下来，也会在下次捕杀中被淘汰，所以不必拿自己的生命做代价去暂延一个注定要早亡的儿女的生命。

猛兽捕食的都是弱小的牛头羚，这符合大自然的逻辑：优胜劣汰。但如果长期地优胜劣汰下去，牛头羚会不会径直进化成一种过于强大的动物呢?草原的逻辑是，弱小者淘汰，强大者暴亡。强大者担当着对未知环境不断探索的重任，始终奔跑在队伍的前列，还要为争夺配偶权而决斗，体力消耗大，面对更多的挑战和危险。牛头羚中寿命最长的是中等强壮者，牛头羚始终没有进化成草原之王。

中庸之道在遥远的塞伦盖蒂被一类物种实践着。

三

谁是塞伦盖蒂草原之王？按人类直线进化的逻辑，力量最大、速度最快、能力最强者占尽先机，显王者气象。

力量最大的属狮。

速度最快的属豹。

捕杀能力最强的属虎。

按文学的说法狮应是当之无愧的百兽之王，但狮跑不过猎豹，猎豹是陆地上跑得最快的动物，还有血亲、姻亲团结作战的智慧。它们偶尔也成功地围剿狮，上演一幕狮口夺食的险剧。

猎豹是非洲之王吗？但猎豹时常遭受虎的袭击，不但丢掉猎物而且会搭上自家性命。

虎的速度比狮快，力量比豹大，算得上田径场上的全能冠军，虎是非洲之王吗?但，在塞伦盖蒂，虎已基本绝迹。

不单虎，豹和狮都濒临灭绝。

这些傲视异类堪称王者的猛兽是如何从草原上减少的呢？现代人自责这与猎枪有关，但事实上早在猎枪举起之前非洲的虎、豹、狮就在减少。于是人们不断变换角度猜测：虎能力太强，它们无需团结与合作，连恋爱、交配的机会都省略了，性欲和生殖能力严重退化。猎豹跑得太快，为了卫冕陆上速度冠军的称号，保持流线的体型和过于轻巧的动态，它必须少吃多餐，这样就得不断地捕食，连续三次捕食无获就难免有饿死之虞，五次捕空就只能听天由命了。雄狮时常杀死自己的子女，一方面是因为它性欲旺盛，而只有身边没有子女的母狮才能结束哺乳而肯与雄狮交配；另一方面是因为它太要强了，容不下长江后浪推前浪。

察己则可以知人，察今则可以知古。——战国·吕不韦《吕氏春秋·察今》

当然，这些远不是问题全部和最终的答案。人所共知的现实是，地球上的物种一直呈减势，少数几类物种的数量在恶性膨胀，其余的都在不可遏制地减少，在为莫名其妙的得势者腾挪空间。于是我们只好解释：人类的罪过不是杀害了每一个动物的个体，而是在动物适应新环境前就急不可待地更新了环境。如果还不能令您信服的话，我们再这样解释：一类物种要消逝，是其内部规律与环境碰撞的结果，是上帝的意思，人类的活动只是加剧或延缓。

四

无论是猎豹、狮还是虎，它们的口中之食常被一种叫做非洲土狼的犬科动物生生抢去。

非洲土狼远没狼那样飒爽，它个头不大，形态猥琐，面貌丑陋，体型距流线理论相去甚远；口的张开角度在猛兽中差不多要算是最小的了，这使它的咬合面积和力量都受到较大限制；爪子适应于刨土，但不大适应于格斗和攀爬。无论从哪个角度比较，土狼都远不是猎豹、狮、虎的对手，但在塞伦盖蒂草原，土狼的确能够从它们口中夺食，而且时常以猎豹天敌的身份出现。

猎豹速度远比土狼快，但土狼的耐力比猎豹强。土狼与猎豹争战，往往是由土狼挑起。土狼滋扰猎豹，猎豹奋起追讨，土狼拔腿就逃；猎豹停下歇息，土狼再行滋扰，如此你停我扰，你追我逃，个把钟头后，猎豹就累得大气长喘。这时，两只前后夹击的土狼就能置猎豹于死地。

按说土狼可以成为草原之王了，但没有，原因至少可以列出两条：土狼更多地依赖其他猛兽坐享其成，还偏嗜腐食，它没必要进化到各方面能力都超群出众就能成规模地生存；土狼经常兄弟反目，刚才还齐心协力地对付猎豹，得到了肉，却开始了自相残杀。这种人类社会常见的"窝里反"，在土狼群里过于常见。还有一个原因，草原上的土狼是打洞穴居的，而塞伦盖蒂的雨是突然来临的，洪水通常瞬间暴涨，每个雨季的到来，差不多有四分之一的土狼会因为来不及钻出洞穴而淹死。这种死亡解释偶然得令人起疑，但千万年来土狼的确一直这样死着。土狼到底没有成为塞伦盖蒂草原上最庞大的动物群体，没有成为草原之王。

草原上有王吗？

我只看见那些实际生存过、生存着的动物、植物和一切生命。

阅读指导

董玉洁，男，生于1969年2月，从事行政工作，现任荆门市新闻出版局副局长。先后被《中国青年报》《羊城晚报》《恋爱婚姻家庭》《可乐》等20多家报刊聘为专栏作家、特约撰稿人，现为《读者》杂志全国百名签约作家之一。

大自然是奇美而残酷的，"草原上的逻辑是，弱小者淘汰，强大者暴亡。强大者担当着对未知环境不断探索的重任，始终奔跑在队伍的前列，还要为争夺配偶权而决斗，体力消耗大，面对更多的挑战和危险。"任何一种物类，无论弱小还是强大，它们自有其与环境碰撞的内部规律，人力的强加并不能改变大自然的造化。

长风破浪会有时，直挂云帆济沧海。——唐·李白《行路难》

测量，结果是徒然。可是，我可以确切地告诉读者，瓦尔登有一个坚密得合乎常理的湖底，虽然那深度很罕见，但也并非不合理。我用一根钩鳕鱼的钓丝测量了它，这很容易，只需在它的一头系一块重一磅半的石头，它就能很准确地告诉我这石头在什么时候离开了湖底，因为在它下面再有湖水以前，要把它提起来得费很大力气。最深的地方恰恰是一百零二英尺；还不妨加入后来上涨的湖水五英尺，共计一百零七英尺。湖面这样小，而有这样的深度，真是令人惊奇，然而不管你的想象力怎样丰富，你不能再减少它一英寸。如果一切的湖都很浅，那又怎么样呢？难道它不会在人类心灵上反映出来吗？我感激的是这一个湖，深而纯洁，可以作为一个象征。当人们还相信着无限的时候，就会有一些湖沼被认为是无底的了。

一个工厂主，听说了我所发现的深度之后，认为这不是真实的，因为根据他熟悉水闸的情况而言，细沙不能够躺在这样峻峭的角度上。可是最深的湖，按它的面积的比例来看，也就不像大多数人想象的那么深了，如果抽干了它的水来看一看，留下的并不是一个十分深透的山谷。它们不是像山谷似的杯形，因为这一个湖，就它的面积来说已经深得出奇了，通过中心的纵切面却只是像一只浅盘子那样深。大部分湖沼抽干了水，剩下来的是一片草地，并不比我们时常看到的低洼。威廉·吉尔平在描写风景时真是出色，而且总是很准确的，站在苏格兰的费因湖湾的尖端上，他描写道，"这一湾盐水，六七十英尺深，四英里阔，"约五十英里长，四面全是高山，他还加以评论："如果我们能在洪水泛滥，或者无论大自然的什么痉挛造成它的时候，在那水流奔湍入内以前，这一定是何等可怕的缺口啊！""高耸的山峰升得这高，低洼的湖底沉得这低，阔而广，好河床——。"可是，如果我们把费因湖湾的最短一条直径的比例应用在瓦尔登上，后者我们已经知道，纵切面只不过是一只浅盘形，那么，它比瓦尔登还浅了四倍。要是费因湖湾的水一股脑儿倒出来，那缺口的夸大了的可怕程度就是这样。无疑问的，许多伸展着玉米田的笑眯眯的山谷，都是急流退去以后露出的"可怕的缺口"，虽然必须有地质学家的洞察力与远见才能使那些始料所未及的居民们相信这个事实。在低低的地平线上的小山中，有鉴识力的眼睛可以看出一个原始的湖沼来，平原没有必要在以后升高，来掩盖它的历史。但是像在公路上做过工的人一样，都很容易知道，大雨以后，看看泥水潭就可以知道哪里是洼地。这意思就是说，想象力，要允许它稍稍放纵一下，就要比自然界潜下得更低，升起得更高。所以，海洋的深度，要是和它的面积一比，也许是浅得不足道也。

我已经在冰上测量了湖的深度，现在我可以决定湖底的形态了，这比起测量没有冻冰的港湾来要准确得多，结果我发现它总的说来是规则的，感到吃惊。在最深的部分，有数英亩地是平坦的，几乎不下于任何阳光下、和风中那些被耕植了的田野。有一处，我任意地挑了一条线，测量了三十杆，可是深浅的变化不过一英尺；一般来说，在靠近湖心的地方，向任何方向移动，每一百英尺的变化，我预先就可以知道，不过是三四英寸上下的深浅。有人惯于说，甚至在这样平静的、沙底的湖中有着深而危险的窟窿，可是若有这种情况，湖水早把湖底的不平一律夷为平底了。湖底的规则性，它和湖岸以及邻近山脉的一致性，都是这样地完美，远处的一个湖湾，从湖的对面都可以测量出来，观察一下它的对岸，已可以知道它的方向。岬角成了沙洲和浅滩，溪谷和山峡成了深水与湖峡。

经一蹶者长一智，今日之失，未必不为后日之得。——明·王守仁《与薛尚谦书》

当我以十杆比一英寸的比例画了湖的图样，在一百多处记下了它们的深度，我更发现了这惊人的一致性了。发现那记录着最大深度的地方恰恰在湖心，我用一根直尺放在最长的距离上画了一道线，又放在最宽阔的地方画了一道线，真使人暗暗吃惊，最深处正巧在两线的交点，虽然湖的中心相当平坦，湖的轮廓却不很规则，而长阔的悬殊是从凹处量出来的。我对我自己说道，谁知道是否这暗示了海洋最深处的情形之正如一个湖和一个泥水潭的情形一样呢？这一个规律是否也适用于高山，把高山与山谷看作是相对的？我们知道一个山的最狭的地方并不一定是它的最高处。

五个凹处中有三个，我全去测量过，口上有一个沙洲，里面却是深水，可是那沙洲的目的，不仅是为了面积上扩张，也为了向深处扩张，形成一个独立的湖沼似的盆地，而两个岬角正表明了沙洲的方位。海岸上的每一个港埠的入口处也都有一个沙洲。正如凹处的口上，阔度大于它的长度，沙洲上的水，在同比例度内，比盆地的水更深。所以把凹处的长阔数和周遭的湖岸的情形告诉给你之后，你就几乎有充分的材料，可以列出公式，凡是这一类情况都用得上它。

我用这些经验来测量湖的最深处，就凭着观察它的平面轮廓和它的湖岸的特性，为了看看我测量的准确程度如何，我画出了一张白湖的平面图，白湖幅员占四十一英亩左右，同这个湖一样，其中没有岛，也没有出入口：因为最阔的一道线和最狭的一道线相当接近，就在那儿，两个隔岸相望的岬角在彼此接近，而两个相对的沙洲彼此远距，我就在最狭的线上挑了一个点，却依然交叉在最长的一条线上的，作为那里是最深处。最深处果然离这一个点不到一百英尺，在我定的那个方向再过去一些的地方，比我预测的深一英尺，也就是说，六十英尺深。自然，要是有泉水流入，或者湖中有一个岛屿的话，问题就比较复杂了。

如果我们知道大自然的一切规律，我们就只要明白一个事实，或者只要对一个现象作忠实描写，就可以举一反三，得出一切特殊的结论来了。现在我们只知道少数的规律，我们的结论往往荒谬，自然，这并不是因为大自然不规则，或混乱，这是因为我们在计算之中，对于某些基本的原理，还是无知之故。我们所知道的规则与和谐，常常局限于经我们考察了的一些事物；可是有更多数的似乎矛盾而实在却呼应着的法则，我们只是还没有找出来而已，它们所产生的和谐却是更惊人的。我们的特殊规律都出于我们的观点，就像从一个旅行家看来，每当他跨出一步，山峰的轮廓就要变动一步，虽然绝对的只有一个形态，却有着无其数的侧面。即使裂开了它，即使钻穿了它，也不能窥见其全貌。

据我所观察，湖的情形如此，在伦理学上又何尝不如此。这就是平均律。这样用两条直径来测量的规律，不但指示了我们观察天体中的太阳系，还指示了我们观察人心，而且就一个人的特殊的日常行为和生活潮流组成的集合体的长度和阔度，我们也可以画两条这样的线，通到他的凹处和入口，那两条线的交叉点，便是他的性格的最高峰或最深处。也许我们只要知道这人的河岸的走向和他的四周环境，我们便可以知道他的深度和那隐藏着的底奥。如果他的周围是多山的环境，湖岸险巇，山峰高高耸起，反映在胸际，他一定是一个有着同样的深度的人。可是一个低平的湖岸，就说明这人在另一方面也肤浅。在我们的身体上，一个明显地突出的前额，表示他有

尺有所短，寸有所长。——战国·屈原《楚辞·卜居》

思想的深度。在我们的每一个凹处的入口，也都有一个沙洲的，或者说，我们都有特殊的倾向；每一个凹处，都在一定时期内，是我们的港埠，在这里我们特别待得长久，几乎永久给束缚在那里。这些倾向往往不是古怪可笑的，它们的形式、大小、方向，都取决于岸上的岬角，亦即古时地势升高的轴线。当这一个沙洲给暴风雨，潮汐或水流渐渐加高，或者当位降落下去了，它冒出了水面时，起先仅是湖岸的一个倾向，其中隐藏着思想，现在却独立起来了，成了一个湖沼，和大海洋隔离了，在思想获得它自己的境界之后，也许它从咸水变成了淡水，也许成了一个淡海，死海，或者一个沼泽。而每一个人来到尘世，我们是否可以说，就是这样的一个沙洲升到了水面上？这是真的，我们是一些可怜的航海家，我们的思想大体说来都有点虚无缥缈，在一个没有港口的海岸线上，顶多和有诗意的小港汊有些往还，不然就会驶入公共的大港埠，驶进了科学这枯燥的码头上，在那里他们重新拆卸组装，以适应世俗，并没有一种潮流使它们同时保持其独立性。

至于瓦尔登湖水的出入口呢，除了雨雪和蒸发，我并没有发现别的，虽然用一只温度表和一条绳子也许可以寻得出这样的地点来，因为在水流入湖的地方在夏天大约是最冷而冬天大约最温暖。一八四六至一八四七年派到这里来掘冰块的人，有一天，他们正在工作，把一部分的冰块送上岸去，而囤冰的商人拒绝接受，因为这一部分比起其他的来薄了许多，挖冰的工人便这样发现了，有一小块地区上面的冰比其余的冰都薄了两三英寸，他们想这地方一定有一个入口了。另外一个地方他们还指给我看过，他们认为那是一个"漏洞"，湖水从那里漏出去，从一座小山下经过，到达邻近的一处草地，他们让我待在一个冰块上把我推过去看。在水深十英尺之处有一个小小的洞穴；可是我敢保证，不将它填补都可以，除非以后发现更大的漏洞。有人主张，如果确有这样的大"漏洞"，如果它和草地确有联系的话，这是可以给予证明的，只要放下一些有颜色的粉末或木屑在这个漏洞口，再在草地上的那些泉源口上放一个过滤器，就一定可以找到一些被流水夹带而去的屑粒了。

当我勘察的时候，十六英寸厚的冰层，也像水波一样，会在微风之下有些波动。大家都知道在冰上，酒精水准仪是不能用的。在冰上，摆一根刻有度数的棒，再把酒精水准仪放在岸上，对准它来观察，那么离岸一杆处，冰层的最大的波动有四分之三英寸，尽管冰层似乎跟湖岸是紧接着的。在湖心的波动，恐怕更大。谁知道呢？如果我们的仪器更精密的话，我们还可以测出地球表面的波动呢。当我的水准仪的三只脚，两只放在岸上，一只放在冰上，而在第三只脚上瞄准并观察时，冰上的极微小的波动可以在湖对岸的一棵树上，变成数英尺的区别。当我为了测量水深，而开始挖洞之时，深深的积雪下面，冰层的上面有三四英寸的水，是积雪使冰下沉了几英寸；水立刻从窟窿中流下去，引成深深的溪流，一连流了两天才流完，把四周的冰都磨光了，湖面变得干燥，这虽然不是主要的，却也是很重要的原因；因为，当水流下去的时候，它提高了，浮起了冰层。这好像是在船底下挖出一个洞，让水流出去，当这些洞又冻结了，接着又下了雨，最后又来了次新的冰冻，全湖上都罩上一层新鲜光滑的冰面，冰的内部就有了美丽的网络的形状，很像是黑色的蜘蛛网，你不妨称之为玫瑰花形的冰球，那是从四方流到中心的水流所形成的。也有一些时候，当冰上有浅浅的水潭时，我能看到我自己的两个影子，一个重叠在另一个上面，一个影子在冰上，一个在树木或山坡的倒影上。

出师未捷身先死，长使英雄泪沾襟。——唐·杜甫《蜀相》

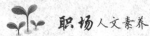

还在寒冷的一月份中，冰雪依然很厚很坚固的时候，一些精明的地主老爷已经从村中来拿回冰去，准备冰冻夏天的冷饮了；现在只在一月中，就想到了七月中的炎热和口渴了，这样的聪明给人留下深刻的印象，甚至使人觉得可悲，——现在，他还穿着厚大衣，戴着皮手套呢！况且有那么多的事情，他都没有一点儿准备。他也许还没有在这个世界上准备了什么可贵的东西，让他将来在另一世界上可以作为夏天的冷饮的。他砍着锯着坚固的冰，把鱼住宅的屋顶给拆掉了，用锁链把冰块和寒气一起，像捆住木料一样地捆绑了起来，用车子载走，经过有利的寒冷的空气，运到了冬天的地窖中，在那里，让它们静待炎夏来临。当它们远远地给拖过村子的时候，看起来仿佛是固体化的碧空。这些挖冰的都是快活的人，充满了玩笑和游戏精神，每当我来到他们中间的时候，他们常常请求我站在下面，同他们一上一下地用大锯来锯冰。

在一八四六至一八四七年的冬季，来了一百个出身于北极的人，那天早晨，他们涌到了这湖滨来，带来了好几车笨重的农具，雪车，犁耙，条播机，轧草机，铲子，锯子，耙子，每一个人还带着一柄两股叉，这种两股叉，就是《新英格兰农业杂志》或《农事杂志》上都没有描写过的。我不知道他们的来意是否为了播种冬天的黑麦，或是播种什么新近从冰岛推销过来的新种子。由于没有看到肥料，我判断他们和我一样，大约不预备深耕了，以为泥土很深，已经休闲得够久了。他们告诉我，有一位农民绅士，他自己没有登场，想使他的钱财加一倍，那笔钱财，据我所知，大约已经有五十万了；现在为了在每一个金元之上，再放上一个金元起见，他剥去了，是的，剥去了瓦尔登湖的唯一的外衣，不，剥去了它的皮，而且是在这样的严寒的冬天里！他们立刻工作了，耕着，耙着，滚着，犁着，秩序井然，好像他们要把这里变成一个模范的农场；可是正在我睁大了眼睛看他们要播下什么种子的时候，我旁边的一群人突然开始钩起那处女地来了，猛地一动，就一直钩到沙地上，或者钩到水里，因为这是一片很松软的土地，——那儿的一切的大地都是这样，——立刻用一辆雪车把它载走了，那时候我猜想，他们一定是在泥沼里挖泥炭吧。他们每天这样来了，去了，火车发出了锐叫声，好像他们来自北极区，又回到北极区，我觉得就像一群北冰洋中的雪鹉一样的。有时候，瓦尔登这印第安女子复仇了，一个雇工，走在队伍后面的，不留神滑入了地上一条通到冥府去的裂缝中，于是刚才还勇敢无比的人物只剩了九分之一的生命，他的动物的体温几乎全部消失了，能够躲入我的木屋中，算是他的运气，他不能不承认火炉之中确有美德；有时候，那冰冻的土地把犁头的一只钢齿折断了；有时，犁陷在犁沟中了，不得不把冰挖破才能取出来。

老老实实他说，是一百个爱尔兰人，由北方佬监工带领，每天从剑桥来这里挖冰。他们把冰切成一方块一方块，那方法是大家都知道的，无须描写的了，这些冰块放在雪车上，车到了岸边，迅疾地拖到一个冰站上，那里再用马匹拖的铁手、滑车、索具搬到一个台上，就像一桶一桶面粉一样，一块一块排列着，又一排一排地叠起来，好像他们要叠一个耸入云霄的方塔的基础一样。他们告诉我，好好地工作一天，可以挖起一千吨来，那是每一英亩地的出产数字。深深的车辙和安放支架的摇篮洞，都在冰上出现，正如在大地上一样，因为雪车在上面来回的次数走得多了，而马匹就在挖成桶形的冰块之中吃麦子。他们这样

春蚕到死丝方尽，蜡炬成灰泪始干。——唐·李商隐《无题》

在露天叠起了一堆冰块来，高三十五英尺，约六七杆见方，在外面一层中间放了干草，以排除空气；因为风虽然空前料峭，还可以在中间找到路线，裂出很大的洞来，以致这里或那里就没有什么支撑了，到最后会全部倒翻。最初，我看这很像一个巨大的蓝色的堡垒，一个伐尔哈拉殿堂；可是他们开始把粗糙的草皮填塞到隙缝中间去了，于是上面有了白霜和冰柱，看起来像一个古色古香的，生满了苔藓的灰白的废墟，全部是用蓝色大理石构成的冬神的住所，像我们在历本上看到的画片一样，——他的陋室，好像他计划同我们一起度过夏季。据他们的估计，这中间百分之二十五到不了目的地，百分之二三将在车子中损失。然而这一堆中，更大的一部分的命运和当初的原意不同；因为这些冰或者是不能保藏得像意想的那么好，它里面有比之一般更多的空气，或者是由于另外的原因，这一部分冰就一直没能送到市场上。这一堆，在一八四六至一八四七年垒起来的，据估计共有一万吨重，后来用于草和木板钉了起来，第二年七月开了一次箱，一部分拿走了，其余的就暴露在太阳底下，整个夏天，站着度过去了，这年的冬天，也还是度过去了，直到一八四八年的九月，它还没有全部融化掉。最后，湖还是把它们的一大部分收了回来。

像湖水一样，瓦尔登的冰，近看是绿的，可是从远处望去，它蓝蓝的很美，你很容易就辨别出来了，那是河上的白冰，或是四分之一英里外的湖上的只是微绿的冰，而这是瓦尔登的冰。有时候，从挖冰人的雪车上，有一大块冰掉在村中街道上，躺在那里有一星期，像一块很大的翡翠，引起所有过路人的兴趣。我注意到瓦尔登的一个部分，它的水是绿的，一俟冻结之后，从同一观察点望去，它成了蓝色。所以在湖边的许多低洼地，有时候，在冬天，充满了像它一样的绿色的水，可是到了第二天，我发现它们已冻成了蓝色的冰。也许水和冰的蓝色是由它们所包含的光和空气造成的，最透明的，也就是最蓝的。冰乃是沉思的一个最有趣的题目。他们告诉我，他们有一些冰，放在富莱喜湖的冰栈中已有五年，还是很好的冰。为什么一桶水放久了要臭，而冻冰以后，却永远甘美呢？一般人说这正如情感和理智之间的不同。

所以一连十六天，我从我的窗口，看到一百个人，忙忙碌碌，像农夫一样地工作，成群结队，带着牲口和显然一应俱全的农具，这样的图画我们常常在历书的第一页上看到的；每次从窗口望出去，我常常想到云雀和收割者的寓言，或者那撒播者的譬喻，等等；现在，他们都走掉了，大约又过了三十天之后，我又从这同一窗口，眺望纯粹的海绿色的瓦尔登湖水了，它反映着云和树木，把它蒸发的水汽寂寥地送上天空，一点儿也看不出曾经有人站在它的上面。也许我又可以听到一只孤独的潜水鸟钻入水底，整理羽毛，放声大笑，或许我可以看到一个孤独的渔夫坐在船上，扁舟一叶，而他的形态倒映在这一面水波上，可是不久以前就在这里，有一百个人安全地站着工作过呢。

似乎紧跟着将要有查尔斯顿和新奥尔良，马德拉斯，孟买和加尔各答的挥汗如雨的居民，在我的井中饮水。在黎明中我把我的智力沐浴在《对话录》的宏伟宇宙的哲学中，自从这一部史诗完成了之后，神仙的岁月也不知已逝去了多少，而和它一比较，我们的近代世界以及它的文学显得多么地猥琐而藐小啊；我还怀疑，这一种哲学是否不仅仅限于从前的生存状态，它的崇高性，距离着我们的观点是这样地遥远啊！我放下了书本，跑到我的井边去喝水。瞧啊！在那里，我遇到了婆罗门教的仆人，梵天和毗瑟奴和因陀罗的僧人，

春风得意马蹄疾，一日看尽长安花。——唐·孟郊《登科后》

他还是坐在恒河上，他的神庙中，读着他们的吠陀经典，或住在一棵树的根上，只有一些面包屑和一个水钵。我遇到他的仆人来给他的主人汲水，我们的桶子好像在同一井内碰撞。瓦尔登的纯粹的水已经和恒河的圣水混合了。柔和的风吹送着，这水波流过了阿特兰蒂斯和海斯贝里底斯这些传说中的岛屿，流过饭能，流过特尔纳特，蒂达尔和波斯湾的入口，在印度洋的热带风中汇流，到达连亚历山大也只听到过名字的一些港埠。

阅读指导

本文选自亨利·戴维·梭罗（美）的散文集《瓦尔登湖》。亨利·戴维·梭罗（Henry David Thoreau，1817—1862），美国作家、思想家、自然主义者。梭罗的著作都是根据他在大自然中的体验写成。1839 年他和哥哥在梅里马克河上划船漂游，写成《在康科德与梅里马克河上一周》（1849），发表了他对自然、人生和文艺问题的见解。1845 年 7 月 4 日梭罗开始了一项为期两年的试验，他移居到离家乡康科德城（Concord）不远，优美的瓦尔登湖畔的次生林里，尝试过一种简单的隐居生活。自耕自足两年有余。他于 1847 年 9 月 6 日离开瓦尔登湖，重新和住在康科德城的他的朋友兼导师爱默生一家生活在一起。出版于 1854 年的散文集《瓦尔登湖》（Walden）详细记载了他在瓦尔登湖畔两年又两个月的生活。他虽毕业于世界闻名的哈佛大学，却没有选择经商发财或者从政成为明星，而是平静地选择了瓦尔登湖，选择了心灵的自由和闲适。他搭起木屋，开荒种地，写作看书，过着非常简朴、原始的生活。在他笔下，自然、人以及超验主义理想交融汇合，浑然一体。

梭罗的文章简练有力，朴实自然，富有思想内容，在美国 19 世纪散文中独树一帜。他的思想对英国工党、印度的甘地与美国黑人领袖马丁·路德·金等人都有很大的影响。

鉴赏和思考

1. 怎样理解"大自然并不发问，发问的是我们人类，而它也不作回答。它早就有了决断了。"这句话，它的决断是什么？
2. 联系实际，谈谈如何避免破坏环境。

视野拓展

1. 泰戈尔：《美》，见《外国散文经典 100 篇》，人民文学出版社。
2. 郁达夫：《山水及自然景物的欣赏》，见《郁达夫全集》第六卷，浙江大学出版社。
3. 王维：《王维十三首》，见《古诗观止》，上海古籍出版社。

圆桌议题

1. 如何看待人类中心主义？你如何看待人类在自然中的地位？
2. 你如何评价"人定胜天"这一观点？
3. 近年来环境污染事件多次发生，你认为该如何处理发展经济与保护环境的关系？

大直若屈，大巧若拙，大辩若讷。——春秋·李耳《道德经》

模块二　职业形象

中国自古以来就是礼仪之邦，中华礼仪文化博大精深、源远流长。孔子曰："不学礼，无以立也。"学习礼仪知识，有助于我们交流信息、增进感情、建立关系、充实自我、提升气质，成就职业人生。

职业形象塑造概述

当今社会，个人形象的建立和完善是社会进入高度文明的一个具体体现。正如树木不但要有树干，还要有树皮，没有树皮，树就会枯死一样，人不但要有实力，还要有良好的个人形象，没有好的形象，别人会离你而去，成功自然不会光顾于你。在职场中，人人都在推销自己，形象便是个人的商标。要让自己成为畅销产品，就必须拥有良好的职业形象，从而为自己在求职、工作中获得成功增加筹码。

一、什么是职业形象

职业形象是指人们在职场中公众面前树立的印象，具体包括个人的外在形象、品德修养、专业能力和知识结构四大方面。它是通过人们的衣着打扮、言谈举止反映出个人的专业态度、技术和技能等。

职业形象需要恪守一些原则性尺度。其中最为关键的就是职业形象要尊重区域文化的要求。不同文化背景的公司对个人的职业形象有不同的要求，绝对不能我行我素破坏文化的制约，否则受损的永远是职业人自己。其次，不同的行业、不同的企业，因为集体倾向性的存在，只有在你的职业形象符合主流趋势时，才能促进自己职业的提升。

当局者迷，旁观者清。——宋·宋祁、欧阳修等《新唐书》

二、职业形象与职业气质

职业形象是个人职业气质的符号，而着装最能代表个人的职业气质。有些人对深色调的一贯喜爱，体现了他沉稳的个性；经常性地身着艳丽颜色或对比强烈的服装，可以展现激情四溢的职业作风；浅浅的素色的衣着似乎在告诉人们善于调节自己的工作模式；一丝不苟的服装款式预示着严谨的职业态度；层层装饰的外表揭示着求新求变的职业心态……

职业形象要达到几个标准：与个人职业气质相契合，与个人年龄相契合，与办公室风格相契合，与工作特点相契合，与行业要求相契合。个人的举止更要在标准的基础上，在不同的场合采用不同的表现方式，在个人的装扮上也要做到在展现自我的同时尊重他人。

职业形象就像个人职业生涯乐章上跳跃的音符，合着主旋律会给人创意的惊奇和美好的感觉，脱离主旋律会打破和谐，给自己的职业发展带来负面影响。

三、职业形象与职业成功

职业形象和个人的职业发展有着密切的关系。

首先，个人的人性特征特质通过形象表达，并且容易形成令人难忘的第一印象。第一印象在个人求职、社交活动中会起到很关键的作用。特别是许多人力资源部门在招聘员工时，对应聘者职业形象的关注程度要远远高于我们的估计。因为他们认定，那些职业形象不合格、职业气质差的员工不可能在同事和客户面前获得高度认可，极有可能让工作效果打折扣。

其次，职业形象强烈影响个人业绩，尤其是业绩型职业人。如果自己的职业形象不能体现专业度，不能给客户带来信赖感，那么所有的技巧都是徒劳的，特别是对一些进行非物质性销售工作的职业人，客户认可更多的是职业人本身，因为产品对他们来说是虚的。即使是人力资源部门的人，如果在和政府机关、事业单位、合作伙伴打交道过程中，职业形象欠佳，极有可能把良好的合作破坏。

再次，职业形象会影响个人晋升概率。获得上司的认可是晋升的核心要素之一，如果在上司面前因为职业形象问题导致误会、尴尬甚至引发上司厌恶，业绩再好也难有出头之日。如果在同事同级层面上因为职业形象问题导致离群、被孤立、被排斥，那么就断了晋升的念头吧。

四、职业形象塑造

（一）形象制胜

1. 第一印象的重要性

一次，深圳某大型模具加工公司去到一所学校招聘模具加工人才，在笔试过后，该公司人力资源部经理让进入复试的学生排队等待下一轮考试。录取结果公布后让很多同学大吃一惊，一名笔试成绩非常好的学生未被录取。该生问人力资源部经理为何不录用他时，该经理回答："你的笔试成绩不错，但是在等待复试的时候，我们特地观察了各位同学在准备时的个人形象。而你在等待复试的过程中，将双手插入夹克衫口袋中，抖动双腿，一副漫不经心的表情，给人一种没有活力的感觉，尤其抖动双腿的姿势给我们的印象不好。模具加工这个行业要求工人对待生产严谨认真，而你的形象告诉我们你缺乏一名优秀模具加工技术人员的基本工作素质。"

得道者多助，失道者寡助。——战国·孟轲《孟子·公孙丑下》

由此例看出，该同学虽然平时学习认真刻苦，但是却忽视了一名模具加工技术人员所应具备的稳健谨慎的职业形象素质培养，使得自己与宝贵的工作机会擦肩而过。可见，具备良好的职业形象对于获得工作机会有着非常重要的作用。

2．决定第一印象的因素

进行职业形象塑造时，第一印象培养很重要。决定第一印象的因素有：衣着庄重，服色搭配得当，衣容整洁，行为端庄，符合职业形象要求。

3．形象对成功的影响力

面试最初的印象尤为深刻，它为以后工作奠定坚实的基础。虽然人们往往并不以貌取人，而是看其内在本质，但大多数的用人单位需要在极短的时间内确定聘用员工是否可靠、真诚以及内行，重要的依据就是其衣着、姿态以及举止所表现出来的职业形象。因此，创造一个良好的最初职业形象，有助于求职的成功。

（二）定位职业形象

现在职业院校的部分学生对自己的职业形象不明确，特别是对自己将来要从事的职业没有一个明确的认识，这样就容易造成将来他们对职业形象错误的定位。每个人都要学会权衡自己，找准适合自己的角色，这样工作起来才能得心应手。

项目一　个人形象

任务一　仪容修饰

❀ 案例鉴赏

日本的著名企业家松下幸之助从前不修边幅，企业也不注重形象，因此企业发展缓慢。一天，理发时，理发师不客气地批评他不注重仪表，说："你是公司的代表，却这样不注重衣冠，别人会怎么想，连人都这样邋遢，他的公司会好吗？"从此松下幸之助一改过去的习惯，开始注意自己在公众面前的仪表仪态，生意也随之兴旺起来。现在，松下电器的产品享誉天下，这与松下幸之助长期率先垂范，并要求员工重形象、讲礼仪是分不开的。

【分析与思考】为什么说在当今社会中企业的形象和员工的形象有密切的关系？

❀ 知识概要

一、仪容的含义

仪容，通常是指人的外观、外貌。其中的重点，则是指人的容貌。它包括人的头发、脸庞、五官、肢体等。在人际交往中，每个人的仪容都会引起交往对象的特别关注，并将影响到对方对自己的整体评价。在个人礼仪中，仪容是重中之重。

登山则情满于山，观海则意溢于海。——南朝·刘勰《文心雕龙·神思》

二、仪容修饰的要求

首先，是要求仪容自然美。它是指仪容的先天条件好，天生丽质。尽管以相貌取人不合情理，但先天美好的仪容相貌，无疑会令人赏心悦目，感觉愉快。

其次，是要求仪容修饰美。它是指依照规范与个人条件，对仪容进行必要的修饰，扬其长，避其短，设计、塑造出美好的个人形象。

最后，是要求仪容内在美。它是指通过努力学习，不断提高个人的文化、艺术素养和思想、道德水准，培养出自己高雅的气质与美好的心灵，使自己秀外慧中，表里如一。

真正意义上的仪容美，应当是上述三个方面的高度统一。忽略其中任何一个方面，都会使仪容美失之偏颇。

在这三者之间，仪容的内在美是最高的境界，仪容的自然美是人们的心愿，而仪容的修饰美则是仪容礼仪关注的重点。

要做到仪容修饰美，自然要注意修饰仪容。修饰仪容的基本规则是美观、整洁、卫生、得体。

三、仪容的修饰

1. 面部修饰

仪容修饰要求做到干净、清洁、卫生。

（1）眼睛

眼睛是心灵的窗户。保持眼部清洁，是维护个人形象的必行之法。眼角一定要清洗干净，使眼睛无眼屎、无睡意、不充血、不斜视。佩戴眼镜时，注意保持眼镜的清洁。要经常擦拭镜片，定期清洗镜架。在比较正式的场合，不戴墨镜或有色眼镜。

（2）面容

明净的脸庞会使人看起来舒服、可爱、精神。

（3）毛发

男士应该养成每日剃须修面，定期修剪鼻毛的好习惯。女士更应经常检查面部，检查四肢或腋下不雅的毛发，及时予以去除。

（4）口腔

刷牙是保持口腔卫生的主要方法。在刷牙时，做到"三个三"。即每天刷三次牙，每次刷牙在用餐后三分钟进行，每次刷牙的时间不少于三分钟。刷牙不但要讲究方式，而且要持之以恒。此外，不吃有异味的食物，确保口气清新。

（5）鼻部

鼻部的保洁在于修剪过长的鼻毛，随时擦除鼻涕。

2. 头发修饰

（1）头发的清洁

头发修饰的总体要求是勤理、勤洗，保持清洁、无异味。

东边日出西边雨，道是无晴却有晴。——唐·刘禹锡《竹枝词》

（2）发型的选择

① 让发型修整你的脸型。选择发型首先必须鉴别脸型。牢记脸型与发型的黄金搭配法则——互相弥补。例如，瘦长的脸型，就应该让发量向两边加宽；上尖下宽的三角脸型，就要让发型上重下轻，等等。

另外一个很重要的问题是，是否烫发也一定要根据自己的脸部特征决定。如果你是直线型的脸，那么可能就不适宜过于卷曲的浪漫式烫发；如果你的脸型曲线柔和，那"清汤挂面"的直发可能就不适合你的女性特质。如果介于中间，那么你的发型选择很广泛。

② 让发型呼应你的身材。烫发和染发的结合更是较少人注意的重点。染发不仅仅是在头发上着色，更是凸显自己发型的魔法石。发型与色彩的吻合才能使整体散发和谐魅力。在确定了你的风格后，还要考虑一下身材。高而丰满的人头发适合有一定的量感与长度，而小巧的人则可有多一些层次及飘逸的感觉，只有这样量身定做的发型，才可能事半功倍。

③ 让发型配合你的气质。职场人员应重视发型的选择，并且善于利用发型表达自己的修养和气质。

④ 让发型吻合你的职业。企业对自己的从业人员的基本要求是庄重。职场人员在为自己选择发型时必须遵循这一基本要求。

3．四肢修饰

四肢指的是人的上肢（双手）和下肢（双腿）。在修饰四肢时，上肢的修饰和下肢的修饰往往有着不同的要求。

上肢修饰。在与人交往中，手的干净与否至关重要。应注意勤洗手，做到手上无汗渍、无异味、无异物。此外，不能留长指甲，指甲的长度与指尖齐平为最佳，并保证指甲内部无污垢，指甲两侧无死皮。

因个人生理条件的不同，手臂上的汗毛长得过浓、过长会有碍美观，最好采取适当的方法进行脱毛。暴露腋毛是很不雅观的，应有意识地不穿露腋毛的服装。女士在社交活动中穿着使腋窝外露的服装时，必须先剃去腋毛，以免有损整体形象。

下肢修饰。保持腿部卫生就要做到勤洗脚、勤换袜、勤换鞋。

在社交和公务场合，男士不得穿短裤，不得挽起长裤的裤管。女士在穿裙装和薄型丝袜时，应先将腿毛剃掉。

❦ 操作指南

化淡妆的技巧

生活淡妆又称日妆，用于一般人的日常生活和工作，表现在自然光和柔和的灯光下。它是通过恰到好处的方法，强调突出面容本来所具有的自然美。妆色清淡典雅，自然协调，是对面容的轻微修饰与润色。

第一步：粉底。为更加突出面部立体轮廓，在 T 字区和两腮分别用深浅两色粉底。注意粉底间的衔接。

老当益壮，宁知白首之心；穷且益坚，不坠青云之志。——唐·王勃《滕王阁序》

第二步：眉毛。用棕色眼影作为眉粉扫出柔和的眉型，要描画均匀，浓淡适宜。

第三步：眼线。用黑色眼线笔沿着睫毛根部画出上眼线，为体现眼睛的妩媚，在眼尾处眼线可稍稍斜挑。

第四步：眼影。用粉紫色眼影，平扫整个眼睑，为突出眼部的立体感，可在后眼尾睫毛根部加上深紫色。

第五步：睫毛。浓密而卷翘的睫毛最能体现眼睛的神采，选用黑色睫毛膏刷出你想要的浓密感觉，注意上下睫毛都要刷。

第六步：腮红。选用偏紫的粉色腮红，由颧骨上方顺着颧骨曲线向脸中央刷，并从中心部位向外打一个圆形，赋予妆容以活泼感。

第七步：口红。选用唇蜜，使双唇晶莹剔透，更加可爱。

任务二　仪态修饰

案例鉴赏

飞机起飞前，一位乘客请求空姐给他倒一杯水吃药，空姐很有礼貌地说："先生，为了您的安全，请稍等片刻，等飞机进入平衡飞行后，我会立刻把水给您送过来，好吗？"

十五分钟后，飞机早已进入平衡飞行状态。突然，乘客服务铃急促地响了起来，空姐猛然意识到：糟了，由于太忙，她忘记给那位乘客倒水了。当空姐来到客舱，看见按响服务铃的果然是刚才那位乘客，她小心翼翼地把水送到那位乘客面前，微笑着说："先生，实在对不起，由于我的疏忽，延误了您吃药的时间，我感到非常抱歉。"这位乘客抬起左手，指着手表说道："怎么回事，有你这样服务的吗？你看看，都过了多久了？"空姐手里端着水，心里感到很委屈，但是，无论她怎么解释，这位挑剔的乘客都不肯原谅她的疏忽。

接下来的飞行途中，为了弥补自己的过失，每次去客舱给乘客服务时，空姐都会特意走到那位乘客面前，面带微笑地询问他是否需要水，或者别的什么帮助。然而，那位乘客余怒未消，摆出不合作的样子，并不理会空姐。

临到目的地前，那位乘客要求空姐把留言本给他送过去，很显然，他要投诉这名空姐。此时空姐心里很委屈，但是仍然不失职业道德，显得非常有礼貌，而且面带微笑地说道："先生，请允许我再次向您表示真诚的歉意，无论您提出什么意见，我都会欣然接受您的批评！"那位乘客脸色一紧，嘴巴准备说什么，可是没有开口。他接过留言本，开始在本子上写了起来。

等到飞机安全降落，所有的乘客陆续离机后，空姐本以为这下完了，但还是下意识地打开了留言本。没想到，她惊奇地发现，那位乘客在本子上写下的并不是投诉信，相反，这是一封热情洋溢的表扬信。

【分析与思考】是什么使得这位挑剔的乘客最终放弃了投诉呢？

木秀于林，风必摧之。——三国·李康《运命论》

一、仪态的含义

仪态，即人的举止姿态，包括目光、表情、手势、姿态等，是一种传情达意的方式。它常被认为是辨别人内心世界的主要根据。在日常交往中，每个人都会以一定的仪态出现在他人面前，形成一定的仪态语言。

仪态语虽然是一种无声语言，但它同有声语言一样也具有明确的含义和表达功能，有时连有声语言也达不到其效果，这就是所谓的"此时无声胜有声"。

二、仪态语言的运用

1. 站姿

站姿又叫立姿，是人在站立时所呈现的姿态，是人的最基本姿势。常言说："站如松"，就是说，站立应像松树那样端正挺拔。站姿是一种静态姿势，显现的是静态美。站姿又是训练其他优美仪态的基础，是表现不同姿态美的起点。

（1）规范的站姿。

头正：两眼平视前方，嘴微闭，收颌梗颈，表情自然，稍带微笑。肩平：两肩平正，微微放松，稍向后下沉。臂垂：两肩平整，两臂自然下垂，中指对准裤缝。躯挺：胸部挺起，腹部往里收，腰部正直，臀部向内向上收紧。腿并：两腿立直，贴紧，脚跟靠拢，两脚呈 60 度夹角。

由于在性别方面存在差异，男女双方的基本站姿又各有一些不同的具体要求。

（2）男性的站姿。

男性站立时应当两眼注视前方，双手相握，叠放于腹前，或者将其背于身后，然后相握。双脚可以分开，做到与肩部同宽。

有时候，男性也可采用双臂自然下垂，双手掌心向内，指尖朝下后贴放于自己大腿的两侧的姿势。双脚脚尖分开，同时脚跟并拢。

（3）女性的站姿。

女性采用站姿时，应当两眼注视前方，双手相握或者叠放于腹前。双脚呈"V"或"Y"形。两者的具体做法是："V"形双脚脚尖叉开，脚跟并拢。"Y"形一只脚的脚跟，贴靠在另一只脚的内侧。

2. 坐姿

坐姿指的是人们入座以后身体所保持的一种姿势。生活中，无论工作、学习、活动都需要高雅、得体的坐姿。无论哪一种坐姿都应端庄、自然、稳定，展示自己从容、稳重的风度。

（1）坐姿的基本要领。

入座时，应以轻盈和缓的步履，轻松自如地走到座位前，然后转身轻而稳地落座，并将右脚与左脚并排自然摆放。坐定后，身体重心垂直向下，腰部挺起，上身保持平直，头部保持平稳，两眼平视，下颌微收，双掌自然地放在膝头或者座椅的扶手上。

皮之不存，毛将焉附？——春秋·左丘明《左传·僖公十四年》

（2）常用的坐姿。

正襟危坐式。上身与大腿，大腿与小腿，小腿与地面，都应当成直角。双膝双脚适度并拢。这是最传统意义上的坐姿，适用于大部分的场合，尤其是正规场合。

大腿叠放式。两条腿在大腿部分叠放在一起，位于下方的一条腿垂直于地面，脚掌着地，位于上方的另一条腿的小腿适当向内收，同时脚尖向下。女性着短裙不宜采用这种姿势。

双脚交叉式。双脚在踝部交叉。交叉后的双脚可以内收，也可以斜放，但不宜向前方远远直伸出去。

前伸后屈式。双腿适度并拢，左腿向前伸出，右腿向后收，两脚脚掌着地。

以上坐姿男女均可采用，以下为女士坐姿。

双腿斜放式。双腿完全并拢，然后双脚或向左或向右斜放，斜放后的腿部与地面约呈45度夹角。

双腿叠放式。双腿一上一下交叠在一起，双腿之间没有间隙。双腿或斜放于左侧或斜放于右侧，腿部与地面约呈45度夹角，叠放在上的脚尖垂向地面。女士着裙装可采用这种方式。

3. 走姿

走姿也叫步态，呈现的是一种动态美。协调稳健、轻松敏捷的走姿会给人朝气蓬勃、积极向上的感觉。

正确的走姿要求是：起步时，上身略向前倾，身体重心落在前脚掌上；行走时，双肩平稳，目光平视，下颌微收，面带微笑；手臂伸直放松，手指自然弯曲；摆动时，以肘关节为轴，上臂带动前臂，前后自然摆动，摆幅以30~35度为宜；步幅适当，一般应该是前脚的脚后跟与后脚的脚尖相距一脚掌长；跨出的步子应是前脚掌着地，膝和脚腕不僵直，行走足迹在一条直线上；步行速度，一般是男性每分钟108~110步，女性每分钟118~120步。

4. 蹲姿

蹲姿是指人们由站立或者行进的姿势，转变成双腿弯曲，身体的高度明显发生下降的姿势。

在特殊情况下，人需要采用蹲姿，如捡起掉到地上的物品，蹲下与小孩亲密交谈，游览中劳累而又无可坐之处，蹲下来歇歇。

常用的蹲姿有。

（1）高低式。

它的基本特征是下蹲后双膝一高一低。要求蹲下之后，左脚在前，右脚靠后。左脚完全着地，小腿基本上垂直于地面；右脚脚尖着地，脚跟提起。此刻，右膝宜低于左膝，右脚内侧可倚于左小腿内侧，形成左膝高右膝低之态。臀部向下，用右腿支撑身体。女性要两腿并紧，穿短裙时更须留意，以免尴尬。男性则可双腿间留有适当的缝隙。

（2）交叉式。

这种姿势适用于女性。它的基本特征是蹲下后双腿交叉在一起。具体要求是，下蹲时，

其曲弥高，其和弥寡。——战国·宋玉《对楚王问》

右脚在前，左脚在后；右小腿垂直于地面，全脚着地。右腿在上，左腿在下，二者交叉重叠。左膝从后下方伸向右侧，左脚跟抬起，并以脚尖着地。两腿前后靠近，合力支撑身体。上身微向前倾，臀部朝下。

5．手姿

手姿指的是人们在运用手臂时所采用的具体动作与姿势。手姿既有静态的，也有动态的。在日常生活中，它运用非常广泛。

招呼他人常用的手姿有。

① 横摆式。手臂向外侧横向摆动，指尖指向被引导或指示的方向，适用于指示方向。

② 曲臂式。手臂弯曲，由体侧向体前摆动，手臂高度在胸以下，适用于请人进门。

③ 斜臂式。手臂由上向下斜伸摆动，适用于请人入座。

三、表情语的运用

表情指一个人面部所呈现出的具体形态。让人爽心悦目的表情是自然的、大方的、亲切的。

1．眼神

眼神指的是人们在进行注视时，眼部所进行的一系列活动，以及在这一过程中所呈现出来的神态。眼神在传达个人的信息中具有不可替代的独特作用。

运用眼神传递信息时应注意以下几个方面。

（1）注视时间。

交谈时，注视对方的时间应该为全部交谈过程的 50%～70%，其余 30%～50%的时间可注视对方脸部以外 5～10 米处，这样才会比较自然、有礼貌。

（2）注视部位。

与人交谈时注视对方身体的什么部位也应注意。如果不适当，会令对方感到不舒服，甚至会引起反感。

对方与你如果是一般关系，应该注视对方脸部，而不应该注视其胸部或下身，对异性尤其要注意。

对关系密切的人则可以上下打量，随意注视。但须注意的是，无论对方是什么人都不要盯住一处不放，对方如有某种缺欠更应回避。

（3）注视方式。

人们交谈一般都是对视，这是最常用的直视方式。特别关注时可以凝视，表示边听边思考。一旦走神时，就表现为虚视。眯视表示怀疑，睨视表示轻蔑，他视则表示心不在焉。

2．微笑

微笑是人类最美的语言，微笑是快乐的开始。

（1）微笑的作用。

在人际交往中，微笑具有调节情绪、消除隔阂、有益健康的作用。一脸阴沉、面无笑容的人，走到哪里都难以受到真正的欢迎。

其身正，不令而行；其身不正，虽令不从。——战国《论语·子路篇》

（2）微笑的要求。

微笑要求自然、大方，发自于内心并显示出亲切的感觉。

（3）微笑的要领。

放松面部肌肉，嘴角平均地、微微地向上翘起，让嘴唇略呈弧形。不发声音，面含笑意。

操作指南

微笑的训练方法

1. 含箸法。这是日式训练法。将一根洁净、光滑的圆柱形筷子横放在口中，用牙轻轻咬住（含住），以观察微笑状态。

2. 口型对照法。通过一些相似性的发音口型，找到适合自己的最美的微笑状态。如"一""茄子""呵""哈"等。

3. 他人诱导法。同桌、同学之间互相通过一些有趣的笑料、动作引发对方发笑。

任务三 服饰技巧

案例鉴赏

一次大型国际会议，部长云集，名流满目。当晚集会，小王未看通知，不知是潇洒便装（smart and casual）聚会，想当然地穿晚礼服前往。见到与会者的装束，小王大吃一惊。路远，无法回酒店更衣。看到人们异样的目光，小王如芒刺在背，这与赤身裸体有何区别！那个滋味小王至今难忘。

【分析与思考】小王的案例对你有什么启示？

知识概要

一、服饰的含义

服饰是对人们平时穿的服装和佩戴的饰物的通称。古今中外，服饰从来都体现着一种社会文化，体现着一个人的文化修养和审美情趣，是一个人的身份、气质、内在素质的无言的介绍信。从某种意义上说，服饰是一门艺术，服饰所能传达的情感与意蕴甚至不是用语言所能替代的。在不同场合，穿着得体、适度的人，给人留下良好的印象；而穿着不当，则会降低人的身份，损害自身的形象。

二、服饰的 TPO 原则

TPO 是英文 Time、Place、Object 三个词首字母的缩写。T 代表时间、季节、时令、时代；P 代表地点、场合、职位；O 代表目的、对象。服饰的 TPO 原则是世界通行的着装打扮的最基本的原则。它要求人们的服饰应力求和谐，以和谐为美。着装要与时间、季节相吻合，符合时令；着装要与所处场合、环境，与不同国家、区域、民族的不同习俗相吻合；

青山遮不住，毕竟东流去。——宋·辛弃疾《菩萨蛮·书江西造口壁》

着装要符合着装人的身份。着装要根据不同的交往目的、交往对象选择服饰，给人留下良好的印象。根据服饰的 TPO 原则，着装时要注意以下几个问题。

1．保持洁净

着装必须保持清洁平整，无汗渍、油渍、异味、褶皱、接缝开线、掉扣等。

2．符合身份

为自己选择着装时，一定要做到与职业、年龄、身份、气质和形体条件相协调。

3．扬长避短

选择服装要因人而异，重点在于扬自己所长、避自己所短，展现独特的个性魅力和最佳风貌。

4．区分场合

不能因个性特征而忽略了场合的特征。正式场合穿着不能过于随便，一般不能穿运动服、牛仔服、夹克衫之类的休闲服装；社交场合宜穿时尚、个性一些的服装；休闲场合应穿得舒适、自然。

5．穿着文明

男子的裤扣，女子背后、裙后的拉链要随时扣好。热天不能穿背心、裤衩、拖鞋出门，女子不宜穿过露、过透、过短、过紧的服装。

三、西服穿着的技巧

西服以其设计造型美观、线条简洁流畅、立体感强、适应性广泛等特点而越来越深受人们青睐。几乎成为世界性通用的服装，可谓男女老少皆宜。

1．职业男性西服礼仪

① 正式场合需要着套装。西服套装上下颜色应一致，套装须搭配衬衫和领带，穿着西服要遵循三色原则（即全身颜色不超过三种）。

② 穿西服套装只能穿皮鞋，其他鞋都不合适。

③ 搭配西装的衬衣颜色应与西服颜色协调，但不能是同一色。白衬衣可搭配各种颜色（白色除外）的西服。在正式场合中，男士不宜穿色彩鲜艳的格子或花色衬衣，穿西服必须打领带。打领带时衬衣的领口扣子必须系好，不打领带时衬衣领口扣子应解开。

④ 西服纽扣有单排、双排之分，纽扣系法也有讲究。穿双排扣西装应把扣子都扣好。穿单排扣西装，一粒扣的，系上端庄，敞开潇洒；两粒扣的，只系上面一粒扣是洋气、正统，只系下面一粒是牛气、流气，全扣上是土气，都不系敞开是潇洒、帅气，全扣和只扣第二粒不合规范；三粒扣的，系上面两粒或只系中间一粒都合规范要求。

⑤ 西装的上衣口袋和裤子口袋里不宜放东西。

⑥ 领带的颜色、图案应与西服相协调。系领带时，领带的长度以触及皮带扣为宜，领带夹戴在衬衣第四、第五粒纽扣之间。

⑦ 应摘掉西服袖口的商标牌。

⑧ 注意西服的保养。西服要吊挂在通风处并经常晾晒，注意防虫与防潮。

---

2. 职业女性西服礼仪

女性的西服为套装，上衣下裙。除要求合身外，不像男性西服要求那么严格。但也有需要注意之处。

① 颜色不宜过于驳杂，质地做工宜精。

② 裙子只能配皮鞋，穿长袜。袜口要高过裙子下沿，不得在裙子与袜子之间露出一截腿。

③ 肉色袜子可以搭配各种颜色的裙子。

④ 鞋跟的粗细应与腿的粗细相称。

四、饰物的选择

饰物指与服装搭配、对服装起修饰作用的其他物品。主要有领带、围巾、丝巾、胸针、首饰、提包、手套、手表、墨镜，等等。饰物在着装中起着画龙点睛、协调整体的作用。佩戴得体可以使人熠熠生辉，佩戴不当则会弄巧成拙。

操作指南

一、服装如何配色

同类色相配：指深浅、明暗不同的两种同一类颜色相配，如青配天蓝，墨绿配浅绿，咖啡配米色，深红配浅红等。同类色配合的服装显得柔和文雅。

近似色相配：指两个比较接近的颜色相配，如红色与橙红或紫红相配，黄色与草绿色或橙黄色相配等。近似色的配合效果也比较柔和。

强烈色配合：指两个相隔较远的颜色相配，如黄色与紫色，红色与青绿色。这种配色比较强烈。

补色配合：指两个相对的颜色的配合，如红与绿，青与橙，黑与白等。补色相配能形成鲜明的对比，有时会收到较好的效果。

根据以上的配色规律，我们可以按自己的肤色、气质、个性、职业的特点来选择自己的服装配色，用最协调的色彩来装扮自己。

二、体型与服装搭配

体型肥胖的人

这种体型不宜穿色彩太艳丽或大花纹、横纹等服饰，这样会导致体型向横宽错视方面发展。肥胖体型的人适宜穿用深色、冷色小花纹、直线纹服饰以显清瘦一些。色彩上忌上身色深下身色浅，这样会增加人体不稳定感。冬天，不宜穿浅色外衣；夏天，不宜穿暖色、艳色或太浅的裤子，因为它会使胖人显得更胖。款式上切忌繁复，要力求简洁明了。过厚面料还会使人显得更胖，而过薄布料也易暴露出肥胖的体型。

体型瘦高的人

这种体型宜穿浅色横色纹或大方格、圆圈等的服饰，以视错觉来增加体型的横宽感。

人谁无过，过而能改，善莫大焉。——春秋·左丘明《左传·宣公二年》

同时可选用红、橙、黄等暖色的服饰，使其看上去或健壮一些、或丰满一些、或更匀称一些。不宜选择单一性冷色、暗色的服饰色彩。

体型矮的人

这种体型的人，尽量少穿或不穿色彩过重或纯黑色的服饰，免得在视觉上造成缩小感觉。不要穿那些鲜艳大花图案和宽格条的服饰，应该挑选素色和长条纹服饰。体型太矮的人，在色彩搭配上要掌握两个基本要领，一是服饰色调以温和者为佳，极深色与极度浅色不好；二是上装的色要相近搭配属同一色系，反差太大、对比强烈都不好。

此外，个子较矮的人若配上亮度大的鞋、帽，反而显得更矮。这是因为"两头扩大"、"中间"收缩的缘故。如果身着灰色服饰，配上一顶亮度大的帽子，可显得高一些。

体型大的人

这里所说的"体型大"，指的是高度与宽度都超过标准体型的人。这种体型不宜穿着颜色浅且鲜艳的服饰，而且最好免去大花格布，而代之以小花隐纹面料，主要是避免造成扩张感，以免使形体在视觉上显得更大。

❧ 视野拓展

如何培养自己的气质？

气质是指人相对稳定的个性特征、风格以及气度。一个人的气质是内部修养、外在的行为谈吐、待人接物的方式态度等的总和。优雅大方、自然的气质会给人一种舒适、亲切、随和的感觉。气质不是天生的，而是培养出来的。

1．用知识武装自己

气质不是与生俱来的，不是靠靓丽的衣裙装扮的，不是用高级化妆品涂抹出来的，也不是矫揉造作粉饰而成的，更不是刻意强求得来的。气质是一种修养，是"发诸内，形乎外"的东西。它是人们在漫长的岁月中积淀于胸的精神之光。

多读书，读好书，腹有诗书气自华，书中自有颜如玉。

2．进行形体训练

男性可参加球类运动、骑车、游泳、健美等活动，女性可练习舞蹈、瑜伽等。

3．用音乐来熏陶自己

喜爱音乐不是为了附庸风雅，听音乐就像呼吸空气一样自然，并且成为生命中不可或缺的一部分。

4．多思考，学会为人处世

一个有气质的人一定是有内涵的。这种内涵并不能仅仅用文化知识、生活经历来概括。更能显出高下的还在于他对于生活的看法，他如何运用自己的内涵来为人处世。

5．重视细节

气质不是一朝一夕养成的，它是一种精神的素质。它不是时髦、不是漂亮，也不是金

仁者见之谓之仁，智者见之谓之智。——西周《周易 系辞上》

钱所能代表的生活方式，它常常是一种纯粹的细节所衬托出来的点点滴滴。

言谈举止应高雅适度，避免粗俗。

6．让你的姿态更有感染力

站坐走要"有形"。

推荐阅读：金正昆《社交礼仪》，北京大学出版社，2005年。

专题网站：https//:www.welcome.org.cn。

实践训练

1．分析讨论题

一天，黄先生与两位好友小聚，来到某知名酒店。接待他们的是一位五官清秀的服务员，接待服务工作做得很好，可是她面无血色，显得无精打采。黄先生一看到她就觉得心情欠佳，仔细留意才发现，这位服务员没有化工作淡妆，在餐厅昏黄的灯光下显得病态十足。上菜时，黄先生又突然看到传菜员涂的指甲油缺了一块，他的第一个反应就是"不知是不是掉在我的菜里了"。但为了不惊扰其他客人用餐，黄先生没有将他的怀疑说出来。用餐结束后，黄先生叫柜台内服务员结账，而服务员却一直对着反光玻璃墙面修饰自己的妆容，丝毫没注意到客人的需要。自此以后，黄先生再也没有去过这家酒店。

分析讨论题：

（1）请指出案例中服务员在仪容上存在的问题。

（2）本案例对你有哪些启示？

2．按照化妆的步骤进行化妆练习

3．分析讨论题

一位美国工程师被公司派到他们在德国收购的分公司，和一位德国工程师在一部机器上并肩作战。当这个美国工程师提出建议改善新机器时，那位德国工程师表示同意，并问美国工程师自己这样做是否正确。这个美国工程师用美国的"OK"手势给以回答。那位德国工程师放下工具就走开了，并拒绝和这位美国工程师进一步交流。后来这个美国人从他的一位主管那里了解到这个手势对德国人意味着"你是个屁眼儿"。

分析讨论：

（1）"OK"手势具有什么含义？

（2）怎样避免案例中情况的发生？

4．仪态训练

（1）按要求进行站姿训练。

个人靠墙站立，要求脚后跟、小腿、臀、双肩、后脑勺都紧贴着墙，每次训练20分钟左右，每天一次。

（2）按要求进行坐姿训练。

按坐姿练习的要领，着重脚、腿、腹、胸、头、手部位的训练。训练时，可播放舒缓、

三更灯火五更鸡，正是男儿发愤时。黑发不知勤学早，白首方悔读书迟。——唐·颜真卿《劝学》

优美的音乐，以减轻疲劳，每天训练 20 分钟左右。

（3）按要求进行走姿训练。

在地上画一条直线，行走时双脚内侧踩在直线上。若行走时稍稍碰到直线，即证明两只脚几乎是在一条直线上。训练时，需配上行进音乐，音乐节奏为每分钟 60 拍。

5．分析讨论题

有位女职员是财税专家，她有很好的学历背景，常能为客户提供良好的建议，在公司里的表现一直很出色。但当她到客户的公司提供服务时，对方主管却不太注重她的建议，她所能发挥才能的机会也就不大了。

一位时装大师发现这位财税专家在着装方面有明显的缺憾：她 26 岁，身高较矮小，看起来机敏可爱，喜爱着童装，像个小女孩，这与她所从事的工作相距甚远，所以客户对于她所提出的建议缺少安全感、依赖感，所以她难以实现她的创意。这位时装大师建议她用服装来强调出学者专家的气势，用深色的套装，对比色的上衣、丝巾、镶边帽子来搭配，甚至戴上重黑边的眼镜。女财税专家照办了，结果，客户的态度有了较大的转变。很快，她成为公司的董事之一。

分析讨论：你觉得着装要注意什么？

6．着装礼仪训练

男女同学分别穿上西装、职业套装进行演示，各自解说自己着装的礼仪细节，并分别为对方点评。

项目二　日常礼仪

任务一　见面礼仪

❀ 案例鉴赏

2005 年 4 月，广州商品交易会，各方厂家云集，企业家们济济一堂。华新公司的徐总经理在交易会上听说伟业集团的崔董事长也来了，想利用这个机会认识这位素未谋面又久仰大名的商界名人。午餐会上他们终于见面了，徐总彬彬有礼地走上前去，"崔董事长，您好，我是华新公司的总经理，我叫徐刚，这是我的名片。"说着，便从随身带的公文包里拿出名片，递给了对方。崔董事长显然还沉浸在之前的与人谈话中，他顺手接过徐刚的名片，回应了一句"你好"并草草看过名片，将它放在了一边的桌子上。委屈的徐总在一旁等了一会儿，并未见这位崔董有交换名片的意思，便失望地走开了。

【分析与思考】你认为双方问题出在哪里？是你的话你会如何做？

莫等闲, 白了少年头, 空悲切。——宋•岳飞《满江红》

知识概要

见面礼仪是人际交往中运用最经常、最频繁的礼仪，是熟人见面或与陌生人准备相识时都要实施的礼仪。它看似平常，但略有疏忽就会影响交往，造成损失。一般而言，一个人留给他人的第一印象，大多形成于双方见面之初。有鉴于此，人们务必要对自己与他人的见面慎之又慎。

一、握手礼仪

1．握手的姿态

行握手礼时，通常距离受礼者约一步，两足立正，上身稍向前倾，伸出右手，手掌垂直于地面，四指并齐，拇指张开与对方相握，微微抖动 3～4 次（时间以 3 秒钟为宜），然后与对方手松开，恢复原状。

2．握手的顺序

主人、长辈、上司、女士主动伸出手，客人、晚辈、下属、男士再相迎握手。握手礼遵循尊者居前的原则。

3．握手的力度

① 跟上级或长辈握手，只须伸手过去擎着，不要过于用力。

② 跟下级或晚辈握手，要热情地把手伸过去，时间不要太短，用力不要太轻。

③ 跟异性握手，女方伸出手后，男方应视双方的熟悉程度回握，但不可用力，一般只象征性地轻轻一握。（一般握女士全手指部位）

4．握手的禁忌

忌男性戴着帽子握手；忌长久地握着异性的手不放；忌用左手同他人握手；忌交叉握手；忌握手时眼睛左顾右盼；忌与异性用双手握手；忌出手太慢；忌握手后立刻用纸巾或手帕擦手；忌握手时将另一只手插在衣袋里；忌握手时将对方的手拖过来，推过去，或上上下下、左左右右地抖动不止。

二、名片礼仪

1．名片的作用

在职场中，他人对你的印象往往起源于你递上的那张表明你身份的名片。所以，千万别小看了名片，在现代职业场上，一张小小的名片往往能起到你无法估量的作用。

2．名片的交换

向对方递名片时，应面带微笑，注视对方，将名片正面对着对方，用双手的拇指和食指分别持握名片上端的两角送给对方。如果是坐着的，应当起立或欠身递送，递送时说一些"我叫×××，这是我的名片，请笑纳""我的名片，请你收下"之类的客套话。递送名片时要注意：地位低的人先向地位高的人递名片；男性先向女性递名片；当面对许多人时，应先将名片递给职务较高或年龄较大者；如分不清职务高低和年龄大小时，则可先和自己对面左侧方的人交换名片。

在社交场合，名片是自我介绍的简便方式。交换名片的顺序一般是："先客后主，先低

身无彩凤双飞翼，心有灵犀一点通。——唐·李商隐《无题》

后高"。当与多人交换名片时，应依照职位高低的顺序，或是由近及远，依次进行，切勿跳跃式地进行，以免对方误认为有厚此薄彼之感。名片的递送应在介绍之后，在尚未弄清对方身份时不应急于递送名片，更不要把名片视同传单随便散发。

接收他人递过来的名片时，应尽快起身，面带微笑，用双手拇指和食指接住名片下方的两角，并说"谢谢""能得到您的名片，深感荣幸"等之类的客套话。随后有一个微笑阅读名片的过程，阅读时可将对方的姓名职衔念出声来，并抬头看看对方的脸，使对方产生一种受重视的满足感。然后将名片放入口袋或手提包、名片夹中。

3．名片的存放

在职场中得到名片的机会很多，而这些名片切不可随手一扔了之。接过别人的名片切不可随意摆弄或扔在桌子上，也不要随便地塞在口袋里或丢在包里。应放在西服左胸的内衣袋或名片夹里，以示尊重。

对于那些平日里常用的名片，不妨将它们收置在一个小巧的名片盒里，随身携带，方便使用。在收到名片后，除了定期整理、更新外，不妨试着和其中自己较感兴趣的人主动联系，几通电话就有可能为自己增添几位生意上的伙伴，并有可能成为日后的合作伙伴。

三、介绍礼仪

介绍是人与人相互认识的桥梁，是人们开始交往的第一步。

介绍可以分为下面三种类型。

1．介绍自己

介绍自己，即自我介绍。指的是自己把自己介绍给他人。自我介绍时应先向对方点头致意，得到回应后再向对方介绍自己的姓名、身份、单位等。

（1）自我介绍的形式

自我介绍的具体形式主要有寒暄式、公务式、交流式、礼仪式、问答式。

（2）自我介绍的注意事项

注意时间。要抓住时机，在适当的场合进行自我介绍。自我介绍时还要简洁，尽可能地节省时间，以半分钟左右为佳。为了节省时间，作自我介绍时，还可利用名片、介绍信加以辅助。

讲究态度。进行自我介绍，态度一定要自然、友善、亲切、随和。应落落大方，彬彬有礼。既不能唯唯诺诺，又不能虚张声势，轻浮夸张。语气要自然，语速要正常，语音要清晰。

真实诚恳。进行自我介绍要实事求是，真实可信，不可自吹自擂，夸大其辞。

2．介绍他人

介绍他人是指由介绍者作为第三者，来为彼此不相识的双方相互进行介绍。

（1）介绍的顺序

目前，国际上公认的介绍顺序是：

第一，将男性介绍给女性；

第二，将年轻者介绍给年长者；

圣人千虑，必有一失；愚人千虑。必有一得。——春秋·晏婴《晏子春秋》

第三，将职位低的介绍给职位高的；

第四，将客人介绍给主人；

第五，将晚到者介绍给早到者。

在这五个顺序中，如果被介绍者之间符合其中的两个以上的顺序，一般应按后一个顺序进行介绍。例如，当一个年轻的女性前来拜访一位比这位女性年长许多的男性的时候，就应将年轻的来访女性介绍给年长的男性主人，而不是相反。这五种顺序表示介绍人对后者的尊敬。

（2）介绍的语言

首先，介绍语言信息量要适中。介绍只要讲清姓名、身份、单位，能为双方攀谈引出话题即可。如："我来介绍一下，这位是湖南大学人文系公关教研室老师××。"

其次，介绍语要热情文雅。介绍是为了建立关系，联络感情，融洽气氛。因此，介绍语必须热情文雅。

操作指南

介绍的姿势

1. 介绍自己的姿势

眼睛注视对方，表情自然，面带微笑，右手掌五指并拢，轻轻地按着自己的前胸，标准站姿。

2. 介绍他人的姿势

眼睛注视被介绍者的对方，手心向上，五指并拢，手指指向被介绍者，左臂肘关节略屈并前伸，标准站姿。

任务二　交谈礼仪

案例鉴赏

金先生入住一家五星级酒店，头天晚上 11 点左右曾委托总台李小姐早上将他叫醒，但李小姐未能准时叫醒客人，从而耽误了金先生的航班，引起了客人的投诉。下面是大堂安副理与金先生的一段对话。

安：金先生，您好！我是大堂副理，请告诉我发生了什么事？

金：什么事你还不知道？我耽误了飞机，你们要赔偿我的损失。

安：您不要着急，请坐下慢慢说。

金：你别站着说话不腰疼，换你试试。

安：如果这件事发生在我身上，我肯定会冷静的，所以我希望您也冷静。

金：我没你修养好，你也不用教训我。我们没什么好讲的，去叫你们经理来。

世事洞明皆学问，人情练达即文章。——清•曹雪芹《红楼梦》

安：叫经理来可以，但你对我应有起码的尊重，我是来解决问题的，可不是来受你气的。

金：你不受气，难道让我这花钱的客人受气，真是岂有此理。

安：……

【分析与思考】大堂副理在处理客人投诉时有什么问题？

知识概要

交谈是人们通过语言相互交流的一种方式。交谈得当与否，与学习、生活和工作密切相关。因此，必须掌握交谈的规范。

一、话题的选择

1．根据交谈目的选择话题

很多情况下，交谈只是为了聊天，放松一下精神，交流一下感情，话题的选择可以多种多样。可以根据自己和交谈对象以及现场环境和气氛选择一些双方比较熟悉或感兴趣的话题进行交谈。如可以选择时尚性、体育类或是天气类的话题等。

2．根据场合选择话题

我们经常会遇到一些或熟悉或陌生的人，为了避免相视无语的尴尬，可以根据现场气氛选择一些比较轻松的、不会伤害任何人或不触及他人隐私的话题来聊。

3．根据双方熟悉程度选择话题

交谈双方的熟悉程度直接影响到话题的选择。对于很熟悉、相互很了解的朋友之间，话题的选择可以很随便，但切忌涉及对方的隐私，不要谈及对方忌讳的话题。不太熟悉的交谈双方，选择话题就不能那么随便了。

二、交谈的态度

在交谈活动中，只有尊重对方，理解对方，才能获得对方感情上的接近，从而得到对方的尊重和信任。因此，在交谈之前，应当了解对方的心理状态，考虑和选择令对方容易接受的方法和态度；了解对方讲话的习惯、文化程度、生活阅历等因素，做到有的放矢。

1．态度要诚恳

谈话内容事先要有准备，应该开门见山地说明来意或交谈的目的，或是寒暄几句后就较快地进入正题。那种东拉西扯的闲聊，既浪费时间，又会使对方厌烦甚至怀疑你的诚意。

2．态度要平等

说和听是互动的、平等的，要注意给别人说话的机会，使交谈各方都保持谈话的热情。发言各方要掌握各自所占有的时间，不能出现一方独霸的局面。不要轻易打断别人的谈话。自己讲话的时候，要给别人发表意见的机会，不要滔滔不绝，旁若无人。对方讲话的时候要耐心倾听，目光要注视对方，不要左顾右盼，不要看手表、伸懒腰、打哈欠。

3．态度要温和

如果对方提到一些不便谈论的问题，不要轻易表态，可以借机转移话题。如果有急事需要离开，要向对方打招呼，表示歉意。不训斥对方，不挖苦对方，不动辄纠正对方，不随便质疑别人，不随便补充别人。说话时可适当做些手势，但不要过大，不要手舞足蹈，不要用手指指人。

三、交谈的用语

1. 常用的礼貌用语

礼貌语言通常是指在人际交往中能简洁、明快地畅通信息传播，取得最佳的心理效应，引起满意的反馈，形成良好的交际情感氛围的规范的有声语言形式。礼貌是人们之间在频繁的交往中彼此尊重与友好的行为规范。礼貌用语则是尊重他人的具体表现，是友好关系的敲门砖。在日常生活中，尤其在职业场合中，礼貌用语十分重要。多说客气话不仅表示尊重别人，而且表明自己的修养；多用礼貌用语，不仅有利于双方气氛融洽，而且有利于交际。

常用的礼貌用语如下。

问候用语：您好、早安、晚安、早上好、晚上好等。

告别用语：再见、晚安、祝您愉快、祝您一路平安等。

答应用语：不客气、没关系、这是我应该做的、非常感谢、谢谢您的好意等。

道歉用语：请原谅、打扰了、失礼了、实在对不起、谢谢您的提醒、是我的错、对不起、请不要介意等。

2. 常用的谦敬用语

（1）谦敬称呼用语

称呼尊长可用老先生、老同志、老师傅、老领导、老首长、老伯、大叔、大娘等。

称呼平辈可用老兄、老弟、先生、女士、小姐、贤弟、贤妹等。

自谦可以用鄙人、在下、愚兄、晚生等。

（2）事物谦敬用语

称姓名敬辞可用贵姓、尊姓大名、尊讳、芳名（对女性）等。

称年龄敬辞可用高寿（对老人）、贵庚、尊庚、芳龄（对女性）等。住处可用府上、尊寓、尊府等。

见解可用高见、高论等。

身体可用贵体、玉体对女性等。

自谦辞：

称姓名：草字、敝姓等。

称朋友：敝友等。

称住处：寒舍、舍下、蓬荜等。

称见解：愚见、拙见等。

称年龄：虚度××等。

谁言寸草心，报得三春晖——唐·孟郊《游子吟》

（3）谦敬祈使用语

请人提供方便、帮助：借光、劳驾、有劳、劳神、费心、操心等。

托人办事：拜托等。

麻烦或打断别人：打扰等。

求人解答：请问等。

劝告别人：奉劝等。

请别人来：请大驾光临、欢迎光临、恭候光临等。

请别人不要送：请留步等。

请别人提意见：请指教、请赐教等。

请别人原谅：请包涵、请海涵等。

（4）谦敬欢迎用语

欢迎顾客：欢迎光顾、敬请惠顾等。

欢迎客人：欢迎光临等。

初次见面：久仰、久仰大名等。

许多时未见：久违等。

访问：拜访、拜望、拜见、拜谒等。

没有亲自迎接：失迎、有失远迎等。

自责不周：失敬等。

拜别：告辞、拜辞等。

送别：请留步、请回、不必远送等。

中途辞别：失陪等。

四、交谈的表情

双方在交谈中，应注视对方的眼睛或脸部，以示尊重别人。但是，当双方缄默无语时，就不要再老是看着对方的脸。

在说话时，要注意神态自然专注，态度诚恳亲切，表情愉快开朗。

❀ 操作指南

交谈时选择话题应注意

① 应尽量避免触及对方的隐私，如个人收入、财产、女士的年龄、婚姻、生理疾病等。

② 忌非议别人、搬弄是非。

③ 不要捉弄对方，不要让别人下不了台。

④ 不要做"祥林嫂"。把自己心中的苦闷和烦恼向好友诉说是完全可以的，但切忌把一件事反复向人说，这样不但会破坏别人的好心情，而且也会很招人厌烦。

踏破铁鞋无觅处，得来全不费工夫。——宋·夏元鼎《绝句》

视野拓展

推荐阅读：金正昆《社交礼仪》，北京大学出版社，2005年。

专题网站：http: www.welcome.org.cn，社交礼仪网。

实践训练

1．分析讨论题

某公司王经理约见一个重要的客户方经理。见面之后，客户就将名片递上。王经理看完名片就将名片放到了桌子上，两人继续谈事。过了一会儿，服务人员将咖啡端上桌，请两位经理慢用。王经理喝了一口，将咖啡杯子放在了名片上，自己没有感觉，客户方经理皱了皱眉头，没有说什么。

分析讨论：

（1）请分析王经理的失礼之处。

（2）接过对方的名片后应如何放置？

2．两人一组进行握手的训练，使握手成为自己最自然的表现。

3．分析讨论题

《说岳全传》第十回描写牛皋独自赶往小校场向两位老人问路时，居然在马上叫道："呔！老头！爷问你，小校场往哪里去的？"那老者听了，气得目瞪口呆……"冒失鬼！京城地面容得你撒野？幸亏是我两个老人家，若撞着后生，也不和你作对，只要你走七八个转回哩。这里投东转南去，就是小校场了。"而岳飞问路时则是下了马，走上前拱手道："不敢动问老丈，方才可曾见一个黑大汉，坐一匹黑马的，往哪条路上去的？望乞指示！"……那老者道："尊驾何以这等斯文，你那个令弟怎么这般粗蠢？"……

分析讨论：请对牛皋、岳飞的行为进行分析。

4．设置情境，让学生分组演练对礼貌用语的掌握，要求必须运用五种礼貌用语。

项目三　商务礼仪

任务一　拜访礼仪

案例鉴赏

嘉玲为了一桩订单，于一周前与客户张经理约好前往拜访。这天，嘉玲特地早早起床，着实打扮了一番，就直接前往约定地点。可是，对方却忘了这个约会而外出，嘉玲气得简直七窍生烟。

桃李不言，下自成蹊。——汉·司马迁《史记·李将军传》

【分析与思考】 嘉玲一味地责怪对方对吗？你认为应该怎么做？

知识概要

拜访是日常生活中最常见的交际形式，也是联络感情、增进友谊、洽谈业务的一种有效方法。我们去拜访别人时，要注意以下几方面问题。

一、预约礼仪

不论因公还是因私而访，都要事前与被访者电话联系。联系的内容主要有四点。

① 自报家门（姓名、单位、职务）。

② 询问被访者是否在单位（家），是否有时间或何时有时间。

③ 提出访问的内容（有事相访或礼节性拜访），使对方有所准备。

④ 在对方同意的情况下定下具体拜访的时间、地点。注意避开吃饭和休息、特别是午睡的时间。最后，对对方表示感谢。

二、举止礼仪

① 要守时守约

② 讲究敲门的艺术。要用食指敲门，力度适中，间隔有序敲三下，等待回音。如无应声，可再稍加力度，再敲三下，如有应声，再侧身隐立于右门框一侧，待门开时再向前迈半步，与主人相对。

③ 主人不让座不能随便坐下。如果主人是年长者或上级，主人不坐，自己不能先坐。主人让座之后，要口称"谢谢"，然后采用规矩的礼仪坐姿坐下。主人递上烟茶要双手接过并表示谢意。如果主人没有吸烟的习惯，要克制自己的烟瘾，尽量不吸，以示对主人习惯的尊重。主人献上果品，要等年长者或其他客人动手后，自己再取用。即使在最熟悉的朋友家里，也不要过于随便。

④ 跟主人谈话，语言要客气。

⑤ 谈话时间不宜过长。起身告辞时，要向主人表示"打扰"之歉意。出门后，回身主动伸手与主人握别，说："请留步"。待主人留步后，走几步，再回首挥手致意："再见"。

三、拜访大忌

1. 忌"答记者问"

采用一问一答的谈话形式，在问题谈完以后，便会出现沉寂的局面。因此，拜访者要不断变化话题。可"因景生言"，见到家里摆设谈装饰，见到衣着谈时装；可以谈热门话题，可以谈共同熟悉的人等。

2. 忌开口便求

如果关系不是特别融洽，开口便提出要求，会使人唐突。提要求前，应以寒暄、闲聊铺垫氛围，待到交谈的气氛融洽之后，水到渠成地引入话题，说明来意。拜访时曲线求助，成功率较大。

文章合为时而著，歌诗合为事而作。——唐·白居易《与元九书》

3．忌喧宾夺主

拜访以不影响别人正常的生活为前提。交谈时，要察言观色。主人心情不好、身体欠佳或缺乏热情，应尽快结束谈话或改日拜访。主人的家属需要安静的环境学习、休息，拜访时间不宜太长，交谈时不宜大声喧哗。

4．忌陋习毕现

跷着二郎腿、乱弹烟灰、抓耳挠腮、斜靠座椅、粗言粗语等一些陋习一定不可展现在拜访对象面前；自己形象要得体，要在对方心中留下良好的印象。

操作指南

营销人员初次拜访客户流程设计。

1．打招呼

在客户未开口之前，以亲切的语调向客户打招呼问候，如："王经理，早上好！"

2．自我介绍

介绍公司名称及自己姓名并将名片双手递上，在与他人交换名片后，对客户抽空见自己表达谢意。如："这是我的名片，谢谢您能抽出时间让我见到您！"

3．旁白

营造一个好的气氛，以拉近彼此之间的距离，缓和客户对陌生人来访的紧张情绪。如："王经理，我是您部门的张工介绍来的，听他说，你是一个很随和的领导"。

4．开场白的结构

（1）提出议程；

（2）陈述议程对客户的价值；

（3）时间约定；

（4）询问是否接受；

如："王经理，今天我是专门来向您了解你们公司对××产品的一些需求情况，通过知道你们明确的计划和需求后，我可以为你们提供更方便的服务，我们谈话时间大约只需要五分钟，您看可以吗"？

5．巧妙运用询问术

（1）设计好问题

通过询问客户来达到探寻客户需求的真正目的，这是营销人员最基本的销售技巧。在询问客户时，问题面要采用由宽到窄的方式逐渐进行深度探寻。如："王经理，您能不能介绍一下贵公司今年总体的商品销售趋势和情况？""贵公司在哪些方面有重点需求？""贵公司对××产品的需求情况，您能介绍一下吗？"

（2）运用扩大询问法和限定询问法

采用扩大询问法，可以让客户自由地发挥，尽可能地多说，让自己知道更多的东西。而采用限定询问法，则让客户始终不远离会谈的主题，限定客户回答问题的方向。如："王

阳春之曲，和者必寡；盛名之下，其实难副。——南朝·范晔《后汉书·黄琼传》

经理，贵公司的产品需求计划是如何报审的呢？"这就是一个扩大式的询问法；如："王经理，像我们提交的一些供货计划，是需要通过您的审批后才能在下面的部门去落实吗？"这是一个典型的限定询问法。

（3）对客户谈话要点进行总结并确认

6. 结束拜访时，约定下次拜访内容和时间

在结束初次拜访时，营销人员应该再次确认一下本次来访的主要目的是否达到，然后向客户叙述下次拜访的目的、约定下次拜访的时间。

任务二　接待礼仪

案例鉴赏

一个下雨的晚上，机场附近某大酒店的前厅很热闹，接待员正紧张有序地为一批误机团队客人办理入住登记手续，在大厅的休息处还坐着五六位散客等待办理手续。此时，又有一批误机的客人涌入大厅。大堂经理小刘密切注视着大厅内的情景。

"小姐，麻烦您了，我们打算住到市中心的酒店去，你能帮我们叫辆出租车吗？"两位客人从大堂休息处站起身来，走到小刘面前说。"先生，都这么晚了，天气又不好，到市中心去已不太方便了。"小刘想挽留住客人。

"从这儿打的士到市中心不会花很长时间吧，我们刚联系过，房间都订好了。"客人看来很坚决。

"既然这样，我们当然可以为您叫车了。"小刘彬彬有礼地回答道，她马上叫来行李员小秦，让他快去叫车，并对客人说："我们酒店位置比较偏，可能两位先生需要等一下，我们不妨先到大堂等一下好吗？"

"那好吧，谢谢。"客人和小刘一起来到大堂休息处等候。

天已经很黑了，雨夹着雪仍然在不停地下。行李员小秦始终站在路边拦车，但十几分钟过去了，也没有拦到一辆空车。客人等得有些焦急，不时站起身来观望有没有车。小刘安慰他们说："今天天气不好，出租车不太容易叫到，不过我们会尽力而为的。"然后又对客人说："您再等一下，如果叫到车，我们会及时通知您的。"

又是 15 分钟过去了，车还是没拦到。客人走出大堂，看到在风雪中站了 30 多分钟脸已冻得通红的行李员小秦，非常抱歉地说："我们不去了，就住这儿吧，对不起。"另一位客人亲自把小秦拉进了前厅。

【分析与思考】客人为什么又留下来了？这个案例给你哪些启示？

知识概要

接待，是社会交往活动中最基本的形式和重要环节，是表达主人情谊、体现礼貌素养

一年之计，莫如树谷；十年之计，莫如树木；终身之计，莫如树人。——春秋·管仲《管子·权修》

的重要方面。接待，是给客人良好第一印象的最重要工作。给对方留下好的第一印象，就为下一步深入接触打下了基础。

一、迎客

迎接客人要有周密的部署，应注意以下事项。

1. 制订计划

对前来访问、洽谈业务、参加会议的客人，应首先了解对方到达的车次、航班，安排与客人身份、职务相当的人员前去迎接。若因某种原因，相应身份的主人不能前往，前去迎接的主人应向客人作出礼貌的解释。

2. 提前恭候

主人到车站、机场去迎接客人，应提前到达，恭候客人的到来，绝不能迟到让客人久等。并为客人准备好交通工具，不要等到客人到了才匆匆忙忙准备交通工具，那样会因让客人久等而误事。

3. 问候客人

接到客人后，应首先问候"一路辛苦了""欢迎您来到×××"等。然后向对方作自我介绍，如果有名片，可送予对方。

4. 安置住宿

主人应提前为客人准备好住宿，帮客人办理好一切手续并将客人领进房间，同时向客人介绍住处的服务、设施，将活动的计划、日程安排交给客人，并把准备好的地图或旅游图、名胜古迹等介绍材料送给客人。

主人应陪客人稍作停留，热情交谈，谈话内容要让客人感到满意。如客人参与活动的背景材料、当地风土人情、有特点的自然景观、特产、物价等。考虑到客人一路旅途劳累，主人不宜久留，让客人早些休息。分手时将下次联系的时间、地点、方式等告诉客人。

二、接待

1. 引导

接待人员带领客人，应该有正确的引导方法。

（1）在走廊的引导方法

接待人员在客人二三步之前，配合步调，让客人走在内侧。

（2）在楼梯的引导方法

当引导客人上楼时，应该让客人走在前面，接待人员走在后面；若是下楼时，应该由接待人员走在前面，客人在后面；上下楼梯时，接待人员应该注意客人的安全。

（3）在电梯的引导方法

引导客人乘坐电梯时，接待人员先进入电梯，等客人进入后关闭电梯门；到达时，接待人员按"开"钮，让客人先走出电梯。

（4）客厅里的引导方法

当客人走入客厅，接待人员用手指示，请客人坐下；看到客人坐下后，才能行点头礼

126

安得广厦千万间，大庇天下寒士俱欢颜。——唐·杜甫《茅屋为秋风所破歌》

后离开。如客人错坐下座，应请客人改坐上座（一般靠近门的一方为下座）。

接待是很多企业员工的一项经常性工作。在接待中的礼仪表现，不仅关系到个人形象，还关系到企业形象。所以，接待来访的礼仪历来都受到重视。

2. 接待

（1）招呼

对待来访客人，应主动从座位上站起来，握手相迎，并招呼客人"早上好""您好"和"欢迎"等。

（2）联系

询问对方的公司名称及姓名、事先是否已预约后，可向客人说一声："请稍等，我立刻通知×××先生（或女士）。"然后立即与有关人员联系。

（3）上茶

我国历来习惯以茶水招待客人，在招待尊贵客人时，茶具要特别讲究，倒茶有许多规矩，递茶也有许多讲究。客人就座后应快速上茶，上茶时应注意不要使用有缺口或裂缝的茶杯（碗）。茶水的温度应在七十度左右，不能太烫或太凉，应浓淡适中，沏入茶杯（碗）七分满。来客较多时，应从身份高的客人开始沏茶，如不明身份，则应从上席者开始。在客人未上完茶时，不要先给自己人上茶。

（4）送客

送客时应主动为客人开门，待客人走出后，再紧随其后。可在适当的地点与客人握别，如电梯（楼梯）口，大门口，停车场或公共交通停车点等。若是远道而来的贵宾，可送至车站、机场、码头，并目送客人走进大厅，才能离开。

❋ ⚜ 操作指南

一、接待工作常识

关于会议主席台座次的安排：

一般的原则是：左为上，右为下。当领导同志人数为奇数时，1号首长居中，2号首长排在1号首长左边，3号首长排右边，其他依次排列；当领导同志人数为偶数时，1号首长、2号首长同时居中，1号首长排在居中座位的左边，2号首长排右边，其他依次排列。

关于签字仪式的座次安排：

签字双方主人在左边，客人在主人的右边。双方其他人数一般对等，按主客左右排列。

二、奉茶的禁忌

尽量不要用一只手上茶，尤其不能用左手。切勿让手指碰到杯口。为客人倒的第一杯茶，通常不宜斟得过满，以杯深的2/3处为宜。继而把握好续水的时机，以不妨碍宾客交谈为佳，不能等到茶叶见底后再续水。

纸上得来终觉浅，绝知此事要躬行。——宋·陆游《冬夜读书示子聿》

任务三　宴请礼仪

案例鉴赏

武汉市与日本某市缔结友好城市，在某饭店举办大型中餐宴会，邀请本市最著名的演员助兴。这位演员到达后，费了很长时间才找到了自己的位置。当她入座后发现与她同桌的许多客人，都是接送领导和客人的司机，演员感到自尊心受到了伤害，没有同任何人打招呼就悄悄离开了饭店。当时宴会的组织者并未觉察到这一点，直到宴会主持人拟邀请这位演员演唱时，才发现演员并不在现场。幸好主持人头脑灵活，临时改换其他节目，才算没有出现"冷场"。

【分析与思考】那位著名演员为什么不辞而别？

知识概要

宴请是交往中常见的交际活动形式之一。一次合乎礼仪的宴请，其本身常常就是一次成功的商务活动。在准备宴请、进行宴请和赴宴方面，有很多应当熟悉和遵循的礼仪要求。因为就整个宴请的过程而言，"吃"只是手段，而"吃"背后的交际才是真正的目的。因此，在商务交往中，宴请客人的问题往往备受重视。

一、宴请

1. 宴请目的、规格和种类

宴请的目的很多，诸如工作交流、节日聚会、贵宾来访、会议闭幕等。

宴请的规格，视宴请目的和宾客的身份、地位而定。

宴请的种类是根据宴请的规格和性质、目的而选择的具体形式。包括正式宴请、茶会、酒会、冷餐会、工作餐等。

2. 宴请时间、地点和菜单

宴请的时间，直接影响到宴请的效果。一般而言，宴请时间由主宾双方商量决定。一般选择主宾双方都适合的方便的时间，便宴安排在中午或晚上举行，正式宴请安排在中午进行。

宴请地点的选择不可小觑。如果宴请环境不佳，必将败坏客人的食欲，影响大家的心情。在选择正式宴请地点的时候，应该要考虑环境的卫生、整洁、雅致。

确定菜单应主要考虑客人的饮食偏好和口味，或突出本地菜肴的特色，而重要的是还应该考虑禁忌。

3. 宴请的桌次和席次

中式宴请通常 8~12 人一桌，人数较多时也可平均分成几桌。在宴请不只一桌时，要安排桌次。具体原则是：当餐桌分为左右时，以面门为主，居右之桌为上；当餐桌距离餐厅正门有远近之分时，以距门远者为上；多张餐桌并列时，以居中者为上。在桌次较多的

临渊羡鱼，不如退而结网。——汉·班固《汉书·董仲舒传》

情况下，上述排列常规往往交叉使用。

席次，指同一餐桌上的席位高低。中式宴请的席次排列的原则是：面门为上，即主人面对餐厅正门。有两位主人时，双方可相对而坐，即一人面门，一人背门。主宾居右，即主宾在主位右侧。好事成双，即每张餐桌人数为双数，吉庆宴请尤其如此。各桌同向，即每张餐桌的排位均大体相似。

4. 宴请的作陪人员

一般讲究对等接待，即己方主陪与对方主宾身份地位相仿。接待高层领导，己方主要领导应当出面。

宴请前，主人应提前到达宴会地点，在门口迎接客人。客人到来后，主人应与之握手、寒暄，表示欢迎，不可有亲有疏，冷落任何一位客人；如果客人之间不认识或不熟悉，主人应热情地为其介绍。有一定社会地位的贵宾到来后，应先将其迎进接待室休息，并安排身份相当的人员照顾，等其他客人到齐并进入宴会厅后，主人陪同贵宾一同进入宴会厅。第一道主菜上桌，主人应主动热情地请客人品尝。

二、赴宴

接到邀请以后，无论能否参加，都应尽快给予回复。出席宴会，要精神饱满、容光焕发，提前适度修饰仪表。男士修整须发，女士面部化妆。依据场合选定合适的服装。

1. 遵守时间

出席宴会，迟到、早退或逗留时间过短，都被认为失礼或者有意冷落，因此，要尽量避免迟到。当然，也不必到达过早，以免落下贪吃之嫌。一般而言，按照规定时间提前几分钟到达即可。

2. 注意小节

（1）问候

到达宴会场所后，应向在门口迎接的主人致以问候，表达谢意。

（2）入座

按照自己的座位卡，在餐桌边就座。落座时，应从座位的左侧入座。入座后，坐姿要端正，不要东张西望，也不要摆弄菜谱、餐具。

（3）使用餐巾

餐巾应铺放于自己并拢的大腿上，切勿系入腰带，或挂在西装领口。正方形餐巾应折成等腰三角形，直角朝向膝盖方向。长方形餐巾则要对折，折口向外铺于腿上。餐巾可以用来擦嘴，但不能擦脸、擦汗，更不能用来擦餐具。

（4）使用餐具

使用筷子讲究最多，有种种忌讳，如每次不要夹菜太多，不要在盘中翻动，不能交叉摆放，不能乱扔乱掷，不要挥舞，不能插在碗中。

（5）吃相

用餐时须温文尔雅，从容安静，不能急躁。必须小口进食，不可大口地塞；食物未咽下，不能再塞入口。吃进口的东西，不能吐出来，如是滚烫的食物，可喝水或果汁冲凉。取菜舀汤，应使用公筷公匙。在餐桌上不能只顾自己，也要关心别人，尤其要招呼两侧的女宾。口中有食物时，不要张口讲话；不要主动向正在咀嚼食物者问话；自己口中有食物恰逢别人问话，要等食物下咽后再回话；少与相隔的人讲话。席间谈话，切忌得意忘形、动作夸张，尤其不可挥动刀叉甚至以刀叉指人。

3. 敬酒与饮酒

喝酒宜各自随意，敬酒以礼到为止，切忌劝酒、猜拳、吆喝。

操作指南

一、使用餐具的礼仪

中餐的餐具主要是碗、碟、筷；西餐则是刀、叉、盘子。通常宴请外国人吃中餐，亦以中餐西吃为多，即切成小块，然后送入口中。欧洲人使用刀叉时不换手，即从切割到送食均以左手持叉。美国人则切割后把刀放下，用右手持叉送入口中。食用西餐要按刀叉顺序由外向里取用。最大的匙是汤匙，最大的刀叉是吃肉用的。用刀叉切食物时，应每次切一片或一块，不能同时全部切细。每道菜吃完后，将刀叉并拢平排放在盘内，以示吃完。如未吃完，则摆成八字或交叉摆放，刀口向内。吃鸡、龙虾时，经主人示意，可以用手撕开吃，否则可用刀叉把肉割下切成小块吃。吃面包、饼干或小粒水果、薯片可以用手取食，面包应撕成小片，涂料后入口。黄油用刀切，其放在碟或盘的左角。取面包时要取自己左手前面的，不可取错。除了汤、酱、肉汁等流体酱汁可以直接浇在食物上，放在公盘内的配料，均用时取放在自己的盘内。切带骨头或硬壳的肉食，叉子一定要把肉叉牢，刀紧贴在叉边切以免滑开。切菜时，注意不要用力过猛，撞击盘子而发出声音。不容易上叉的食品可以用刀把它轻轻推上叉。除喝汤以外，不用匙进食。汤用深盘或小碗盛放，喝时用汤匙由内往外舀起送入口中，即将喝尽可将盘向外略托起，但不能把汤盘或碗端起来喝。汤匙可以入口，但喝完后应放在盘中间，匙柄放在右边，匙心向上，与桌边平行。吃带有腥味或怪味的食品如鱼、虾、野味等均配有柠檬，可用手将汁挤出滴在食品上，以去腥味。

宴会进行中，由于不慎发生异常情况，如用力过猛，刀叉撞击盘子，发出声响或餐具摔落在地，或打翻酒水等，应沉着不必着急。餐具碰出声音，可轻轻向邻座（或向主人）说声"对不起"。餐具落地不能捡起再用，而应由服务员另送一付。酒水打翻溅到邻座身上，应表示歉意，协助擦干。如对方是妇女，只能把干净的餐巾或手帕递上即可，由她自己擦。宴会上遇到突然发生的事情应不慌不乱，善于随机应变，运用自己的知识和语言能力使事情缓和，这是一种很高的修养。

二、中餐上菜顺序

中餐上菜的顺序一般是：先冷盘，后热炒、大菜、汤，中间穿插面点，最后是水果。上点心的顺序，各酒店之间有所不同，有的在汤后面上，有的将第一道点心提前到第一道

采得百花成蜜后，为谁辛苦为谁甜。——唐·罗隐《蜂》

大菜后面上，有的咸、甜点心一起上，有的咸、甜点心交叉上。

第一道菜上冷盘，在开席前几分钟端上为宜。来宾入座开席后，走菜服务员即通知厨房准备出菜。当来宾吃去 2/3 左右的冷盘时，就上第一道菜，把菜放在主宾前面，将没吃完的冷盘移向副主人一边。以下几道炒菜按同样方法依次端上，但必须注意前一道菜还未动筷时，要通知厨房不要炒下一道菜。如果来宾进餐速度快，就要通知厨房快出菜，防止出现空盘空台的情况。炒菜上完后，上第一道大菜前（一般是海参、燕窝等），应换下用过的盘子。第一道大菜上过后，视情况或上一道点心，或上第二道大菜。在上完最后一道大菜和即将上汤时，应低声告诉主人菜已上完，提醒客人适时结束宴会。

🌿 视野拓展

推荐阅读：金正昆《商务礼仪》，陕西师范大学出版社，2012 年。
专题网站：http: www.welcome.org.cn。

🌿 实践训练

1．分析讨论题

一个青年人多次登门拜访一位老中医。他敲开老中医的家门，待坐下来之后，青年人直截了当地表示，想与老中医讨论医技，但这位老中医却不愿吐露。青年人每次都是无功而返。

分析讨论：青年人为什么屡次碰壁？如果是你，你会怎么做？

2．根据下面的情境进行自我介绍

（1）应聘

（2）拜访

3．分析讨论题

一天上午，惠利公司前台接待秘书小张匆匆走进办公室，像往常一样进行上班前的准备工作。她先打开窗户，接着，打开饮水机开关，然后，翻看昨天的工作日志。这时，一位事先有约的客人要求会见销售部李经理，小张一看时间，他提前了 30 分钟到达。小张立刻通知了销售部李经理，李经理说正在接待一位重要的客人，请对方稍等。小张就如实转告客人说："李经理正在接待一位重要的客人，请您等一会儿。"话音未落，电话铃响了，小张用手指了指一旁的沙发，没顾上对客人说什么，就赶快接电话去了。客人尴尬地坐下……待小张接完电话后，发现客人已经离开了办公室。

分析讨论题：请指出本案例中小张的不足之处。

4．按要求分组做接待访客的练习

（1）由公司接待人员接待

（2）引领、引见访客

（3）宾主双方介绍

仓廪实则知礼节，衣食足则知荣辱。——春秋·管仲《管子·牧民》

5. 分析讨论题

小王为答谢好友李先生一家，夫妻两人在家设宴。女主人的手艺不错，清蒸鱼、炖排骨、烧鸡翅……李先生一家吃得津津有味。这时，有肉丝钻进了李先生的牙缝。于是，李先生拿起桌上的牙签，当众剔出滞留在牙缝中的肉，还将剔出来的肉丝吐在烟灰缸里。看着烟灰缸里的肉丝，小王夫妇一点胃口也没有了。

分析讨论：

（1）李先生不文明行为表现在哪儿？

（2）假如是你，如何处理？

6. 分组练习迎客、送客、斟酒

当断不断，反受其乱。——汉·班固《汉书》

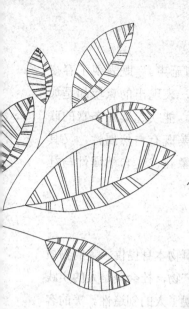

模块三　美之趣味

欣赏是一种能力，是欣赏者对作品的内涵和价值的认识，但不是每个人都能在较高层次上对作品进行欣赏，欣赏是需要一定的知识和修养的。同时允许欣赏者对作品有某种主观态度，需要情感和借助想象。

审美趣味概述

一、什么是美

两千多年以前，柏拉图问大庇阿斯：美是什么？

大庇阿斯回答：马是美的，竖琴是美的，汤罐是美的……

但是大庇阿斯说这些只是美的现象，而没有触及到美的本质。柏拉图也觉得美难以解释，最后他不得不感叹：美是难的。

于是"美是什么"被称为柏拉图之问，成为美学的千古一问。

古今中外许多思想家、艺术家从不同角度对美的本质进行了探索，归纳起来有四种观点。

一是客观美说。这种观点认为美在客观事物本身。如客观事物的"对称""和谐""秩序""匀称""明快""多姿"等，就是美。二是主观美说。这种观点认为，你感觉它美，它就美；你感觉它不美，它就不美；美与不美取决于人的主观感受。三是主客观相统一的美说。这种学说认为，美既不是纯客观的，也不是纯主观的，而是在"心物之间"，是主观与客观的统一。从主客观的关系上来研究美，是中国古代美学思想的一个特点。中国古代艺术家所追求的美的境界是意境，就是心与物、情与景的统一。它不是纯客观地描写自然，而是把自己的思想感情、审美情趣与自然景物融会贯通，

梅须逊雪三分白，雪却输梅一段香。——宋·卢梅坡《雪梅》

化景物为情思，为意境。如杜甫的名句："随风潜入夜，润物细无声。"既表现了春夜怡静的气氛，又表现了诗人愉快的心情。短短两句诗，十个字，表现出的意境却是如此深刻细腻，特别是"随""潜""润""细"这几个字用得精巧，能唤起读者丰富的联想和想象。四是客观性和社会性的统一美说。这种观点认为，美既有自然属性，又具有社会属性。所谓美，从其本质上来说，是人的本质力量的对象化，是自然属性与社会属性的辩证统一。

二、美的基本特征

1. 客观性

美是一种具体性的客观存在，不依赖于人的主观意识。客观事物本身提供了美的物质基础，但又离不开人的客观的社会实践活动。自然美是人实践的产物，社会美是人的实践的直接表现形式，艺术美则是在二者基础上的再创造，更集中体现了人的创造性。美的客观性正是源于人的实践的客观社会性。同时，美的标准也具客观性。

2. 形象性

又称具体可感性。凡美的事物都以具体的可感性形象出现，都是可见、可闻、可触、可感的。青山、绿水、美丽的花朵、绚丽多彩的物质产品、精美的雕塑、鲜活的艺术形象、生活中优秀的人物典型，都以鲜明的形象性给人以美感和愉悦。

3. 社会性

美是与人紧密相连而普遍存在于社会之中的。美的本质是人的本质力量的对象化，而人的本质属性是指人的社会性。因此，离开了社会性就无所谓美。同时审美也是人的审美，是人在社会中的体验、理解和创造。

4. 愉悦性

美的事物都能给人带来审美的愉悦。人在观赏自然美时，会获得愉快的体验，心情格外舒畅。在欣赏艺术美时，常常能达到忘我的境地，那勾魂摄魄的力量常使我们心摇神荡、畅快淋漓。就是在观赏悲剧时，也能获得美感，如《红楼梦》中的"黛玉焚稿""宝玉哭灵"，不知让多少有情人为之落泪。悲剧直接给人以痛感，继而转化为一种美的意境，使观赏者情感上得到一种满足。

综上所述，美是客观地存在于人类社会范围以内的具体形象，是人类社会实践的结果。人通过社会实践，不仅获得物质享受，同时还有精神上的享受。实践所创造的不仅是物质的产品，同时也是实践者的思想、情感、智慧等这样一些本质力量的实现，而在这些本质力量实现过程中，人感到了愉悦和幸福，感受到了美。

三、什么是审美

面对空旷的原野、幽静的山谷、飞泻的瀑布、缥缈的烟雨，捧读伟大作家的经典杰作，聆听贝多芬雄浑有力的交响乐，静静地站在达·芬奇或毕加索的绘画前，我们会不由自主地从心底涌出一种说不清道不明的情感体验，这便是我们所说的美感或审美感受。审美是人的生理活动和心理活动统一的过程，个体通过感官直接感知审美对象，从而形成对美的

天子不仁，不保四海；诸侯不仁，不保社稷；卿大夫不仁，不保宗庙；士庶人不仁，不保四体。——战国·孟轲《孟子·离娄上》

直观感受、体验、欣赏和评价，是美感产生的实践过程。审美是一种综合的活动，它服从认识的一般规律，即从生动直观的感性认识到理性思维。但其又有特殊的规律，即主要通过形象思维的方式去感受、认识和评价美，始终伴随着具体的感性形象和丰富的想象及情感活动，往往在感性阶段就产生了审美快感，继而引起形象与观念相统一的审美意象，推动着主体不断地创造美和发展美，因此审美活动实际上是一种认识和创造的统一，是人从精神上把握世界、改造世界的方式之一。

四、什么是审美趣味

审美趣味又称审美情趣，是以个人爱好的方式表现出来的审美倾向性，是人的审美意识的组成部分，是人的审美情感、审美态度、审美理想、审美能力的综合表现。面对众多的审美对象，任何人都会有所偏爱、有所选择。一定时期，个体的审美行为会被其稳定的审美趣味左右，把个体引向那些和他自身审美能力及审美标准相适应的审美行为。

审美趣味同个体的思想、气质、性格、心境等有着密切关系，但同时也受到个体的阶级地位、政治观念、伦理观念、群体意识及教育水平的影响，表现出个性特点。而诸多个体审美趣味的一致性又体现出来群体的审美趣味，最后抽象出民族独特的审美趣味。

审美趣味来源于人的审美理想，审美趣味又决定着人的审美标准。正因为审美趣味对人的审美观有如此重要的影响，所以，思想家和教育家们都把培养人的健康高尚的审美情趣，作为美育的重要任务之一。

五、培养高职学生良好的审美趣味

高职学生刚从少年步入成年，他们的审美趣味受成年人审美趣味的影响，审美的选择范围开始从艺术拓展到包括艺术在内的一切方面，不仅包括日常生活中的艺术设计（如工艺品、服装、汽车、建筑等），自然景观也引起他们极大的兴趣。另外，随着他们对社会现实矛盾的认识的深入，导致他们内心矛盾的加剧，开始对反映现实矛盾，表现复杂情感，包含痛苦、忧郁、伤感、愤怒、悲恸、死亡的艺术类型产生浓厚兴趣。

审美趣味本质上是一种社会现象，是在审美实践中历史地形成的。审美趣味的培养是审美教育的主要组成部分。培养良好的健康的审美趣味，对于高职学生的成长和社会主义精神文明建设有重大的意义。

培养良好的审美趣味。首先要教育学生理解美，懂得去欣赏美。美学家克罗齐说："只有对于用艺术家的眼光去观察自然的人，自然才表现为美，自然的美才是人发现出来的。"这就是说，发现和欣赏大自然的美丽景致，同样需要培养和教育。让学生到大自然中去呼吸新鲜空气，观赏那瑰丽的自然风光，时间长了就可以提高学生审美情趣。其次，要教给学生美学方面的知识。特别是在艺术的教育方面。在艺术领域，无论是造型艺术、声乐艺术还是表演艺术，都有着多彩多姿的美。但是理解、欣赏、领会艺术美，需要培养、指导，需要一定的艺术修养和文化知识。最后，要教育学生注重灵魂之美。契柯夫曾经说过："人应当一切都是美的：脸啦，服装啦，灵魂啦，思想啦。"在这些美中，最重要的是灵魂之美、

有恒产者有恒心，无恒产者无恒心。苟无恒心，放辟邪侈，无不为己。——战国·孟轲《孟子·梁惠王上》

思想之美，一个丑陋的灵魂，不可能有什么高雅健康的审美情趣。所以，应重视学生的思想品德教育，在此基础上方可能培养学生高雅健康的审美趣味。

项目一　音乐欣赏

　　音乐是声音和时间的艺术，它通过有组织的音（主要是乐音）来塑造音乐形象，表达人们的思想感情，反映社会现实生活。音乐的欣赏就是对音乐的感觉和理解，音乐作为艺术的一个分支具有艺术的共性。另外，音乐还有强烈的自身特点而不同于其他艺术门类，感觉和理解它的时候，要充分了解这种特殊性，才能找到步入音乐殿堂的途径，才能有能力驾驭自己在音乐的海洋里漫游。我们欣赏音乐可分为三个层次，即知觉欣赏、情感欣赏和理智欣赏。三者相互交叉，但后者包括前者，较高一级是较低一级的延伸。知觉是指受到音乐的音响刺激时所产生的情绪性生理反应，属于感官的知觉获得快感，如还未学会说话的婴儿可以在受到音乐刺激时手舞足蹈；完全不懂音律的人也会随着某种节奏律动而起舞，这就是属于知觉欣赏层次。只有能够领会音乐信息所表达的感情，从音响讯号中捕捉到作曲家和表演家所传达的感情内容，进入情感体验的境界，才算是步入欣赏之门。也只有达到理智的统觉，把感觉与理解统一起来，才能深入理解音乐的精髓。

　　感受和理解能力的差异，使人们在欣赏音乐时出现深浅不同的情况；各人主、客观因素有别，导致音乐欣赏呈现千差万别的过程和效果。要对一首音乐作品进行较全面的领略，从而获得完美的艺术享受，必须学习相关的音乐欣赏知识。

案例鉴赏

1. 歌曲《牧歌》
2. 歌曲《好日子》
3. 歌曲《上去高山望平川》
4. 乐曲《野蜂飞舞》
5. 乐曲《百鸟朝凤》

【鉴赏与思考】在这些乐曲中，你听到了什么？在音乐情绪上，你有何感受？音乐表现形式有何变化？作品分别塑造了怎样的音乐形象？它们是通过什么要素来塑造的？

知识概要

　　音乐不能像语言那样讲故事，不能像美术那样画出现实形象，不能像文学那样在非直观的层面构筑"想象的感性世界"，音乐是"有意味"的形式。它的意味是符号的意味，尽管它所使用的音符只有七个，但它却是将人类情感呈现出来供人听赏，把人类情感转变为

风萧萧兮易水寒，壮士一去兮不复还！——汉·司马迁《史记·刺客列传》

可见或可听的形式的一种符号手段。音乐到底是怎样运用这七个音符来传情达意的呢？"音乐语言"具有什么样的特殊性？理解、掌握音乐语言的这些特殊性，这对于我们欣赏音乐非常重要。

一、音乐的语言

音乐语言不像文学语言那样，有数以千计的文字，它所使用的音符仅仅只有七个。尽管它所使用的音符只有七个，但它却是将人类情感呈现出来供人听赏，把人类情感转变为可见或可听的形式的一种符号手段。音乐语言和文学语言一样，有一个表情达意的体系。这个体系包括很多要素，如旋律、节奏、节拍、速度、音色、和声、复调、调式、调性等，一首音乐作品的思想内容和艺术美，要通过各种要素的组合才能表现出来。

音乐语言的基本规律。音乐语言虽然很抽象，但是，它也遵循一定的规律。在描写黑暗与昏暗对象的作品中，概莫能外地要用低音；在描写明亮、明朗、光辉对象的作品时，概莫能外地要用高音。旋律的向上行进使人感到兴奋、情绪高涨、紧张；旋律的向下行进使人感到平静、情绪低落、松弛。如在格罗菲的管弦乐曲《大峡谷》中"日出"一段的开始处，用极低与极高两个音区对比营造了黑暗中一丝光明的感受，进而旋律向上行进，使人产生越来越明亮的联想，直至弦乐的主题强奏出现，使人产生太阳喷薄而出，大地一片光明的联想。

快节奏善于描述热烈、紧张、欢快的场面，表现出欢快、热情、激动的情绪；慢节奏利于描述宁静、抒情、忧郁的氛围，表现抒情、柔美、深沉的感觉。在表现激动、强烈的情绪时，往往力度强；在表现优美、抒情的情绪时，则力度弱。音乐高，感觉物体越小、重量越轻；音越低，感觉物体越大、重量越重；音乐强，感觉对象距主体越近；音乐弱，感觉对象距主体越远；长音使人感觉空间宽阔、物体大、重的感觉；短音使人感觉空间狭窄、物体轻、小的感觉 ；长音使人感觉静止，短音使人感觉运动等。如《牧民新歌》，乐曲引子部分，舒缓的旋律把人们引入一望无际的草原。第二段，笛子运用吐音技巧，演奏出欢快轻巧的旋律，描绘出牧民骑着骏马在草原上驰骋的欢乐景象。第三段旋律放宽，节奏变慢，表达了牧民对社会主义、对家乡的赞美，等等。

大调式具有庄严、雄壮、明朗、乐观向上的感情特征，如《游击队歌》；小调式常表现优美、温柔、沉静、忧郁低沉的情绪，如《在太行山上》。民族调式中宫、徵调比较明亮、刚劲，如蒙古族民歌《牧歌》，江南民歌《茉莉花》；羽、角调式比较柔和、暗淡，商调式介乎二者之间，如青海民歌《花儿与少年》，等等。

音乐的表现力是由诸多要素有机地、复杂地结合而产生的，在音乐欣赏的过程中，掌握音乐语言的基本规律可以帮助我们欣赏音乐，但绝不能生搬硬套，要凭自己的感受去体会、理解。

二、音乐的表演门类

音乐的表演门类分为声乐和器乐两大类。声乐就是用人声表演的音乐，器乐是用乐器表演的音乐。它们都是人类用声音来表达思想、抒发情感的表达方式。

贫穷则父母不子，富贵则亲友畏惧。——汉·刘向《战国策·秦策一》

（一）声乐

1. 人声分类

声乐是用人声演唱的音乐。在欣赏声乐作品时，既要具备相应的音乐欣赏知识，也要掌握一些基本的声乐方面的知识。

在声乐艺术中，人声按照性别和年龄差异特点，可以分为男声、女声和童声三大类。按照音域的高低、音色的差异和不同的表现特点，女声又可以分为女高音、女中音、女低音，男声又可以分为男高音、男中音、男低音。

2. 声乐的表演形式

声乐的表演形式主要有七种，现分述如下。

独唱：一人单独演唱同一首歌曲的形式称为独唱。按嗓音类型，可分为女声独唱、男声独唱、童声独唱。

齐唱：由两个以上同时演唱同一单声部歌曲的形式称为齐唱。按嗓音类型，可分为女生齐唱、男声齐唱、童声齐唱、混声齐唱等。

轮唱：两人或两组人按照先后顺序，共同演唱同一首歌曲的形式称为轮唱。如冼星海创作的《黄河大合唱》中的《保卫黄河》。

领唱：一个人或几个人演唱，众人呼应（齐唱或合唱）的演唱形式称为领唱。大部分劳动号子均采用领唱的形式。

对唱：两人或两个声部以对答的形式演唱称为对唱。如陕北民歌《对花》，流行歌曲《广岛之恋》等。对唱按嗓音类型和声部的多少可以分为女生对唱、男声对唱、童声对唱、混声对唱等。

表演唱：在演唱的过程中，配以适当的动作造型和表演的演唱形式称为表演唱。表演唱往往具有说唱音乐和歌舞音乐的特点。

合唱：由几组人一起做多声部演唱的形式成为合唱。合唱按嗓音类型和声部的多少可分为女声合唱、男声合唱、童声合唱、混声合唱。最典型、最普遍使用的是混声四部合唱。各种合唱形式，常以乐器或伴奏带伴奏，不用乐器或伴奏带的合唱称为无伴奏合唱。

3. 常见声乐作品的体裁

音乐的体裁，都与一定的社会生活有联系，反映一定的内容和情绪特点。了解音乐的体裁，有利于认识音乐形象，理解音乐内容。声乐作品的体裁是指作品的表现形式或类别。

（1）根据声乐曲的题材内容和音乐的性质分为。

颂歌。指以歌颂祖国、歌颂党、歌颂英雄人物以及歌颂其他崇敬的对象等方面内容的歌曲。特点是庄严、宏伟、亲切、热情，一般旋律宽广、节奏平稳、速度适中。如《歌唱祖国》《长江之歌》等。

进行曲。用整齐均匀的步伐节奏写成的歌曲叫进行曲。进行曲一般以二拍子为基本节拍，结构规整，通俗易唱；节奏铿锵有力、均匀有致，节拍强弱分明；旋律雄壮有力，富有形象性，往往和军队生活、革命斗争和群众场合等有联系。如《义勇军进行曲》《中国人

138

死生契阔，与子成说。执子之手，与子偕老。——春秋《诗经·周南》

民解放军进行曲》《马赛曲》等。

抒情歌曲。抒情歌曲是指抒发个人或人物内心感受、思想感情的歌曲。抒情歌曲可以抒发对祖国、故土、亲人以及对过去、现在或未来的一切美好事物的爱，由爱情、友谊、生活中各种事件所引发出来的欢乐、痛苦、忧伤等，其特点是曲调委婉、优美动听，具有鲜明的歌唱性，曲调结构灵活多样。抒情歌曲以甜美柔和、幽静平稳、深情沉思、悠然轻声以及轻快跳荡或愤慨悲伤等感情为基调。如《重归苏莲托》《我爱你，中国》等。

叙事歌曲。是指叙述某一事物或人物的歌曲。叙事歌曲的主要特点是歌词具有很强的史诗、叙事性或故事诗的性质，它是通过叙述故事来反映社会的。叙事歌曲的曲调一般都比较口语化，词曲结合紧密，娓娓动听。如《听妈妈讲那过去的事情》《魔王》等。

（2）根据声乐曲的艺术性程度和风格特点以及演唱方式分为。

民歌。民歌是广大人民群众在长期的社会生活和劳动中，为了表达自己的思想感情，经过口头创作，口头传唱，不断加工而逐渐形成和发展的一种歌曲艺术形式。它属于民族民间音乐的范畴，是民间音乐与民间文学相结合的产物。

我国民歌从题材内容来看，大致可分为：反映社会矛盾和阶级斗争的；反映生产劳动的；反映爱情、婚姻的；反映日常生活的；逗趣、启智的；歌唱传说故事、人物新闻、景物古迹的，等等。从体裁形式来看，大致可分为：号子、山歌、小调、舞歌、风俗仪式歌曲等。

创作歌曲。创作歌曲与民歌不同，是由词、曲作家创作的声乐作品。民歌与创作歌曲相互影响，作曲家在歌曲创作中，往往也吸取民歌因素。常见的创作歌曲包括群众歌曲、艺术歌曲、通俗歌曲、大型声乐作品等。

群众歌曲。是指为群众而创作，表现群众思想感情，用来宣传群众、鼓舞斗志的一种歌曲。其音乐形象较单一，歌词通俗易懂，内容大多与政治、社会活动有关，体现了人民群众的理想和愿望，反映人民群众对社会生活的关心。其曲调大多雄壮豪迈，音域宽广，结构整齐，节奏鲜明，易于上口。群众歌曲的主要特征是内容的革命性、时代性，演唱的群众性、广泛性。如《中国，中国，鲜红的太阳永不落》《我们走在大路上》等。

艺术歌曲。艺术歌曲是19世纪起源于德国的一种精致的独唱歌曲。现多指由专业演唱者在音乐会上演唱的艺术性较强、声乐技巧要求较高、一般用美声唱法演唱的声乐作品。艺术歌曲具有以下特点：选用名家诗作为歌词，着重个人感情的抒发和内心体验的揭示，感情细腻，抒情性强；曲调与歌词紧密结合，表现手段与作曲技法比较复杂，如《玫瑰三愿》《鳟鱼》等。

通俗歌曲。通俗歌曲亦称流行歌曲，泛指轻松活泼、易学易唱、便于流传的拥有广大听众的声乐作品。它有别于古典音乐、严肃音乐和传统的民间音乐，但又与它们有着千丝万缕的联系。通俗歌曲的题材广泛，以爱情歌曲居多，歌曲结构短小精练，节奏鲜明强烈或单纯清晰。通俗歌曲的唱法没有固定的模式，强调本人自然嗓音与自身对音乐的感受力，有的演唱者还吸收民歌、戏曲、美声的唱法来丰富通俗歌曲的表现力。伴奏多采用电声乐

俯仰岁将暮，荣耀难久持。——魏晋·曹植《杂诗》

器、伴奏带或电脑制作的伴奏音乐。如《常回家看看》《天堂》等。在通俗歌曲领域中，也经常混杂一些内容低劣庸俗的作品，时有鱼目混珠的现象，精华与糟粕俱在。这就要求人们不断提高自己的审美能力，尤其是青年学生，应该注意自己的选择与取向，以便更好地识别它们。

大型声乐作品。大型声乐作品是指由一些在结构上各自独立、在情节上相互联系的歌曲组成的声乐套曲。大合唱、组歌、康塔塔、清唱剧都属于大型声乐作品。

大合唱。大合唱是一种多乐章的大型声乐套曲。包括独唱、重唱、齐唱与合唱等，有时还穿插朗诵，通常用管弦乐队伴奏。如冼星海的《黄河大合唱》等。

组歌。组歌是由同一主题思想，又各具独立性的歌曲组成的大型声乐套曲。包括独唱、重唱及合唱，常用朗诵词连接各乐章，用管弦乐伴奏。组歌十分强调各乐章的特点，各乐章的独立性较强。如《长征组歌》等。

康塔塔。康塔塔是一种包括独唱、重唱、合唱，由管弦乐队伴奏的多乐章的大型声乐套曲。内容以歌颂或抒情为主，各乐章具有一定的连贯性。17世纪初产生于意大利，原意为唱歌。与中国的大合唱体裁非常相似。如《长恨歌》等。

清唱剧。清唱剧又称"神剧"，是一种介乎于歌剧和康塔塔之间的多乐章大型声乐套曲，包括独唱（咏叹调、宣叙调）、重唱及合唱，用管弦乐伴奏。其中，各乐章的歌词在内容上较康塔塔更具有连贯性。清唱剧与歌剧的不同是没有布景、服装和动作，多在音乐会上演出。与康塔塔的区别是：篇幅较大，有鲜明的戏剧结构和情节，更富史诗性和戏剧性。如《弥赛亚》《马太受难曲》等。

（二）器乐

1. 中国民族乐器

（1）分类与乐种

中国民族乐器按乐器的演奏方法和发音特点，可分为吹奏类乐器、拉弦类乐器、弹拨类乐器和打击类乐器四大类。

吹奏类乐器：民族乐器中的吹奏乐器大部分是木管乐器，其色彩鲜明，声音响亮。有曲笛、梆笛、萧、管、唢呐、笙、巴乌等。

拉弦类乐器：拉弦乐器音色柔和、优美，擅长于演奏歌唱性的旋律，技巧复杂细腻，表现力强，是民族乐器中的主要组成部分。常用的拉弦乐器有京胡、板胡、二胡、高胡、革胡等。

弹拨类乐器：弹拨类乐器音色明亮、清脆、穿透力强，适合演奏活泼、跳跃的旋律和较强的节奏表现。常用的弹拨乐器包括琵琶、筝、扬琴、三弦、柳琴等。

打击类乐器：民族乐器中打击乐器的种类很多，因其形制与质料的不同而各有不同的音色。它包括锣、鼓、钹、木鱼等。

中国民族器乐的体裁、品种，可归为独奏器乐与合奏器乐两大类。独奏器乐按所奏乐器分类，上述四类乐器中，前三类乐器大多可作为独奏乐器。一部分打击乐器可独奏，但

悟已往之不谏，知来者之可追。——晋·陶渊明《归去来兮辞》

需要较高演奏技巧，多数用于合奏。

合奏乐器，包括重奏、齐奏、合奏等器乐，下分丝竹、吹打、重奏、合奏四类。

丝竹合奏乐：河南曲子板头曲、山东碰八板、潮州弦诗乐、广东小曲、江南丝竹、四川扬琴牌子等。

吹打合奏乐：浙东锣鼓、苏南十番锣鼓、山东鼓乐、河北吹歌、陕西鼓乐、潮州大鼓等。

重奏乐：丝弦五重奏、琴箫重奏等。

合奏乐：民族管弦乐、弹拨乐合奏等。

（2）音乐结构与发展手法

中国民族器乐的曲式结构，大体可分为单曲体和联曲体两种类型。单曲体，包括单一重复体（如浙江吹打《大开门》《一枝花》等）和变奏体（如笛子独奏《喜相逢》、京胡独奏曲《柳青娘翻七调》等）两种；联曲体是由两个以上不同曲牌（段落）连接而成的结构体式。其构成的原则有，① 对比再现原则：如 AB 结构，表示该乐曲是由两个相互对比的音乐段落组成。ABA 结构表示该乐曲在上述 AB 结构的基础上再增加再现的音乐段落，ABA_1 中的 A_1 则表示再现部分音乐有所变化，等等；② 循环原则：乐段由多个段落连缀而成，其中有一两个段落多次循环出现，其余的段落穿插其间，如江南丝竹《三六》、唢呐独奏《百鸟朝凤》等；③ 起承转合原则：如古琴独奏《流水》、浙江吹打《海洋丰收》等；④ 递进原则：一般为"快、中、慢"结构或加散头、散尾，成"散、慢、中、快、散"结构等。

器乐的音乐发展手法也很多。其中最常见、最有特色的有变奏、展衍、递进三种。变奏手法可归纳为：旋律润色（变化乐汇、旋律进行和演奏技法）、结构变化（增加、删减、扩充、紧缩结构篇幅）、放慢加花等；展衍手法大体有：贯穿性展衍（在特性音调贯穿出现中不断带入新的音乐材料）和衍生性展衍（同一种子材料做多种变化，逐步推进音乐发展）等；层递是用一个种子材料逐层递变，推进音乐的发展，由结构上的递增、递减和音高上的递升、递降等。

2. 西洋管弦乐器与乐队

（1）乐器的分类

演奏管弦乐曲的乐队，叫管弦乐队。近代大规模的管弦乐队，叫交响乐队。大型的交响乐队乐器的组成，大致可分为木管、铜管、打击、色彩、弓弦五种乐器组。

木管乐器：木管乐器的材质并不限于木质，也有选用金属物质的，大都是用空气来产生乐音。善于塑造各种惟妙惟肖的音乐形象。包括单簧管、双簧管、短笛、长笛、高音萨克管、萨克管、大管等。

铜管乐器：铜管乐器都是用金属做成的。发音的方式是依靠演奏者的唇部的气压变化与乐器本身接通，用附加管来改变音高。铜管乐器组发音强大，力度鲜明，节奏清晰，音乐表现力丰富。主要有：小号、圆号、长号、大号等。

打击乐器：打击乐器是乐器家族中最古老的乐器，种类繁多，对于烘托演奏乐曲气氛有着举足轻重的作用。分为固定音高和非固定音高（小军鼓、大军鼓、钹、锣、三角铁、

问君何能尔，心远地自偏。——晋·陶渊明《饮酒·其五》

铃鼓、响板等）两大类。

色彩乐器：包括竖琴、钢琴、木琴等。

弓弦乐器：有小提琴、中提琴、大提琴、低音提琴等。

（2）乐队

世界通用的乐队，有三种主要类型：专用弦乐器的弦乐队，由木管乐器、铜管乐器、打击乐器组成的管乐队（军乐队），混用弦乐器、木管乐器、铜管乐器和打击乐器的管弦乐队。

（3）交响音乐

交响音乐是一门独立的音乐艺术形式。我们现在所说的交响音乐，主要指由交响乐队演奏的多乐章的交响曲、交响诗、协奏曲和音乐会序曲等。

交响曲：一种由管弦乐队演奏的大型套曲作品。交响曲通常由四个乐章组成：第一乐章为快板，乐章之间常有慢板的引子，乐章采用奏鸣曲式；第二乐章速度缓慢，采用三部曲式或变奏曲式；第三乐章速度较快，节奏明晰，具有舞曲的特征；第四乐章又称"终乐章"，速度急速，采用奏鸣曲式、回旋曲式或变奏曲式。如贝多芬九部交响曲等。

交响诗：亦称音诗，属于标题音乐的范畴。一种具有叙事性、描述性、抒情性或戏剧性的单乐章标题管弦乐曲，其形式多样，内容丰富有诗意，常取材于诗歌、戏剧、绘画、历史事迹、民族生活及自然景色。另有"音画""交响音画""交响素描""交响童话""交响传奇"等体裁，均与交响诗性质相类似。如法国作曲家德彪西的交响素描《大海》等。

协奏曲：指管弦乐队与独奏乐器相协奏的乐曲。协奏曲的特点是独奏部分具有鲜明的个性和高度的技巧性。在音乐行进中，独奏乐器与乐队轮流出现，相互对答、呼应和竞奏。协奏曲通常分为三个乐章。第一个乐章：快板，奏鸣曲式，富于戏剧性，常有独奏乐器的华彩乐段；第二乐章：慢板，三段式，富于歌唱抒情性，常采用省略展开部的奏鸣曲，变奏曲式或回旋曲式；第三乐章：急板，回旋曲式或奏鸣曲式，音乐蓬勃有力，活跃奔放，有欢快、舞蹈的性质。如小提琴协奏曲《梁山伯与祝英台》等。

序曲：原指歌剧、清唱剧等的开场音乐。19世纪以来，特别是从贝多芬开始，作曲家常采用这种体裁写作独立的器乐曲，其结构大多为奏鸣曲式并有标题，如贝多芬的《科里奥兰序曲》、柴可夫斯基的《1812序曲》等。18世纪以来的欧洲的歌剧音乐一般包含有序曲及幕间曲等。歌剧音乐中的序曲是指当歌剧还未开幕前，由管弦乐队演奏的音乐，它的意义在于综合地叙述全部歌剧发展的重要而关键的部分，奏出剧中代表主角的旋律，它仿佛是剧情的缩影。如莫扎特的《费加罗的婚礼》等。

欣赏指导

（一）欣赏音乐的三个层次

1. 官能的欣赏（又称美感阶段）

官能的欣赏主要满足于悦耳（即好听），是比较肤浅的欣赏。在这个层次上听音乐，不需要任何方式的思考。例如，当我们在做别的事情时或在咖啡厅、舞厅时，不知不觉地沉

山无陵，江水为竭，冬雷震震，夏雨雪，天地合，乃敢与君绝！——汉《乐府诗集》

浸在音乐中，这时单凭音乐的感染力就可以把我们带到一种意境中。还有一些音乐爱好者，仅仅把听音乐当作一种安慰或解脱自己的手段。他们进入了一个虚幻的世界、一个理想的世界，在这个世界中人们无需思考日常生活中的琐事，当然他们也并没有真正地欣赏音乐。

2．感情的欣赏（又称表达阶段）

音乐总是在有意无意中表达某些情绪，或安详或热情、或懊悔或胜利，或愤怒或喜悦，它以无数细微的差别和变化表达其中的每一种情绪以及其他更多的情绪，它甚至可以表达一种无法用语言来形容的情感。在这个层次中，欣赏者能体会到跃动的旋律传达的感觉，与之产生共鸣。如听了德沃夏克《自新大陆交响曲》第二乐章的主题，欣赏者会泪水沾巾。这是作曲家将这种情感用音符表达出来，经乐队演奏后被欣赏者领会，它不用任何语言，却能传达这种情感。

3．理智的欣赏（又称纯音乐阶段）

音乐是作曲家使用"音乐语言"创作出来的，"音乐语言"包括旋律、节奏、和声、音色等。从音乐语言的角度来理解音乐，就是更高层次的音乐欣赏。欣赏者能有意识地在音符的处理及其成因等方面来欣赏音乐，从而获得更全面、更深层次的理解。所以，这个层次的欣赏者必须具备一定的专业知识。

（二）怎样进行音乐欣赏

要对一个音乐作品进行全面的领略，从而获得完美的艺术享受，就应该从多角度欣赏音乐。

1．了解作者

任何一首音乐作品，都能够表现创作者对现实生活的认识、感受和态度，所以了解作者，可以帮助欣赏者更好地欣赏音乐。主要是对作者的生平、社会地位、价值取向、生活态度、创作个性等方面的了解。

2．了解作品的时代背景

音乐具有时代性，音乐作品往往都是与时代发展的进程，和某一时代的特点紧密联系在一起的。如冼星海的《黄河大合唱》描述了中国抗日战争时期，中华民族的宏大气概与不屈不挠战胜一切艰难险阻的时代精神，作品具有深刻的社会意义和鲜明的政治色彩。在欣赏这类作品时，了解作品的背景，是理解音乐作品内容的前提。

3．掌握音乐的民族特征

一切优秀的音乐作品都根植于民族音乐传统，具有各自的民族特征，有些作品概括地体现了民族音乐的某些特点；另一些作品则与具体的民族音乐保持着密切的联系，掌握和民族音乐语言的特点，会提高欣赏音乐的水平。

4．注意作品的标题

音乐标题指作者为表现特定内容而写的创作纲领或文字说明，音乐标题在某种程度上是对欣赏者的提示，帮助人们了解乐曲所表达的基本内容。音乐作品分为标题音乐（如小提琴协奏曲《梁山伯与祝英台》）和无标题音乐（如柴可夫斯基的《D大调小提琴协奏曲》）

明月松间照，清泉石上流。——唐·王维《山居秋暝》

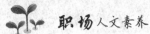

两种。在欣赏音乐之前要理解作品的标题，然后按照创作者的大致思路，结合自己的审美经验去进行欣赏。无标题音乐的题目仅仅只是表示某种曲牌或者音乐特征，如体裁，调式，调性及作品标号等，并未提供作品内容，因而比标题音乐更难以理解，但是，如果观赏者对创作者生活的时代背景，社会矛盾，艺术思潮，民族风俗，创作风格等有所了解，加上一定的音乐修养，同样能够领略音乐的感人之处。

5．掌握音乐语言的表现功能

音乐语言包括很多要素，其中最主要的有四种：节奏、旋律、和声和音色。此外还有节拍、速度、力度、音区、调式、调性等。

6．了解曲式和体裁

曲式是音乐材料排列的样式，也就是音乐的结构布局，如乐段、二段式、三段式、复三段式、回旋曲式、变奏曲式、奏鸣曲式、回旋奏鸣曲、混合曲式、套曲等，体裁包括歌曲、舞曲、进行曲、谐谑曲、叙事曲、夜曲、序曲、交响曲、协奏曲、组曲、歌剧、舞剧、清唱剧等。

视野拓展

民歌是人民的歌，是广大群众在社会实践中，经过广泛的口头传唱逐渐形成和发展起来的，与人民生活紧密联系的歌曲艺术。中国历史悠久，幅员辽阔，民族众多，在千差万别的自然条件、社会条件、生活方式、劳动方式的影响下，民歌体裁形式、风格色彩、表现内容、表现手段、艺术经验、音调素材丰富多彩，各具特色。如陕北的"信天游"、山西的"山曲"、内蒙古的"爬山调"、青海的"花儿"、四川的"晨曲"等都是有代表性的地方民歌，请课后收集你喜欢的民族歌曲，学唱并说说它的艺术特色。

实践训练

1. 欣赏以下声乐作品：《黄河颂》《魔王》《咱们工人有力量》《爱情是一只自由的鸟儿》《祖国颂》《四渡赤水出奇兵》《这一仗打得真漂亮》《牧歌》《小河淌水》《桔梗谣》《樱花》。

2. 请思考以下问题。

（1）上述作品属于何种声乐体裁？作品通过怎样的音乐语言塑造了怎样的音乐形象？

（2）音乐作为人类社会生活的艺术表现形式之一，它的美和一般美学的范畴密切相关，在美学范畴的基础上，结合音乐美的特征，把音乐美分为优美、壮美、崇高美、喜剧美、欢乐美、悲剧美六个基本范畴。上述声乐作品给你带来哪种情绪的体验和感受？体现了音乐美的哪种范畴？

3. 学唱歌曲《牧歌》《小河淌水》《桔梗谣》《樱花》。作品欣赏：《十面埋伏》、《百鸟朝凤》、《G大调弦乐小夜曲》(莫扎特)、《蓝色多瑙河》（小约翰·施特劳斯）、《梁山伯与祝英台》、《第九交响曲》（贝多芬）。

4. 请简单地叙述乐曲的基本内容。

天街小雨润如酥，草色遥看近却无。——唐·韩愈《早春呈水部张十八员外》

5. 课后查询以下音乐家的相关资料，欣赏其至少一首代表作，谈谈他们的创作特征。

贝多芬　　勃拉姆斯　　舒伯特　　柴可夫斯基　　海顿　　柏辽兹

莫扎特　　约翰·施特劳斯父子

项目二　　工艺品欣赏

案例鉴赏

梅小蝶是浙江某旅游职业学院导游专业的毕业生，每次带团出去，许多游客常到景区的一些摊子上买一些小工艺品当作纪念品带回去。每次游客买这些工艺品，小蝶从不给什么意见，有时游客拿着刚买的工艺品问她怎么样，她只是简单地说"可以""不错"敷衍了事。回到车上，游客们兴高采烈地或议论着自己买的工艺品，或品评别人买的这些小物件，每当这种时候，小蝶也总是坐在导游座位上一言不发。

【分析与思考】也许梅小蝶的职业与工艺品打交道更多一些，似乎懂得对工艺品的欣赏是理所当然。但其实工艺品是我们生活中不可缺少的艺术品，它起到了美化我们生活的作用。可以说我们每一个人都有一两件自己钟爱的工艺品，学会欣赏工艺品一方面陶冶性情、提升品位，同时在购买工艺品时真正做到"只买对的，不买贵的"。另外，对高等职业院校的理工科毕业生来讲，工艺品的空间造型艺术对产品设计有着十分重要的作用。

知识概要

一、什么是工艺品?

工艺品又叫工艺美术品，是造型艺术之一。它是一种集装饰、绘画、雕塑为一体的空间性的综合艺术；是以美术的技巧制成的各种与实用相结合并有欣赏价值的作品；它是因人们的实际生活要求而产生的，与人们的日常生活有密切的关系。

造型是工艺品的主体，"没有合理的造型，装饰再美也不是完善的作品"，这句话阐明了造型在工艺美术作品中的重要性。所以，一件工艺品是否实用，是否美丽大方，造型设计是起决定作用的。匠心独运的设计，主要是通过造型的巧妙构思使工艺品的特定功能作用和美得到体现。

工艺品的装饰是依附于工艺品的从属，是以各种各样的色彩、花纹、书法等，使之更为美观。工艺品有两个属性：艺术欣赏性和实用性。这两个属性决定了工艺品的装饰不宜繁琐，只宜简练。绘画中要求形神兼备。对装饰题材的选择，既要讲究本民族、地区和传统的特点，也不能忘记了时代的现实性，因为一切事物都随着时代的发展而发展着。学习传统，继承传统，突出时代特征是对工艺品装饰内容的要求。

烟销日出不见人，欸乃一声山水绿。——唐·柳宗元《渔翁》

二、工艺品的类型

由于长期的历史发展，工艺美术品形成许多门类，品种非常丰富，其分类比较复杂，可以按其实用性分，也可以按工艺手段分，还可以按制作材料分。这里我们按其实用性分为两大类，一是实用性为主的日用工艺品，二是装饰欣赏品。目前工艺美术界多称前者为"实用美术"，后者为"装饰美术"。

1. 日用工艺品

日用工艺品也叫日用工艺。工艺品不能单纯、片面地追求艺术意味，要首先考虑适用，要满足人们的生活实际的使用功能，同时，需满足人们在精神上对美感要求。

2. 装饰工艺品

装饰工艺品有的也叫陈设工艺，主要是以完美的艺术形式，满足人们美感要求，它更多地具有艺术意味，偏重于"供人们欣赏"。

总之，工艺美术既表现着生产的发展和人们的物质生活水平，也标志着科学技术的进步程度；它还体现着一定时代、民族和阶层的艺术观点和艺术水平。它的创作设计原则是"适用、经济、美观"。

三、工艺美术的特征

1. 实用与美观的统一

工艺美术与人们的衣食住行有着极其密切的联系。它同建筑一样，具有两种基本的社会职能，即同时满足人们生活上的实际需要和思想上美感上的需求。从某种意义上来说，工艺品首先是适用的，然后才是美的。不能照明的台灯，不能书写的钢笔，无论其外形装饰多么精美，其审美价值也是要打折扣的。正因为这样，许多陈设工艺在设计上也朝实用的方向发展，如装饰用大型插屏可兼作挡风和分隔大型厅堂的屏风就是一例。因此，日用工艺品的审美价值主要是通过适用性的发挥才得以完美体现的。

2. 技术与艺术的结合

工艺美术与生产同步，与科技并行，是科学技术的直接体现，各类工艺品的审美价值在一定程度上就看这类工艺品的制作技术是否得到完美的发挥。例如，雕刻是刀挫的艺术，必须根据不同的材料，采取不同的运刀方式，选用合适的工具，运用多样的刻镂技巧来完成雕刻制作。中国明代的"核舟"就充分发挥了这类工艺的特点。明末魏学伊有翔实记载：在一枚长而窄的桃核上，当时的艺人王叔远，刻

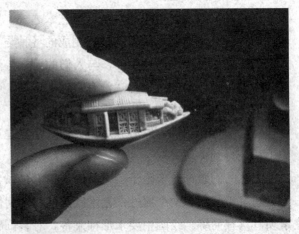

上了五个人、八扇窗；还刻出了一张船篷、一支船桨、一个火炉、一把壶、一卷书、一副念珠；更为奇特的是上面还刻有对联，题名篆文共34个字。作品人物神态各异，刀痕细如

春去也，飞红万点愁如海。——宋·秦观《千秋岁》

蚊足，雕刻工艺如此精湛的发挥为古今作品中所罕见。又如当今刺绣奇葩"双面绣"，就是充分发挥刺绣各种针法、技法的"绝活"，具有极高的审美价值。因此。当我们在鉴赏工艺美术作品时，必须看其自身工艺特征在制作过程中制作水平的发挥程度，发挥程度越高，其工艺美学价值就越大。工艺美术品体现了科学技术水平。反过来科学技术又使工艺品形成新的风貌。例如，很多工艺品都需要打磨，以前这一道工序纯粹靠手工，现在有了打磨用的机器，不仅大大提高了效率，而且也大大提高了工艺品的精准度。

欣赏指导

工艺美术品的欣赏是建立在对其特征的了解的基础之上的更高层次的一种精神活动，是艺术的享受。不同类型、不同材质的工艺品，其欣赏方法是不一样的。

一、日用工艺品的欣赏

日用工艺品有些具有很高的艺术价值。它们融实用性与观赏性于一体，具有物质与精神双重属性。一般地说，实用性是其主要方面，艺术性是建立在实用的基础上的。实用与美观相统一，是日用工艺品追求的基本标准。所以，欣赏日用工艺品，第一，要看其使用功能是否完备，操作是否简便。第二，看器物的尺寸、比例是否恰当、适度，总体造型是否美观，要注意其与周围环境的关系。第三，看其生产工艺的技术水平发挥得如何。制作工艺品的材料利用是否得当，做工是否精细决定着工艺品的艺术价值。第四，看其色彩配合如何，特别是服装、纺织品的特殊要求。第五，注意传统工艺美术品、民间工艺美术品和现代工艺美术品的不同风格。第六，作为商品，看其是否切合生活的需要，能否引起人们的购买欲，是否符合消费者的购买能力。

二、装饰工艺品的欣赏

装饰工艺品是陈列在室内或作为其他生活用品的配饰而供人观赏的。对于这些工艺品，"好看"（艺术性）才是主要的，对这类工艺品的欣赏要求欣赏者具有一定的知识和修养，尤其是对雕塑等作品的欣赏。欣赏装饰性工艺品，首先，看主题和立意，也就是看作者欲借此所表达的思想内容。装饰性的绘画和雕塑作品其主题和立意要做到正确、鲜明、新颖。清代王原祁说："如命意不高，眼光不到，虽渲染周致，终属隔膜。"

君莫舞，君不见，玉环飞燕皆成土。——宋·辛弃疾《摸鱼儿》

其次，看构图（造型）与色彩。构图是造型艺术表达作品思想内容并获得艺术感染力的重要手段。构图要看是否均衡、对称，这是构图的基础，主要作用是使作品具有稳定性。稳定感是人类在长期观察自然中形成的一种视觉习惯和审美观念。因此，只有符合这种审美观念的造型艺术才能产生美感，违背这个原则的，看起来就不舒服。色彩要做到均衡，有呼应、有层次、有点缀。这样才会给人予协调的美感。最后，看选料与工艺。材料是体现工艺美的物质条件，历来受到工艺美术家的重视。有的根雕艺术家为了找到合适的树根，会不辞辛劳地去刨土、挖掘，足见对这个"物质条件"的重视。对工艺品艺术价值的品评是不以材料论贵贱的，只有当材料的个性特征得到恰如其分的表现时，这件工艺品的材料就会被认为是美的。有了好的材料，还必须有好的工艺，否则就把好的材料给废了。因此，对材料加工巧做的工艺水平发挥的程度直接反映了材料美的展现。

三、手工艺品欣赏

手工艺品，俗称"民间手工艺品"，是指民间的劳动人民为适应生活需要和审美要求，就地取材，以手工生产为主制作的一种工艺美术品。手工艺品的品种非常繁多，如宋锦、竹编、草编、刺绣、蓝印花布、蜡染、木雕、泥塑、剪纸、民间玩具等。由于各地区、各民族的社会历史、风俗习尚、地理环境、审美观点的不同，各地的手工艺品具有不同的风格特色，充分地展示了中国手工艺术的风采。手工制作工艺在我国民间有着悠久的历史，是中华民族文化艺术的瑰宝。它以其悠久的历史、精湛的技艺、丰富的门类、数以万计的传世佳作蜚声海内外，几千年来，始终是代表中华民族的一大特色产业。在追求个性化的今天，手工制作工艺以其独特的艺术魅力、装饰和实用的性能、随心所欲的手工乐趣，已经不可抗拒的在我们身边流行起来，它渗透到我们生活的方方面面。下面欣赏几种手工艺品。

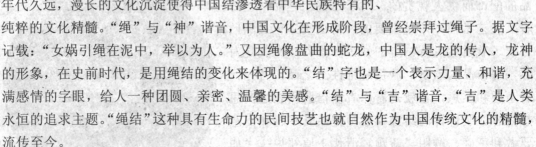

中国结："结"是绳编饰品，它同我国的布艺、刺绣并称为祖国的三大手工艺品。它朴实无华，庄重雅致。说起中国结可谓年代久远，漫长的文化沉淀使得中国结渗透着中华民族特有的、纯粹的文化精髓。"绳"与"神"谐音，中国文化在形成阶段，曾经崇拜过绳子。据文字记载："女娲引绳在泥中，举以为人。"又因绳像盘曲的蛇龙，中国人是龙的传人，龙神的形象，在史前时代，是用绳结的变化来体现的。"结"字也是一个表示力量、和谐，充满感情的字眼，给人一种团圆、亲密、温馨的美感。"结"与"吉"谐音，"吉"是人类永恒的追求主题。"绳结"这种具有生命力的民间技艺也就自然作为中国传统文化的精髓，流传至今。

蜡染：是我国古老而独特的手工绘染艺术，它起源于秦汉，盛行于隋唐。这里有着取

一朵朵伤情，春风懒笑；一片片销魂，流水愁飘。——清·孔尚任《桃花扇》

之不尽的艺术源泉，一代传一代，可以说，从我国的染织技术开创时，蜡染就作为最古老的手工艺，成为中华民族古文明的一部分。

蜡染艺术在我国少数民族，特别是苗族地区世代相传，经过悠久的历史发展过程，积累了丰富的创作经验，形成了独特的民族艺术风格。是中国极富特色的一束民族艺术之花。

蜡染图案以写实为基础。艺术语言质朴、天真、粗犷而有力，特别是它的造型不受自然形象细节的约束，进行了大胆的变化和夸张，这种变化和夸张出自天真的想象，含有无穷的魅力。图案纹样十分丰富，有几何形，也有自然形象，一般都来自生活或优美的传说故事，具有浓郁的民族色彩。

蜡染是古老的艺术，又是年轻的艺术，现代的艺术。它概括简练的造型，单纯明朗的色彩，夸张变形的装饰纹样，适应了现代生活的需要，适合现代的审美要求。

泥塑：泥塑艺术是我国一种古老常见的民间艺术。它以泥土为原料，以手工捏制成形。或素或彩，以人物、动物为主。在明清以后，民间彩塑赢得了老百姓的青睐，其中最著名的是天津的"泥人张"和无锡的惠山泥人。它早已走出国门，成为中外文化交流的使者，远涉重洋，为越来越多的国家和人民所接受和喜爱。

虽然泥塑并没有太多的科技含量，但它确实给人们的生活增加了新的亮点——朴实、直观、真实和"零距离"。泥塑在珍藏时间上也极具挑战性，具有较高收藏价值。泥塑艺术具有强烈的视觉冲击效果，欣赏角度也极为的丰富和多样化，更能贴近于人们的生活。

剪纸：剪纸是中国最普及的民间传统装饰艺术之一，有着悠久的历史。因其材料易得、成本低廉、效果立见、适应面广、样式千姿百态，形象普遍生动而受欢迎。剪纸不仅表现了群众的审美爱好，并蕴含着民族的社会深层心理，也是中国最具特色的民艺之一。欣赏剪纸要从构图和造型两个方面入手。

剪纸在构图上采用平视构图，即将物体和景象由三维空间立体形象变为二维空间平面形象，通过对表现素材进行大胆取舍，删繁就简，用简练的线条进行概括，使画面重点突出、黑白关系虚实相衬，以增强作品的表现力。用平面的眼光表现世界的物象，决定了剪

落红不是无情物，化作春泥更护花。——清·龚自珍《己亥杂诗》

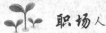
纸表现的平面化特征，即任何形象的塑造都共存于一个特定形制的可视平面内。民间剪纸用展开式的思维方式，极度的随心所欲。在创作者的剪刀下，剪纸成了没有体积、没有空间、不讲透视、不顾比例，凭着经验和灵性任意取舍的自然挥洒，大胆的创造。为表现自己的想法，创作者可以打破自然的客观法则和空间的限制，将不同时空和不同空间的物体放在同一个平面上。民间剪纸的构图形式完全摒弃了"焦点"透视的绘画概念，不但打破了时间、空间、比例关系的限制，而且彻底离开了自然景物的特定位置，用形象的主次、对称、均衡的形式法则统一画面。同时，民间剪纸也具有一种散点式的构图方法，即将不同素材各自独立，互不交叉，甚至每个物体都有自己的透视点，而作者又能将这些不同素材合理地安排在同一个平面中。这在现实中这是不合理的，但在剪纸中却自然地合理起来。

150

剪纸在造型上主要采取夸张的方法，剪纸中的形象比原型更突出，更引人注目。剔除非本质的东西，突出有特征，有性格的部分，化复杂为单纯进行艺术再创造即是民间剪纸的夸张。夸张是在省略的基础上强调对象的特征，对物象最特殊的部分作扩大、缩小、伸长、加粗、变形等的处理，使形象更具特征性和艺术魅力。在很多民间剪纸作品中，人物的面部造型几乎只能看到眼睛，因为在人们的观念中，眼睛最能传神，所以创造者对人的眼睛进行了夸张的处理。

民间剪纸的夸张，在为体现物象特征的同时，也要求达到装饰美的目的，并在装饰美的效果中表现出创作者对生活的理想、愿望等精神追求。为了使所需突出的部分更明确、更集中、更引人注目，往往在物象上添加一些纹饰，以达到完美的装饰性目的。求美的意愿也成为夸张的内容之一。表现人物时，将人物的衣服上缀满花朵；描绘动物时，将动物身上的毛皮夸张成漩涡状，或在其身上直接添加图案，这使原本普通的形象变得通透，体现出很强的装饰性。锯齿形和月牙形是民间剪纸常用的装饰纹样。

民间剪纸的创作过程，是通过夸张的手法经过现实生活的"真"，向艺术的"美"演化、深化的过程，是创作者的思想感情，审美心理和对美的追求、体现的过程。处于长期对生活的观察和领悟，再经过长期的实践，创作者深谙剪纸的规律，将平衡、参差、疏密以及不规则的线条自由组合，构成美妙的动律和节奏，增添了情趣，增强了形象的感染力。

视野拓展

产品设计欣赏

从审美的角度讲，产品设计属于技术美学，这一点和日用工艺品是一致的，欣赏的方法也大同小异，作为高等职业学校毕业的学生在将来工作当中与产品设计打交道会更多，学会和掌握一点产品欣赏的方法，对自己制作美观实用的产品无疑会有些帮助。对产品设计的欣赏主要从以下三个方面入手。

形

产品给人的第一印象当然是它的形。所以产品在符合所需功能的前提下，形态能否具有美感、是否符合消费审美成了能否打动消费者从而满足市场需求的关键。在这里我们所说的"形"既指产品的造型，也指产品的形态，这二者是不可分的。对产品形式美的欣赏要遵循下面的法则：统一与变化，"统一"使人感觉单纯、整齐、利落，"变化"带来新奇和刺激，打破单调与乏味；对比与调和，"对比"强调变化和个性，"调和"则强调了事物间的共同因素，没有对比和变化就会使人觉得呆板、不活跃，变化太多又会有凌乱之嫌；对称与均衡，前面讲过，对称均衡可以给人整齐、稳定的美感；呼应与重点，"呼应"是指产品中的各部分之间要有一定的联系，"重点"是指产品的主要部分要突出；比例与尺度，产品的尺寸、比例要恰当、适度。产品的造型还要体现人性化关怀，做到"以人为本"。

质

这里的"质"不仅指质量，更重要的是指材质。材质是构成产品质量的关键因素，材质不好，产品就只能是"豆腐渣"。从审美的角度讲，这里的"质"又是指质感，好的材质制作出来的产品，能给人以好的质感。这是因为，材料的质感肌理是通过表面特征给人以视觉和触觉感受和心理联想及象征意义。在选择材料时，不仅考虑材料的强度、耐磨性等物理量，而且考虑材料与人的情感关系远近，不同的质感肌理能给人不同的心理感受。材料质感和肌理的性能特征，将直接影响到材料用于所制产品最终的视觉效果。

色

作为产品的色彩外观，不仅具备审美性和装饰性，而且还具备情感与文化的象征意义，影响着人们的视觉感受和情绪状态。人类对色彩的感觉最强烈、最直接，印象也最深刻。产品的色彩来自于色彩对人的视觉感受和生理刺激，以及由此而产生的丰富的经验联想和生理联想，从而产生复杂的心理反应。色彩给人的感觉是强烈的，不同的色彩及组合会给人带来不同的感受。产品设计中的色彩能暗示人们使用方式和提醒人们注意什么。如传统照相机的颜色是黑色的，显示其不透光性，暗示人们注意避光。

✿ 实践训练

1. 辨识下面一些工艺品，哪些是实用工艺品，哪些是装饰性工艺品。（教师 PPT 展示）。
2. 鉴赏一些工艺品（教师 PPT 演示）。学生讲述，教师根据具体情况指导。

自在飞花轻似梦，无边丝雨细如愁。——宋·秦观《浣溪沙》

项目三　旅游景观欣赏

任务一　自然景观欣赏

案例鉴赏

20 世纪 80 年代，某单位组织职工到云南路南石林去旅游。回来后有人问其中的一名职工："石林好玩吗？"那职工回答："有什么好玩的，尽是些石头。"

【分析与思考】也许上面的案例是一种极个别的情况，但是，只把旅游当作一种追求时尚，到一地只知道大包小包购物，却不懂得欣赏大自然的美的人却大有人在。在可持续性发展成为时代主题的今天，人类亲近自然的心理需求日趋凸显，旅游则成为当今人们亲近自然的时尚生活之一。学习一点旅游景观的欣赏方法，可以使你的旅途在愉悦精神的同时，也有所收获。

知识概要

一、自然景观的类型

自然景观是指地貌、水体、气候、动植物等自然地理要素所构成的、吸引人们前往进行旅游活动的天然景观，具有明显的天赋性质。

1. 地貌自然景观

全称应该叫地质地貌旅游景观，是指地壳由于受到地球自身发展的作用和地球以外的力量的作用而引起变化，从而形成各种奇特的自然现象。地貌自然景观主要有。

山岳风景。又可分为花岗岩风景地貌、砂岩峰林风景地貌、丹霞风景地貌、岩溶（喀斯特）风景地貌、火山岩熔风景地貌等类型。

峡谷风景地貌。峡谷是指谷地深狭，两坡陡峭的河谷地貌景观，最为常见的为"V"形谷。主要分布于河流的上游地区，其形成与一定的构造作用有关，但主要是由流水的侵蚀作用所造成。峡谷景观气势磅礴，具有"险、雄、幽、隐"等美学特征。

海岸风景地貌。包含海岸与岛礁。海岸地貌是指海岸通过海浪、潮汐的冲蚀和堆积作用以及生物作用而形成的地貌形态。海岸风景地貌是构成海岸风光的要素及海滨旅游活动的物质基础，优美的海岸风光及海岸上特有的气候是形成休憩康乐旅游活动的主要原因。

风沙风景地貌。风沙地貌是指在极端干旱地区由于风的搬运、堆积以及风蚀作用所形成的地貌。风沙风景地貌主要包括沙漠、戈壁和雅丹地貌。高大的沙丘、绵延的沙垄、轰鸣的响沙、奇异的风城、梦幻般的海市蜃楼，构成了神奇的景观，成为一种具有特殊吸引力的景观类型。

冰川风景地貌。冰川地貌是在高原或高纬度气候寒冷地区的巨大冰体，经重力作用和夏青运动所形成的各种地貌。冰川风景地貌主要指各种奇特的冰体，如冰丘、冰塔林、冰洞、冰桥、冰川弧拱、冰面湖、冰川石蘑菇，以及冰蚀作用所形成的冰斗、冰川谷、角峰冰蚀湖等。

2. 水体自然景观

水体的形、态、声、色、光、影及其组合变化所具有的独特美学魅力，不仅使水体自身可独立地构成水景旅游资源，而且成为风景中不可缺少的重要构景因素之一。特别是自然风景区，都要以水作为其吸引因素。郭熙曾说："山无云则不秀，无水则不媚"。如被人们称为"童话世界"的九寨沟以及"人间天堂"的苏杭一带，都是以水体资源形成了富有魅力的奇丽景观。其次，作

为依托水体而建成的人文景观，也正是因为水随景移，景因水活，才有了万千变化。有水体的景区，才有生气，才更有活力。古往今来，无论是皇家宫苑，还是私家花园，都采取"引水注入""引泉入池"，十分重视水体的组合。"风乍起，吹皱一池清水"。园林只要有了水，一切都活起来了。如果说山是园林的骨架，那么水是园林传神的眼睛，古人有"名园依绿水"之说，突出了水体在构景中的地位与作用。水体自然景观主要有。

江河旅游景观。除了江河本身就是极具观赏价值的景观外，江河与沿岸的自然景观、人文景观交相辉映，又组成了引人入胜的风光。

有志者事竟成，破釜沉舟，百二秦关终属楚。苦心人天不负，卧薪尝胆，三千越甲可吞吴。——清·蒲松龄自勉联

湖泊旅游景观。湖泊是水体旅游景观中相对静态的水体，其色、光、形、景、声、味等水体特征与周围的山地、气候、植被的自然要素相结合，形成了景象万千的湖泊景观。有的身居群峰之中，水平如镜；有的卧于原野之上，烟波浩渺；有的坐落在园林之内，秀丽清雅。各种湖光山色形成了人们观赏的胜景。

瀑布旅游景观。瀑布是由于水流流经断层、凹陷等地区时，所形成的跌水。其具有的声、色、形等美学特征，成为吸引人们的最为壮观的水景。瀑布所具有的特殊景观与旅游价值取决于瀑布的高度、水量以及跌水的形态与周围的环境。

泉旅游景观。泉是地下水于地表涌出后形成的水体。泉水给人提供了水源，还具有造景、育景保健的功能，是具有重要旅游价值的水体。

海洋旅游景观。海洋旅游景观是指以具有美学价值的海岸、岛屿为依托，以辽阔壮观的海洋为主体，由清澈透明的海水、洁白平缓的沙滩、风和日丽的气候所组成的具有观光、休闲、康乐功能的旅游景观。

3．气象自然景观

气象是指地球大气层中发生的各种自然现象，具体表现为云、雨、雷、电、风、雪、雾、霜等。气象自然景观主要有：云雾景、雨冰雪景、雾凇和雨凇景、旭日景、夕阳景、霞光景、宝光景、海市蜃楼等。

4．生物自然景观

生物是自然环境中最具活力和生机的物质，生物不仅给人类的生存和发展提供了食物和生产原料，而且是构成各种自然景观的主体。生物自然景观可以分为动物、植物景观两大类。动物景观主要是指野生动物栖息观览地，我国某些野生动物在特定条件下，会以一定的数量在某地栖息，这些栖息地就成了著名的观光游览胜地；植物景观主要指珍稀树木以及名花异草。

二、山水自然景观的欣赏

1．外在形象鉴赏

（1）观其形

自然景观都有给人以直观的美感，这是因为它有具体可感的形态。每一座山、每一条河、每一棵树、每一朵云……都有自己的形态。其形态美大致有以下几种。

① 雄美。雄美是指高度与气势之美，形象高大壮观，气势磅礴，是激动人心的一种美。如泰山屹立于齐鲁大地，给人以高大雄浑的视觉意象。

失之东隅，收之桑榆。——南朝·范晔《后汉书·冯异传》

② 奇美。奇美是指形态变幻离奇，给人千变万化、出人意料之感。在奇美中最具有代表性的是黄山，它以峰奇、石奇、松奇、云奇而著称于世；世界自然遗产九寨沟，最奇妙的就是它的水景了，共有108个彩色湖泊，高低错落，水中倒映红叶、绿树、雪峰、蓝天，变幻无穷；位于以色列和约旦两国交界处的内陆咸湖——"死海"，堪称世界之奇。

③ 险美。在自然风景中，险和奇一样能以其特殊的夸张形式打破某种平淡而引起人们强烈的兴趣，给人带来特殊的美感享受。例如西岳华山地势险峻、险象环生，素有"华山天下险"之称。

④ 幽美。幽深景色的特点是欣赏空间的范围较小，往往是在一些丛山深谷中，由于道路曲折，视线常常被遮挡，加之植被茂密，透光量较小，使人不能一目了然，从而具有深不可测之感。"幽必曲、必静、必深、必暗"则是对这种景观构成条件的概括。如以植物王国著称的天目山，素有"天目千重秀，林木十里深"之说，大树华盖，林密壑深，以其高、大、古、稀、茂，成为寻幽探奇的绝妙之地。四川的青城山有"青城天下幽"之称。

⑤ 秀美。山岳形态别致，轮廓线条柔和优美，有良好的植被覆盖地表，山清水秀，山水交融，生机盎然。例如峨眉山以"秀"闻名。清澈的溪流、水山相映的湖泊、舒缓的江面，都会给人清丽柔和的美感，使游人感到轻松活泼，静雅舒适。再如浙江富春江、"如情似梦"的漓江、"淡妆浓抹总相宜"的西湖，都给人以秀美之感。

⑥ 旷美。宽广、辽阔的景色，观之使人心旷神怡，与宇宙浑然为一体。大平原、大草原、大海、大湖、大河表现的都是旷美。如"天苍苍，野茫茫，风吹草低见牛羊"的蒙古大草原，"上下天光，水天一色"的八百里洞庭湖，"大漠孤烟直，长河落日圆"的西北荒漠等。

⑦ 壮美。面对浩瀚无边的大海、飞流直下的瀑布、奔流不息的江河，人们往往会感到心胸豁然开朗，惊叹于大自然的波澜壮阔，产生仰慕或敬畏之情。我国贵州的黄果树大瀑布，陕西的壶口瀑布，都是以雄壮著称；非洲的维多利亚瀑布、南美的安赫尔瀑布及伊瓜苏瀑布，也都以壮美闻名世界。

（2）赏其色

色彩美是大自然的杰作。自然山水的色彩极为丰富，最基本和最具有诱惑力的就是绿色，即所谓"青山绿水"。绿色是生命的颜色，能给人以宁静、安全、凉爽的感觉。大自然中色彩比较稳定的是岩石和土壤。但随着季节变换，昼夜交替，阴晴雨雪，自然风物相映生辉，呈现出丰富奇幻的色彩。地文景观的色彩既可由岩体本身颜色所形成，还可通

往者不可谏，来者犹可追。——战国《论语·微子篇》

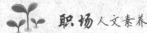

过植被、气象条件等其他因素的渲染而显现。如以山色叫绝的丹霞山，构成它的红色砂、砾岩呈现出绚丽的色彩，远看似染红霞，近看五彩斑斓，令人称奇。所谓"山色空濛"是对细雨之中烟雾弥漫，朦胧淡雅山色的描述。还有"太白积雪"则因覆盖其上的皑皑白雪，而展现出沉寂神秘的雪顶之态。

（3）闻其声

主要指水体流动或冲击时所发出的各种美妙的声音。水体在内营力、外营力的作用下，或受坡度影响而流动时，可发出各种声音。推波助澜的急流，惊涛拍岸的潮流，空山雄浑的飞瀑，以至恬静的涓涓细流，各自弹出了不同声域的乐章。既给人以强烈的动感，又悦耳动听给人以音乐美的享受。如江苏无锡寄畅园的"八音涧"，引借惠山泉水，促其层层跌落，空谷回响，既徐缓抒情，又抑扬顿挫，恰如一部节奏轻快、韵律生动的乐章。在山岳景观鉴赏中，还要关注林海松涛、虫鸣鸟语、空谷足音等富有乐感的节奏和声音。

2．内在意蕴鉴赏

（1）历史文化意蕴

自然景观不仅是单纯的自然美，而且还具有深厚的历史文化内涵，这也是欣赏自然景观的重要内容。我国古代文人墨客多有寄情自然，借助文字、书画来抒发自己情怀、志向的传统，因此，凡名山大川，多留有古人诗词题赋。许多千古名句和壮美的诗篇，为自然景观平添了几分神韵和意境。如明代大旅行家徐霞客两登黄山，前后著文记之，以"五岳归来不看山，黄山归来不看岳"的溢美之词，盛赞"黄山天下奇"的独特景象。还有描绘华山险峻雄旷景象的有名诗句"西岳峥嵘何壮哉，黄河如丝天际来。"杜甫《望岳》一诗中"会当凌绝顶，一览众山小"的诗句，更加突出了泰山雄伟壮观的形象。这些脍炙人口的名篇佳句为自然景观注入了灵魂，丰富了景区的文化内涵。

此外，我国的山川名胜，往往与宗教文化密切相关，这也使一些山地成为宗教文化的圣地。如武当山、华山是道教名山，而山西五台山和河南嵩山则是佛教名山。泰山作为自古以来自然崇拜、祭祀的场所，在古代中国山岳文化中占有独特的地位。

（2）自然景观的象征意义

在人们对自然景观的鉴赏活动中，许多自然景观已不是单纯的山水，而是具有象征意义的、有灵性的景物。例如，静态的水安祥、朴实，流动着的水，具有活力和动感，令人兴奋欢快。在我国，人们总是把水和人的悲欢离合联系起来。"问君能有几多愁，恰似一江春水向东流"，借长江之水流露无限感伤怨愁。所以在水体旅游景观鉴赏中，我们常借水景抒发自己

问君能有几多愁，恰似一江春水向东流。——南唐·李煜《虞美人》

的感情。水体之美在于其永远的流动，水流运动给人带来生生不息的美感，人们常以水来寓意和比照某些事物和情感。"流水不腐""行云流水""流水无情"等无一例外地以水寓意；而"高山流水"的故事更是广为流传，以流水比喻美妙的乐曲，以及借指知音和知己，使人们面对水景自然而生愉悦亲切之感。水作为自然的元素、生命的依托，以它天然的联系，似乎从一开始便与人类生活乃至文化历史有着一种不解之缘。流淌在中国的两条大河——黄河与长江，滋润了蕴藉深厚的中原文化和绚烂多姿的楚文化。"仁者乐山，智者乐水"，面对山水形胜，古代的圣贤亦难免动容，"智"既反映了先哲对"水"的认知，又破译出"水"所蕴含的无尽的文化内涵。孔子曰："逝者如斯夫！不舍昼夜。"表达的是生命易逝、年华不再的慨叹心理。李白"抽刀断水水更流，举杯消愁愁更愁"，表露的显然是如水般的长恨哀愁。古今之例，不胜枚举。先哲们以水论事、以水喻理、以水明志的精辟论见，堪称华夏文化的思想宝藏。

一些自然景观伴随着人类的进化以及对自然的认知，已由物质的层面升华到一种精神的境界。

欣赏指导

山岳鉴赏

一、抓住景观特点

山岳往往可形成优良的自然景观，并体现风景的总体特征。如西岳华山的"险"。峨眉山山体随高度变化，有多种的山势和千姿百态的地貌景观。特别是登顶极目西望，云海之上，贡嘎雪峰沉浮，令人心旷神怡。峨眉东临平原，拔地而起，俯看乾坤，尽收眼底；重峦叠翠，烟云缥缈，景象万千；加之日出、云海、佛光、圣灯四大气象景观和多种生物，垂直分带明显，有"峨眉天下秀"之誉，为世人所瞩目。清代学者魏源描述我国五岳的总特征为："恒山如行，岱山如座，华山如立，嵩山如卧，唯南岳独如飞。"这实际上是从大尺度地貌形态上对五岳特征进行的概括。

二、选择观赏的位置

看山的审美体验会随欣赏者的观察距离和视点的不同而不同。人们大抵采用远眺、近察、正视、侧视、仰望、俯瞰等各种方式来看山。有些风景适合远望，倘若距离太近，便看不到其全貌和整体美。如武陵源以奇峰、怪石、幽谷、秀水、溶洞"五绝"而闻名于世。主要景观是石英砂岩峰林地貌，境内共有3103座奇峰拔地而起，千姿百态，蔚为壮观。对于这类峰峦雄伟峻拔的景观，适宜远眺；有些必须仰视，否则不能感悟它的巍峨雄壮、挺拔崇高；有些必须俯瞰，否则就不能宏观全面地把握它的美学价值,如黄山景观;还有一些景观,非从一定角度才能发现其美,如桂林的石灰岩地貌,它们有的像骆驼,有的像猿猴,有的像斗鸡,有的像大象,有的像仙人,这都是观赏者在特定的观赏点观察到的某种形象,否则便不相似,或者形象发生改变。

三、求真求质

"无限风光在险峰"。游人不经艰苦,攀登山顶,无法体味山的力量之美。泰山之雄伟,华山之峻峭,衡山之烟云,峨眉山之清秀、黄山之怪石,必须仔细品味才能体会到其妙处。例如,在散花坞中看"梦笔生花""笔架峰""骆驼石""飞来钟""老翁钓鱼";在曙光亭看"仙人下棋""仙人背包""丞相观棋";在清凉台观"猴子石";在排云亭看西海的天然巧石:"仙人牺准""天女绣花""天女打琴""武松打虎""仙人踩高跷"等。这都要登山涉水,才能求质求真。登山涉水,可以锻炼意志,"高尚"品格,净化心灵,理解天人和一之真正含义。

四、发挥想象

在山岳的鉴赏中,想象力的调动不可缺少。例如,古人登临华山,吟咏"谁将倚天剑,削出依天峰。卓绝三峰出,高奇五岳无。";感叹"此山最高,呼吸之气想通天帝座矣,恨不携谢眺惊人句来搔首问青天耳。"

五、以情观景

山水生情。范仲淹云:"若夫霪雨霏霏,连月不开,阴风怒号,浊浪排空,日星隐耀,山岳潜形;商旅不行,樯倾楫摧;薄暮冥冥,虎啸猿啼;登斯楼也,则有去国怀乡,忧谗畏讥,满目萧然,感极而悲者矣。……至若春和景明,波澜不惊,上下天光,一碧万顷;沙鸥翔集,锦鳞游泳,岸芷汀兰,郁郁青青。而或长烟一空,皓月千里,浮光跃金,静影沉璧,渔歌互答,此乐何极!登斯楼也,则有心旷神怡,宠辱皆忘,把酒临风,其喜洋洋者矣。"以情观景是欣赏的最高境界,我国人民历来就有寄情于山水的传统。

六、准备及节奏把握

在旅游过程中,要先进行一些有关背景知识的准备,避免在旅游活动中出现"有眼不识泰山"的尴尬。例如,① 通过景观介绍、导游图等,全面查看和了解有关资料;② 确定好旅游线路。观赏者的心理活动和观赏行为应保持一定的节奏,观赏时应边赏边想,观赏项目、观赏速度、活动方式等应保持一定节奏,这既满足感官需要,又能适应心理需要,维持观赏过程中饱满的情绪。

任务二　人文景观欣赏

❧　案例鉴赏

在庆祝中国工农红军长征胜利 70 周年之前,某高校组织部分学生前往革命根据地井冈山参观游览。在黄洋界同学们只顾着欣赏周围风光,一个个赞不绝口。在井冈山革命博物

我自横刀向天笑,去留肝胆两昆仑。——清·谭嗣同《狱中题壁》

馆同学们也只顾着留影，对陈列的内容走马观花地一走而过。

【分析与思考】论山光水色井冈山不及许多名山胜水，但为什么能吸引那么多的游客？这是因为它的人文价值——在那个特定历史时代发生的可歌可泣的传奇。作为游客你是抱着什么目的去旅游的，要达到这个目的，去之前应当做些什么准备？

知识概要

一、什么是人文景观

人文旅游景观是指在不同历史时期，人类在各种活动中创造的，把动态的历史用静态的实物体现出来，在自然景观的基础上，叠加了文化特质而构成的景观。人文旅游景观涉及范围广、类型多、内容丰富，主要包括古遗迹遗址、古建筑、古都名城等。它们是人类在各个历史时期生产和生活的生动记录。反映出人类发展的轨迹，因此，不仅具有一定的历史意义，而且具有一定的观赏价值。

1. 古遗迹遗址

古遗迹遗址是历史上人类生产、生活活动留下的地理痕迹。它记录了人类不同时代社会政治、经济、文化生活的特征，反映了当时人类的社会发展水平以及各地人们的相互交往关系。因而，古遗迹遗址具有重要的历史研究价值，其神秘感和稀有性能够激发人们强烈的好奇心和科学考察热情，不仅能满足旅游者了解历史、获得知识的心理，又能诠释人类抚今追昔的寻根情节，同时也是进行精神文明建设和爱国主义教育的宝贵教材。古遗迹遗址主要包括古人类遗址、古战场遗址，古栈道遗址等。

2. 古建筑

古建筑是历代建筑之精华，往往代表了一个时代、一个国家、一个民族的设计思想和建筑水平，是一个国家和民族社会经济文化综合实力的体现，是典型的"历史载体"。古建筑内涵丰富，它不仅反映了中华民族悠久的历史，灿烂的文化和发达的科学技术与建筑水平，而且为今天的新建筑和新艺术的创造提供了重要的借鉴，有着极为丰富的收藏研究价值和艺术观赏价值。古建筑可以满足人们访古、求美、求奇、求知、求异的旅游消费需求，游人可以从中增长历史的、建筑的、美学的、科学的知识，并能了解一个国家、一个民族的建筑风格，具有观光、科考研究等多种旅游功能。古建筑包括陵寝建筑、宫廷建筑、宗教建筑以及古代的重要工程。

3. 纪念地

在我国悠久的历史发展过程中，涌现出不少对社会有重大影响的著名人物，发生过不少影响重大、意义深远的历史事件。这些重要人物的涌现和伟大事件的发生为中国社会的进步作出了难以估量的贡献，在祖国大地上留下了众多的历史遗迹，统称纪念地。这些遗迹对怀念先烈，教育后人，具有重要作用。

纪念地是中国历史上重要事件和人物的实物见证，是中华民族精神的物质承载体。一处纪念地，也是一段历史、一部书籍和一种精神，纪念地不仅是后人参观、凭吊历史、瞻

以铜为镜，可以正衣冠；以古为镜，可以知兴替；以人为镜，可以明得失。——五代·刘昫《旧唐书·魏徵传》

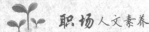

仰民族先烈的重要场所，更是激发国人爱国热情，弘扬民族精神，增强民族凝聚力的重要基地。因而，纪念地已经成为我国发展旅游的重要人文资源之一，具有观光、体验、求知等多种旅游功能。纪念地包括历史纪念地、红色纪念地、名人纪念地等。

4．古都名城

古都名城是指那些具有悠久历史、曾是国家和某一地区的政治、经济和文化中心的城镇，是一个国家不同历史时期政治、经济、文化的缩影和窗口，因而保存着具有重要历史价值、艺术价值和科研价值的文物、古建筑、寺庙，园林、遗址以及优美的环境和特殊的文化。由于历史的发展以及年代久远和保护不利等原因，古都名城多遭毁坏，能保留下来的十分有限，因而成为集丰富的人文景观与优美的自然风光于一体的综合性人文旅游资源。在当今旅游活动中，古都名城不仅是进行文化观赏、访古、探奇、求知、求美的良好场所，也是休闲、游憩、度假的重要旅游目的地。

5．园林

在一定的地域运用工程技术和艺术手段，通过改造地形（或进一步筑山、叠石、理水）、种植树木花草、营造建筑和布置园路等途径创作而成的美的自然环境和游憩境域。园林包括庭园、宅园、小游园、花园、公园、植物园、动物园等，随着园林学科的发展，现代园林还包括森林公园、广场、街道、风景名胜区、自然保护区或国家公园的游览区以及休养胜地。

二、历史人文景观的欣赏

1．了解历史

人文景观是以其历史价值而吸引游客，参观一处景观不了解它的历史就欣赏不到它的内涵。游览古战场，在这里发生过什么战争，参战的双方是谁，过程如何，结局（胜负）如何，等等，你一无所知，这种游览又有什么意义呢？到第一个革命根据地——井冈山旅游参观，对那个时期的重要人物毛泽东、朱德、卢德铭、陈毅、王佐、袁文才等毫不知晓，对当时的一些重要事件，如"黄洋界上炮声隆"等一概不知，又怎样达到旅游"求新、求知、求奇、求乐"的目的？对历史的了解越深，旅游中的精神体验就越丰富，真正到达愉悦身心的目的。当然，对历史了解不多，通过旅游增加对历史的了解，也是旅游的目的之一，但这只是低层次的，不是我们所讲的"欣赏"这一个层次。

2．了解相关知识

除了了解历史，还要了解与该景观相关的一些知识。例如，游览宗教建筑，对相关宗教的一些基本知识应当有所了解；游览园林，对园林的构景、置景等要略知一二。

欣赏指导

园林欣赏

欣赏园林景观，只有抓住其特点，才能体会建造者的匠心和景观的意境。我国的园林主要分为：北方园林、江南园林和岭南园林。

北方园林以红黄为主色调，配以苍松翠柏，形成富贵尊荣、庄严雄浑的特色。

有情芍药含春泪，无力蔷薇卧晓枝。——宋·秦观《春日》

江南园林以黑白为主调，借助光影艺术，呈现素静、淡雅、温和之美。岭南园林既不似北方厚重，又不似江南秀巧，而是简洁、轻盈，形成畅朗、玲珑、典雅的独特风格。因此，西方艺术家认为我国是世界园林之母。

如何才能抓住园林的特点呢？

要抓住园林的特点，就要了解园林的构景手法，这是园林欣赏的基础。否则入园林中则如坠云烟，理不清头绪，岂谈欣赏？

园林的构景手法主要有：

1. 主配：主景与配景的搭配关系

主景是全园景观之精华所在，一定要鲜明突出；配景则起烘云托月的作用。

园林设计就是通过主景与配景的有机组合，用游览线路的合理串联，表现出序幕、发展、高潮、结束等次序。所以主景是否鲜明突出是园林景观整体效果成败的关键，主景是组织园林游览路线的重点。

北京故宫，以位于中轴线上的大殿为主景，两边建筑为配景，并以中轴线对称，充分显示了以皇权为中心的特点。

2. 层次：是景与景之间的空间关系

此手法是以有限空间，造无限风景。园林构景贵在层次，常用障景法和隔景法两种方法来丰富景观的层次。

① 障景法：多出现在园林或独立园境的入口处，常用假山、屏风、竹林等阻障在另一些景物之前，采用欲露先藏、欲扬先抑的艺术手法，以达山重水复、曲径通幽的意境。

② 隔景法则是利用明墙、廊、树篱、殿堂等将景物分隔，以增加曲折、层次，丰富旅游者的想象，造成隐约显现但难窥全貌、近在咫尺但不可及的意境。

3. 框景

用门框、窗框、洞框作为取景框，将景象框限在从框中所看到的范围之内。框景中框的造型更是不拘一格，形式多样。框景是园林中的局部特写，有如精致小品，是对审美对象有意识有目的地优化组合，使景观美更纯正、更精练。

4. 借景

借园外的景色来衬托本园的景色，以扩大园景，让想象的翅膀远飞。如，杭州西湖，就妙在借"三面云山一面城"，使湖光山色和谐统一。借景的关键是使所借之景与园中之景和谐统一，才能使园境大开。但如果处理不当，会造成对园林空间的挤压和对园林意境的扰乱，使园中景趣大减。如北京天坛，南面成片的高楼使人对祭天的圜丘失去"九天之上"的感觉。西安小雁塔旁的13层现代化旅馆则使古塔仿佛成为被锁在抽屉中的文物。

模块三　美之趣味

与善人居，如入兰芷之室，久而不闻其香，则与之化矣。与恶人居，如入鲍鱼之肆，久而不闻其臭，亦与之化矣。——汉·刘向《说苑·杂言》

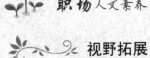

❀ 视野拓展

民俗旅游

1. 何谓民俗旅游

民俗旅游就是以民俗事象为主要观赏内容的旅游。民俗文化是旅游客体文化中的重要内容，所以就其性质而言，民俗旅游是一种文化旅游，游客在旅游活动中通过导游的介绍和参与民俗活动或其他方式了解和获取有关民俗知识。

1995 年 1 月 1 日，在北京中华民族园举办了"95 中国民俗风情游"开幕式，标志着我国的民俗旅游进入了全面发展时期。那一年，国家旅游局推出了"北方风情卷""中原民俗画廊""大漠丝绸情怀""江南水乡风物集锦""西南民族风情""南国风情窗"等专题旅游线路，不仅创下了可观的经济效益，在推介民族民俗文化方面也起到了积极的作用。

2. 民俗旅游的类型

民俗旅游主要有两种类型：观光式和参与式。

（1）观光式

是指旅游者以静观或踏看为主要游览方式，以民俗设施、民俗陈列为主要游览对象的民俗旅游形式，目的仅在于走走看看各种民俗事象，从中获得知识和享受。例如，有地方特色的民居群落，陈列各种民俗物品的博物馆和博览园等就属于此种类型。

（2）参与式

是指旅游者对各种民俗事象不但要观赏、了解、领略，而且要亲自加入到目标人群的生活之中，真实地感受"另外一种生活方式"。如在特定的民俗环境中，同当地人或表演者共同唱歌跳舞、种花养鱼、采摘果实、种植蔬菜、学做菜肴及其他家庭工艺等。

3. 民俗旅游的作用

民俗旅游已超越山水风光旅游和文物古迹旅游成为当今国际旅游的主要旅游类型。近几年，我国各地的旅游部门在开发利用当地的民俗资源方面是各出奇招，推动着我国旅游业健康地向前发展。

旅游是一种产业，民俗旅游的首要作用当然是它的经济效益。我国幅员辽阔，从东到西，从南到北自然条件复杂多样，民俗在不同的地域呈现出多样性和复杂性，而风情各异的各民族的民俗是吸引异国他乡的旅游者的主要原因，也是各地发展经济的重要资源。发展民俗旅游就是要把当地的民俗资源优势转换成经济产业。将民俗资源转换成经济优势主要有下面几种方法。

① 开发民俗旅游产品。游客每到一地，都希望买一些能体现当地民俗特色的工艺品，认为这些工艺品具有纪念意义。例如，云南丽江将纳西族的象形文字写的格言制成别致的小镜框，很受游客的喜欢。

② 利用民俗旅游招商引资。可以根据当地的民俗特色举办艺术节吸引投资者。像山东潍坊的风筝节、海南的椰子节、湖南株洲的炎帝节都举办得有声有色。还可以在传统节日上

欲加之罪，何患无辞。——春秋·左丘明《左传·僖公十年》

大做文章。像云南楚雄彝族的火把节、大理白族的三月街都非常成功地吸引了大量的投资。

③ 建立风情各异的民俗村、民俗园等微缩景区。在景区里，游客不仅可以游览、观光不同的民事风情，还可以参与其中的民俗活动，体验新奇、刺激的感觉。民俗旅游还可以带动其他产业的发展，山东潍坊在风筝节期间，潍坊市的住宿、餐饮、购物都非常火暴。

民俗旅游是一种文化的体验，发展民俗旅游可以丰富旅游的文化内涵。每个旅游景区都有美丽动人的民间传说，每个民族都有自己特异的风情，如果每个景区能花大力气对景区的民俗特色加以宣传，会使每一个到这里的游客感受到浓郁的民族民俗氛围。旅游过程中导游娓娓动听的民俗介绍，会使游客在每一处景点不仅观赏了美丽的山光水色，而且可以扩大自己在历史、地理、文化生活方面的知识，得到一种文化的体验。另外，民俗旅游作为异域的文化参与活动，是在完全新鲜的环境中亲身体味他乡的生活情调，感受从未接触过的奇风异俗，这对于旅游者来说完全是一种陌生新奇的审美体验。

民俗旅游可以增加旅游的情趣。目前国际旅游市场消费也正向高层次发展，旅游者已不仅仅满足于观光式旅游，而更注重在旅游目的地参与多种有趣的活动，以亲身体验异质文化模式带来的奇特感受，进而开阔视野，丰富阅历，并从中获得无穷的乐趣。感受到的不仅是新鲜事物，更多的是接触到亲切热情的人民，在特定的环境氛围中与他们进行情感交流，感受到的是一种浓郁的人情味，获得的是一种内心愉悦的心理感受和感悟。

实践训练

旅游归来谈感受：利用双休日到附近的旅游景区作一日游。回来后在班上谈谈自己在旅游中的感受。

项目四　影视作品欣赏

案例鉴赏

《我的父亲母亲》

初恋的回忆，是人生中最美妙的感觉，而当生子的父亲已经过世，年迈的母亲讲述她梦系魂牵的初恋时，生子不但体味到那初恋情愫的凄美动人，甚至还分明读出她对美妙人生的执着追求……

母亲乳名招娣，年轻时是远近闻名的美人，不仅心灵手巧，而且勇敢地成为十里八乡第一个自由恋爱的女孩。她暗恋上生子的父亲——一个淳朴幽默的青年教师。她以家传的青花大碗为记号，给心上人花样翻新地送最好吃的"派饭"；她通宵达旦织出最艳的"房梁红"装点他的教室；为了听到他的朗朗的读书声，她不惜绕远路去担水；为了引起他的注意，她每天在送学生的路边等着他。

早岁那知世事艰，中原北望气如山。——宋·陆游《书愤》

终于，招娣的美丽和诚挚打动了青年骆老师的心，他们很浪漫又很传统地相爱了。一只塑料红发卡就是他给她的爱情信物。然而，就在心灵刚刚撞击的那一刻，悲剧降临了：骆老师莫名其妙地被打成"右派"，招娣特意为他做的晚饭蒸饺子没吃上，人就被带走了。她疯了一般，怀揣蒸饺沿路追赶，人摔倒了，蒸饺烂了，青花碗也碎了……

技艺精湛的锔碗匠锔好了青花碗，却弥合不了姑娘破碎的心灵，招娣决心拖着病弱的身体去远行寻找初恋情人，瞎妈妈的泪水阻止不了招娣的决心。她蹒跚上路了，却昏死半途，被路人送回，执拗的招娣挣扎起身还要冒死去寻觅。恰在此时，骆老师意外地来了，她躺在病床上，大滴的泪珠从她美丽的大眼睛中尽情地滚落。

他再也没有离开她，两个人一爱就是四十年，相濡以沫，心心相印。

丈夫的葬礼后，年迈的招娣在悲恸中又听到了世界上最好听的声音，那是骆老师自编的"识字歌"——人生在世，要有志气，读书识字，多长见识……招娣沿着当年的小路向学校走去。教室里，她的儿子骆玉生像当年的骆老师一样，以淳朴、清朗、穿越时空的声音在教孩子们读书。顿时，儿子和丈夫的身影在她眼中置换，在她眼前，又出现年轻盈巧的招娣穿着碎花红袄雀跃在让她走不完的初恋的那一条小路上。

张艺谋说："《我的父亲母亲》是一部讲述爱情、家庭、亲情的电影。一个淳朴的姑娘爱上了一个年轻的男人，一爱就是一辈子。他们的爱情很真诚……这是我第一次用诗意、浪漫、抒情和单纯去表现一个时代中的爱情故事……而这部电影是舍浓郁而求单纯。"但一些影评人评价，这部影片是一个中年男人对那种浪漫、那种美好纯情的向往，带着一种失落童贞的矫情。

影片景色优美，色彩鲜艳。现实用黑白表现，回忆用彩色表现，现在时的冰冷现实与过去时的美好回忆形成强烈反差，而女主人公执著着爱情在美丽的树林和弯曲的山路上跌倒，在几乎是痛苦的绝望中，等到了爱情。故事放在一个与世界几乎隔离的空间，自然环境的优美，为影片的爱情增添了色彩。无论是场景、故事还是表演，甚至配乐，张艺谋作为导演，技术上都更为成熟。

影片中历史和现实的故事都围绕着"读书、识字"这样的情节展开，这又是张艺谋一贯的处理手法——文明与蒙昧的交织纠缠。只是这部影片淡化了蒙昧的野蛮和暴烈，单纯地表现了一位乡村姑娘对未知文明的向往和神秘，从而成为爱情的催化剂。

【鉴赏与思考】观看影视剧是现代人不可缺少的文化生活。当然我们观看影视剧主要是从娱乐的角度出发，而不会为了审美去看一部电影或电视。但有一点就是每一个看完电影或电视的人都会对自己所看的电影或电视做出评判。文化水平低，或欣赏能力比较差的只能说："好看"或"不好看"；而具备了一定欣赏能力的就能像上例一样从影片的主题思想、创造意图、表现方法等方面进行评判。所以，无论什么人，他观看影视剧的过程，就是一个欣赏、审美的过程。作为大学生不应该将自己的欣赏水平仅仅停留于"好看"或"不好看"的层面上，而应当具备一定的欣赏水平，即能够从影片的主题思想、创造意图、表现方法等方面进行欣赏。

曾经沧海难为水，除却巫山不是云。——唐·元稹《离思》

知识概要

一、什么是影视艺术

影视艺术包括电影艺术和电视艺术，这是一门最年轻的艺术之一。1885 年，电影在法国巴黎首次放映；1936 年电视在英国伦敦正式播出节目信号。因而，影视艺术是有着显著现代意味的艺术。与传统艺术的受众面相比，影视艺术有着雅俗共赏的大众文化特征。当代大学生理所当然应当具备一定的影视艺术欣赏能力。

影视艺术是通过摄影、剪辑、合成等手段，以画面和音响为媒介，在银幕或荧屏上创造出感性直观的形象，再现和表现生活的一门艺术。影视艺术是一种综合性艺术，它具有音乐、舞蹈、美术、造型等多种艺术的表现手法和审美特征。

二、影视艺术的要素

1．画面与镜头

影视作品的画面是运动的，这是它与摄影作品最大的不同，也是影视画面最独特和最重要的特征。因而，影视画面可以在某种情况下激起观众的现实感，使观众确信银（屏）幕上的一切都是客观存在的，从而可以使观众直接参与剧情并与剧中人融为一体。镜头指的是从开机到关机所拍摄下来的一段连续的画面，或两个剪接点之间的片段，也叫一个镜头。一个镜头一般包含若干不同的画面，从而形成影视视觉的丰富性、运动性。影视镜头可以分为下面几种。

（1）空镜头

画面里不出现人或动物，又称景物镜头。空镜头主要用于表达感情，交代故事发生的时间、地点，进行时空转换，控制叙事节奏等。使用较多的是抒发感情、创造意境，具有隐喻、联想、升华的艺术效果。

（2）主观镜头

通过剧中某一人物的视线来观察、表现对象的镜头。这种镜头表现的是剧中人物的视觉，反映他的心理状态和感情色彩。这对于观众了解人物有一定的帮助。

（3）客观镜头

用不参与剧情的旁观或中立的视角拍摄的镜头。一般影片中，绝大部分镜头都是客观镜头。它担负着叙述剧情、介绍环境、刻画人物、烘托气氛等任务。

（4）运动镜头

又叫移动镜头，指摄影机运用推、拉、摇、移、升、降等运动摄影方式拍摄下来的镜头。所以，它不包括被摄对象是否移动。综合运用摄影机的多种运动方式拍摄下来的镜头叫综合运动镜头，习惯上叫长镜头。长镜头内的场景、人物、事态、内容多变而丰富，从而形成一个镜头完整的气氛，是表现对象的丰富的内部语言。

（5）景别

即画面所包的范围。有特写、近景、中景、远景几种形式。

世之奇伟、瑰怪、非常之观，常在于险远，而人之所罕至焉，故非有志者不能至也。——宋·王安石《游褒禅山记》

2. 声音

影视的声音包括人物声、自然声、音乐和画外音。

（1）人物声

话语是人物声的基础，正是由于银幕上出现了说话声才摆脱了字幕解说，结束了电影的默片时代；也正是因为电影上的人开口说话，才使得电影更贴近生活。此外，机器、飞机、汽车、街道、码头的声音也是人物声的组成部分。

（2）自然声

指我们在自然界能听到的一切声音，包括风声、雨声、流水声、动物叫声、波涛声，等等。自然声是电影用来烘托气氛、抒发情感、创造激情的重要手段。

（3）电影音乐

以音乐揭示角色的内心情感和烘托情境是影视艺术的重要表现手段。由于受剧情发展和放映时间的限制，一般较为简练、扼要，主题鲜明。

（4）画外音

声源在画面以外的声音。画外音能突破画幅的限制，把电影的表现空间扩展到画面之外，来丰富画面的内容和表现力。画外音还可以创造真实的声音环境、烘托气氛、加强生活场景的真实感。旁白、解说等也是画外音。

3. 蒙太奇

蒙太奇就是影视镜头的组接。如果说影视的镜头、声音是词汇，那么蒙太奇就是语法，将这些"词汇"组合成"句子"、"文章"。

蒙太奇被公认为影视艺术的主要特征。它具有创造独特时空的作用，影视的每一个镜头的时间和生活中的时间是一致的，而经过剪辑后一部影片放映的时间和生活的实际时间却有很大的距离。一部100分钟的影片所反映的生活是几天、几年，甚至几十年。蒙太奇还可以创造出现实生活中不可能有的空间。

蒙太奇还可以造成不同的艺术节奏。影视中的节奏与情节发展、感情气氛的渲染密切相关，而节奏的形成与镜头的长短、景别的远近、摄影机移动的速度有关。这些有赖于蒙太奇的有效运用。

蒙太奇组接方法有平行式、呼唤式、相似式、比喻式、交叉式、积累式、对话式、物件式、音乐式等。蒙太奇的种类有叙事蒙太奇、表现蒙太奇、修饰蒙太奇、形态蒙太奇和加速蒙太奇五种。

三、影视艺术的欣赏

影视艺术的欣赏包含感知、注意、联想和想象、情感、理解等基本要素，它们相互作用，从而形成有机统一的欣赏心理的动态结构。优秀的影视剧才能够引起观众的注意，展开丰富的联想和想象，融进自己的情感，获得美的享受。要懂得欣赏影视艺术，必须了解影视艺术的一些审美特征，它们可以帮助你学会欣赏影视艺术。

女相妒于室，士相妒于朝，古今通患也。若无贪荣擅宠之心，何嫉妒之有？——清·曾国藩

1．动态的造型

绘画和雕塑也是造型艺术，但绘画和雕塑偏重于空间思维，是一种静态的造型艺术。而影视既是空间艺术，又是时间艺术，所以，它既可以有静态的造型，更多的是动态的造型。银（屏）幕上的一切都是运动的，时间在不停地流动，场景在不断地变换，人物在不断地活动着，即使是一个静止的镜头，也不过是全部运动旋律中一个视觉"休止符"，它在连接前后运动画面的节拍中也在运动。永恒的运动是影视艺术区别于其他造型艺术的最本质的特征。

2．虚构与真实

虚构指的是影视故事的整体是虚构的，这一点和小说等叙事性文学作品是一样的。在情节的构筑、人物关系的设置、结构的安排、叙事角度的确立等方面，创作者是在源于生活的基础上进行了虚构的。

真实指的是细节的真实。主要包括时代氛围、情节展开的环境、演员表演以及人物的化妆、服饰等，这些环节是否真实在其他艺术作品中也许无关紧要，但在影视作品中却如鞋里的小石子。审美经验告诉我们。有时一部情节离谱的影视剧由于运用了各种影视手段营造了逼真的戏剧情境也能抓住人（如部分港台影视剧），但如果银（屏）幕上出现一个失真的细节，如夸张的动作、矫饰的表情、脱离时代的道具等，都会引起观众的反感，甚至会导致整部影片的失败。

3．故事性与情节化

故事和情节是构筑叙事类文学作品的重要元素，但两者又有区别。故事是事件发生的过程，是作品的内容；情节则是对内容的叙述，是故事发生的因果关系。故事离不开情节，而情节则有相对的独立性，它并不等同于故事本身。但在具体作品中，二者又相互依存，相辅相成，共同发挥着叙事的作用。故事生动的作品其情节性就强，故事性弱化的作品，其情节性就较差。

影视艺术的大众化性质决定了它比其他艺术样式更需要精彩的故事和情节，但在不同的风格类型中，其故事和情节的体现形态是不一样的。一般来说，情节剧都有比较生动的故事和被强化的情节；散文化和生活流形态的影视剧明显地没有了生动的故事和一波三折的情节链，但它仍然有故事和情节，只不过它的情节摒弃了传统情节剧的冲突、悬念、高潮等戏剧性因素。

4．综合与融汇

影视艺术是一门综合性的艺术，作为后起之秀的一种艺术门类，它毫无顾忌地吸收了其他姊妹艺术的艺术表现手段和方法，比如，它借鉴了绘画、照相艺术的构图和光影，吸收了戏剧、小说的表演和叙述，又从音乐那里学来了节奏和流动……也正是从这个角度，德国电影艺术家爱因汉姆称电影为"杂种的手段"。对姊妹艺术的兼收并蓄、吸精纳粹，使影视艺术获得了表现生活的多种艺术手段。视听结合、声画兼备是现代影视区别于其他艺术样式的主要标志，也是其艺术魅力所在。影视艺术家们将相互依托、相互融合的声、画

好便宜不可与共财，狐疑者不可与共事。——清·曾国藩

元素创造出许多震撼人心的作品，他们运用声音造型元素和画面造型元素把一个有形有声的运动的银（屏）幕世界展现在人们面前，这既实现了人类孜孜追求立体化地感知、认识幻象世界的夙愿，同时也拓展了人们审美感受的领域。

影视手段的综合性是明显的，但这种综合并非简单的拼凑、相加，而是化合和融合。换句话说，这些被吸收和借鉴的艺术元素均被影视所同化，发生了质的变化，它们已化作影视的一部分。如今，影视艺术已成为艺术园地中的一棵参天大树，并充分显露出自己的艺术本体地位，但它"杂种的手段"仍然是它区别于其他艺术样式的胎记，它的生命在于此，美丽也源于此。

根据影视艺术的审美特征去感知影视作品，运用联想和想象，使自己融入剧情，用自己的情感去体验剧中人物的喜怒哀乐，理解创作者的创作意图和作品的内涵。

欣赏指导

《天下无贼》

出品人：王伟、王中军、庄澄、张振华

年份：2004年

编剧：林黎胜

导演：冯小刚

摄影：张黎

主演：刘德华、刘若英、李冰冰、葛优、王宝强、林家栋

剧情介绍：

男贼王薄和女贼王丽是一对扒窃搭档，也是一对浪迹天涯的亡命恋人。他们在一列火车上遇到了一个名叫傻根的农民，他刚刚从高原上挣了一笔钱要回老家盖房子娶媳妇。傻根不相信天下有贼，王薄最初想对他下手，后来却被他的纯朴所打动，决定保护傻根，圆他一个天下无贼的梦想，并由此与另一个扒窃团伙引发了一系列的明争暗斗。该团伙头目黎叔意欲收服王薄遭拒，该团伙其他成员与王薄比试皆败下阵来，交手之中却被潜伏的警察把钱掉包，后警察现身，将双方逮捕，黎叔和王薄、王丽均欲从车厢上逃走，却相遇。王丽先走后，王薄为保护傻根的钱与黎叔交手不敌，临终时意欲惊动警察，并发短信给王丽，安慰她没事。剧终黎叔被捕，钱归还于傻根。画面定格于王丽在甘南拉卜楞寺拜佛的那一幕。

影评与赏析：

影片《天下无贼》表现的一个有情有义、浪子回头的故事，是人性中善与恶的一次又一次的正面交锋，是沉睡心灵深处的良知被唤醒，并以血的代价寻找心灵家园的一次长途跋涉，是一趟重建人类尊严的艰苦旅行。与冯小刚导演以往影片的幽默与诙谐风格不同的是，该片的风格趋于悲凉和虚无。

可以一出而振人之厄，一言而解人之纷，此亦不必过为退避也，但因以为利，则市道矣。——清·曾国藩

他人即天堂　他人即地狱

《天下无贼》首先一种基调便是人性的"悲凉"。电影有时无疑可以承当一种麻醉和止疼的良药。"如果说我们生活的世界真的是一个干净的世界，那我就没有任何必要去拍这部电影。因为观众看电影是去买醉的，他花钱在电影院里待这一个多小时，就像喝了一杯酒，有点让你晕乎乎的麻药，有点快感。因此我也可以说，这部电影不治病，它是一针麻药，它仅仅止疼，不解决任何问题。"冯小刚这样谦卑的话语里其实透漏的便是一种心底的凉意，一种同情，一种悲悯情怀。

影片中刘德华饰演的王薄这一人物形象极好地诠释了导演抒发的这种情怀，虽然王薄看起来很潇洒狂放，但实际上心里却对盗贼世界失去希望了，他做了一场又一场的秀，帮傻根圆"天下无贼"梦。但实际呢？天下还是有贼的，他骗过了傻根，但他骗不了自己。所以他在戏里的台词是很冷很尖锐的，一切都说明了他的失望，最后他在和人打斗时死了。

这部戏里的确有喜剧成分，但是如果观众透过这个故事看本质，更多的可能就是经过反思之后体会到的那种悲凉之感。导演的悲悯与同情，是与同名小说作者的情感产生共鸣后的对弱势群体和边缘人群的良心关注，傻根无疑是这类人群的代表。影片里到处是贼，而淳朴憨厚的傻根却始终愿意相信"天下无贼"。这是一个多么易碎的好梦，一个多么容易破灭的理想。应该说，这是一个具有强烈的理想主义色彩的人物形象，虽然在现实中是不会碰到的，但却寄托着一种美好的理想与愿望，是对人类灵魂深处那种美好而又单纯想法的呼唤。

大音希声　大象无形

《天下无贼》另一种基调便是理想的"虚无"。导演有一个"天下无贼"的信念，这不仅是傻根的一句梦话，同样是导演演绎编剧的和自己所要表达的一种理想与梦境，可正是这句梦话竟然成为片中两个贼呵护的对象，没有让傻根从梦中醒来，导演与为观众的我们亦是如此。在这次艰难的旅途中，痴人说梦的境界最终改变了两个盗贼——王薄和王丽的命运，重新作出了他们的人生抉择。也许只有让他们付出那样惨痛的代价才能救出人性中沉睡的人们，也许只有让这种悖反刻骨铭心才能让你可以不相信"天下无贼"，但却让你不能够怀疑善良和真诚的力量。

同样的虚无色彩也表现在故事背景上。那是一片高原，那片高原，是行走很久都没有人烟、有狼会在夜幕里出现、有宗教精神支撑人类生存的荒芜所在。但冯小刚将其中发生的故事处理得很实在：一个农民、一对情侣（女方是将成为母亲的女人）、一伙贼、六万元钱、一列火车，所有这些可用数据表明的元素可以进行无数种组合。冯小刚懂得把握住其中关键的那部分，一个空间的边缘、一个人性的边缘。高原上奔驰的那列火车就像一个空中楼阁，映射着凡世的热闹，又充满出世的可能。火车开过的也许是所有冯小刚作品留下的烙印，生活的现实与美好、小人物的辛酸与尊严、爱情的坚贞与脆弱，还有理想的卑微

久视则熟字不识，注视则静物若动，乃知蓄疑者乱真，过思者迷正应。——清·曾国藩

与伟大。这一切却又在列车驶向心灵家园的途中渐趋丰盈和美丽，善良和虔诚的信仰又渐渐被救赎回来，重新筑起良知与尊严的乌托邦大厦！

导演用两种悖反自身创作风格的手法昭示了人性中的种种侧面，从中心走向边缘，又从边缘回到了现实。一次跋涉和旅行实际上是人生的整个过程的全部，在希冀美好的信仰里关注的不只是弱势群体本身，更重要的是对人性那份纯洁和虔诚的顶礼膜拜，对自由情感和简单心境的细腻追求。

获奖情况：

刘若英凭借此片先后荣获2005年香港电影金紫荆奖和2006年百花奖的最佳女演员奖。

《集结号》

联合出品：华谊兄弟传媒有限公司、上海电影集团、浙江影视集团

上映：2007年

原著：杨金远作品《官司》

编剧：刘恒

导演：冯小刚

摄影指导：吕乐

主演：张涵予、邓超、廖凡、胡军、王宝强

剧情介绍：

解放战争时期，解放军连长谷子地率领九连47名战士在汶河岸执行掩护大部队撤退的任务，团长下令以集结号为令撤退。惨烈的战争中，九连的战士死伤惨重，他们打退了敌人三次进攻，炸毁3辆坦克，歼敌无数，最后，全连除连长谷子地外，47人全部阵亡。这场战争改变了谷子地的人生。由于部队改了编号，九连牺牲的烈士们也被认定为失踪。谷子地开始了艰难的寻找，为九连的兄弟们讨个说法，也为了探明当年集结号的真相。

导演冯小刚运用真实电影的拍摄方法，淋漓尽致地表达了作者本人思想感情和拍摄手法。它在镜头的设计、景别的运用、演员的表演、色调的选择（就是场面的调度）及后期的剪辑制作上独具匠心，跳出了常规影片所使用的叙述手法，给人耳目一新的视觉冲击力。

首先，影片一开始就采用了景深镜头（全景画面）和长镜头的手法，把一组英文字母、一把冲锋号、一个五角星、一片烈士墓和一座四孔桥，这五种象征性的符号全部放在了长镜头的里边，同时采用了字母与军号叠加的剪辑技巧，随后淡出片名《集结号》。这种画面的冲击力伴随舒缓抒情的音乐，暗示给观众这部影片将叙述一个悲壮而又惨烈的战争故事。果然，接下来的画面就是几组不同景别的战斗场面，节奏、悬念接踵而来。

其次，为凸显战争悲壮惨烈的场面，烘托战斗气氛，影片采用了冷色调为基本色调。影片上来就采用一组雪后寒风刺骨的景深镜头和长镜头，不仅交代了战争的历史背景，同时也暗示着主人公的悲情人生命运。

千淘万漉虽辛苦，吹尽狂沙始到金。——唐·刘禹锡《浪淘沙》

汶河阵地阻击战是在一场大雪之后开始的。连长谷子地观察了地形后，像是对士兵说又像是心里的旁白："甭说47人镇守几个小时，就是一个营顶四个小时都不行。"结果正像他预料的那样，第一次战斗九连镇守47人，有13人死伤，全连还有34人。第二次战斗，敌军向九连阵地狂轰滥炸，下来官兵死伤21人，全连仅剩11人。此时，剩下的人在听到和没听到集结号的问题上发生了争执，而连长谷子地却无可奈何地对部下说："听到号声的都可以走我不拦着，我没听到我留下"。每个人心里都明白，留下来的结果是什么。

几年后，当九连连长谷子地以老兵的身份出现在寒冷的朝鲜战场上时，他不惜被地雷炸死的危险去解救自己的战友二斗。

冰天雪地的全景画面，身着笨重棉袄的英勇士兵，炮弹、硝烟、牺牲构成了一幅幅人们不愿看到的残酷无情的战争场面。

最后，为了强调战争带给我们的不幸，珍惜我们今天幸福生活的同时缅怀革命先烈，影片使用了闪回的叙述结构。那些战争的场面、那些可爱士兵的笑容直到影片放映结束后仍给观众留下了很深的印象。

画面构建了五次闪回的剪辑手法。

首次闪回是在汶河阻击战若干年后的朝鲜战场上。当时战友二斗踩到了地雷，谷子地冒着生命危险前去排雷。一刹那，镜头瞬间定格在谷子地那张粗糙的脸上，随后画面切换到当年团长下达命令时的场景："你再给我重复一遍命令"，团长神情严肃地让谷子地回答。"明天中午十二点前听不到集结号，不准撤退。"连长谷子地斩钉截铁回答。团长又说道"听不到集结号，只要还有一个人也不能撤退。"由于谁也没听到集结号，最后除谷子地外所有官兵都战死在战场。第二次闪回是1955年谷子地转业到曾战斗过的地方。当他看到部队为牺牲和失踪的士兵发放救济粮而引发矛盾时，勾起了他对汶河战役的回忆。牺牲和失踪的人已经走了，活着的人还在为他们争论什么样的待遇。第三次闪回是当谷子地来到无名烈士墓前自言自语到"爹妈都给起了名子，为什么都成了无名的孩子了。"画面又一次回到了团长让他回答命令的场景。第四次闪回是在谷子地已经找到了老部队，汶河军分区做出决定，追认47名官兵为革命烈士，就在他听完王金存妻子读完通知后，他又一次回忆起汶河战役在战壕里与指导员最后的对话情景。"我没给你丢人吧？"指导员王金存在炸断了一条腿不能动的情况下对连长谷子地动情地说。连长谷子地没有正面回答指导员这句话，而是用眼睛望着炸掉一条腿马上面临死亡的指导员沉默了一会动情地说："下辈子我们还是兄弟。"最后一次闪回出现在47名烈士墓前。在追认烈士的仪式上，由当年团长的警卫员真正吹响了从汶河战斗直到今天一直没有吹响的集结号。若干年已经过去，但那天傍晚士兵们手举火把奔赴汶河战场时的情景一直萦绕在谷子地脑海里。"历史是胜利者对往事的回顾和评价。"这是我国纪录片前辈陈汉元曾经感慨说过的一句话。汶河战斗、集结号、47名先烈这些鲜明的符号，必将永远留在连长谷子地和我们观众的心里。

最后，导演曾四次安排四孔桥画面的出现。桥在这部影片中只不过是一种符号的象征，

新沐者必弹冠，新浴者必振衣。——战国·屈原《楚辞·渔父》

它不仅揭示了主人公需要与死去的战友沟通、与现实社会的沟通、与观众的沟通、与任何意想不到的问题沟通还帮助连长谷子地弥补战争给他心灵留下的创伤。

纵观《集结号》这部优秀战地影片，它又一次开创了中国战争商业大片的新领域。无论是思想内涵还是镜头的设计抑或是画面的剪辑，都达到了意想不到的效果。尤其是影片中首次采用子弹弹道点在画面人体前后左右穿梭的特技镜头，给观众以身临其境，毛骨悚然之感。

视野拓展

影视音乐欣赏

一、渲染背景气氛

音乐能为影片的局部或整体创造一种特定的气氛基调（包括时间和空间的特征），从而深化视觉效果，增强画面的感染力。这种音乐不是简单重复画面的内容，而是细致入微地为影片营造一种背景氛围。它包括渲染环境气氛、渲染时代气氛、渲染地方色彩、渲染民族特点等方面。

1. 渲染环境气氛

音乐可以为整部影片渲染一种总的环境气氛。如电影《城南旧事》。它通过小姑娘英子的眼睛所看到的人和事来表现 20 世纪二三十年代北京城南的风土人情，表达了作者从这些往事的回忆中所引起的那种"离我而去"的惆怅之情和对故土的思念。为此，影片导演吴贻弓规定了整部影片的情绪基调是"淡淡的哀愁、沉沉的相思。"作曲家吕其明根据这个总的基调，选用二三十年代流行的学堂歌曲《送别》为这部影片音乐的主旋律，以非常简洁凝练的音乐语言，为整部影片渲染了一种惆怅惜别之情。这种情绪的音乐在片头音乐中有较完整的展示，在影片的中间也有所流露。而在影片的结尾则表现得更为强烈：英子的父亲已去世，她和妈妈、弟弟去为父亲扫墓，从小把她带大的淳朴的农村妇女宋妈也要离开他们回农村去了，英子和妈妈、弟弟在满地黄树叶的秋天坐着车子和宋妈告别……这段画面的背景音乐就是在弦乐队的轻弱陪伴之下，用笙吹奏《送别》的曲调，这平缓、疏淡的音乐，恰如其分、含而不露地渲染了那种"淡淡的哀愁、沉沉的相思"之情。

音乐也可以为影片的局部渲染气氛。在一部影片中，有时某个场面表现的是人物的一种情绪：或是欢乐、喜悦，或是悲苦、伤心，或是紧张、惊恐，或是轻松、愉快，等等；有时影片的某个场面营造的是一种特定环境的气氛：或是喧闹或是静寂，或是繁华或是萧条，或是庄严肃穆，或是活泼热烈，等等，而此时往往很少对话或没有对话。在这种情况下，音乐从听觉这个角度介入，参与画面视觉内容的表达，使画面内人物的某种情绪得到进一步的强调，环境气氛得到进一步的渲染，从而达到深化视觉效果、增强画面艺术感染力的目的。当然这种音乐要用得准确适度。如电影《红高粱》中抬花轿的队伍经过青杀口这一段，气氛是很恐怖的，刚才还疯狂颠轿的轿夫们，此时偃旗息鼓，

浴不必江海，要之去垢；马不必骐骥，要之善走。——汉·司马迁《史记·外戚世家》

收敛了那股嬉闹劲，个个低头屏息、蹑手蹑脚地走在两旁长满野高粱的小路上。只听画外音说道："我家到十八里坡要过青杀口，这地方不知从哪年起，长出了百十亩高粱，没人种也没人收。老家的人都说这是野高粱，还说这儿常闹鬼。"画外音说完，音乐仅以小锣、低音大锣等打击乐器的两三下声响，便十分形象、准确地制造了那种令人毛骨悚然的恐怖气氛。

2．渲染时代气氛

每个时代的乐曲或歌曲，从内容、音调、演奏演唱方式以及流行的乐器都有所不同。电影音乐可以根据影片的时代背景，选用那个时代特有的乐曲或歌曲作为影片的主题音乐。同时，也可以运用这种音乐为影片制造背景气氛，以达到渲染影片时代气氛的作用。

在电影《牧马人》中，女主人公李秀芝(丛珊饰)衣衫褴褛、蓬头垢面，偷偷地坐在火车货运车厢里，从四川赶往西北草原投亲谋生。这段画面配的音乐是"文革"中最流行的《大批判歌》的旋律："拿起笔，做刀枪……"随着车轮的转动，音乐好像被碾得支离破碎。这段音乐告诉人们故事发生的年代是在"十年动乱"之中。"十年动乱"导致工业停产、农业歉收，本来就不高的人民生活水平又面临新的困难，不少人背井离乡出外谋求生路。影片的这段画面借音乐真实地反映出那个时代特有的气氛。

3．渲染地方色彩

电影音乐根据影片故事发生的地点，选用具有当地特点的歌曲、地方戏曲、地方曲艺的音乐，即可为影片营造渲染出一种地方色彩来。

瞿希贤作曲的影片《红旗谱》，讲的是 20 世纪二三十年代河北滹沱河畔农民反抗地主阶级的波澜壮阔的斗争。音乐则选用河北戏曲——河北梆子音乐作为素材，突出唢呐、板胡等具有北方特色的民族乐器，音乐风格粗犷激昂，表明故事发生地在河北。王云阶作曲的影片《林则徐》，吸收了广东民间音乐和地方戏曲，为林则徐"广州禁烟"标明了地点。瞿希贤为影片《骆驼祥子》谱写的音乐，用的是北京底层劳动群众最喜爱的曲艺——单弦儿的音乐，并选用北京曲艺音乐中最富特色的大二弦为主奏乐器，表明故事发生地在古老的北京。 影片《被告山杠爷》，开头那首带有浓重四川乡音的民歌，一下子把观众带到了故事的发生地点——四川。

4．渲染民族特点

电影音乐根据影片所表现的不同的民族，选用不同民族的音乐，又为影片渲染了民族特点。

表现西藏农奴翻身解放做主人的故事片《农奴》，选用富有鲜明的西藏民族特色的音乐，并由藏族著名女歌唱家才旦卓玛演唱其中的插曲，使影片的西藏藏族地域特色十分明显。影片《冰山上的来客》以新疆塔吉克的民歌旋律创作主题歌与插曲，渲染了故事发生在新疆塔吉克民族聚居区的民族风情。莫尔吉胡作曲的影片《成吉思汗》，洋溢着蒙古族的特色；邵光琛作曲的影片《阿凡提》则具有新疆维吾尔族音乐的风韵。

用音乐为影片渲染气氛，有时编导和作曲者也采用对比的手法，使影片中的某些音乐

一骑红尘妃子笑，无人知是荔枝来。——唐·杜牧《过华清宫绝句》

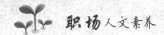

段落同整部影片或影片局部的气氛基调形成鲜明的对比，从而在渲染烘托气氛方面获得一种独特的艺术效果。如《老枪》这部讲述"二战"时期法国一位正直的外科医生为死去的妻女及全村百姓向德国鬼子复仇的法国故事片中，用片头片尾清新、优雅、无忧无虑的音乐，同整个影片紧张、残酷的基调形成尖锐的对比，使影片起到了深刻批判德国法西斯对人类和平犯下滔天罪行的作用。

二、连贯镜头

在电影中，音乐有时就像一条锦带，把一些分散的、跳跃的镜头串联起来，这就是音乐的连贯作用。由于一部电影的时间有限，如果把一些短暂的镜头都详细地交代清楚，那要占用很多篇幅（画面）。而音乐是不占空间的。音乐把这些表面并无关联的镜头连接起来，使其成为一个整体，这是电影音乐独具特色的功能之一。在镜头组接过程中，故事的情节、人物的动作在时间、空间上具有很大的跳跃性。因此从一个局部或片断看，它常常需要另一种艺术手段从形式结构上加强它的连贯性。音乐正是这样一种手段，影片中的音乐虽然从整体上看是不连贯的，但它在局部上的连贯性常常对它所伴随跳跃的画面起着一定的组织作用，使它们在观众的心理上产生一种连贯感。如日本影片《人证》的例子：著名服装设计师八杉恭子为保住自己的名誉和地位，亲手杀死了从美国来的亲生儿子——黑人乔尼，为此遭到警察的追捕。影片最后，从八杉恭子在领奖台上发表讲话（无声），到台口出现追捕八杉恭子的警察，到八杉恭子驾车离开会场后警察尾随跟踪，再到八杉恭子跳崖自尽，草帽在空中飘落，这一系列镜头画面也没打对白，伴随它们的是影片的主题歌《草帽歌》。音乐把过去时和现在时联结在一起，揭示了八杉恭子内心的惭愧和痛苦。《草帽歌》在这里起到了绝妙的连贯镜头的作用。根据《聊斋志异》改编的国产故事片《精变》中，有一段音乐也起着连贯的作用：一个姓王的书生赴京赶考，在雷雨交加的夜晚救了一只狐狸。数年之后，书生做了大官，当上了侍御。王侍御有个痴呆的儿子叫元丰，别人家的姑娘都不愿嫁给他。狐狸为报当年的救命之恩，将小狐狸变成一个美丽的姑娘——小翠嫁给了元丰。小翠来到王家后，孝敬公婆，还想办法治好了元丰的痴呆病。以下一系列镜头没有对话：被小翠治好病的元丰和小翠在花园里捉迷藏；庭院池塘中游动着一对象征爱情的鸳鸯；元丰给小翠披上斗篷；小翠含羞地依偎在元丰的怀里；元丰在屋内背诗书；儒雅潇洒的元丰挥毫书写……它们都由一段悠扬清丽的音乐串联了起来。试想，如果没有音乐，这段戏诸多镜头画面，便将变成断断续续的无声电影。

三、承担影片剧作

所谓电影音乐承担的剧作作用，指的是电影音乐参与到具体的故事情节中去，直接影响剧情的发展。换句话说，在这样的影片里，如果去掉音乐，故事情节将连接不起来而发生中断。

影片《冰山上的来客》中的插曲《花儿为什么这样红》，在影片中就像个无形的"角色"，是影片故事情节的组成因素，它的三次出现都起到了剧作的作用。

第一次歌声：战士阿米尔回忆童年时和伙伴古兰丹姆的一段悲伤往事——古兰丹姆被

羁鸟恋旧林，池鱼思故渊。——晋·陶渊明《归田园居》

狠心的叔叔卖走，阿米尔和古兰丹姆被迫分离。歌声唱出了这对苦难的小伙伴的纯洁友谊，表达了他俩被迫分离的痛苦心情。

第二次歌声：杨排长发现新娘子"古兰丹姆"向冰峰走去，为了辨明真伪，有意叫阿米尔唱起这首歌。歌声起处这个"古兰丹姆"却无动于衷，继续朝冰峰上走。为什么"顺风不顺耳"呢？这更加深了杨排长对这个"古兰丹姆"的怀疑。

第三次歌声：当又一个古兰丹姆来到部队时，杨排长先是叫人送去一盆花借以试探，接着叫阿米尔唱起这首歌。歌声传来，古兰丹姆凝神细听，沉浸在激动的回忆里。片刻后，她情不自禁地随声和唱起来，这一次的歌声成了两个经过坎坷经历的年轻人相认的"证明"，同时解开了真假古兰丹姆之谜。

四、发挥影片评论

电影音乐发挥的评论作用，即用音乐表达创作者对影片中人物和事件的主观态度，如歌颂、赞美、同情、控诉、哀悼，等等。影片《血战台儿庄》结束前，我军在台儿庄战役取得全面彻底的胜利，歼灭了大批日军官兵，也付出了不小的牺牲。此时，有一幕令人肃然起敬的画面出现：城墙上满是牺牲了的我军官兵的尸体，有的卧伏着，有的倒挂着，但被战火烧破的我军战旗仍高高地矗立在城头；而城墙下面则遍地都是敌人的尸体。伴随着肃穆、悲壮的场面，是感人肺腑又亲切熟悉的音乐，加弱音器的小号几次吹奏出《义勇军进行曲》的旋律。音乐是站在歌颂的立场，讴歌中国人民（国民党第五战区官兵）不惜牺牲，英勇抗击日本侵略者的大无畏民族精神，是他们在台儿庄战役中用自己的血肉之躯挡住了敌人的枪弹，筑成了新的长城。面对这样肃穆、悲壮的场面，人们很难用语言来表达自己的感情，而这里用的音乐却胜过千言万语。正如苏联电影音乐理论家切列姆兴说的："音乐继续着语言的作用并使之更深刻，达到语言所不能达到的紧张性和情绪。"

五、深化主题思想

每一部电影都有它所要表达的主题思想。例如影片《血战台儿庄》揭示的是中国人民反抗日本帝国主义的侵略，争取民族独立的可歌可泣的精神；《留村察看》表现的是新时期共产党员不计较个人得失，带领贫困山区农民摆脱贫困的光辉思想品格。

电影中的各个艺术元素，诸如导演、摄影、表演、美术……都围绕着主题思想而发挥着各自不同的作用。电影音乐则用音乐这一手段为深化影片的主题思想发挥自己独特的作用。

一是运用"主题歌"来概括一部影片主题思想。人民音乐家聂耳、冼星海等人在30年代创作了大量的电影主题歌，如《毕业歌》《义勇军进行曲》《新女性》《救国军歌》《青年进行曲》等。新中国成立以后，又涌现了许多成功的电影主题歌。这些主题歌与影片内容紧密结合在一起，起到了突出影片主题思想的作用。

二是通过主题音乐来深化影片主题思想，而且主题音乐比用歌曲的时候多。用来表达影片主题思想、概括影片基本情绪或刻画主人公性格的乐曲，就叫主题音乐。它是影片音

采菊东篱下，悠然见南山。——晋·陶渊明《饮酒》

乐的核心，全片音乐发展的基础。在一部影片里，往往在最关键的时刻，用主题音乐对剧情或主要人物进行烘托、渲染，从而达到深化影片主题思想的作用。

影片《人到中年》的主题音乐，对深化影片的主题思想起到了推波助澜的作用。影片主人公陆文婷是一名20世纪六十年代大学毕业的眼科医生，十几年来，她不顾生活条件的低劣，勤勤恳恳、任劳任怨、尽心竭力地为解除患者的病痛而忘我地工作着，直至积劳成疾、重病卧床。影片的主题音乐生动地勾画了女主人公对事业的追求，对人生的坚定信念，突出了这一代知识分子"位卑未敢忘忧国"的伟大人格力量。这一音乐主题以弦乐演奏为主，它所产生的震撼人心的艺术魅力，使无数观众深受感染，从而使它成为中国电影音乐史上的佳作。

影片《秋天里的春天》的主题音乐也是很成功的。故事发生在"文革"后，讲的是一位在"文革"中被迫害致死的市委书记的遗孀、市妇联主任周良惠和一个普通邮递员罗立平的爱情生活。影片通过他俩最终没能结合的遭遇，抨击了封建的婚姻门第观念，推崇妇女解放、婚姻自主。影片结尾，画面上是周良惠和罗立平站在铁路旱桥的两端。这对被封建门第观念包围而不能结合的恋人四目相望，似有无尽的话语要相互倾诉，可又像被一堵无形的墙分隔开，无法交谈。此时情绪激昂、震撼人心的主题音乐响起，并伴有沉重的鼓声，音乐最后以无歌词女声合唱将情绪推向高潮。这激昂的音乐，表达了主人公对美好的爱情生活的追求；这强烈的鼓声，象征着人们对根深蒂固的封建婚姻观念的控诉。

有些影片不仅有主题音乐，还有一段与之相对比的音乐旋律，就像纯音乐中的"副部"一样，我们暂且称它为"副题音乐"。例如《开国大典》中除了有代表中国共产党及进步力量的主题音乐，还有代表蒋家王朝及腐朽没落势力的副题音乐。主题音乐由交响乐队演奏，音色明亮，气势宏伟；而副题音乐由埙独奏，音色阴郁，凄凉孤独。一部影片是否要有副题音乐，这也要根据影片具体内容来决定。

实践训练

1. 下面是对《天净沙·秋思》的镜头叙事，仔细阅读后，请模仿对"近乡情更怯"进行镜头叙事。

几根枯藤缠绕着几颗凋零了黄叶的秃树，在秋风萧萧中瑟瑟地颤抖，天空中点点寒鸦，声声哀鸣……写出了一片萧飒悲凉的秋景，造成一种凄清衰颓的氛围，烘托出作者内心的悲戚。我们可以想象，昏鸦尚能有老树可归，而游子却漂泊无着，有家难归，其间该是何等的悲苦与无奈啊！接下来，眼前呈现一座小桥，潺潺的流水，还有依稀袅起炊烟的农家小院。这种有人家安居其间的田园小景是那样幽静而甜蜜，安逸而闲致。这一切，不能不令浪迹天涯的游子想起自己家乡的小桥、流水和亲人。在这里，以乐景写哀情，令人备感凄凉，烘托出沦落他乡的游子那内心彷徨无助的客子之悲。

我们可以看到，在萧瑟的秋风中，在寂寞的古道上，饱尝乡愁的游子却骑着一匹延滞

本是同根生，相煎何太急？——三国·曹植《七步诗》

归期的瘦马，在沉沉的暮色中向着远方踽踽而行。此时，夕阳正西沉，洒下凄冷的斜晖，本是鸟禽回巢、羊牛回圈、人儿归家的团圆时刻，而游子却仍是"断肠人在天涯"，此时此刻、此情此景，漂泊他乡的游子面对如此萧瑟凄凉的景象，怎能不悲从中来，怎能不撕心裂肺，怎能不柔肠寸断！一颗漂泊羁旅的游子心在秋风中鲜血淋淋……

2．"一个孩子看见树上有只鸟，他用弹弓把鸟打下来"将这个句子用蒙太奇来表现出来。

破镜不改光，兰死不改香。——唐·孟郊《赠别崔纯亮》

技 能 篇

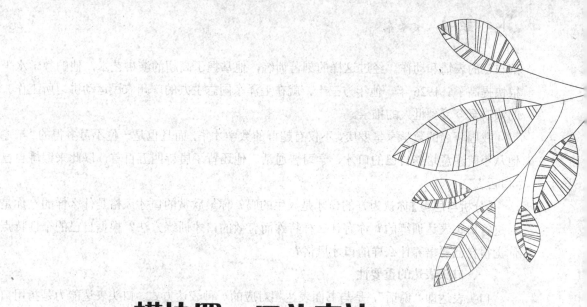

模块四　口头表达

　　人生在世，你无法生活在一个与世隔绝的空间里，无论我们选择何种生活方式，实现何种人生目标，都不可避免地要与他人交往、沟通。因此，良好的沟通、有效的表达是我们成就个人职业生涯所必备的基本技能。口头表达是人际沟通的主要形式，是交流思想、发表见解的主要方式。因此，口头表达能力是个人综合素质的主要体现，好的口头表达能力能使我们无论是在应聘面试、推销产品、与人谈判还是安慰亲朋、恋爱交友等各个方面都能如鱼得水，达成我们预期的目标，得到我们期望的结果。

口头表达概述

案例鉴赏

　　美国前总统林肯为了练口才，徒步 30 英里，到一个法院去听律师们的辩护词，看他们如何论辩，如何做手势。他一边倾听，一边模仿。他听到那些云游八方的福音传教士挥舞手臂、声震长空的布道，回来后也学他们的样子，对着树桩、成行的玉米练习口才。

　　日本前首相田中角荣，少年时曾经口吃，但他不被困难所吓倒。为了克服口吃，练就口才，他常常朗诵、慢读课文。为了准确发音，他对着镜子纠正嘴和舌根的部位，严肃认真，一丝不苟。

　　我国早期无产阶级革命家、演讲家肖楚女，更是靠平时的艰苦训练，练就了非凡的口才。肖楚女在重庆第二女子师范教书时，除了认真备课外，他每天天刚亮就跑到学校后面的山上，找一处僻静的地方，把一面镜子挂在树枝上，对着镜子开始练演讲，从镜子中观

人有悲欢离合，月有阴晴圆缺，此事古难全。——宋·苏轼《水调歌头》

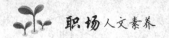

察自己的表情和动作。经过这样的刻苦训练，他掌握了高超的演讲艺术，他的教学水平也很快提高了。1926年，他年方三十，就在毛泽东同志主办的广州农民运动讲习所工作。他的演讲至今受到世人的推崇。

我国著名的数学家华罗庚，不仅有超群的数学才华，而且也是一位不可多得的"辩才"。他从小就注意培养自己的口才，学习普通话。他还背了唐诗四五百首，以此来锻炼自己的"口舌"。

【分析与思考】你认为好的口才是天生的吗？你最欣赏的口才风格是什么样的？你是如何进行口头表达训练的？你有什么样特殊而有效的口才训练方法？根据自己的个性特点，你觉得自己要培养什么样的口才风格？

一、口头表达的重要性

口头表达即"说话"，是与书面表达相对应的一种表达方式。口头表达能力是指用口头语言来表达自己的思想、情感，以达到与人交流的目的的一种能力。口头表达能力是一个人智慧、知识、能力、素质的综合体现。

有人把"舌头"、"金融"、"电脑"并称为现代世界威力无比的三大武器。常言道"一言可以兴邦，一言亦可以误国。"所谓"一人之辩重于九鼎之宝，三寸之舌，强于百万之师"，就是说口头表达在社会发展过程中有着不可估量的作用。而且，口头语言比书面语言起着更直接的、更广泛的交际作用。口头表达的作用具体体现在以下几个方面。

1. 维系人际感情的纽带

古人云："言为心声"。美好的话语，是人们美好心灵的显现。孔子曾经把口头表达视为交流思想、发表见解的主要方式。在生活中，优美的语言是沟通人际感情的桥梁，是维系协调人际关系的纽带。俗语说："良言一句三冬暖，恶语一声六月寒。"

2. 社会环境的稳定剂

崇尚美言，自古就是中华民族的美德。《礼记·少仪》说："言语之美，穆穆皇皇。"当今社会不同区域交际的频繁与复杂，远非古人可比。语言热情，措辞委婉，语气亲切，语调柔和，能让人体味到感情的真挚与诚恳，使听话者受到安慰和鼓励。反之，若说话粗野，出口伤人，便会引起人际间的矛盾和隔阂，甚至会导致对抗和冲突。

3. 个人魅力的增色剂

在日常生活中，口头表达常常是一个人气质、风度和智慧最直接、最集中的表现。谈吐高雅、语言幽默、语风严谨、语调得体是个人魅力的增色剂。在事业上，我们用语言强化和维护各种关系，扩大自己的工作领域，提升自己的工作能力和办事效率，使工作变得轻松愉快，并有广阔的发展空间；在个人成长中，我们以语言获取知识、增加个人魅力，不断提高自己，不断追寻或提升自己的人生目标，塑造个体的理想形象。

孔子说："工欲善其事，必先利其器。"善于言说，就是一种促使事业成功的得力之"器"。否则，纵有"经纶"满腹，遇到询问不能迅速准确解答，公开场合不能准确精辟地表达自己的见解，在现代这个合作竞争的社会就很难成为一个真正的人才。

大风起兮云飞扬，威加海内兮归四方。——汉·刘邦《大风歌》

4. 提高经济效益的途径

经贸往来，业务谈判，商品推销，产品介绍，导游服务等，是职场中的重要部分，而这些活动最重要最直接的媒介就是语言表达。可以说，巧妙的话语就是经济效益。现实中，一次成功的谈判、一次精彩的介绍都能带来直接的经济效益。

二、影响口头表达能力的因素

1. 思维和思路

口头语言表达过程短促，不能修改。口头语言从构思、选词到转化为语言的过程很短促。它一旦转化为语言就是最终的形式，转瞬即逝，不能修改。这一特点决定了说话人必须思维敏捷，前后连贯，不能结结巴巴；还必须思路清晰，语句具有条理性。

2. 掌握的词汇量

语句是由词组成的，掌握的词汇量大，口头表达就可以选择最准确、最鲜明、最生动的词语来表情达意，而不会出现由于选不到适当的词语而语塞结巴的尴尬。

3. 心理素质

口头表达能力的高低也与讲话者心情稳定与否有关。很多人在公众的面前容易心慌，心情镇定不下来。因此，克服心理障碍，树立自信心就有助于讲话者在公众面前清晰流畅的表达。

三、提高口语表达能力的方法

1. 完善自己的知识结构

出色的口头表达能力，其实是由多种内在素质综合决定的，它需要冷静的头脑、敏捷的思维、超人的智慧、渊博的知识及一定的文化修养。为此，可努力学习有关理论及知识、经验。如学好演讲学、逻辑学、心理学等，完善自己的知识结构，提升个人的文化修养，使自己的语言材料丰富，语言表达有内涵。

2. 提高口头表达的技巧

努力学习和掌握相应的技能、技巧，勤于学习、大胆实践、善于总结、及时改进，通过训练提高口头表达的技巧。如采用朗诵、演讲、辩论、情境说话、专题讨论等方式，训练吐字清晰、表意准确、措辞贴切、语调适中等口语技能。并且通过掌握表情自然、态势（手势、姿势）得体等态势语言辅助口语表达，提高口头表达的技巧，为口头语言增添色彩。

3. 优化思维模式和增强心理素质

积极参加各种能增强口头表达能力的活动，通过交锋论争训练、交流讨论训练、模拟职场情境训练等形式优化思维模式，培养逆向思维、纵深思维、辐射思维和延展思维的能力。还要在各类训练活动中增强心理素质，培养对口才交际成功的渴求和自信心理，对失败的承受和防范心理等。

四、口头表达基本要求

1. 语音标准

首先，在口语表达中，要注意使用标准的普通话，这样才能避免语义混淆不清，消除方

大江东去，浪淘尽，千古风流人物。——宋·苏轼《念奴娇·赤壁怀古》

言带来的障碍。汉语有七大方言区，人们在说普通话的时候一定要克服方言的影响。

例如声母的难点。声母是汉语音节中开头的辅音。声母的发音部位直接影响着普通话的语音面貌，但在一些方言中，声母的发音部位和普通话的发音部位有很多不同，要注意辨析。普通话有翘舌音 zh、ch、sh 和平舌音 z、c、s 两套声母，而许多方言区都没有翘舌音这套声母，因而常常会出现平翘舌不分的情况。其他的声母难点还包括鼻音 n 和边音 l；唇齿音 f 和舌根音 h 等。

还有韵母的难点问题。韵母是音节中声母后面的部分（零声母音节的全部），韵母的发音直接影响着普通话的语音质量。分清前、后鼻韵母是各个方言区的人学习普通话较为突出的难点，分清前、后鼻韵母一定要从发音要领入手，细心揣摩二者在发音上的不同。其他的韵母难点还包括 ü 和 i、u 和 ou 等。

另外，人们对语音的要求，往往以"字正腔圆"作为衡量标准，所以我们有必要掌握一些"吐字归音"的技巧，使自己的发音准确、清晰、圆润、集中和流畅。

吐字归音，是中国传统发声学对音节吐字法的概括。它把汉语的一个音节的发音过程分为三个阶段：即字头（声母和韵头）、字腹（韵腹）、字尾（韵尾）。这三个阶段的要求为出字、立字和归音。

吐字归音时，要抓住三个要领。

① 出字要准确、用力。出字就是吐字，它是字音读得正确的关键。出字时口、唇、舌要用力，形成喷口，练的是嘴劲。

② 立字要圆满、充实。因为韵腹是一个音节中最响亮的部分，练习时除了口形正确外，还要讲究共鸣位置。

③ 归音要鲜明、干净。归音既不可拖泥带水，也不可唇舌位置不到家。

其次，受方言词汇和网络语言的影响，人们在语言表达的过程中容易用到一些不规范的语言，造成歧义和误会。有一个小品里有这么一个场景。一个老大娘正在取款机前取款，一小伙子走过来，同时还拿手机和他太太在通话："你不要着急啦！有一位老太太正在这里搞钱，她的钱一搞到手，我们的钱就马上搞到手啦。"小伙子是广东人，本意是说，老太太排在我前面，她取完钱我就可以取钱了。可旁边取钱的老太太就紧张了，她把小伙子当成了抢劫犯。都是"搞"字惹的祸！

所以，如果使用方言词汇就不能让听话者正确的理解，比如把"傍晚"说成"晚半晌"，将"玉米"称为"棒子"，将"肥皂"称为"胰子"等。还有，在正式场合使用一些网络语言也容易给人随意的感觉，造成不良的影响。

2. 情感真挚

古人说："赠人以言，重于珠玉；伤人以言，甚于剑戟"（《春秋·孙武》）。这句话告诉我们用友善的语言给别人忠告，比珍珠美玉更贵重；用恶毒的言词攻击别人，比刀剑造成的伤害更大。

语言不仅是人与人沟通的桥梁，更是一个人做人处事的心声，语言还是一种艺术，它

184

三十功名尘与土，八千里路云和月。——宋·岳飞《满江红》

富有启迪与感染的力量。与人交谈时，口齿清晰，说话明确固然重要；然而诚挚而恳切的话语，容易让人信服；温言婉语的好话，更使人动容。因此，说话以情动人，坦诚交流，平等沟通才能为你赢得好感，达到事半功倍的效果。具体说来，可以注意如下技巧。

（1）懂得倾听

倾听是世界上最美的动作，倾听是表达沟通中的重要环节。会说话的人，往往善于倾听。因为每个人在内心深处，都有一种渴望得到别人尊重的愿望。能听清、听懂对方的意思，尤其是话外之音、弦外之音，也就是俗话说的"听话听声，锣鼓听音"。

倾听是口语交际中获取信息的重要手段。懂得如何倾听的人最有可能做对事情、取悦上司、赢得友谊，并且把握别人错过的机会。倾听对传奇人物约翰·洛克菲勒非常管用，有一次他说"我们的政策一直都是：耐心地倾听和开诚布公地讨论，直到最后一点证据都摊在桌上才尝试达成结论。"洛克菲勒以谨慎著称，而且似乎经常很慢才做决定，他拒绝仓促下决定，他的座右铭是："让别人说吧。"

倾听不仅是耳朵听到相应的声音的过程，而且是一种情感活动，需要通过面部表情、肢体语言和话语的回应，向对方传递一种信息——我很想听你说话，我尊重和关心你。

（2）巧妙称呼

亲切地称呼对方，能有效地拉近彼此之间的距离。如果你能亲切地叫出一个你刚认识不久的朋友的名字，他对你的好感度也会大大增加。

称呼的要领。

① 切忌叫错对方名字，这是不尊重、不在乎对方的表现。

② 在称呼对方时，一定要注意对方的年龄、职业和身份。要根据对方的喜好来称呼对方，不恰当的称呼会引起对方的反感。

③ 称呼会随着双方熟悉和亲密程度的变化而有所变化。当你和对方不熟悉的时候，往往称呼对方的头衔或名字。

④ 称呼也应注意场合，应该正确区分正式工作场合和社交、生活等场合的称呼方式。

（3）选择正面、积极的语言

语言是个非常奇妙的东西。同样一件事情，用正面的语言可以表达，用负面的语言也可以表达。例如"不好"和"坏"通常可以表达同一个意思。

而负面的语言往往会勾引出更负面的情绪，人们只要说错一句话，就会说错许多话。只有正面的语言才会更容易带来正面的行为，从而形成正面的结果。例如，你让对方等候的时间长了。你可以这样说："对不起，让您久等了。"但是换个方式可以说成："感谢你的等候；感谢您的耐心；感谢您的耐心等候。"等等，这样就能让等待的人情绪上更为放松和愉快。因此，口语表达的最佳效果就是采取恰当的表达方式，运用正面语言与人沟通。

3. 表达得体

（1）说话得体的含义

叶圣陶先生说："出言吐语自当求甚适，使对方闻而愉悦舒服"。这就告诉我们，"表达

山重水复疑无路，柳暗花明又一村。——宋·陆游《游山西村》

得体"就是在口语表达过程中要注意并适应各种情境条件，要符合场合、对象、目的等语境条件，避免用词不当、转述不清等现象，注意掌握语言使用的分寸。通俗地说，"得体"就是根据需要说适当的话。

（2）具体要求

"礼"，即文明得体，应根据特定的对象（身份、关系、性别、性格、处境等）和场合（庄重场合、工作场合、日常场合、娱乐场合等）采用得体的用语。

例如叮嘱人走路要小心，注意安全。对小孩可用亲切的命令语："好好儿走，别跑，小心摔着！"对老人要用恭敬客气语："您老走好，慢慢走，留心脚下，千万别摔着！"

再如祝贺生日，对儿童可以说"健康成长！"对老人就要说"健康长寿！"

另外要注意的是：对失意人不说得意话；对有缺陷的人不说人家忌讳的话；对长辈说话不能大模大样；对方情绪好可以多说几句，对方情绪不好就少说几句；对方彬彬有礼时要文雅谦让，对方蛮不讲理时也不低三下四。

交际场合不同，用语也要有区别。生活场合应亲切自然，多用口语；娱乐场合生动幽默，有趣味性；工作场合准确简明，常用行业术语；开会谈判规范认真，庄重严肃。另外，从生活口语交流实际的情况来看，说话要注意：要有称呼；对长辈要尊敬；对同辈要尊重；指出缺点要委婉、含蓄或是幽默；征询意见、表达要求要客气；对于别人的帮助要表示感谢。

实践训练

1. 发声训练

（1）比较下面词语的发音。

主力—阻力	木柴—木材	私人—诗人
申诉—申述	物资—物质	糟了—招了
鳗鱼—忙于	饭店—放电	担心—当心
狠心—恒心	阵势—正式	陈年—成年
金鱼—鲸鱼	侵蚀—轻视	因而—婴儿

（2）按字正腔圆的要求读下列成语。

英雄好汉　兵强马壮　争先恐后　光明磊落　深谋远虑　果实累累　五彩缤纷　心明眼亮
海市蜃楼　优柔寡断　源远流长　山清水秀

（3）读绕口令。

八百标兵奔北坡，北坡炮兵并排跑。炮兵怕把标兵碰，标兵怕碰炮兵炮。

调到敌岛打特盗，特盗太刁投短刀；挡推顶打短刀掉，踏盗得刀盗打倒。

哥挎瓜筐过宽沟，过沟筐漏瓜滚沟；隔沟够筐瓜筐扣，瓜滚筐空哥怪沟。

（4）诗歌训练。

你是人间的四月天

——一句爱的赞颂

林徽因

我说你是人间的四月天；笑声点亮了四面风；

轻灵在春的光艳中交舞着变。

你是四月早天里的云烟，黄昏吹着风的软，

星子在无意中闪，细雨点洒在花前。

那轻，那娉婷你是，

鲜妍百花的冠冕你戴着，

你是

天真，庄严，

你是夜夜的月圆。

雪化后那篇鹅黄，你像；

新鲜放芽的绿，你是；柔嫩喜悦

水光浮动着你梦中期待的白莲。

你是一树一树的花开，

是燕在梁间呢喃，

——你是爱，是暖，是希望，

你是人间的四月天！

2. 举行诗歌朗诵比赛

3. 选出最符合你实际状况的选项

（1）别人评价你的语言表达能力时：

A. 都说你是一个非常善于表达的人

B. 总体印象不错

C. 觉得跟你交流有点费劲

D. 跟你交谈很容易引起误解或发生争吵

（2）当你在表达快乐或哀伤等情绪时，周围的人：

A. 很容易被你的情绪感染

B. 受你影响的程度比较高

C. 会受到你的影响，但程度很小

D. 对你的表达没感觉

（3）当你需要与人谈话时，你会：

A. 先清楚谈话的目标以及自己要怎么说

B. 大致想一下要说什么话

C. 想到什么就说什么

D. 聊什么说什么

（4）当你被领导或组织指派上台讲话时，你会觉得：

A. 哇！一定要借这个机会好好表现一下

B. 无所谓，就是一个练习口才的机会而已

C. 糟糕，这次一定会出洋相

D. 找各种理由与借口逃避，因为自己最怕上台发言

（5）当你到一个陌生的社交场合时，你通常：

A. 主动与人搭话，并向他人作自我介绍

B. 在必要时，才和别人互相认识

C. 能避免就避免，别人与自己搭话时才会说话

D. 躲在角落里，不想跟别人接触

（6）每次在重要场合说话时，你都：

A. 表现非常得体，十分清楚自己什么时候要说什么话

B. 应对得还不错，不会出现什么大的错误

C. 勉强上阵，错误较多

D. 常常手足无措，语无伦次，逻辑混乱，只想尽快结束交谈

（7）当你就某件事或某个观点需要说服别人时：

A. 别人总是很容易被你说服

B. 总需要花一番工夫，别人才会被你说服

C. 常常说服不了对方，而跟对方发生争执

D. 常常不知不觉反被对方说服

（8）当你在不同场合与人交流时

A. 能根据场合找准自己的角色与人交流

B. 基本能按不同的身份与人交流

C. 常拿不准自己的角色

D. 常忘掉自己是什么角色

（9）当你在和别人谈话时，你总是：

A. 能站在对方的角度想对方在想什么，倾听并分析对方话语

B. 尽可能地注意对方，很专心地倾听对方谈话

C. 常常没有耐心听对方意见，并打断对方谈话，或是常常不能专心

D. 只顾自己说话，而忽略对方的感受

（10）对于谈论你不熟悉的话题时，你通常：

A. 先听听别人怎么说，然后很快地说出自己的看法

B. 要过很久时间，才能渐渐抓到主题，发表一些看法

江山代有人才出，各领风骚数百年。——清·赵翼《论诗》

C．直到一定要你说话，你才发表意见

D．不发表任何意见，以免出丑

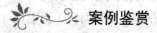 **【说明】**

（1）选"A"为10分，其余依次为7、4、1分。请将分数累计起来。

（2）总分在70分以上，说明你的语言沟通能力极佳，能从事任何与口才有关的工作，努力寻找能展示你特长的工作，你会大有前途。

（3）总分在60~70分，语言沟通能力较强，在多数场合不会怯场，但时好时坏，需要加以训练才能上升到一个更高层次。

（4）总分在30~60分，语言沟通能力一般，平时聊聊天可以应付，一到重要场合便毫无自信，因此完全有训练提高的必要。

（5）总分低于30分，语言沟通能力很差，要好好反省一下自身的问题，查出原因努力提高。

项目一　演讲和辩论

任务一　即兴演讲

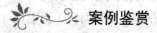 **案例鉴赏**

一位母亲在女儿婚宴上的讲话

亲爱的各位亲戚朋友：

大家好！

非常感谢大家在百忙之中，放弃休息的时间，前来参加这个宴会。作为母亲，看着自己心爱的儿女长大，有了自己的小家庭，我感到很幸福。在座的很多亲戚，是看着孩子长大的，所以，在这里我首先要感谢大家这么多年来对孩子的关心和帮助。

虽然今天是大喜的日子，但是作为母亲，我不想说什么"执子之手，与子偕老""百年好合，天长地久"之类祝福的话。我想对女儿、女婿叮嘱几句，说三句"不是"。

第一句，婚姻不是"1+1=2"，而是"0.5+0.5=1"。结婚后，你们小两口都要去掉自己一半的个性，要有做好妥协和让步的心理准备，这样才能组成一个完美的家庭。现在的青年男女们，起初往往被对方的"锋芒"所吸引，但也会因为对方的"锋芒"而受伤。妈妈是过来人，想对你们说，收敛自己的"锋芒"，容忍对方的"锋芒"，才是两情永久的真正秘诀。

第二句，爱情不是亲密无间，而应是宽容"有间"。结婚后，每个人都有自己的交往圈子，夫妻双方有时模糊点、保留点，反而更有吸引力，给别人空间，也是给自己自由。请

近水楼台先得月，向阳花木易为春。——宋·俞文豹《清夜录》

记住，婚姻不是占有，而是结合，所谓结合，就像联盟，首先要尊重对方。

第三句，家不是讲理的地方，更不是算账的地方，家是一个讲爱的地方。不是有这么一句话吗？男人是泥，女人是水。所以男女的结合不过是"和稀泥"。婚姻是两个人搭伙过日子，如果什么事都深究"法理"，那只会弄得双方很疲惫。

好了，我就说这些。最后，妈妈还是衷心地祝愿你们婚姻美满，幸福甜蜜。也祝愿在座的各位亲朋好友家庭和睦、身体健康、万事如意！谢谢大家！

【分析与思考】这是一篇简短而精彩的即兴讲话。通篇不仅表现出母亲的智慧，也非常适合婚庆这一场合。请你思考：即兴演讲有什么特点？命题演讲和即兴演讲的区别在哪些方面？

❋ 知识概要

一、演讲与即兴演讲

演讲又称讲演或演说，是指在公众场所，以有声语言为主要手段，以体态语言为辅助手段，针对某个具体问题，鲜明、完整地发表自己的见解和主张，阐明事理或抒发情感，进行宣传鼓动的一种语言交际活动。

即兴演讲又称即席演讲或即时演讲，它相对于命题演讲而言，指演讲者在某种特定的景物或某种特定的人物、气氛的激发下，兴之所至，在事先没有准备或没有充分准备的情况下有感而发的临时性演讲。

在生活和工作的各个场合，如各种大小会议上的开场白，总结致辞；各种礼仪讲话（生日祝词、婚庆祝词、开业庆典祝词、节日祝福、迎送答谢辞；各种集会、座谈、谈判、聚会上的即兴讲话）；乃至于日常生活中的各种应酬（如介绍和自我介绍、应聘面试、新上任时的发言、刚参加工作与领导同事间的简短沟通、交流寒暄）等，严格意义上虽然不算即兴演讲，但和即兴演讲一样，由于它们在表情达意方面的针对性、快捷性、真切性，适于快节奏、高效率的现代社会生活需要。

二、即兴演讲的特点

1. 话题集中，针对性强

一般是对近期或眼前情况有感而发的，因此话题内容选取角度较小，说明议论求准、求精、求新。

2. 临场发挥，直陈己见

不像命题演讲事先拟好讲稿，也不像辩论演讲事先进行模拟训练，即兴演讲者往往是当场打腹稿，即席讲话；说情况，讲道理，表看法，提意见很少绕弯子，切忌观点模棱两可，晦涩艰深，令人不知所云。

3. 生动活泼，短小精悍

即兴演讲贴近生活实际，短小精悍，简明扼要（时间上一般控制在1～5分钟之内，有的甚至只有一句简短的话），亲切感人。另外还要具有思想性，趣味性，知识性，忌讳冗长杂散，啰唆重复，不着边际的官话空话。

君子成人之美，不成人之恶。——战国《论语·颜渊篇》

一、即兴演讲的开场白

即兴演讲的结构由开场白、主体和结束语三部分构成。开场白要抓住听众，引人入胜；主体要环环相扣，层层深入；结束语要简洁有力，余音绕梁。瑞士作家温克勒说："开场白有两项任务，一是建立说者与听者的同感；二是如字义所释，打开场面，引入正题。"好的演讲稿，一开头就应该用最简洁的语言、最经济的时间，把听众的注意力和兴奋点吸引过来，这样，才能达到出奇制胜的效果。常见的开场白有以下几种。

1. 直入式

直入式就是开门见山，直截了当地点出主题。例如闻一多的《最后一次演讲》的开头："这几天，大家晓得，在昆明出现了历史上最无耻的事情！李先生究竟犯了什么罪，竟遭如此毒手？他只不过是用笔写写文章，用嘴说说话。而他所写的、所说的，都无非是一个没有失掉良心的中国人的话！大家都有一支笔，有一张嘴，有什么理由拿出来讲啊！为什么要打要杀，而且不敢光明正大地来打来杀，而是偷偷摸摸地来暗杀，这成什么话？"

2. 提问式

提问式就是演讲的一开始就提出问题，引起听众的注意。例如某校举办的以"珍惜时间"为主题的演讲会上，6号选手在上场时，顺手在赛场窗台上捡起一片黄叶，面对手中的黄叶，开始演讲："亲爱的同学们，你们看，我手中拿的是什么？是一片落叶吗？不错。然而这仅仅是一片落叶吗？不。它是穿过时空隧道的过客，是一片凝聚的时间，是一首哀叹时间一去不回头的诗。我们读它，仿佛是在与那来去无踪的时间对话。从这里，我们看到了时间的力量和冷峻。绿叶婆娑，那是时间的恩典；黄叶飘零，那是时间的摧残。面对它，我们还有什么理由轻视时间呢……"

3. 引用式

引用式就是引用大家熟悉的名人名言，用来引起听众的共鸣。例如，在"生命之树常青"演讲中，一位选手是这样开头的："朋友们，伟大的诗人歌德曾经有这样一句诗，'生命之树常青。'是的，生命对于每一个人来说，都是宝贵的，因为它只有一次；生命对于每一个人来说都是短暂的，因为它来去匆匆。珍爱生命，就是珍爱自己的青春年华；善待生命，就是善待自己的美好人生。那么，我们应该怎样使自己的生命更有意义？怎样使自己的生命之树常青？不同的信念和追求会有不同的回答。我认为，生命是由阳光带来的，我们应该像对待阳光一样，不要浪费它，让它也去照耀人间。"

4. 故事式

故事式即在演讲的开头为听众讲述故事，既能使演讲更为生动，又能点明演讲的主题。例如在一个教师的演讲中，开头是这样的：

曾经有一个叫布洛克的美国富翁引出了一个永恒的话题——什么是财富？

布洛克原是家族大公司的总经理，在他执掌公司几年后，意识到失去了太多与家人相处的时间，于是他决定放弃年薪60万美元的职位，回到亲人中间。他说："我不想等将来回首往事的时候，发现自己除了钱什么也没有。"他在一所中学谋得了一个年薪只有2万美元的数学教师职位。在一年结束之际，他收到了来自学生的贺卡，贺卡上写着一句令他骄傲的赞美："给天下最棒的老师。"布洛克认为他终于拥有了梦想的财富。

5. 悬念式

悬念式即在演讲的开头制造悬念，吸引听众的注意力。例如，在"保障人身安全，减少交通事故"的演讲中是这样开头的：上星期四，特地购买的450具晶莹闪亮的棺材运到了我们的城市……

二、即兴演讲主体中材料的组合形式

1. 并列式

首先将演讲总题分解成若干个分题，如在"世界也有我们的一半"的即兴演讲中，演讲者谈了三个问题：一是女人没有获得自己的"一半"；二是女人本应有自己的"一半"；三是女人应争得自己的"一半"。这三个分题各自独立又互相连贯，共同阐明同一主题：世界也有我们的一半。这种材料的组合方式可使演讲条理清晰，而且极有说服力。

2. 正反式

围绕题目要求，一方面从正面说明，另一方面从反面说明。如在"一个青年军人的思考"的演讲中，演讲者围绕着"我们应当自强不息"这一主题，先列举一些反面事例，进行分析、批评，然后以一名战士自学成才的事例从正面称赞自强不息的民族精神。正反对比，效果明显，引人深思。

3. 递进式

围绕所要说明或论述的问题，先说明"为什么"，继而谈"怎么样"。如在即兴演讲"在失败面前挺起胸膛"中，演讲者围绕中心谈了两个问题：一是自己为什么能在失败中崛起；二是自己怎么样从失败中崛起。

三、即兴演讲的技巧

1. 保持警觉，选准话题

无论在什么场合，都要把握讨论的主题、争论的焦点，有很强的警觉和思想准备。一旦即兴演讲，绝不会心慌意乱。而准确的话题就来源于对讨论的有关情况的熟悉与掌握。

2. 抓住话题组合材料

确立了话题，就要抓住不放，进而紧扣话题精心组织材料进行论证。即兴演讲无法在事先做充分准备，完全依靠即兴抓取材料，其来源，一是平时的知识积累，二是眼前的人和事，又应以后者为主。如果过多的引用间接材料，往往失掉即兴演讲的现实感和针对性，起不了应有的作用。只有多联系现场中的人和事，才能紧紧抓住听众的注意力。

3. 情感充沛以情夺人

要使听众激动，演讲者自己首先要有激情。演讲者动了真情，才能喜怒哀乐分明，语言绘声绘色，从而感染听众，达到交流情感的目的。

若待上林花似锦，出门俱是看花人。——唐·杨巨源《城东早春》

4. 根据听众选择语言

根据听众的知识结构和文化修养，选用不同风格的语言。对一般群众的演讲可选用朴素的语言，而对文化素养较高的听众则可选用高雅的语言。这就要求演讲者要善于在平时多学习人民群众中生动活泼的语言，吸收外国语言中有益的成分，学习古人语言中的精华。

5. 短小精悍逻辑严谨

即兴演讲多是在一种激动的场合下进行的，没有人乐意听长篇大论，因此必须短小精悍。短小，指篇幅而言；精悍，指内容而言。即兴演讲不能像命题演讲那样讲究布局谋篇，但也要结构合理，详略得当。要有快节奏风格和一气呵成的气势，切忌颠三倒四，离题万里，拖泥带水，重复拖拉。

任务二　竞聘演讲

案例鉴赏

竞聘校科研室主任的演讲

各位领导、各位同志：

大家好！

参加竞聘之前，我一直在想：我应不应该参加这次竞聘？思索再三，我想，我愿意把这次竞聘当成争取多尽一份责任的机遇，更愿意把这个竞聘过程当作我向各位老师学习、接受各位评判的一个难得的机会。因此，我是鼓着十二分的勇气来参加竞聘的。

我知道，要成为一名合格的科研室干部不容易，要成为转型期的科研室干部更不容易。我之所以鼓起勇气参加科研室主任的竞聘，首先缘于我对教育科研事业的热爱和执着。我相信，一个人，只要他执着地爱自己的事业，他就一定能把他的事业做好。当然，也如各位所知，我也有过一些科研管理工作经历，积累了一些工作经验。有人说，经历是一笔财富，而我更愿意把自己的经历当作一种资源，一种在我今后的工作中可以利用、可以共享、可以整合的资源。

当然，我更清楚，成绩也好，经验也罢，它只能说明过去，并不能证明未来。

假如我能竞聘成功，我将努力扮演好以下几种角色：

一是以身作则，当好科研兴校的"领头雁"……

二是立足本职，当好领导决策的"参谋者"……

三是脚踏实地，当好教师科研的"服务员"……

四是与时俱进，当好学校科研的"管理员"……

五是甘为人梯，当好青年教师的"辅导员"……

说到这里，我想起了阿基米德的一句名言："给我一个支点，我可以撬起整个地球。"但在这里，我不敢高喊这类豪言壮语，我只想表达一个愿望，那就是：给我一个舞台，我会为学校的发展尽一份责任。

子曰："知之者不如好之者，好之者不如乐之者。"——战国《论语·雍也篇》

【分析与思考】这是一篇竞聘演讲稿，请你思考和总结竞聘演讲的特点和技巧。

知识概要

一、竞聘演讲的含义

竞聘演讲（也称竞职演讲）是演讲的一种，是为了得到某一职位而进行的演讲。因此，它具有口语性、群众性、时限性、临场性、交流性等演讲的一般特点。

随着我国人事制度的改革，"公开、平等、竞争、择优"成为选拔人才的一条重要原则。在公开招聘人才的过程中，竞聘演讲具有重要的作用。竞聘演讲既是竞聘者对自身素质的评价，也是人事部门和群众了解竞聘者情况的渠道，它既为择优选聘提供依据，也有利于竞聘者自身素质的提高。

二、竞聘演讲的特点

1. 针对性

竞聘演讲是针对某一岗位，以竞聘成功为目的，所以目标的明确性，是竞聘演讲区别于其他演讲的主要特征。

2. 竞争性

强烈的竞争性是它最突出的特点。其实质就是要充分展示自己的优势，吸引听众，争取听众，让听众更加全面、深入地了解自己，信赖自己，壮大自己的支持者阵营，最终实现获得职位的目的。

3. 自述性

竞聘演讲主要就是面对听众介绍自己，展示自己，推荐自己。无论讲自己所具备的条件还是谈任职后的"构想"，都要从"自我"出发、从实际情况出发。

操作指导

一、竞聘演讲的"程序"

这里的"程序"是指演讲中先讲什么后讲什么的顺序。竞聘演讲不像一般演讲那么"自由"，它除了题目和称呼外，一般分为五步。

第一步，开门见山讲自己所竞聘的职务和竞聘的缘由，竞聘职位要明确，有的放矢。

第二步，简洁地介绍自己的情况：年龄、政治面貌、学历、现任职务等一些具体情况。

第三步，摆出自己优于他人的竞聘条件，如政治素质、业务水平、工作能力等。（既要有概括的论述，又要有能说服别人的论据。比如，讲自己的业务能力时，可用一些获得的成果和业绩来证明。）但是要注意实事求是，不讲大话。

第四步，提出假设自己任职后的施政措施。（这一步是重点，应该讲得具体翔实，切实可行。）事先要认真了解民心，诚心诚意；认识工作要务实，不讲空话。

第五步，用最简洁的话语表明自己的决心和请求，要讲究技巧，突出个性。

子在川上，曰："逝者如斯夫，不舍昼夜。"——战国《论语·子罕篇》

二、竞聘演讲的技巧

1. 开篇精彩

良好的开端是成功的一半，竞聘演讲的时间有限制，演讲的开头必须简洁而又精彩，引起听众的注意。常见的开头方式有以下几种。

（1）感谢式

用诚挚的心情表达谢意。如"非常感谢贵公司给我这次宝贵的竞聘机会"等。

（2）概述式

概括叙述自己应聘的岗位以及竞聘演讲的主要内容。如"今天我充满自信到贵公司竞聘文秘岗位，凭之立足的基石是我十几年不懈的努力所掌握的知识和技能。现在我向各位考官简述我的基本情况以及对竞聘岗位的认识。"又如"今天我将坦诚地向各位领导、同志们陈述我应聘银行办公室主任所具备的优势，并提出我拟聘后的工作设想，请各位提出宝贵意见。"

（3）简介式

简要介绍自己的经历、性格特征，让听众对自己有个初步的了解。如"我叫张××，1989年毕业于复旦大学新闻系，出身于农家、成长于复旦的我，既有农民的朴实，又有诗人的气质，自信能胜任新闻工作。"

2. 主体丰富

主体部分是竞聘演讲的重点，也是难点所在，一般包括以下几方面的内容。

（1）陈述竞聘的主要优势

针对竞聘的岗位介绍自己的德、能、勤、绩，不是叙述自己工作时间的长短，而是突出与竞聘岗位相关的经历和业务能力。以积极的态度去描述，让听众认可你确实适合这份工作并具备不断发展的潜力。力求精要，切忌面面俱到。

（2）对应聘岗位职责的认识

竞聘前，要充分了解招聘单位和应聘岗位的情况，只有明确岗位职责，才能有的放矢地提出该岗位的工作目标、施政设想和打算。

（3）表明自己任职后的打算

竞聘者要紧紧围绕听众关心的热点、难点问题，切忌华而不实和故作卖弄之语，那绝对不会引起听众的好感。只有提出切实可行的措施，才能有效地提高竞聘的成功率。

如一位竞聘某单位综合秘书岗位的竞争者是这样陈述对竞聘岗位的打算和思路的："各位评委，如果我能竞聘成功，我会认真做好以下几方面的工作，真正当好局领导和办公室主任的助手。一是本着认真负责的办事作风做好日常事务工作，提高服务质量；二是凭借深厚扎实的理论功底当好参谋助手，服务领导决策；三是依靠良好的沟通能力和强烈的团队精神做好协调工作，确保政令畅通；四是发挥自己的计算机特长，规划我局的信息化建设工作，提高我局的形象和声誉。"

3. 结尾凝练

结束语要求画龙点睛，加深评选者对竞聘者的良好印象，从而有利于竞聘成功。常见

子曰："三人行，必有我师焉；择其善者而从之，其不善者而改之。"——战国《论语·述而篇》

的结尾方式有以下几种。

（1）表达愿望式

表示加盟对方组织的热切愿望，展望单位的美好前景，期望得到认可和接纳。例如，"如能蒙贵公司不弃，有幸成为贵公司的一员，我将竭尽所学，为贵单位的发展贡献自己的一份力量。"

（2）表明态度式

坦诚地表达自己参与这次竞聘的感受。例如，"参加这次竞聘，对我来说也是一个学习和提高的过程，是对自我的一种挑战，无论竞聘成功与否，我都将一如既往，堂堂正正做人，踏踏实实做事。"

（3）祈求支持式

表达自己对竞聘上岗的信心，恳请得到大家的支持和帮助。例如，"各位评委，请大家投我一票，我将交上一份让你们满意的答卷。"

任务三　辩论

🌿　案例鉴赏

有一次，德国著名诗人歌德在公园里散步。在一条只能让一个人通过的小道上，他遇到了一位自负傲慢的批评家。两人越走越近。"我是从来不给蠢货让路的！"批评家先开口道。"我却正好相反！"歌德说完，笑着退到路旁。

英国前首相丘吉尔以机智幽默、巧言善辩著称。20世纪30年代，丘吉尔访问美国时，一位反对他的美国女议员对他说："如果我是您的妻子，我会在您的咖啡里下毒药的。"丘吉尔狡黠地一笑，答道："如果我是您的丈夫，我会喝下那杯咖啡的。"

20世纪70年代末的一次外贸谈判，我国外贸代表拒绝了一位红头发的西方外商的无理要求，这家伙恼羞成怒，出口伤人："代表先生，我看你皮肤发黄，大概是营养不良造成你的思维紊乱吧！"

中方代表立即反击道："经理先生，我既不会因为你皮肤是白色的，就说你严重贫血，造成你思维紊乱；也不会因为你的头发是红色的，就说你吸干了他人的血，造成你头脑发昏。"

【分析与思考】孟子说"予岂好辩哉？予不得已也"。面对对方的人身攻击，既要针锋相对地回击对方的挑衅，又不授人以话柄，维护自我的尊严。你认为辩论的意义是什么？辩论对于提高口语表达能力有何帮助？

🌿　知识概要

一、辩论的含义和种类

辩论，是观点对立的双方或多方，就同一论题，阐述己见，批驳或说服对方时所进行

一鼓作气，再而衰，三而竭。——春秋·左丘明《左传·曹刿论战》

的言语交锋。辩论的最终目的是辩明事理，彰扬真理，否定谬论。

辩论的种类主要分为以下两种。

1. 应用辩论

应用辩论是根据社会生活中某种特定需要而进行的辩论，一般以辩清某种特定问题的是非、曲直、真伪、优劣为目的。如法庭辩论、外交辩论、学术辩论、决策辩论等。

2. 赛场辩论

赛场辩论又叫模拟辩论，是就某一特定辩题，组织参赛双方或多方展开论争，以决胜负的辩论。赛场辩论以培养机辩能力、培养辩才为目的。它起源于由英美等国的专家学者发起和组织的"国际雄辩运动"。

二、辩论的作用

我国古代思想家墨子曾说："夫辩者，将以明是非之分，审治乱之纪，明同异之处，察明实之理，处利害，决嫌疑焉。"换言之，辩论的作用就在于划清是非的界限，探察世道治乱的标准，判断区别事物同异的根据，权衡利害得失，解决存在的疑惑。

1. 格物致知，探求真理

在人们对自然和社会的认知活动中，经常发生辩论，辩论的结果，使得事物的原理得到显现，真理得到阐明，或者获得新的认识。在辩论中，能激发求知欲，深化对事物本质的认识。

2. 明辨是非，捍卫真理

如果放任一些谬误的流传，难免会造成社会舆论走向错误的方向。正是由于有了那些对错误或者偏差观点的反驳和相互立论回击的过程，人们才能澄清眼前的迷雾，重回正途。

3. 锻炼思维，培养口才

当代社会，科学技术日新月异，文明程度不断提高。人们的社会交往，思想交流日趋频繁。研究辩论之道，总结辩论规律，掌握辩论技巧，对于每一个人来说，都是大有益处的。在论辩过程中，能充分锻炼思维的敏捷性，全面提高口语表达能力。

三、辩论的特点

1. 辩论人员的双边性

辩论是双边活动，最少两人参加，单一方面只能是议论而已。

2. 辩论观点的对立性

双方观点是对立的，或是或非，这样才有辩论的可能，否则就是谈判。

3. 论证的严密性

只有合乎思维逻辑的辩论，才可能获胜，否则只能是诡辩。

4. 思维的机敏性

凡擅长辩论者，平时都善于观察、勤于思考、思维敏捷，唯有如此才能在辩论时面对咄咄逼人的进攻和一连串的提问。只有成竹在胸、反应敏捷，才能对对方的进攻和提问一一予以回答。

旧时王榭堂前燕，飞入寻常百姓家。——唐·刘禹锡《乌衣巷》

四、辩论的阐述类型

1. 申辩

申辩就是表明自己的立场，提出自己的立论，说明自己立论的理由和根据。

2. 驳辩

驳辩是揭露对方认识上的谬误，反驳其错误观点，以击败对方的立论；或者是指出对方论据的虚假之处，使其立论因失去依据而站不住脚；或者是指出对方论证方法的错误，揭示其论点与论据缺乏联系或论点未得到证明。

3. 答辩

答辩就是在对方不了解己方立论提出责难时，对己方观点或立论作出解释，或进行辩护，以解除疑惑，阐明真理的言语交锋。答辩根据目的的不同，可分为说服性答辩、解释性答辩和反驳性答辩三种。辩论中的答辩，主要针对对方对己方观点、立论的反驳而进行的论辩，因而具有两大功能：

第一，为己方的观点辩护，是继续"立论"；

第二，驳斥对方的责难，是继续"反驳"。

因此，答辩要求做到：思维敏捷，逻辑严密；针锋相对，语言犀利；唇枪舌剑，讲究策略。

五、辩论比赛的特征

辩论比赛的特征是：

第一，辩论比赛的主要目的不仅仅是为了探求真理，而且是要通过辩论来训练和提高队员们的思维能力，因此双方永远不可能被对方所说服；

第二，辩论比赛以获胜为目的，所以在辩论词上，只要能自圆其说即可，双方的言论并不一定是自己平时所持有的观点；

第三，辩论赛的胜负决定于评判员的评判，所以双方辩论队员在充分表现辩才的同时，应注重说服评判员，而不是说服对方辩论队员；

第四，辩论比赛为体现竞赛的公平合理化，必须事先制定一套严格的比赛规则，其中包括辩题的选择，双方人数的限制，辩论程序、时间的规定，赛场主席、评判员的聘请和评分的标准等。

操作指导

一、辩题的审立

首先要确定辩论的立场，接着就对辩题的性质进行判断，然后再建构立论的框架。

具体过程是：理解和诠释辩题与立场——关键词的分析与定义——建立关键词的联系——分析正反两方立场的主要分歧——设计底线——预测对手立论的思路和可能采取的辩论方案。

二、辩手的分工

辩论比赛是有组织的合作行为，不仅要求辩手素质好，表现优秀，而且要求辩手之间

大漠孤烟直，长河落日圆。——唐·王维《使至塞上》

合理分工，相互配合。如"四对四"辩论阵式，四位辩手的辩词，分别为起、承、转、合，形成有机的整体，表现出良好的团队精神。一般来说，四位辩手的分工是。

一辩为"起"，即对辩题的内涵加以界定，从理论上阐明本方的立场，为全队下一步辩论作出开启和铺垫。要做到提纲挈领、观点简明、条理清晰。既要让听众和评委了解本方主要观点，又不能把话讲得太直太透，以免过早暴露本方的战略意图，给对方提供辩驳的可乘之机。

二辩为"承"，即从宏观和微观或理论和实践上进一步展开论证，要做到论据充实，论证有力，折服评委和听众。

三辩为"转"，即既要针对对方前两位辩手出现的谬误和矛盾发起攻击，又要强化本方的论述，尽可能做到从新的思维角度论证，巧妙地使出"杀手锏"，打对方个措手不及。

四辩为"合"，承担总结陈词的任务。结辩要根据辩论的情况，选择有利的条件，既透彻地尖锐地指出对方观点中的谬误、矛盾与不合理之处，又要巧妙地强化、补充、修正和完善本方的观点。结辩形成辩论的高潮，成功与否往往关系到论辩的胜负。

三、辩论的基本要求

1. 观点鲜明，理据充分

辩论必须做到观点正确，旗帜鲜明。在辩论中，对原则问题，要语言明确，毫不含糊。自己爱什么、恨什么、拥护什么、反对什么，都必须鲜明地体现在自己的言辞之中。逻辑的力量在辩论中是不可低估的，要取得辩论的胜利，必须有正确的论点、充足的论据和有力的论证。当然，也应注意用词艺术，考虑不同对象可能接受的程度。

2. 反应敏捷，逻辑严密

辩论口才与对话、答问一样，都具有临场性的特点。面对来势猛烈的攻击，辩论者不允许有过多的思考时间，因此必须要反应敏捷，在瞬间选用简洁、凝练的话语回击对方，出口成章，应对自如。在针锋相对的激烈舌战中，辩论者必须"兵来将挡，水来土掩"，并善用逻辑利器，或攻其命题，或驳其论据，或揭其论证的荒谬，充分体现辩论语言的思辨特征，使对手无暇思索。

3. 态度诚恳，有理、有度、有德

辩论也要讲究礼仪和风度，语言的攻击力和威慑力，归根到底来自于语言的真理性，来自于语言的准确性与鲜明性。辩论的目的在于明是非、权利弊、求真理。因此，必须讲究高尚的辩论道德，树立正确的辩论作风。这就要求做到有理、有度、有德。

有理，即要以客观事实、科学道理和严密推理去论证和反驳，以理服人，以据服人，不以势压人，以声吓人。

有度，即议论要有分寸，对不同意见的辩驳要适度。适度就是坚持实事求是，不将认识问题硬扯成立场问题，将学术问题或是非问题硬扯成政治问题。

有德，即讲究辩论的基本道德。其要求是：不故意歪曲他人原意，篡改对方论点；不在对方申述其观点和论据时拦腰截断抢话反驳；不在对方已经真诚地承认失败并已经停止辩护时"穷追不舍"，"得理不饶人"；不粗暴地进行人身攻击，恶语中伤，辱骂恫吓；不恶

大漠沙如雪，燕山月似钩。——唐·李贺《马诗二十三首》之五

意挖苦讽刺。要尊重对方，谦和礼让，语言文明，幽默诙谐，表现出良好的修养和风度，不仅用语言而且用人格形象的力量去征服对方。

视野拓展

思维训练

即兴演讲和辩论的临场性决定了表达者必须具有较强的快速思维能力。快速思维即快速组织内部语言，实际上就是一个快速创作，打腹稿的过程。思维的训练有以下几种方法：逆向思维、纵深思维、发散思维、综合思维。

1. 逆向思维

是指从相反方向思考问题，即一反传统看法，提出与之相对或相反的观点。这是一种反弹琵琶式的思维模式，它鲜明地表现为对传统的批判精神，但要注意观点必须持之有据，能够自圆其说。

示例："东施效颦"何错之有。

传统观点：东施盲目模仿，无自知之明，结果适得其反。

逆向思维。

① 东施固然丑陋，但她心中有对于美的追求的勇气和决心，她不怕嘲笑，不怕挖苦，在这一点上，她比那些对西施的美怀恨在心，嫉妒乃至无聊中伤，恶意诽谤的人要强得多。

② 在成语中，西施永远是美的，东施永远是丑的。但在现实生活中就不一样了。西施固然天生丽质，但如果不注意自重，而以"美"为资本，追求放纵享乐，"美"就成了"丑"。反之，东施如果保持自尊、自重、自立、自强，并注意提高自己的内在素质，可以改变自己在人们心中"丑"的形象。

③ 东施对什么是"美"，有她自己的判断标准，完全不是盲目。这至少比有些无价值观，对美丑不分的人要清醒理智。那些随波逐流，跟风追潮，人云亦云，无自我，无个性的人应是批判的对象。

2. 纵深思维

从一般人认为不值一谈的小事，或无需作进一步探讨的定论中，发现更深一层的被现象掩盖着的事物本质，即"透过现象看本质"。

示例："8"的深思。

现象描述：近年来，数字"8"身价倍增，电话号码、门牌号码、牌照号码，一沾上"8"就备受青睐。

现象分析。

① 这是历史进步的标志之一，中国人不仅不再认为"越穷越光荣"，而且在物质日渐富足，生活日渐改善之中，又终于可以堂堂正正地喊出"想发财"的心声，无疑体现了历史的进步。

② 追求者对"8"的狂热迷恋，又表明了其自身精神的空虚，幸运号码拍卖场面之热

飞流直下三千尺，疑是银河落九天。——唐·李白《望庐山瀑布》

烈，成交金额之巨，自然是以富翁们的攀比、炫耀为前提的。在这些"先富起来了"的大腕身上，"发财后怎么办"的精神文明问题已经出现了。

纵深分析。

① "8"之所以如此受欢迎，与当今中国，由于脑体倒挂，由于管理体制上的不合理，使得有些人莫名其妙地发财。因而有些人认为商界瞬息万变，财运难以把握，将希望寄托于冥冥之中，寄托在"8"上。

② "8"的受宠，从另一层面分析，说明中国人传统的心理定势并未改变，信天信地，信"8"信发，就是不敢信自己。幸运号码背后沉淀着民族心理、民族文化、民族素质等方面的症结，现在该是人们反思的时候了。

③ 其实，只想"发"，而没有"发"的能力，不知道怎样去"发"。不要说"发"不会从天而降，就是降下来了自己也把握不住，把握不牢。

④ 如果中国人再这样沉浸在"8"的迷梦中，敢问"发"在何方。

3. 发散思维

是从同一问题中产生各种各样的为数众多的答案，在处理问题中寻找多种多样的正确途径。多端，灵活，精细，新颖是它的特点。

示例：也谈"滥竽充数"

角度：

① 南郭先生不学无术，冒充内行的做法应该受到指责。

② 齐宣王好大喜功，讲排场，不管有无本领，一律吃大锅饭的做法应该废除。

③ 齐缗王不墨守成规，改"必三百人"为"一一听之"，这种改革精神实在可嘉。

④ 尽管南郭先生吹竽的本领不高，但当改革大潮冲击到他的身上时，他一不哭闹阻止改革，二不托人说情求照顾，而是自动离开，这种急流勇退的精神还是可取的。

⑤ 南郭先生不会吹竽却能长期在乐队里混，队长和其他队员也有责任。他们不能互相监督，使之长期未被发现，也不能互相帮助，提高他的吹竽本领，致使他落个逃跑的下场。这种既不忠于职守，又不重友情的做法应受到指责。

4. 综合思维

是前面三种思维的综合运用。事实上我们在思考问题时，一般情况都是将各种思维综合在一起使用的。高水平的口语表达，需要有强有力的综合论证能力作保障。它突出地表现在两个方面：一是能从看似针锋相对、完全对立的观点中看出彼此之间深层次的互补关系；二是能调动多个不同角度对统一命题展开讨论，并分别得出结论。综合思维就是培养综合思考问题和与他人交流思想观点的能力。

❀ ❀ **实践训练**

1. 组成三人小组，选择一个话题，第一位同学介绍背景，第二位同学讲述主要内容，第三位同学发表评论，在班上进行十分钟左右的说话训练。

一片飞花减却春，风飘万点正愁人。——唐·杜甫《曲江》之一

2. 按照下列情境进行说话训练。

（1）请为自己选择一个竞选角色（班长、团支书、学生会干部等）做竞聘演讲。

（2）请选择中国的某个节日，设置具体听众，做一次即兴演讲。

（3）假如你参加高中同学聚会，请你即席发言。

（4）父母、爷爷奶奶或其他亲人、朋友过生日时，请做主持的你说段开场白。

3. 思维训练：

（1）请以"人多力量大"为题，进行逆向思维，说出观点。

（2）以"从××××现象中所想到的"为命题，捕捉生活中某一常见但往往是熟视无睹的现象，深入分析。

（3）请用肯定和否定两种视角，思索下列事物和观念，找出它们的好处和坏处、积极因素和消极因素，越多越好。

假如天空出现两个太阳……

假如学校给学生发工资……

（4）你的同学家庭经济状况不好，而寝室内经常举行聚会，他很为难，参加也不好，不参加也不好，请你开导他。

4. 举行即兴演讲比赛。

参考题目：

| 人生处处是考场 | 时间的重量 | 我身边的90后 | 我眼中的青春 | 真正的幸福 |
| 人在旅途 | 岔路口 | 不必要完美 | 永不放弃 | 欲速则不达 |

5. 举行辩论赛。

参考辩题：

网络使人更亲近；网络使人更疏远。

读大学，长进最大的应该是知识；读大学，长进最大的应该是人格。

项目二 面试和介绍

任务一 面试

案例鉴赏

某科研机构招聘科研人员。由于待遇优厚，应者如云。张某前往面试，只见她挽着同伴刘某袅袅婷婷地步入科研所面试大厅，进入前她又掏出化妆盒补了一下妆。进入面试所在的屋子后，主考官问她有什么特长，她说她在学校是公关部长，有能力组织各种文艺活动，说着将她想给主考官看的资料从包里拿出来。结果在包里翻了半天，好不容易找到了，拿出

小荷才露尖尖角，早有蜻蜓立上头。——宋·杨万里《小池》

来的时候将她的一些化妆品也带出来了，撒了一地。主考官们面面相觑，张某也尴尬不已。

【分析与思考】这是一个竞争的社会，即使你是最好的，也不一定能得到这份工作。某些因素能够促使你成功，而某些因素会将你推向失败的深渊。你认为案例里面的求职者存在哪些问题？

知识概要

一、面试的内涵

面试是一种招聘方与求职者之间相互交流信息的有目的的会谈，招聘方通过与求职者进行相互沟通，根据求职者的言语表达、面部表情、仪表、紧张程度、反应能力、专业知识、道德标准等方面进行判断。它使招聘方和受聘方都能得到充分的信息，以在招聘中作出正确的决定。简而言之，面试是考察应试者的能力特征和个性品质的一种人事测评手段，它通过观察和交谈，考察应试者的语言表达能力、思维能力、处事能力等综合素质。

二、面试的种类

1. 根据面试者的人数，分集体面试和单独面试

（1）集体面试

又叫小组面试，是多名应试者同时面对考官的面试。用人单位将许多应试者组织在一起，应试者被划分成小组，每组四到八人不等，然后就某个选题进行自由讨论，从中观察应试者的综合素质，进而决定是否聘用。

（2）单独面试

是指只有一个应试者的面试，现实中的面试大都属于此类。单独面试一般分为两种类型，一种类型是只有一位考官负责整个面试过程应聘，这种面试方式大多在较小的单位录用较低职位的人员时采用；另一种类型是多个考官面试一位应试者，这种形式在国家公务员录用面试和大型企业、公司的招聘面试中广泛采用。

单独面试中，考官处于积极主动的位置，应试者一般是被动应答的状态。考官提出问题，应试者根据考官的提问做出回答，展示自己的知识、能力和经验。单独面试的问题会深入到专业领域，所以，应试者的回答一定要表现出自己的专业性，要有技术上的分析，而不是泛泛而谈。

2. 根据操作方式，分非结构化面试和结构化面试

（1）非结构化面试

非结构化面试，又叫随意性面试，是对与面试有关的因素不作任何限定的面试。面试过程的把握、面试中要提出的问题、面试的评分角度与面试结果的处理办法等，考官事前都没有精心准备与系统设计。非结构化面试所提出的问题往往是非常规性问题，如龟兔赛跑如果兔子没有睡觉，乌龟怎么赢得比赛？对于这些问题，主考官并不想得到"正确"的答案，而是想看看应试者是否能找到最好的解题办法，是否能创造性的思考问题，考察的是应试者的逻辑能力和创新能力。

（2）结构化面试

又称标准化面试，是指依据预先确定的程序和题目进行的，过程结构严密、层次分明、评价维度确定的面试。在面试中考官根据事先拟好的谈话提纲逐项向应试者提问，应试者针对问题进行回答。

3. 根据面试内容侧重点的不同，分行为性面试和情境性面试

（1）行为性面试

行为性面试是考官以应试者的过往经历为基础，要求应试者描述过去经历某一事件时的表现和做法的面试。考官使用的方法是询问应试者对实际工作中遇到问题是如何解决的。

（2）情景性面试

又叫情景模拟面试，是通过给应试者创设一种假定的情境，考察应试者在情境中如何考虑问题、做出何种行为反应的面试。情景面试突破了常规面试考官和应试者之间一问一答的模式，引入了各种各样的情景模拟方法，如无领导小组讨论、公文处理、角色扮演、演讲、答辩、案例分析等。

操作指导

一、面试前的准备

1. 了解企业和面试信息

① 了解公司信息例如公司产品、组织架构、主营业务、经营理念、企业文化、主要领导人等。

② 了解职位信息例如职业职责、专业要求、职业素质要求等。

③ 了解考官信息例如部门主管、人资主管等。

2. 整理必备材料和自我调整

① 准备好证件资料包括简历、学历证书、技能证书、获奖证书、身份证、笔、记事本等。

② 熟练掌握常见问题的回答。

③ 仪表要得体，着装规范合理，服饰切合职位需要，指甲、眉毛、胡须要修饰。

④ 时间上至少提前15分钟到达。

⑤ 心理上要消除紧张，放松心情，可以采取听音乐、散步、深呼吸、远眺等方式。

二、面试时的主要技巧

1. 重要的第一印象

"你永远没有第二次机会树立第一印象。"招聘单位会根据与应试者见面后的最初几秒或几分钟，对应试者迅速做出判断，这种最先的印象对应试者影响强烈，即"首因效应"。有调查显示，在招聘面试中，考官对应试者的第一印象会影响其决策，而在日常人际互动中，人们所说的"一见如故""一见倾心"，也都是"首因效应"的力量。

第一印象，让人获得机遇，亦可让人产生误解。心理学家认为第一印象与外表、肢体语言及谈话有关。在面试中，求职者如果能维持良好的眼神交流、规范的姿势，在恰当之际展现一个微笑或眼神，可以让考官觉得这是个自信且可亲近的人。

忽如一夜春风来，千树万树梨花开。——唐·岑参《白雪歌送武判官归京》

2. 面试自我介绍五步策略

第一步，介绍基本信息：姓名、学校、专业，要求声音洪亮、坚定、自信。

第二步，明确面试目标、应聘公司及职位名称，要求明确陈述职位。

第三步，点明信息渠道，例如熟人推荐、公司的宣传等，最好是选取能拉近公司距离的渠道。

第四步，陈述择业原因：赞美公司、点明其优点，要选择有特色之处赞美公司。

第五步，罗列自身能力、优势，要求内容简短，语言简洁，并且针对所求的岗位。

3. 有效地交谈

（1）针对性强

面试的时间是短而有限的，如果在这个短而集中的时间内没有把你的聪明才智表现出来，就极有可能被埋没了。所以一定要学会这种特殊形式的交流和沟通。要在短时间内和一个或几个素未谋面的人沟通，还要说服他们你是一个他们需要的人。这就要求在面试的过程中目标明确，语言表达针对性强，针对你所应聘的职位、你所应聘的组织、你的主考官，强调和突出你适合这个岗位的个性特长。

（2）应对自然

在与面试官交谈的时候，语速要适宜，音量要适中，语调要得体，语言简练、清晰明确，不用方言土语。

（3）听懂提问，避开陷阱

在面试过程中，你和面试官做的事情是相似的，面试官做的是："问、听、察、析、判"，你做的是："听、答、察、问、析、判"，"听"的是面试官的问题，"答"的是答案，"察"的是面试官的表情，"问"的是未来企业的情况，"析"的是面试官的心理，"判"的是面试进程和结果。

听是沟通的基础，只有听清楚了问题，听清楚对方话中的含义，对方问题后面的问题，才能得出较好的答案。回答问题一定要展示自己的逻辑思维，不要一味侃侃而谈，沟通的过程中要密切关注面试官的表情神态，分析对方心理，随时判断面试进程，把面试往好的方向引导。

（4）谨慎提问。

在面试的最后往往还会有一个环节，面试官会问你：你还有什么问题吗？这个时候你的提问应注意以下几点。

① 提出的问题要视主试者的身份而定。面试前你最好弄清主试者的职务，要视主试者的职务来提问题，不要不管主试者是什么人，什么问题都问，搞得主试者无法回答，引起主试者对你反感。如果你想了解求职单位共有多少人、职称结构、主要业务方面的问题，就不要向一般工作人员提问，而要向单位负责人提问。

② 应试者通常可提的问题。一般情况下，应试者可向主试者提出以下几个方面的问题：一是单位性质、上级部门、组织结构、人员结构等；二是单位在同行业中的地位、发展前景等；三是单位的用工方式、内部分配制度、管理状况、经济效益和社会效益等。但不要

几处早莺争暖树，谁家新燕啄春泥。——唐·白居易《钱塘湖春行》

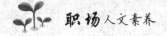

问类似"请问你们在我们学校要招几个人"这样的问题，大部分单位都不会具体回答，可以就如果被公司录用可能会接受的培训、工作的主要职责等问题进行提问。

③ 要注意提问的方式、语气。有些问题，可以直截了当地提出来，如贵单位人员结构、贵单位岗位设置等。有些问题，则不可直截了当地提出，而要婉转、含蓄一点。如了解求职单位职工收入情况和自己去了以后每月有多少收入等问题，不可直接问，而应该婉转地问："贵单位有什么奖惩条例、规定？"，"贵单位实行什么样的分配制度？"等。因为这些问题清楚了，自己对照一下可能就会知道有多少收入。另外在询问时，一定要注意语气，要给人一种诚挚、谦逊的感觉。千万不可用质问的语气向对方提问，这样会引起反感。

④ 不提模棱两可、似是而非的问题。特别是提与职业、专业有关的问题，一定要确切，不要不懂装懂，提出幼稚可笑的问题。因为从提问中可以看出提问者的知识水平、思维方式、个人价值观等。

三、面试的注意事项

1. 注意与考官面部信息的沟通与交流

注视考官的时间应占谈话时间的 50%～70%。如果在面试时总是低着头，除了对考官不尊重以外，还表现出自己紧张、缺乏人际交往能力。据一些心理学家研究，面谈时，注视对方时间在三分之一以下，表示不诚实，恐慌；三分之二以上，表示真诚，友好。另外，在面试中注视考官，也是给考官一个信号——对他的谈话很感兴趣。但是，若直直地瞪着对方会让对方不自在。

2. 严格自律，以职业化的行为模式要求自己

在面试中，应试者应该表现出严谨、自律的工作态度，避免出现各种散漫的动作，以免给考官留下轻浮、轻视交谈者等不好的印象。

3. 从容面对压力，切勿消极悲观

对面试过程中遇到的压力，不管是考官有意或无意为之，应从容应对，切忌采取对抗性措施，更不能消极悲观。

面试过程中，应试者时常会遇到各种各样的难题，能否妥善处理，将会影响应试者的心态以及考官的评价。随着压力面试在面试中的广泛应用，能否处理好压力问题，越来越成为面试能否成功的关键因素。所以在面试过程中，要严格控制心理活动对外在行为的影响，尤其是悲观心理活动的影响。应试者应避免过多的心理活动，以免影响面试成绩。有时候消极的心理活动，都通过外在行为展现出来，从而导致面试失败。

任务二 介绍

案例鉴赏

您好，我是某大学经济系四年级的学生王浩，请多多指教。我所研究的课题是国际经

孤舟蓑笠翁，独钓寒江雪。——唐·柳宗元《江雪》

济。此外，我也在一个税务研究会里学习税金问题，并且取得了税务师的资格。我的专长是书法，获得过各种书法奖励。人生需要磨炼，才干才有用武之地，希望能在贵公司做点事情得到更好的锻炼。

【分析与思考】这是一位面试者在进行面试时的自我介绍，你知道还有哪些场合需要自我介绍吗？不同的场合进行的自我介绍能不能用同样的方式？

❀ 知识概要

一、自我介绍的时机和具体形式

在人际交往的各种活动中，自我介绍和介绍常常被使用。它是经过自己主动沟通或者通过第三人从中沟通，使双方相互认识、增进了解、建立联系的一种最基本、最常用的方式。

自我介绍是扩大社会资源增加人脉的第一步，也是一种自我展示和自我宣传。自我介绍的目的，就是让对方记住自己，对自己留下良好的、深刻的印象。"它就是人际交往的第一张有声名片。"除了讲清自己的姓名、单位、身份外，要根据不同的场合，确定介绍的内容和技巧。

自我介绍应用于各种场合，例如，求学、求职、就职、业务往来、社交等。不同场合有不同的自我介绍，自我介绍可以分为下述五种具体形式。

1. 应酬式

应酬式的自我介绍，适用于某些公共场合和一般性的社交场合，如旅行途中、宴会厅里、舞场上、通电话时。它的对象，主要是进行一般接触的交往对象。对介绍者而言，对方属于泛泛之交，或者早已熟悉，进行自我介绍只不过是为了确认身份而已，故此种自我介绍内容要少而精。应酬式的自我介绍内容最为简单，往往只包括姓名一项即可。例如，"您好！我的名字叫张路"。

2. 工作式

工作式的自我介绍，主要适用于工作之中。它是以工作为自我介绍的中心；因工作而交际，因工作而交友。有时，它也叫公务式的自我介绍。

工作式的自我介绍的内容，应当包括本人姓名、供职的单位及其部门、担负的职务或从事的具体工作三项。工作式自我介绍内容的三要素，通常缺一不可。例如，"你好！我叫张希，是某某公司的人事部经理。"

3. 交流式

交流式的自我介绍，主要适用于社交活动中，它是一种与交往对象进行进一步交流与沟通，希望对方认识自己、了解自己、与自己建立联系的自我介绍。有时，它也叫社交式自我介绍或沟通式自我介绍。

交流式自我介绍的内容，大体应当包括介绍者的姓名、工作、籍贯、学历、兴趣以及与交往对象的某些熟人的关系，等等。但它们不一定要面面俱到，而应依照具体情况而定。例如，"我叫邢冬，在北京××有限公司工作。我是××汽车工程系 90 级的，我想咱们是校友，对吗？"

九曲黄河万里沙，浪淘风簸自天涯。——唐·刘禹锡《浪淘沙九首》之一

"我的名字叫沙静，在××公司当财务总监，我和您先生是高中同学。"

"我叫甄鸣，天津人。我刚才听见你在唱蒋大为的歌，他是我们天津人，我特喜欢他唱的歌，你也喜欢吗？"

4．礼仪式

礼仪式的自我介绍，适用于讲座、报告、演出、庆典、仪式等一些正规而隆重的场合。它是一种意在表示对交往对象友好、敬意的自我介绍。

礼仪式的自我介绍的内容，亦包含姓名、单位、职务等项，但是还应多加入一些适宜的谦辞、敬语，以示自己礼待交往对象。例如："各位来宾，大家好！我叫范燕飞，是××公司的副总经理。现在，由我代表本公司热烈欢迎大家光临我们的开业仪式，谢谢大家的支持。"

5．问答式

问答式的自我介绍，一般适用于应试、应聘和公务交往。在普通的交际应酬场合，它也时有所见。问答式的自我介绍的内容，讲究问什么答什么，有问必答。

例如在面试中主考官问："请介绍一下你的基本情况。"应聘者答："各位好！我是张军，现年28岁，陕西本安人，汉族，共产党员，已婚，1995年毕业于××大学船舶工程系，获工学学士学位。现任北京××公司助理工程师，已工作3年。其间，曾去阿根廷工作1年。本人除精通专业外，还掌握英语、日语，懂电脑，会驾驶汽车和船只。曾在国内正式刊物上发表过6篇论文，并拥有一项技术专利。"

二、介绍他人的形式

介绍他人通常指为彼此不认识的双方相互引见，或把一个人引见给他人的一种介绍方式。在公共活动中，介绍他人是非常常见的事，如果某人没有被介绍给别人，就意味着人们忽视了他（她）的存在，因而会令人尴尬和窘迫。

介绍他人主要有以下两种形式。

1．居间介绍

居间介绍就是以居间人的身份向被介绍的双方说明各自的基本情况及双方接触的目的。居间介绍多用于新老朋友聚会、接待来访者、会晤洽谈等一般社交与公务活动场合。常见的方式有。

标准式介绍：适用于正式公关场合，内容以双方的姓名、单位、职务等为主。

简介式介绍：适用于一般的公关场合，内容只有双方姓名这一项，有时甚至只提到双方姓氏。

强调式介绍：适用于各种公关交际场合，其内容除被介绍者的姓名外，往往还可以强调一下其中一位被介绍者与介绍者之间的特殊关系，以便引起另一位被介绍者的重视。

引见式介绍：适用于普通的公关场合，介绍者所要做的，就是将被介绍者双方引到一起即可。

推荐式介绍：适用于比较正规的场合，介绍者是经过精心准备而来的，目的是将某人举荐给某人。介绍时，通常会对前者的优点加以重点介绍。

落霞与孤鹜齐飞，秋水共长天一色。——唐·王勃《滕王阁序》

礼仪式介绍：是一种最为正规的介绍。与标准式略同，只是语气、称呼上更为礼貌、谦恭。

2. 代述介绍

以叙述人的身份介绍他人的情况、事迹，使人们对被介绍者有较为具体和全面的了解。例如，某大学邀请话剧《光绪政变记》中慈禧太后的扮演者郑毓芝作演讲，主持人是这样介绍的：同学们，今天，我们好不容易把"老佛爷"慈禧太后请来了。（掌声、笑声，听众情绪顿时热烈起来。）"老佛爷"郑毓芝同志在台上盛气凌人，皇帝、太监、大臣见了都唯唯诺诺，磕头下跪；在台下却和蔼可亲、热情诚恳，她刚才和我谈起，还扮演过《秦王李世民》中的贵妃娘娘，话剧《孙中山》中的宋庆龄。她是怎样把这些截然不同的人物演得栩栩如生的呢？下面请听她的演讲。（听众凝视主席台，热烈鼓掌。）

操作指导

一、自我介绍技巧

1. 把握时机

做自我介绍时首先要注意时机：要抓住时机，在适当的场合进行自我介绍。对方有空闲，而且情绪较好，又有兴趣时，这样就不会打扰对方。

2. 讲究态度

做自我介绍要注重礼仪，态度要自然、亲切、友善，要用肯定的言辞、明朗的语调去进行表达。

3. 客观真实

自我介绍要实事求是、谦虚诚恳，切忌借助别人威望给自己贴金，也不要靠"吹"去取悦对方。例如，某些人介绍自己时常说："××副市长，是我的老朋友……""你知道省里著名的×××专家吗？我们曾住在一栋宿舍里……""我对××问题很有研究。昨天我收到了××杂志的约稿信……""我叫×××，厂先进工作者。别看是个小厂，可 500 人里选 5 个，也算是百里挑一吧！"这样的自我介绍留给人的印象就是浮夸而不真实的。

4. 注重方式

（1）说好一个"我"字

自我介绍少不了说"我"，如何说好这个"我"字关系到别人对你产生什么样的印象。有的人自我介绍时，"我"字说得多，还有的人"我"字说得特别重，而且有意拖长，仿佛要通过强调"我"来树立自己的高大形象。更有甚者，有的人说"我"时神态得意洋洋，目光咄咄逼人，大有不可一世的气势。这种人的自我介绍不过是孤芳自赏罢了，只能给人留下骄傲自大的印象。

要给人良好的印象，就应在关键的地方以平和的语气说出"我"字，目光亲切，神态自然，这样才能使人从这个"我"字里，感受到一个自信、自立而又自谦的美好形象。

（2）独辟蹊径

自我介绍，人们往往是先报姓名，然后说工作单位、职业、文化、特长或兴趣，等等，

细雨鱼儿出，微风燕子斜。——唐·杜甫《水槛遣心》

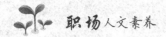

不免千篇一律。这样的介绍在人们心目中印象平平。如果能结合自身的特点，恰当地运用生动幽默的语言，就能给人留下深刻的印象。例如台湾著名节目主持人凌峰在 1990 年参加中央电视台春节联欢晚会上所做的自我介绍："在下凌峰，我和文章不一样，虽然我们都得过'金钟奖'和'最佳男歌星'称号，但是，我是以长得难看而出名的。中国五千年的沧桑和苦难写在我的脸上……"

（3）巧报"家门"

自我介绍少不了"自报家门"，为了使对方听清自己的名字，往往要对"姓"和"名"加以注释，注释得越巧，人们得到的印象就越深刻。对姓名的注释不仅可以反映一个人的文化水平、性格修养，更能体现一个人的口才。例如有位青年叫聂品，他介绍自己很有风趣："我叫聂品，三只耳朵，三张口，就是没有三个头……"还有一个学生叫谢石，他是这样进行自我介绍的："各位好！我叫谢石。谢谢的'谢'，石头的'石'，别以为我是从石头里蹦出来的哟。我有石的坚强与执著，但我并不是块顽石。"这样既解释自己的姓名又诠释了自己的性格，收到了良好的效果。

5. 突出特点

这一种方式尤其要应用在求职面试的过程中，因为其目的是应聘某个职位，所以，自我介绍的信息除了个人的自然情况以外，通常还要涉及既往所取得的成绩、对目标岗位的认识、与目标岗位匹配的原因、特殊的才能或才艺等信息。要求集中展示自己的优势，并且要做到语言简短、有条理、有针对性。

二、介绍他人时注意选择内容

1. 选择双方感兴趣的内容

只有选择双方都感兴趣的内容进行介绍，才能引起重视，也才能促使双方相识。例如，你把一位老师介绍给企业主管："她叫张娜，是××学校的老师。"这位主管不一定有交谈的兴趣，但是，你换上另一种说法："她叫张娜，是位教授企业管理的老师。"他会更感兴趣。这样介绍选择了对方感兴趣的内容，便搭起了双方结识的桥梁。

2. 介绍特长，促使了解

介绍的内容除姓名、工作单位等以外，还应根据被介绍人的情况有所侧重，千万别忘了介绍别人的特长。例如，"这是×××，我们单位的'歌坛新秀'。""×××曾是市里乒坛冠军，现在仍不减当年。有机会的话你俩可以比试比试。"这种介绍对促进双方了解、建立友谊是非常有效的。

3. 给予评价，促进合作

给被介绍的人作一个简单、中肯的评价，也是比较好的介绍方法。例如，"×××在汽车修理这方面很有经验，希望你们能合作。""××同志乐于助人的美德尽人皆知，他会给予你热情帮助的。""你俩都是搞企业管理的。据我所知，王先生在这方面是个行家，外号'管理通'。你们一定会谈得很有收获的。"这种评价式的介绍，能使对方产生良好印象，从而奠定结识的基础。

绿树村边合，青山郭外斜。——唐·孟浩然《过故人庄》

三、介绍他人的语言形式

1. 直接陈述

介绍他人往往只用三言两语就要画出一个人的轮廓，因此要避免拐弯抹角故弄玄虚，而宜用简明的语言直接陈述。如，"这位是我的朋友老刘，搞建筑设计的。""这是××同志，很会讲笑话，同他交谈你会感到快乐的。"

2. 征询引见

除了直接陈述外，介绍他人还可采用询问句。如，"刘××同志，我可以介绍张××同你认识吗？""××同志，你想了解××产品的销售情况吗？这是××公司业务员小赵，他会给你满意的答案的。"采用先征询意见，得到同意后再引见的介绍方法，不仅能显示出你对他人的尊重，而且询问句的语调会给人一种亲切感，易于让对方接受。

3. 肯定推荐

介绍内容决定了我们在推荐对方时常常采用肯定句的形式。因为一个人的姓名、职业等是客观存在的，不容置疑。如果你在介绍别人时说话含糊其辞、模棱两可，甚至否定人家的某些优点，那是很不礼貌的。

🌿 视野拓展

一、面试常见问题及解题思路举例

问题一：请你自我介绍一下。

思路：介绍内容要与个人简历相一致；表述方式上尽量口语化；要切中要害，不谈无关、无用的内容；条理要清晰，层次要分明；事先最好以文字的形式写好背熟。

问题二：谈谈你的家庭情况。

思路：这个问题用于了解应聘者的性格、观念、心态等，所以宜强调温馨和睦的家庭氛围；宜强调父母对自己教育的重视；宜强调家庭成员对自己工作的支持；宜强调自己对家庭的责任感。

问题三：你为什么选择我们公司？

思路：面试官试图从这个问题中了解你求职的动机、愿望以及对此项工作的态度，建议应聘者从行业、企业和岗位这三个角度来回答，例如，"我十分看好贵公司所在的行业，我认为贵公司十分重视人才，而且这项工作很适合我，相信自己一定能做好。"

问题四：请说说你对工资的期望。

思路：若无把握，可以给一个有弹性的幅度，上限不能太高，进可攻，退可守；如果是新人，尽量以刚入行的工资标准来作为自己的期望。当你为公司做的贡献足够大时，再考虑申请加薪。

二、面试常见陷阱及应对方法

激将式：这是面试官淘汰大部分面试者的惯用手法，采用这种手法的面试官，往往提问之前就会用怀疑、敏锐、咄咄逼人的眼神逼视对方，先令对方的心理防线步步溃败，然

鸟宿池边树，僧敲月下门。——唐·贾岛《题李凝幽居》

后猝不及防地用一个明显不友好的发问激怒对方。例如：

"你的经历太单纯，而我们需要社会经验丰富的人。"

应对："我确信如果有缘加盟贵公司，我将会很快成为有丰富社会经验的人，我希望自己有这样一段经历。"

又如："你的性格过于内向，恐怕与我们的职业不合适。"

应对："据说内向的人往往具有专心致志、锲而不舍的品质；另外我善于倾听，因为我感到应该把发言的机会多多留给别人。"

诱导式：面试官往往先设定一个特定的背景条件，诱导对方做出错误的回答。你的回答就需要用模糊语言来表示。如："依你现在的水平，恐怕能找到比我们企业更好的公司吧？"

如果你的回答是："是"，那么说明你也许正脚踏两只船，"人在曹营心在汉"。如果你回答："不是"，又说明你缺少自信，或者你的能力有问题。对这类问题可先用"不可一概而论"作为开头，然后回答"或许我能找到比贵公司更好的企业，但别的企业或许在人才培养方面不如贵公司重视，机遇也不如贵公司多。我想，珍惜已有的更为重要。"这样就把一个"模糊"的答案还给了面试官。与此类似的还有误导式，面试官早有答案，却故意说出相反的答案，若你一味讨好，顺着面试官的错误答案往上爬，面试的结论一定是："此人无主见，缺乏创新精神。"

请君入瓮式：

问题一：你应聘的职位是一家公司的财务经理，面试官问你，"你作为财务经理，如果我（总经理）要求你一年内逃税 100 万元，那你会怎么做？"

问题二：你正要从一家公司跳槽去另一家公司。面试官问你，"你们的老板是不是很难相处啊，要不然，你为什么跳槽？"

提示：如果你当场思考逃税计谋，或文思泉涌立即列出一大堆逃税方案，那么你就上了当，掉进了陷阱。因为提出这个问题的面试官，正是以此来测试你的商业判断能力和商业道德。要记住，遵纪守法是员工行为的最基本要求。

也许他的猜测正是你要跳槽的原因，即使这样，你也切记不要被这种同情的语气所迷惑，更不要顺着杆子往上走。如果你愤怒地抨击你的老板或者义愤填膺地控诉你所在的公司，那么你一定完了，因为这不但暴露了你的不宽容，还暴露了你的狭隘。

❀ 实践训练

1. 根据具体情境进行自我介绍。

情境一：开学伊始，新生举行以"趣说自己"为题的班会，请你作一番自我介绍。

情境二：假设自己去某公司面试，面对面试官作自我介绍。

2. 三个人组成一个小组，轮流当介绍者，介绍组员的情况。

3. 根据自己的专业设定具体的岗位举行模拟面试比赛。

曲径通幽处，禅房花木深。——唐·常建《题破山寺后禅院》

项目三　交谈、拜访、营销

任务一　交谈

案例鉴赏

案例一：小 A 要参加一个老同学的聚会。他想，高雅的言谈会给人留下深刻的印象，于是做了充分的准备：从复活节的石像到金字塔法老的咒语；从撒切尔夫人的丈夫到萨达姆……总之，他翻遍了手边的杂志，准备了一肚子的奇闻逸事，就像参加百科知识竞赛一样。聚会上，他瞅准了机会插嘴道："报上说，魔鬼三角之谜现已初步揭开了……"大家果然都把目光转向了他，不过有几位显出困惑的表情。大家静静地听他一人说了半天，他也意识到自己在唱独角戏，很尴尬地结束了话题。不一会儿，人们就谈起了服装的样式、汽车的价格、某歌星被骗等事来。

案例二：小张刚参加工作，为了尽快与领导和同事建立良好的关系，他经常主动与同事沟通。一开始，大家觉得他话有点多，有点像"长舌妇"。时间长了，由于小张说话不注意分寸、场合等，经常惹得同事不快，甚至同事给他起绰号"张臭嘴"，小张很郁闷。

【分析与思考】案例一中，你觉得小 A 的交谈成功吗？为什么？案例二中，你认为交谈要注意什么？

知识概要

一、交谈的类型

交谈是社会交际中最基本的言语形式，是指两人或两人以上的双向性交流谈话。交谈包括生活交谈与工作交谈两种类型。

生活交谈是指无确定内容与目的的交谈，如寒暄、聊天等，它的主要目的在于融洽气氛与交流感情。工作交谈则是内容具体、目的明确的对话，它广泛运用于社会生活的各个方面，如交换意见、交流经验、洽谈工作、切磋学问、调查采访、咨询答问及电话交谈，等等。

二、交谈的原则

1. 真诚坦率的原则

真诚是做人的美德，也是交谈的原则。交谈双方态度要认真、诚恳，有了直率诚笃，才能有融洽的交谈气氛，才能奠定交谈成功的基础。认真对待交谈的主题，坦诚相见，直抒胸臆，不躲不藏，明明白白地表达各自的观点和看法。"发自肺腑的语言才能触动别人的心弦"，真心实意的交流是自信的结果，是信任人的表现，只有用自己的真情激起对方感情的共鸣，交谈才能取得满意的效果。

千金纵买相如赋，脉脉此情谁诉。——宋·辛弃疾《摸鱼儿》

2. 互相尊重的原则

交谈是双方思想、感情的交流，是双向活动。要取得满意的交谈效果，就必须顾及对方的心理需求。交谈中，来自对方的尊重是任何人都希望得到的。交谈双方无论地位高低，年纪大小，或长辈晚辈，在人格上都是平等的。切不可盛气凌人、自以为是、唯我独尊。所以，谈话时，要把对方作为平等的交流对象，在心理上、用词上、语调上，体现出对对方的尊重。尽量使用礼貌语，谈到自己时要谦虚，谈到对方时要尊重。恰当地运用敬语和谦语，可以显示个人的修养、风度和礼貌，有助于交谈的成功。

操作指导

一、交谈的技巧

1. 寒暄

交谈往往以"寒暄"作为"前奏"。寒暄，也叫打招呼，是相识的人在一定场合互致问候，是人们时常使用的一种言语交际形式。

寒暄的形式多种多样，这里只列举常用的几种。

问候型：多日未见相互问候，既可问候友人的身体健康、处境、前途等，也可问候其家人的状况以示关怀。

关切型：也称为"关怀型"寒暄。如询问对方本人、子女、家庭、事业的成绩等。

言他式："今天天气真好"这类话也是日常生活中常用的一种寒暄方式。特别是陌生人之间见面，说天气一类的话题可以打破尴尬的场面。言他式是初次见面较好的寒暄形式。

即景式：是针对具体的交谈场景临时产生的问候语，比如对方刚做完什么事、正在做什么事以及将做什么事，都可以作为寒暄的话题。如早晨在家门口或路上问："早晨好，上班去啊？"在图书馆或教室里问："这么用功，还在读书啊？"这种寒暄，随口而来，自然得体。以示对对方的关心。

夸赞式：心理学家根据人的天性曾作过如下论断。能够使人们在平和的精神状态中度过幸福人生的最简单的法则，就是给人以赞美。所以作为一个社会成员，都需要别人的肯定和承认，需要别人的诚意和赞美。例如，你的同事新穿一件连衣裙，你可以用赞美的语言说："小张，你穿上这件连衣裙更加漂亮了！"老李刮了胡子，你可以说："老李越来越年轻了。"

敬慕型：这是对初次见面者尊重、仰慕、热情有礼的表现，如："久仰大名！早就听说过您！您的大作，我已拜读，受益匪浅！""您的气质真好，做什么工作的？""您设计的公关方案真好。"

寒暄语的使用应根据环境、条件、对象以及双方见面时的感受来选择和调整，没有固定的模式，只要见面时让人感到自然、亲切，没有陌生感就行。

2. 展开话题

人们在进一步交谈中一定会选择各种各样的话题展开交流，达到交流信息、思想、情感的目的。具体而言，要注意以下几点技巧。

天长地久有时尽，此恨绵绵无绝期。——唐·白居易《长恨歌》

（1）善于提出话题

交谈时要善于从参加者身上寻找共同点，并由此引出话题，这样就会引发亲近感。例如下面一段对话。

客人：这副对联是你自己写的吗？写得真不错。

主人：你过奖了。我不过是跟王田老师学过一段时间。

客人：呀，你也是王田老师的学生呀，我也曾跟他学习过。

主人：太好了！看来我们应该称师兄弟了。

这段寒暄，话不多，但贵在求同，一下子缩短了双方的心理距离。

（2）恰当展开话题

① 赞美鼓励法。在交谈中，适当地赞美对方，能够创造出一种热情友好的气氛，使交谈朝着积极的方向发展。美国学者威廉·詹姆斯说："人性最深刻的原则，就是恳求别人对自己加以赞赏。"尊重、鼓励、赞美能让对方感到自我价值得到确认，有助于创造良好的情绪和交往气氛。

例如小李乘出租车时，见司机的态度很冷漠，小李想调节一下气氛，于是赞美司机的驾驶技术高超："这么难拐的弯儿，你一把轮就拐过来了，还开得这么稳，真是不简单！"司机听后非常高兴，滔滔不绝地和小李聊了起来。最后结账时，还给小李优惠了5元钱。

② 引导深入法。在交谈过程中，要了解对方并逐渐引导其与自己的诉求有机地结合，这是使交谈深入、融洽、高效的催化剂。因此在交谈过程中，要善于引导话题，寻找对方感兴趣，自己也感兴趣的话题，这样双方才会产生共鸣，气氛才会活跃起来，交流才会变得很愉快，变得有意义。

例如龙应台是中国台湾著名作家，为人低调，一般不接受采访，但中央电视台《东方时空》主持人温迪雅却成功地采访了她。温迪雅："作为您的读者，我喜欢您的作品中所表现出来的直率与坦荡，喜欢您信手拈来皆文章的敏锐。"龙应台："你读过我哪些作品？"温迪雅："我读过您的五本自选集，我最感兴趣的是您以胡美丽的笔名和真名龙应台所展开的讨论，剖析了您作为女性对自身不同层面的思考。而且当读了您的《女子与小人》，又让我为您的细腻琐碎而感动，让我着迷的是，您在这本书中流露出的纤纤母爱与那个会写批评的龙应台竟是如此不同。"龙应台："你说得很对，胡美丽与龙应台截然不同，恰恰是我追求的效果。" 此时，龙应台露出难得的笑容，而温迪雅趁机提出自己的要求："龙女士，我们可不可以做一个专访，让更多的人去了解您？"结果龙应台爽快地答应了她的请求。温迪雅的成功就在于通过列举自己读过的作品，使赞美具体而真诚，从而拉近了双方的距离，融洽了双方的关系。

因此交谈中要有观点，列举事例充实内容，使交谈能够深入，体现交谈的内涵，从而交流思想。空洞无物、废话连篇的交谈是不会受人欢迎的。没有材料做根据，没有事实做依凭，再动听的语言也是苍白的、乏味的。

还君明珠双泪垂，恨不相逢未嫁时。——唐·张籍《节妇吟》

（3）能根据需要转移话题。转移话题有以下几种情况。

① 原话题与交际目的不符，为了达到交际目的，需要转移话题。

例如一次上海有家绣品商店，某日来了一位顾客，挑选被面。当他选中一条被面正要掏钱买，忽然发现图案中有一枝梅花，便说道"梅"、"霉"谐音，被面上有梅花，怕要倒霉。小陈机灵地转换话题说："你一定听说过'梅开五福'这老话吧。梅花都是五瓣，它是吉利的象征。"经小陈这么一点拨，那位顾客高兴地买下了被面，还夸奖小陈说的有道理。假如小陈不能及时转移话题，仍接原话题"倒霉"谈下去，交谈目的就可能达不到。

② 对敏感的问题，不便回答，这时也需要转移话题。

例如作家谌容访美时，有人向她提问："听说您至今还不是共产党员，请问您对中国共产党的私人感情如何？"谌容敏捷地回答："你的情报很准确，我确实不是中国共产党党员。但是我的丈夫是个老共产党党员，而我同他共同生活了几十年尚无离婚的迹象，那么您说我同中国共产党的'私人'感情有多深？"

谌容对于说话者的刁难，没有正面回答，而巧妙地把话题转移到自己与老共产党员丈夫的"私人"感情上去，让对方无机可乘。

③ 原话题已经充分展开，交谈兴趣消退。

在交谈中，即使是最好的话题，也有兴趣低落的时候。此时，就要适宜地转换话题。注意当话题是交谈中心时，不应随意转换。

3. 结束交谈

在交谈接近尾声的时候，就应该选择合适的告别语，拉近彼此的距离，给人留下良好的印象。结束交谈要注意以下几点。

第一，不要在双方热烈讨论某一个问题时，突然将对话结束，这是失礼的表现。

第二，不要勉强把话拖长，这样会给对方留下语言无味的印象。

第三，要留意对方的暗示，对方用"肢体语态"作出希望结束的暗示，比如有意地看看手表，频繁地改变坐姿，这时要适时地结束谈话。

第四，要把时间掌握好。在准备结束谈话前，先预定一段时间，使交谈兴趣消退，以便从容停止。谈话结束时最好面带笑容，说些祝福对方的话，这样会产生很好的效果。

二、交谈语言十忌

一忌毫无道理的语言；二忌感情用事的语言；三忌窥探隐私的语言；四忌自以为是的语言；五忌让人扫兴的语言；六忌低级庸俗的语言；七忌过分玩笑的语言；八忌不识相的语言；九忌没有实际意义的语言；十忌拨弄是非的语言。

任务二　拜访

案例鉴赏

大学生小王到一位年轻的女教师张老师家去做客，一进门，就遇到了个难题：张老师

关关雎鸠，在河之洲。窈窕淑女，君子好逑。——春秋《诗经·关雎》

的爱人也在家,该怎么称呼他呢?大哥?叔叔?不太合适!师父?师公?太别扭了,再说也不是这种叫法。也叫老师?总觉得还是不太好!小王灵机一动,问:"张老师,您爱人贵姓,他也是教师吗?""姓李,是个工程师!""噢!"小王如释重负,大大方方地伸出手去,叫道:"李工,你好!"

【分析与思考】这是在拜访中巧妙称呼的例子,你知道在拜访中的语言还要注意哪些方面吗?

知识概要

拜访是指为了礼仪或某种目的而进行的访问。不同形式、不同目的的拜访,会话语言各不相同,但他们在结构上存在共性。就日常拜访而言,有进门语、寒暄语、晤谈语和辞别语四个部分。

一、进门语

首先,拜访的时候要轻轻敲门或短促地按门铃。

其次,同主人见面后,应立即打招呼。

如"一直想来拜访您,今天终于如愿了!""给您添麻烦了!""对不起,让您久等了!""好久没有来看您了,一直想着。"

见面后,立即同主人打招呼,要注意礼貌。

最后,不可随意调侃,如"我又来了,您不讨厌我吧?"这很不礼貌,也会使主人感到尴尬。

二、寒暄语

客人与主人交谈,首先不要进入实质性的问题,待交谈气氛融洽时,也就是双方心理相容时,再慢慢说明来意。这样才能使你乘兴而来,满载而归。所以说,要想良好交流,寒暄是不可少的。

① 话题要自然引出,内容要符合情景。如天气冷暖、小孩的学习情况、老人的健康以及最近发生的新闻趣事、墙上的挂历、耳际的音乐等都是寒暄的内容。如:"今天变天了,外面风真大!""这挂历不错,画面好像是……"话题符合情景,自然引出。

② 寒暄内容一定要符合习惯,避免犯禁忌。一般遵循三个原则:不问年龄、不问婚姻、不问收入。个人的隐私问题、别人不悦的问题都要避免涉及。

③ 寻找主客共同关心的话题。这样可以沟通感情,为双方进一步交谈创设一个融洽、和谐的气氛。

三、晤谈语

在拜访中,晤谈应注意几个方面。

① 节制内容,拜访目的明确。一般来说,交谈的时间以半个小时为宜(朋友间的随意性拜访除外),以免耽误主人的时间。所以,主客寒暄后,客人应选择适当的时间,言简意赅的说明来意。

② 节制音量。客人谈话应降低音量,保持适度,忌无所顾忌地高谈阔论,搅乱主人及

月上柳梢头,人约黄昏后。——宋·欧阳修《生查子》

其家属的安静生活，引起主人的反感。我们经常有这样的感受：隔壁邻居家来了客人，高声谈话，朗声大笑。此时，你的感觉一定不是很好。

③ 注意体态语。人们常说，听其言还须观其行。作为客人应举止文明，避免手舞足蹈、频繁走路或指手画脚等不雅动作，避免不经主人允许翻东西，四处走动或随意参观居室等。

人们常说，听其言还须观其行，这说明有时举止比言语有更大的可靠性。主人对客人的印象，来自听觉和视觉两方面。举止不文明，体态语过多，如得意时手舞足蹈，不安时频繁走动，痛苦时捶胸顿足，或是指手画脚叙说某件事，抱起主人家小孩使劲亲……这些都会引起主人不悦，成为实现拜访目的的障碍。

四、辞别语

① 表示感谢，请主人留步。"十分感谢您的盛情，再见！""就送到这吧，请回。""这件事就拜托您了，谢谢！"表示感谢的辞别语应礼貌得体。

② 邀请对方来自己家做客。告辞时，除了向主人表示感谢外，还可邀请主人及家属来自己家做客。如"老同学，告辞了。您什么时候来我家坐坐！"但要注意邀请对方时不可勉强。

操作指导

一、拜访的时机要恰当

《红楼梦》中有一个著名的章节就是《刘姥姥进大观园》，这第一次的拜访刘姥姥就达到了自己的讨银子的目的。一个乡下老婆子人生地不熟，以前从未见过凤姐，但是在第一次拜访就如此顺利，其中的奥妙不能不引人思索。首先，她选择了一个恰当的拜访时间，早饭后无疑是荣国府大忙人凤姐稍事休息的时间，因而刘姥姥才得以见面。其次，凤姐的心情好，也是刘姥姥实现拜访目的不可低估的因素。由于周瑞家从中周旋，再加上贾蓉来借"玻璃炕屏"时恭维了凤姐几句，她颇有几分得意，正是"得意浓时易接济"。所以，拜访的时机就成了关键性的因素。一般来说，拜访时机的选择要注意以下几个方面。

1. 选择适当的拜访时间。一般来说，清晨、用餐、午休、深夜均不宜登门拜访。这些时间拜访会叨扰对方。

2. 事先打电话预约，且按时拜访。万不得已做了不速之客，一见面就要说："真抱歉，没打招呼就这么跑来了。"然后加以解释。

3. 观察和考虑对方的情绪，主人心情好，你会受到热情接待，也就有利于实现拜访目的。

二、拜访的细节要注意

1. 拜访时交谈的用语及语气，要顾及对方的辈分、地位等，还要看相互之间的关系。

2. 拜访者不要忽略适当同主人家属交谈。

3. 如果是多人拜访，不要一个人抢着说话，要让大家都有机会说话。

4. 对主人的敬茶、敬烟应表示感谢。

5. 遇有来客，应前客让后客，说："对不起，我有点事。你们谈吧，我先走一步了。"

君当作磐石，妾当作蒲苇，蒲苇纫如丝，磐石无转移。——南朝宋·徐陵《玉台新咏·孔雀东南飞》

任务三　营销

一天，一位老太太拎着篮子去楼下的菜市场买水果。她来到第一个小贩的水果摊前问道："这李子怎么样？""我的李子又大又甜，特别好吃。"小贩回答。老太太摇了摇头没有买。

她向另外一个小贩走去问道："你的李子好吃吗？""我这里是李子专卖，各种口感的李子都有。您要什么样的李子？""我要买酸一点儿的。""我这篮李子酸得咬一口就流口水，您要多少？""来一斤吧。"

老太太买完李子继续在市场中逛，又看到一个小贩的摊上也有李子，又大又圆非常抢眼，便问水果摊后的小贩："你的李子多少钱一斤？""您好，您问哪种李子？""我要酸一点儿的。""别人买李子都要又大又甜的，您为什么要酸的李子呢？""我儿媳妇要生孩子了，想吃酸的。""老太太，您对儿媳妇真体贴，她想吃酸的，说明她一定能给您生个大胖孙子。您要多少？""我再来一斤吧。"老太太被小贩说得很高兴，便又买了一斤。小贩一边称李子一边继续问："您知道孕妇最需要什么营养吗？""不知道。""孕妇特别需要补充维生素。您知道哪种水果含维生素最多吗？""不清楚。""猕猴桃含有多种维生素，特别适合孕妇。您要给您儿媳妇天天吃猕猴桃，她一高兴，说不定能一下给您生出一对双胞胎孙子。""是吗？好啊，那我就再来一斤猕猴桃。""您人真好，谁摊上您这样的婆婆，一定有福气。"小贩开始给老太太称猕猴桃，嘴里也不闲着："我每天都在这儿摆摊，水果都是当天从批发市场找新鲜的批发来的，您媳妇要是觉得好吃，您再来。""行。"老太太被小贩说得高兴，提了水果边付账边应承着。

【分析与思考】三个小贩面对同样一个老太太，为什么销售的结果完全不一样呢？

一、营销的语言

营销语言是指以销售成功为目标，以商品信息为内容的语言。营销语言，是一种以营销人员为主导的双向思想交流的专门性语言。语言交流是营销活动的开端，语言表达的优劣直接决定着销售活动的成败。营销者既要清晰明了地表达自己的观点，又要倾听对方的意见，然后找到突破口，通过商谈，说服对方，最终把商品推销出去。

二、营销语言运用的原则

由于工作的需要，很多营销人员都比较健谈。但是如果不懂语言的艺术，沟通的效果就会不尽如人意。在营销过程中，只有营销人员的口头语言和肢体语言能取悦营销对象，才能完成营销目的。语言的运用主要有以下几个原则。

1. 顾客中心原则

视顾客为朋友，为熟人，想方设法让服务用语做到贴心、自然，令人愉悦，这是营销

若教眼底无离恨，不信人间有白头。——宋·辛弃疾《鹧鸪天》

语言的基本出发点。

设身处地为对方着想，急顾客之所急。主动说明顾客购买某种东西所带来的好处。对这些好处做详细、生动、准确的描述，才是引导顾客购买商品的关键。"如果是我，为什么要买这个东西呢？"这样换位思考，就能深入了解顾客所期望的目标，也就能抓住所要说明的要点。最好用顾客的语言和思维顺序来介绍产品，安排说话顺序，不要一股脑说下去，要注意顾客的表情，灵活调整销售语言，并力求通俗易懂。

2. 谦虚亲和的原则

在营销过程中，营销人员应准确定位，本着一种谦虚亲和的态度对待消费对象。切忌命令式、说教式的营销语气，这样极易引起消费对象的反感。与客户礼貌热情地交流，这不仅是对客户的尊重，也是对自身工作的尊重与肯定。口头语言运用中，多用"您""请"等敬语，使消费者感受到人格的尊重。

3. 倾听原则

"三分说，七分听"，这是人际交谈基本原理——倾听原则在推销语言中的运用。在推销商品时，要"观其色，听其言"。除了观察对方的表情和态度外，还要虚心倾听对方议论，洞察对方的真正意图和打算。要找出双方的共同点，表示理解对方的观点，并要扮演比较恰当、适中的角色，向顾客推销商品。

4. 言之有物的原则

营销工作讲究效率，它要求营销人员在较短的时间内让消费者接收和理解营销的信息。这就要求营销语言必须做到简洁明了且言之有物，在不耽误消费者时间的前提下，能迅速将有效的信息传递出去。

5. 委婉巧妙的原则

人都有被赞扬的心理需求，在营销过程中，切忌谈论消费者的短处，要善于发现消费者的长处，并对之进行恰当的赞扬，引起消费者情感上的认同。委婉巧妙地运用语言，是对营销人员提出的更高要求。

6. 适合语境的原则

俗话说"到什么山上唱什么歌"，营销中的沟通也是如此。语言环境包括时间、地点、对象、言语目的等要素，只有综合考虑到这些要素来安排语言，才能取得较好的沟通效果。同时，营销人员还要善于察言观色，根据语境变化来及时调整语言的运用。

操作指导

一、营销语言的表达技巧

1. 真诚

营销过程要真诚地面对客户，所谓"精诚所至，金石为开"。营销语言的真诚，就是要有真实的情感和诚恳的态度。

面对客户，真诚地赞美对方，可以有效地拉近彼此的距离，促进生意的成功。应该注

开辟鸿蒙，谁为情种？都只为风月情浓。——清·曹雪芹《红楼梦引子》

意的是，这种赞美一定要出于真诚，超出真诚范围的赞美令人反感，会弄巧成拙，于事无补。营销语言的真诚，还要求庄重不轻浮，要认真负责而不能花言巧语或者信口开河。

2. 慎重

商场如战场，言辞稍有不慎，会关系到利益的缺损。我们应从以下几个方面注意。

首先，不能轻易许诺。不能轻易向对方许诺一些不该许诺的东西。在关键问题上轻易承诺了对方，事后悔之晚矣。不落实就是不守信用，落实了就要蒙受损失。

其次，不要轻易拒绝。营销过程中对方会提出这样、那样的要求或条件。其中有些交叉的利益关系一时难以消化和理顺。为了给自己留下一个考虑的空间，一般不要一口回绝。这样既能够显示对对方的重视，也能利用时间争取主动。

最后，不能把话说绝，要给自己留下退路或者回旋的余地。如果当场表态：这个绝对不行，那个绝对不可。再想回旋已经没有余地了。所以，营销语言要进可攻、退可守，不要陷自己于尴尬或被动的境地。

3. 通俗

营销语言是否通俗易懂是营销中的一个重要细节。例如有一家网络公司有一个著名的口号"像小白一样思考，像专家一样行动。"意思就是要从客户需求出发，站在客户的立场进行思考和体验产品，然后再用专业手段去设计产品和解决问题。

所以，一个销售人员首先要做的就是要用客户明白的语言来介绍自己的商品。各行各业都有自己的专业术语，如果在营销过程中，营销人员咬文嚼字或使用深奥的专业术语，会令客户感到费解和不悦。这样就会在无形中拉大和客户之间的距离。所以营销人员在开展业务时，要尽量使语言通俗化、平民化，增强信息的沟通和传递。

4. 生动

生动是指营销语言要新鲜活泼，能绘声绘色、活灵活现地表现事物和思想感情。营销活动，很大程度上是一种"劝服"行为，如果劝服语言死板呆滞，令人感到味同嚼蜡，那么，商品质量再优秀也难以被顾客认识和认可，推销效益将无从谈起。因此，在营销活动中，有时候把话说得风趣、生动，会比直截了当效果更好。

例如一位营销人员在市场上推销灭蚊剂，他滔滔不绝的演讲吸引了一大堆顾客。突然有人向他提出一个问题："你敢保证这种灭蚊剂能把所有的蚊子都杀死吗?"这位营销人员机智地回答："不敢，在你没打药的地方，蚊子照样活得很好。"这句玩笑话使人们愉快地接受了他的推销宣传，几大箱子灭蚊剂很快就销售一空。

生动的语言在营销活动中的运用，不仅可以造成轻松活泼的气氛，还为营销工作创造一个良好的环境，用得好，会给人们留下深刻印象。由一句笑话联想到某种品牌，是很好的促销方式。

5. 简洁

营销语言的简洁要求，就是以简单明了的语言把尽可能多的信息传递给客户。无论谈生意还是推销产品，都要突出要点，让对方能够听懂记住。如果说话啰唆，言之无物，不

明月不谙离恨苦，斜光到晓穿朱户。——宋·晏殊《鹊踏枝》

仅让人抓不住重点，还会占用更多的时间，引起对方反感。简洁的语言，不但是交际的需要，也从客观上反映出营销人员业务熟练，作风扎实，诚实可信。

二、客户异议处理技巧

在开发新市场、面对新客户时，我们经常会听到客户对于产品、价格、促销、服务、财务等的不同声音。其实，嫌货才是买货人，客户有异议并不代表不想买，而恰恰是想购买的前提。因此，我们需要用巧妙的语言正确地对待这些异议，合理地化解这些异议。

1. 列举事例法

所谓事例法，就是通过别人经销或者使用产品的案例，来说服客户。如 "我们的产品你尽可放心，邻县的老李已经经销了三年了，我们合作得很愉快，客户借助我们的产品，也发展起来了，如果你不相信，我可以提供他的号码给你，验证一下。"这种方法，简便易行，较易说服客户。

2. 作出比较

在销售产品时，很多客户都喜欢跟竞争产品对比，对此，销售人员可以采取现场比较的方式。此法的好处是不用反对客户的意见，却用事实来证明你是对的。例如比较的是一款啤酒，销售人员就可以现场打开本品和客户所说的竞争产品，通过泡沫细腻程度、挂杯时间长短、酒液透明与否等，来说明自己的产品优秀。通过示范的方式，很容易让客户现场感受产品的优劣，从而让客户信服。

3. 坦然面对反对意见

销售不可能总是一帆风顺，接受被拒绝是销售员的必修课，拒绝不是冲你一个人来的，而是商业社会对任何一种销售行为的标准反应模式。无法面对这一点，你就永无出头的机会，能够面对这种拒绝才显示营销者的成熟。例如：

潜在客户："这个皮包的设计、颜色都非常棒，令人耳目一新，可惜皮的品质不是顶好的。"

销售人员："您真是好眼力，这个皮料的确不是最好的，若选用最好的皮料，价格恐怕要高出现在的五成以上。"

当客户提出的异议有事实依据时，您应该承认并欣然接受，强力否认事实甚至与客户争论是不智的举动。

4. 表达出对客户的理解

与难相处的或发怒的客户沟通时，特别是索赔有异议时，最具威力的三个字是"我理解"。在沟通过程中，塑造一个让客户可以畅所欲言、表达意见的环境，展现支持、理解、肯定的态度，尊重对方的情绪及意见，让他觉得与你交谈是件轻松愉快、获益良多的事，这样才能化解异议，达成共识。

视野拓展

有效沟通的技巧

交流沟通涉及各式各样的活动：交流、劝说以及谈判等。你要在这些活动中游刃有余，

一种相思，两处闲愁。此情无计可消除，才下眉头，却上心头。——宋·李清照《一剪梅》

并培养出高效沟通所需的技巧。美国口才教育专家戴尔·卡耐基说："一个人的成功，15%取决于知识和技术，85%取决于沟通——表达自己意见的能力和激发他人热忱的能力。"因此为了提升我们个人的竞争力，获得成功，就必须不断地运用有效的沟通方式和技巧，随时有效地与"人"接触沟通，只有这样，才有可能使你事业成功。

一、相互理解

沟通的内容不仅仅是信息，还包含更加重要的东西，那就是思想和情感。相比信息沟通，思想和情感就比较难以沟通了。要想达到沟通的目标，就要相互理解。

二、相互接受

在沟通过程中，我们要找准自己的角色。角色找准了，就会被接受，沟通才顺畅，结果才能有效。沟通过程中的角色不是一成不变的，要根据不同的对象、不同的场合、不同的时间、不同的情境，分别扮演不同的角色。否则，沟通就会因对方无法接受而出现障碍。

例如，英国著名的维多利亚女王，与其丈夫相亲相爱，感情和谐。但是维多利亚女王乃是一国之王，整天忙于公务，出入社交场合，而她的丈夫阿尔伯特却和她相反，对政治不太关心，对社交活动也没有多大的兴趣，因此两人有时也闹些别扭。有一天，维多利亚女王去参加社交活动，而阿尔伯特却没有去。已是夜深了，女王才回到寝宫，只见房门紧闭着。女王走上前去敲门。

房内，阿尔伯特问："谁?"

女王回答："我是女王。"

门没有开，女王再次敲门。

房内阿尔伯特问："谁呀?"

女王回答："维多利亚。"

门还是没开。女王徘徊了半晌，又上前敲门。

房内的阿尔伯特仍然是问："谁呀?"

女王温柔地回答："你的妻子。"

这时，门开了，丈夫阿尔伯特伸出热情的双手把女王拉了进去。

三、有的放矢

一位知名的谈判专家分享他成功的谈判经验时说道："我在各个国际商谈场合中，时常会以'我觉得'（说出自己的感受）、'我希望'（说出自己的要求或期望）为开端，结果常会令人极为满意。"其实，这种行为就是直言不讳地告诉对方我们的要求与感受，若能有效地直接告诉你所想要表达的对象，将会有效帮助我们建立良好的人际网络。但要切记"三不谈"：时间不恰当不谈；气氛不恰当不谈；对象不恰当不谈。

四、恰当运用非语言沟通

非语言沟通在交际中有着十分重要的作用。在沟通的过程中，有效地运用肢体语言可以增强沟通效果。根据亚伯特·莫纳比恩的调查显示，如果你在社交场合与一位初次见面的陌生人寒暄，对方对你说话内容的印象只占 7%，其余 93%的印象来自你的表达方式与

夜月一帘幽梦，春风十里柔情。——宋·秦观《八六子》

肢体语言。在使用非语言沟通时，要注意以下几个方面。

1. 使用适合自己的非语言手段

非语言手段有助于沟通对象理解我们的感情、情绪和观点。使用非语言手段时，要注意与自身年龄、性别、职业、地位、性格特点等自身情况相吻合，只有这样，才能收到良好的效果。

例如1959年的一次联合国大会上，赫鲁晓夫在发表演讲时，遭到猛烈的攻击。他被激怒了，竟然从脚上脱下一只皮鞋，用鞋跟敲打讲台，试图让人们保持安静。作为一国首脑，这种行为非但不合适，同时也暴露了他不能冷静地控制自己感情的弱点。

2. 使用适合对方的非语言手段

使用非语言手段时，要考虑到对方的情况，如职业、生活习惯、文化背景、宗教信仰等，以使对方能理解自己表达的意思。职业、生活习惯、文化背景、宗教信仰的不同，导致人们对非语言手段作出各种不同的解释。如在中国，伸出大拇指是夸奖的意思；在尼日利亚和澳大利亚，则表示不友好；而在美国站在公路边伸出大拇指则表示他想搭车。

3. 使用适合当时环境的非语言手段

使用非语言手段时，要考虑当时的情境。如果聚会的人都兴高采烈，即使你有不顺心的事，也不要面露不悦之色，以免扫了大家的兴致。

4. 非语言手段和语言保持一致

非语言手段和语言一起使用时，如果两者保持一致，能够对语言所传递的信息起强化作用。例如老张是某空调厂家的销售人员，他多次到一家公司推销办公室用的中央空调，可都没进展，老张对此很苦恼。一天，公司的高层正在开会，老张请求他们允许自己给他们介绍一下产品。在介绍产品的过程当中，老张很自然地说了一句"真热"，同时，用手把领带松了松。当时正值夏天，他这么一说，在座的各位都觉得热，都不由自主地松了松领带。同时都意识到，办公室、会议室确实需要安装空调。就这样，老张的推销成功了！

因此，沟通的过程中首先要问自己，这次沟通的主要内容是信息还是思想与情感？然后再来决定采用何种沟通方式。信息用语言沟通更容易些，如果是思想和情感则借助肢体语言表达会更加深刻些。当然，在沟通中这两种方式没有绝对的界限，同一沟通内容，采用的沟通方式也可能因人而异。

🌸 🌸 实践训练

1. 测测你的交谈能力

每一个人与别人交往的要求都不同，而表达自己及领会他人意思的本领也因人而异。你想知道自己与人交谈的能力吗？不妨测试一下，每题有三种答案可供选择（A. 肯定 B. 有时 C. 否定），答题后可以计分评判自己的交谈能力。

（1）你是否时常觉得"跟他多讲几句也无意思"？

从别后，忆相逢，几回魂梦与君同。——宋·晏几道《鹧鸪天三首其一》

（2）你是否觉得那些太过于表现自己感受的人是肤浅的和不诚恳的？

（3）你与一大群人或朋友在一起时，是否时常觉得孤独或失落？

（4）你是否觉得需要有时间及一个人静静地才能清醒一下和整理好思绪？

（5）你是否只会对一些经过千挑百选的朋友才吐露自己的心事？

（6）在与一群人交谈时，你是否时常发觉自己在胡思乱想一些与交谈话题无关的事情？

（7）你是否时常避免表达自己的感受，因为你认为别人不会理解？

（8）当有人与你交谈或对你讲解一些事情时，你是否时常觉得很难聚精会神地听下去？

（9）当一些你不太熟悉的人对你倾诉他的生平遭遇以求同情时，你是否觉得不自在？

解说：每道题选 A 可得 3 分，答 B 的可得 2 分，答 C 的可得 1 分。

如果你得分 22～27，这表示你只有在极需要的情况下或者对方与你志同道合时，才同别人作较为深入的交谈，但你仍不会把交谈作为发展友情的主要途径。除非对方愿意主动频频跟你接触，否则你便总处于孤独的个人世界里。

如果你的得分接近 21 分，则表示接近孤僻的性格。

如果你得分 15～21 分，你大概比较热衷跟别人做朋友。如果你与对方不熟识，你开始会很内向似的，不大愿意跟对方交谈。但时间久了，你便乐意常常搭话，彼此谈得来。

如果你得分 9～14 分，这表示你与别人交谈不成问题。你非常懂得交际，较易用产生一种热烈气氛鼓励人家多开口，同你谈得拢，彼此十分投机。

2. 当你遇到下面问题时，你会说些什么

（1）当你和朋友谈了一些对象性、保密性问题之后，临走之前，你会对朋友说……

（2）常言说，"知道是非者，便是是非人"。同学李某某对你说起他的第一任女友王某某的种种缺点。其实，你对李与王的事情略有耳闻，而且王某某也是你的朋友。于是，你说……

（3）当别人跟你谈起一个你陌生的话题时，你会说……

（4）一天，同学问你，"听说你和某某同学打架了？"，你会说……

（5）宿舍里，绰号"大侃"的同学正滔滔不绝说个不停，根本没有别人插言的份，大家不耐烦又没办法，于是，你会说……

（6）假如你很胖。一天，同学对你说："某某，你怎么越来越胖了？"你看看周围数十双紧盯着你的眼睛，笑着说……

（7）老同学相见，分外亲热。于是乎吃饭喝酒，一醉方休。你一见酒瓶就胆战心惊，于是，你说……

（8）你年轻貌美。一天，同级的同学在路上遇到你说："呀！你真实越来越漂亮了"，你会说……

（9）你陪朋友逛商店。朋友在时装店看中一件风衣，价格不菲，你却觉得这件衣服很普通，不值这个价钱。但是又不便直说，你想了想，说……

离愁渐远渐无穷，迢迢不断如春水。——宋·欧阳修《踏莎行》

（10）大学即将毕业了。一天晚上，在回宿舍的路上，一位同学拦住了你："某某，嫁给我，好吗？"你要拒绝他又让他能够接受，于是，你说……

3. 情境训练

（1）学院团委、学生会为了丰富校园文化生活，培养学生个性特长，决定组织学生社团。为了获得学校在活动场地、经费、设备等方面的支持，派出几位代表与校领导洽谈，请分别扮演学生代表和校领导的角色进行洽谈。

（2）周翔快毕业了，爸爸想把他安排到朋友的工厂去上班。星期天，爸爸带周翔去登门拜访。看着眼前的李叔叔，或者说是李厂长，周翔怎样让自己的言谈给未来的领导留下一个良好的印象呢？

（3）问题一：老马是自动办公设备公司的直销员，他对自己所直销的产品充满信心，因为这些产品确实称得上质量好、价格合理。在直销中，他常常使用这样的语言："我说，你们的办公设备已经过时了，如果使用我们的设备，每天可以节省几个小时的时间。"老兄，我们的产品才是真正一流货色。"尽管他的话符合实际情况，但却使很多顾客感到不快。一些顾客反驳说："我不信你那一套！"老马认为这样一来等于给了他进一步介绍产品的机会。于是，他就开始向顾客介绍产品的性能、特点、价格等，但他很快就不得不停了下来，因为顾客已经走开了。你认为老马的问题是什么？如果是你，你会怎样向客户推销？

问题二：一位顾客在选购传真机时，抱怨："哎呀！这东西的价格太高了。"并且怀疑："它真的值那么多吗？我有没有必要非买这么贵的东西？"如果你是那位推销员，你会怎样说服他购买？

问题三：爱斯基摩人生活在北极，你可以把冰卖给爱斯基摩人吗？

4. 模拟情境表演

根据自己专业的产品设计一次营销拜访，分两个小组，一组为营销人员，另一组为客户。向全班展示你们的拜访情景。

项目四　解说、调解、谈判

任务一　解说

案例鉴赏

地处太湖流域的嘉兴，正处于中国最古老的稻作文化区之中，在相当长的时间内，嘉兴以天下粮仓而著称。然而，以江南精致细腻生活方式著称的嘉兴人，踏实放心的一天，却是从一个热腾腾的肉粽子开始的……

在现代化流水线上，粽子这个古老的食物，呈现出与传统方式不一样的生命力。刘光

多情只有春庭月，犹为离人照落花。——唐末五代·张泌《寄人》

荣，这个从四川来嘉兴打工的裹粽技师，从每天上午8点到下午4点，要完成超过3000个粽子。平均每分钟裹7个粽子，每一个粽子，用的时间不到十秒钟，而分量的准确率是百分之百。在这样的车间里，每一个工作日，就会有大约100万只粽子被生产出来。

南方每年晚稻成熟，就到了宁波人打年糕的时候。孩子们约好都从宁波回到村里来看望阿公阿婆，四代同堂的一家人像今天这样围坐在一起的日子，一年只有难得的两三次。在这个颇为丰盛的餐桌上，自然少不了孩子们最喜欢吃的年糕。

做年糕是宁波人庆贺新年的一种传统，以前的宁波家庭要在新年之前做上几十斤至上百斤年糕，泡在冬水里储藏，从腊月一直吃到来年。

宁波水磨年糕用当年新产的晚粳米制作，经过浸泡、磨粉、蒸粉、搡捣的过程，分子进行重新组合，口感也得以改善。搡捣后的米粉团，在铺板上使劲揉压，再揉搓成长条，一条最普通的脚板年糕就成型了……

饺子是中国民间最重要的主食，尤其年三十晚上，吃饺子取更岁交子之意，在中国人的习惯里，无论一年过得怎样，春节除夕夜合家团圆吃"饺子"，是任何山珍海味所无法替代的重头大宴。在几乎所有的传统手工食品都已经被放到了工业化流水线上被复制的今天，中国人，这个全世界最重视家庭观念的群体，依然在一年又一年地重复着同样的故事。在这个时候，中国人心里，没有什么比跟家人在一起吃饭更重要的事情，这就是中国人的传统，这就是中国人，这就是中国人关于主食的故事。

【分析与思考】这是节选的几段《舌尖上的中国》的解说词，《舌尖上的中国》是中央电视台纪录频道推出的第一部美食类系列纪录片，全方位地展示了博大精深的中华美食文化。纪录片播出时就赢得了极高的收视率。你认为这个纪录片的解说词有什么样的特点？

知识概要

一、解说的应用

在现代社会，解说是职场沟通的重要手段，传播知识、介绍产品、布置展览、报告情况、阐述计划……都要运用解说。人们的日常生活，如旅游购物、休闲娱乐、饮食看病等，也离不开解说。如饭店服务员向顾客详细解说菜的特点、导游向游客解说山川名胜、营销人员向顾客解说产品特点、技术人员为用户指导操作技术等。为服务对象释疑解惑，授人以术、教人以用，是很有现实意义的。由此看来，解说是各行各业工作人员必须掌握的一种职业技能。

二、解说的主要形式

1. 商品解说

商品解说是将产品的品牌、功能、使用方式、价格等要素详细地向顾客进行介绍。随着经济、科技的发展，新产品不断涌现、层出不穷。消费者在选购商品时，迫切需要营业员作详细介绍，当好导购。这种介绍，一般都是在买卖成交过程中以谈话的形式进行。商品解说水平的高低在一定程度上决定了顾客能否欣然接受产品。这就要求导购熟悉业务知识，学习语言表达，洞悉客户心理，掌握解说方法和技巧，使顾客满意而归。

花红易衰似郎意，水流无限似侬愁。——唐·刘禹锡《竹枝词四首其二》

2. 环境解说

这里所说的环境，主要是指"自然环境"和"人文环境"，例如市政设施、文化设施、公司环境、居所环境、休闲环境以及风景名胜、旅游景点等。如果你是接待人员或导游，陪同来宾、游客参观城市、公司、商场以及名胜古迹、风光景点，少不了要作环境解说，让他们增长见识、激发游兴，不虚此行。解说环境要抓住环境的特征，突出主题，给人留下深刻的印象，语言要清晰、通俗、生动。

三、解说的要求

1. 简明扼要，条理清楚

解说时首先要明确事物的要点，语言要简洁。现代社会市场繁荣，产品丰富，顾客选择的范围很大，所以，应在最短的时间内按照产品的性能有条不紊地告知顾客所需信息。因而，言简意赅、条理清晰、突出重点是一项重要的基本功。

2. 抓住特征，善用对比

解说是口头表达方式，它传递信息的效果好坏，是以听说者是否理解、接受为前提的。这就要求解说不能面面俱到、繁冗芜杂，而应该突出事物的特征或事理的关键，使听者欣然接受或者留下深刻的印象。所谓抓住事物的特征，就是要抓住这一事物所独具的本质和属性，也就是与其他相类似事物的主要区别点。

操作指导

一、商品解说技巧

1. 真实准确

商品解说的内容要客观、科学，不浮夸、不误导。"顾客就是上帝"，商品的解说要对"上帝"负责。商品的材料、加工、性能、质量、售后服务等状况，都要介绍得实在、真实，重要的数据必须准确可靠，不含糊其辞。

2. 生动幽默

出色的商品介绍往往是真实性和艺术性兼具，知识性与趣味性交融。语言不仅要通俗、易懂，还要求生动、幽默，使顾客愉快地接受你的产品，有时候还能化解顾客的异议。

二、环境解说技巧

1. 引用名人名句

历史上中外名人有许多脍炙人口的名言、诗句、典故等，如果在解说中加以引用，不仅能引起听众的关注，还能增添解说的文采，给人更形象、更鲜明的印象。

例如，湘菜的解说："大江东去，无非湘水余波。"湘菜历史悠久，如浩浩荡荡的母亲河湘江一样奔流不息，穿越了无数春秋，经历了无数寒暑，终以卓然不俗的风味飘香于世间。早在春秋战国时期，屈原在《楚辞》中就描述了当时湘楚大地的珍膳美味，其大意是说，"吃的食物丰富多彩。大米、小米、爵麦、黄粱随你食用，菜的味道酸甜咸苦，调和适口；烷甲鱼、烤羊羔，还加上蔗汁、醋烹的天鹅、焖野鸡、煎肥雁和鸽子，还有卤鸡和炖

明月楼高休独倚，酒入愁肠，化作相思泪。——宋·范仲淹《苏幕遮》

鱼肉汤，味美而浓烈，经久不散。"可见两千多年前，湖南先民就掌握了烧、烤、焖、煎、蒸、炖、卤等十多种烹调方法。到秦汉时期，湘菜初步形成了原料丰盛、方法众多、风味鲜美的独特风格。

2. 幽默风趣

在解说中恰如其分地使用幽默语言可以调动情绪、增添游兴，用幽默的语言更容易使人产生亲近感。

例如，有一群游客游览福建武夷山，曾乘竹筏漂游了九曲溪，撑筏人员沿途讲了一些神话和传说，让游客在饱览自然风光的同时，还能领略当地的人文佳话。行了大半旅程后，游客感觉比较疲惫了。这时水中出现了一块圆形巨石，石上还有几个眼。这时，撑筏的人问："你们看，这块石头像不像一堆牛粪？"

游客都笑着说："像。"但游客心里觉得这个比方虽然形象，但是很不雅。

他接着说："上面有几个眼，是用来插鲜花的，人们常用'一朵鲜花插在牛粪上'来比喻一个漂亮的女子嫁给了一个长得对不起观众的男人。"

当游客还在发笑的时候，他话锋一转说："我们把这个比方说给老外听的时候，老外连连摇头，说'no，no，应该说像蛋糕。'"

"蛋糕应该是白的呀？"游客当中有人问。

他说："我们也这么问老外，老外说，'是巧克力蛋糕。'"

他的解说，把坐在竹筏上的游客们都逗笑了，游客们的疲惫一扫而空。

3. 故事引导

故事人人爱听，是听众感兴趣的内容。把解说同有关的传说故事结合起来，解说就更加生动吸引人。

例如长城的解说：大家可以看到每隔两三米，就有一个烽火台，这是古代屯兵的堡垒，可它还有个别名，叫"媳妇楼"，大家肯定也想知道它为什么这样叫？

我给大家讲个故事：戚继光镇守山海关时，招进了一批新军，有个叫吴三虎的青年武艺高超，将军十分器重他，可他在保护董家烽火台时战死了，后来他的妻子从了军，一起打退了敌人，因此烽火台又叫"媳妇楼"。

4. 典型概括

在解说中，用精练的语言重点突出有代表性的，突出与众不同之处，特别能加深听众的印象。

例如，解说南京：各位游客，讲到这儿，我们可以把南京这座城市特色作一概括，那就是"古、大、重、绿"四个字。"古"，是指南京是中国的七大古都之一；"大"，南京是中国的十大城市之一，有中国最大的河流——长江，还有中国现存最大、最完整的城墙；"重"，南京在历史上、地理上都占有重要的位置；"绿"，南京植被良好、绿化先进，是中国数一数二的绿色城市。因此，南京这座城市的特色又可用两句话来概括，即：梅红松绿市，虎踞龙盘城。

人生得一知己足矣，斯世当以同怀视之。——鲁迅《鲁迅全集》

5. 巧用"之最"

突出"……之最"的项目或内容解说，如果没有世界之最，就可找全国之最、全省之最、全市之最等，同样能加深听众的印象。

例如雅鲁藏布大峡谷解说：朋友们，你们可知道在号称"世界屋脊"的青藏高原有两个世界之最，一个是世界最高的山峰——珠穆朗玛峰，另一个是世界最深最长的河流峡谷——雅鲁藏布大峡谷。高峰与深谷咫尺为邻，近万米的强烈地形反差构成了堪称世界第一的壮丽景观。世界最高的河流——雅鲁藏布江拦腰切开世界上最高的山脉——喜马拉雅山脉，这是人间奇迹。你不想去看看吗？请跟我来吧。朋友们，原来雅鲁藏布江河床平均海拔在 3000 米以上，因此被称为"世界上最高的大河"。它的下游围绕喜马拉雅山东端的最高峰，形成一个奇特的马蹄形大拐弯，在青藏高原上切割出一条长 504 千米的巨大峡谷。峡谷平均深度 2268 米最深处达 6009 米，是不容置疑的世界第一大峡谷。美国的科罗拉多大峡谷和秘鲁的科尔卡大峡谷，曾被列为世界之最，但他们都不能与雅鲁藏布大峡谷一争高下。这就是大拐弯的神奇——长、深、窄。

任务二　调解

案例鉴赏

商场在卖 100 元 3 件的处理圆领衫。有位顾客付钱取货后，遇上了他的熟人。熟人说他穿这种圆领衫大小不合适，于是他执意要退货。售货员再三解释说这衣服穿上决不会小，并说按规定处理品是不退不换的，顾客十分气愤，指责售货员态度不好。售货员不服气，也顶了顾客几句，最后吵到值班经理那儿。经理先是认真听他一通撒火，期间还不时点头表示理解，等顾客发泄完毕，经理首先批评售货员不该顶撞顾客，对那位顾客愿意为商店提出意见，帮助商店改进工作表示感谢，然后告诉他，衣服穿上并不小，并找来一件样品让他试穿。当顾客试穿后确信衣服不小时，经理说："我觉得售货员没有欺骗顾客、强行推销积压货物的意思，她对您还是负责的。如果您执意要退货的话，我们可以破个例，因为您为我们商店提出了宝贵的意见。"此时，顾客惭愧不已，表示衣服不退了，并连连称赞商店的服务态度和质量，表示今后一定常来这里买东西。

【分析与思考】你认为经理的处理方式恰当吗？他这样做有什么好处？经理的处理方式有什么样的技巧？

知识概要

一、调解的应用

现实生活中，人与人之间、单位与单位之间难免会因性情各异、意见相左、利益差别等各种因素引起矛盾和纠纷。如果不及时消除隔阂，缓解矛盾，就会加剧分歧，甚至造成

难以预料的严重后果。在矛盾还没发展到需要法律解决的程度时，调解是最好的一种解决争端、缩小分歧，有利于人际和睦、社会稳定的手段。

在化解纠纷的过程中，要用语言对当事人进行说服、教育、批评、劝导。语言技巧对纠纷化解工作来说是至关重要的。同一句话，出自不同的时间、地点、不同人之口，会产生不同的效果。

二、调解的原则

调解应遵循的原则是以下几点。

1. 公正无私

调解应以事实为依据，以法律为准绳，既要抱息事宁人的心愿，又要有实事求是的态度，站在公正的立场上来分析问题、辨明是非、分清责任，作出公平、合理的裁决或提出正确的解决方案。切不可偏私护短，带有明显的倾向性。否则，非但不利于矛盾与纠纷的顺利解决，反而会损害调解者自身的形象，失去应有的信任度。

2. 平等协商

调解成功的重要基础是调解者与当事人双方处于平等的地位，调解的结果是处于平等的协商而非强制的命令。如果调解者试图凭借权力、地位、辈分等"威慑力"强迫当事人握手言和，就不可能使矛盾真正地得到解决。

3. 寓情于理

当事人情绪激动的时候，调解往往会出现僵局，这时，板起面孔说大道理无济于事。着眼于以理服人的同时，还要着力于以情感人。调解者的一片真情往往能"融化冰山"，扭转僵局，使双方"冰释前嫌"。

❀ **操作指导**

一、选择好调解的语言环境

语言表达要注意时间、地点和人物，就是我们所说的要选择恰当的语言环境。可见语言技巧实际上是语言环境选择的技巧。

语言环境是由说话的时间、地点、对象、背景等客观因素和说话人的身份、处境、修养、心情等主观因素构成的。调解人应选择有利于调解工作的时机，针对当事人不同的身份、处境、修养、心情开展调解工作。假如在调解纠纷时不考虑调解的时机，简单地把双方当事人叫到一起，让双方互谅互让，会出现什么场面呢？或许双方当事人各陈其理，互不相让，或许互不服气。

如果事先通过调查研究，分别做纠纷当事人的思想工作，指出过错，在一方当事人或双方当事人都有悔改意思表示时，再把双方当事人召集到一起，开展调解工作，就容易使双方当事人认识过错，达成调解协议，得到好的调解效果。若双方距达到和解还相当远，可以考虑用"冷处理"的方法，转移一下话题，以结束争辩。距离和时间会使人冷静而理智，有时矛盾便在不知不觉中烟消云散。

我们中国人对于不是自己的东西，或者将不为自己所有的东西，总要破坏了才快活的。——鲁迅

二、说好"四种话"

调解的人员恰到好处的言辞表达，往往收到事半功倍的效果。俗话说"一句话可以使人笑，一句话也可以使人跳。"话说得好，三言两语可促成纠纷的化解；言辞不当，千言万语也会导致调解的失败。要使调解工作达到理想的效果，应该学会讲好以下四种话。

一是定心话。定心话是安定情绪的话，是调解纠纷的前奏曲，是促成纠纷化解的切入点。当事人之间产生了纠纷，情绪一般都不稳定，有的粗暴蛮横，有的急躁不安，有的郁闷痛苦。这些异常的心理状态，都不利于调解工作。因此，对粗暴蛮横的人，要直言正告，使其恢复常态；对急躁不安的人，要耐心劝其冷静下来；对郁闷痛苦的人，要婉言抚慰，使其得以宽心；无论对哪一种当事人，一定要真诚开导。首先都不妨说一句："问题既已发生，总要得到解决，请让我们一起来寻求解决的办法。"这样，当事人的心灵会得到慰藉，情绪会得以安抚。讲好定心话，要注意两点：第一，细心观察，掌握当事人的情绪特点；第二，区别对待，选择好合适的表达口气。

二是风趣话。风趣话诙谐、生动，爽快之中含启示，笑谈之中寓哲理，幽默而不含糊，通俗而不失高雅，是调解纠纷的有力武器。善于采用幽默而风趣的语言，不失为化解纠纷的一手绝招。面对剑拔弩张、势不两立的当事人，自然得体的风趣话，往往能缓解激烈情绪，调节紧张气氛，消除拘谨不安，避免矛盾激化，收到神奇的效果。

例如在公共汽车上，因拥挤而争吵之事屡有发生。任凭售票员"不要挤"的喊声扯破嗓子，仍无济于事。忽然，人群中一个小伙子嚷道："别挤了，再挤我就变成相片啦。"听到这句话，车厢里立刻爆发出一阵欢乐的笑声，人们马上便把烦恼抛到了九霄云外。此时，是幽默调解了紧张的人际关系。

幽默虽然能够促进人际关系的和谐，但倘若运用不当，也会适得其反，破坏人际关系的平衡，激化潜在矛盾，造成冲突。例如在一家饭店，一位顾客生气地对服务员嚷道："这是怎么回事？这只鸡的腿怎么一条比另一条短一截？"服务员故作幽默地说："那有什么！你到底是要吃它，还是要和它跳舞？"顾客听了十分生气，一场本来可以化为乌有的争吵便发生了。

所以，幽默应高雅得体，态度应谨慎和善，不伤害对方。幽默且不失分寸，才能促使人际关系和谐融洽。

三是圆场话。有句俗话说："幼儿园老师的话要甜，调解人员的话要圆。"圆场话是一种避开矛盾冲突、故意转移话题的说话技巧。其特点是：迂回陈词，自圆其说。恰到好处的圆场话，能使僵局变得缓和，化干戈为玉帛，使隔阂得以消除。

四是希望话。化解纠纷接近尾声，不可因胜利在望而掉以轻心，也不能因成功在即而如释重负，还必须紧锣密鼓，趁热打铁，讲好结束语，说好希望话。讲好希望话要生动、形象，针对性要强。一番热情诚挚、透人心房的希望话，往往能使当事人感动并且难以忘怀。

232

曾经阔气的要复古，正在阔气的要保持现状，未曾阔气的要革新，大抵如此，大抵！——鲁迅

任务三　谈判

案例鉴赏

有一位教徒问神甫："我可以在祈祷时抽烟吗？"他的请求遭到神甫的严厉斥责。而另一位教徒又去问神甫："我可以在吸烟时祈祷吗？"后一个教徒的请求却得到允许，他悠闲地抽起了烟。

【分析与思考】这两个教徒发问的目的和内容完全相同，为什么结果恰好相反？

知识概要

一、谈判的含义

谈判有广义与狭义之分。广义的谈判是指除正式场合下的谈判外，一切协商、交涉、商量、磋商等，都可以看做谈判。狭义的谈判仅仅是指正式场合下的谈判。

谈判总是以某种利益的满足为目标，是建立在人们需要的基础上的，这是人们进行谈判的动机，也是谈判产生的原因。谈判是两方以上的交际活动，是寻求建立或改善人们的社会关系的行为，也是一种协调行为的过程。

二、谈判的分类

按照谈判的性质划分，可以分为一般性谈判、专门性谈判和外交性谈判等。

1. 一般性谈判

是指一般人际交往中的谈判。例如家庭场合的，夫妻间商量去哪家商店购物，父子间讨论何时去郊外游玩等；或者是公共场合的，如在戏院，观众之间协商调换座位等。

一般性谈判是随意的、非正式的，双方无须做过多的准备，日常生活中几乎到处存在。

2. 专门性谈判

是指各个专门领域中的谈判，包括教育领域中合作办学的谈判、金融领域中的信贷谈判、科技领域中的技术转让谈判、生产领域中的产品开发谈判、商业领域中的贸易谈判等。

专门性谈判大都具有明显的经济行为。通过谈判，就某项技术交流、经济合作、经贸往来、资金融通、工贸往来等达成一个有利于双方或多方的一致性协议。专门性谈判是一种有准备的正式谈判。

3. 外交性谈判

是指国与国之间就政治、军事、经济、科技、文化等方面的问题或交流而进行的谈判。

外交性谈判程序严谨、准备充分、效果明显、影响较大，谈判的结果对双方都有很大的制约性。

本节所讲的谈判主要是商务谈判。

有缺点的战士终究是战士，宝贵的苍蝇也终究不过是苍蝇。——鲁迅

三、谈判的语言特点

1. 客观性

从供方来说，谈判语言的客观性主要表现在：介绍本企业情况要真实；介绍商品性能、质量要恰如其分，同时亦可附带出示样品或进行演示，还可以客观介绍一下用户对该商品的评价；报价要恰当可行，既要努力谋取己方利益，又要不损害对方利益；确定支付方式要充分考虑到双方都能接受、双方都较满意的结果。

谈判语言具有客观性，就能使双方自然而然地产生"以诚相待"的印象，从而促使双方立场、观点相互接近，为下一步取得谈判成功奠定基础。

2. 针对性

谈判语言的针对性是指语言要始终围绕主题，有的放矢。具体地说，谈判语言的针对性包括：针对某类谈判，针对某次谈判的具体内容，针对某个具体对手，针对同一个对手的不同要求等。

3. 逻辑性

谈判语言的逻辑性是指谈判者的语言要符合思维的规律，表达概念要明确，判断要准确，推理要严密，要充分体现其客观性、具体性和历史性，论证要有说服力。

4. 规范性

谈判语言的规范性是指谈判过程中的语言表达要文明、清晰、严谨、精确。

第一，谈判语言必须坚持文明礼貌的原则，必须符合商界的特点和职业道德要求。

第二，谈判所用语言必须清晰易懂。

第三，谈判语言应当注意抑扬顿挫，轻重缓急，避免吐舌挤眼，语不断句，嗓音微弱，大吼大叫或感情用事等。

第四，谈判语言应当准确、严谨，特别是在讨价还价等关键时刻，更要注意一言一语的准确性。

❧ 操作指导

一、商务谈判语言技巧

商务谈判实质上是通过语言进行的经济活动，其成功与否在很大程度上取决于语言的运用。成功的商务谈判都是谈判双方出色运用语言艺术的结果，应注意以下技巧。

1. 针对性强

在商务谈判中，双方各自的语言，都是表达自己的愿望和要求的，因此谈判语言的针对性要强，做到有的放矢。模糊、啰唆的语言，会使对方疑惑、反感，降低己方威信，成为谈判的障碍。

针对不同的商品、谈判内容、谈判场合和谈判对手，要有针对性地使用语言，才能保证谈判的成功。例如对脾气急躁，性格直爽的谈判对手，运用简短明快的语言可能受欢迎；对慢条斯理的对手，则采用春风化雨般的倾心长谈可能效果更好。

自觉心是进步之母，自贱心是堕落之源，故自觉心不可无，自贱心不可有。——邹韬奋

不同的谈判内容和谈判场合都有不同的谈判对手，需要使用不同的谈判语言。即使是同一谈判内容，由于谈判对手的文化程度、知识水平、接受能力、个性习惯不同，也要求有不同的谈判语言。

　　谈判语言还要针对谈判对手的不同需要，恰当地使用有针对性的语言或重点介绍商品的质量、性能；或侧重介绍本企业的经营状况；或反复阐明商品价格的合理，等等。总之，谈判语言要抓住重点，不枝不蔓，言简意赅，深中肯綮。

2. 表达方式婉转

　　谈判中应当尽量使用委婉语言，这样易于被对方接受。例如，在否决对方要求时，可以这样说："您说的有一定道理，但实际情况稍微有些出入"，然后再不露痕迹地提出自己的观点。这样做既不会有损对方的面子，又可以让对方心平气和地认真倾听自己的意见。有时候，谈判高手往往努力把自己的意见用委婉的方式伪装成对方的见解，提高说服力。在自己的意见提出之前，先问对手如何解决问题。当对方提出以后，若和自己的意见一致，要让对方相信这是他自己的观点。在这种情况下，谈判对手有被尊重的感觉，他就会认为反对这个方案就是反对他自己，因而容易达成一致，获得谈判成功。

3. 灵活应变

　　谈判形势的变化是难以预料的，往往会遇到一些意想不到的尴尬事情，要求谈判者具有灵活的语言应变能力，与应急手段相联系，巧妙地摆脱困境。当遇到对手逼你立即作出选择时，你若是说："让我想一想""暂时很难决定"之类的语言，便会被对方认为缺乏主见，从而在心理上处于劣势。此时你可以看看表，然后有礼貌地告诉对方："真对不起，九点钟了，我得出去一下，与一个约定的朋友通电话，请稍等五分钟。"于是，你便很得体地赢得了五分钟的思考时间。

4. 恰当地使用无声语言

　　商务谈判中，谈判者通过姿势、手势、眼神、表情等非发音器官来表达的无声语言，往往在谈判过程中发挥重要的作用。在有些特殊环境里，有时需要沉默，恰到好处的沉默可以取得意想不到的良好效果。

二、商务谈判的提问技巧

　　商务谈判中常运用提问技巧作为摸清对方真实需要、掌握对方心理状态、表达自己意见观点进而通过谈判解决问题的重要手段。提问的方式很重要，提问的角度不同，引起对方的反应也不同，得到的回答也就不同。

　　例如，有一个应聘者想到一家公司担任某一职务，他希望年薪 2 万元，而老板最多只能给他 1.5 万元。老板如果说"要不要随便你"这句话，就有攻击的意味，应聘者可能扭头就走。而老板换个方式对应聘者说："给你的薪水，那是非常合理的。不管怎么说，在这个等级里，我只能付给你 1 万元到 1.5 万元，你想要多少？"很明显，他会说"1.5 万元"，而老板又好像不同意说："1.3 万元如何？"应聘者继续坚持 1.5 万元，并让老板接受了。其结果是老板投降。表面上，应聘者好像占了上风，沾沾自喜，实际上，老板运用了选择

骄傲自满是我们的一座可怕的陷阱；而且，这个陷阱是我们自己亲手挖掘的。——老舍

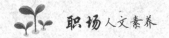

式提问技巧，他却放弃了争取 2 万元年薪的机会。

三、商务谈判中应避免的言辞

在谈判中，语言的选择运用十分重要，有些语言应尽量少用或不用。

1．极端性的语言。如"肯定如此"、"绝对不是那样"。即使自己看法正确，也不要使用这样的词汇。

2．针锋相对的语言。这类语言特别容易引起双方的争论、僵持，造成关系紧张。如"开价五万，一点也不能少"，"不用讲了，事情就这样定了"。

3．涉及对方隐秘的语言。如"你们为什么不同意，是不是你的上司没点头？"与国外客商谈判尤其要注意这一点。

4．有损对方自尊心的语言。如"开价就讲这些，买不起就明讲。"

5．催促对方的语言。如"请快点考虑"，"请马上答复"。

6．赌气的语言。它往往言过其实，造成不良后果。如"上次交易你们已经赚了五万元，这次不能再占便宜了。"

7．言之无物的语言。如"我还想说……""正像我早些时候所说的……""是真的吗……"等等。许多人有下意识地重复习惯，俗称口头禅。它不利于谈判，应尽量克服。

8．以我为中心的语言。过多地使用这类语言，会引起对方的反感，起不到说服的效果。如"我的看法是……""如果我是你的话……"必要的情况下，应尽量把"我"变为"您"，一字之差，效果会大不相同。

9．威胁性的语言。"你这样做是不给自己留后路。""请你认真考虑这样做的后果。"

10．模棱两可的语言。如"可能是……""大概如此""好像……""听说……""似乎……"

🌿 视野拓展

销售谈判技巧——让步

谈判是双方不断地让步最终达到价值交换的一个过程。让步既需要把握时机又需要掌握一些基本的技巧，也许一个小小的让步会涉及整个战略布局，草率让步和寸土不让都是不可取的。一些谈判者不断重复着毫无原则的让步，不清楚让步的真实目的，最终的结果往往是将自己逼入绝境，而对手却在静观其变。这些谈判者除了缺乏对谈判的了解外，也有自身性格的原因，他们不愿意为了一桩小事伤了面子、坏了情绪，影响日后的交易。这种对于谈判的理解在业界是非常普遍的，但却是极端危险的。谈判就是谈判，在工作之外你可以和对方促膝谈心，成为莫逆之交，但在谈判桌前就要针锋相对，要清楚你代表的是企业行为而决非个体。你的一个轻易让步可能会使企业利润降低或者亏损，减少市场的投入甚至影响到员工的收入。也许没有人认为自己的行为会有如此的后果，但如果每一名谈判者都抱着如此的心态，那么再优秀的企业也会垮台破产。

有一堆葡萄，乐观主义者，必是从最坏的一个葡萄开始吃，一直吃到最好的一个葡萄，把希望永远留在前头；悲观主义则相反，越吃葡萄越坏，吃到绝望为止。——钱钟书《围城》

因性格而改变谈判结果的例子比比皆是，性格软弱的谈判者更容易做出让步，买家很愿意和这类谈判者共事，他们总会提出一些难以接受的要求，随后不断地施加压力，迫使谈判者一次又一次地接受。我认识几位谈判高手，他们在生活上都比较随意，但在谈判桌上却判若两人，办事雷厉风行，很好地完成了角色的转变。所以我认为性格不会影响谈判者的成长，只要把握正常的心态、强化谈判的决心，你就不会轻易地让步，即使你方处于弱势。

在谈判中让步的原则是：没有回报，绝不让步。不要以为你善意的让步会感动对方，使谈判变得更加简单而有效，这只是一相情愿的想法，事实上恰恰相反，在你没有任何要求的让步下，对方会更加有恃无恐、寸土不让，并且还会暗示你做出更大的让步，想以让步来换取对方的让步是绝不可能的。要记住：谈判桌前并不是交朋友的场所。一些销售人员认为谈判总需要有一方做出让步，否则谈判将无法进行下去。这种理念听起来确实不错，但问题是为什么一定是你先让步呢?你的让步或许使对方会认为你在表示诚意，但老谋深算的对手绝不会这么看，他们不会被你的诚意所感动。相反，他们会认为你软弱可欺，谈判的态度会越发强硬起来，会变本加厉来迫使你再次让步。也许你经历过这样的情景。你千辛万苦地开发了一个重要客户，对方虽然认可了你的产品，但始终不同意接受产品的价格，你当然不能让煮熟的鸭子飞了，无奈之下做出了价格让步，但有言在先，下次订货时要按标准价格执行，对方满口答应。好容易盼到他们再次要货了，出乎你的预料，他们不但不认可标准价格，还威胁你如果不给予相当的折扣，他们会与其他的供应商合作，而且永远不再和你来往了。

所以，当对方要求你让步时，应该索要一些回报，否则绝对不要让步。有一家大型知名超市在北京开业，供应商蜂拥而至，一家弱势品牌与对方进行进店洽谈，谈判异常艰苦。对方要求十分苛刻，尤其是 60 天账期实在让人难以接受，谈判进入了僵局并且随时都有破裂的可能。期间的一天，对方采购经理向该公司提出，希望提供一套现场制作的设备，能够吸引更多的消费者。该公司刚好有一套设备闲置在库房里，却没有当即痛快地答应，而是答应回公司尽力协调这件事，并提出了要对方给一个正常的货款账期的要求。最后，该公司赢得了一个平等的合同，超市因为现做现卖吸引了更多的客流，一次双赢的谈判就这么形成了，当然不能忽视让步的技巧所起到的作用。即使在谈判陷入僵局的时候也不要轻言让步，不要认为只有做出让步才会使谈判得以正常的进行。随着买方市场的到来，暴利时代已经彻底结束，任何产品的利润率都在下滑，企业的利润往往保持在一个合理的范围之内。但很多企业的销售人员都比较缺乏盈利观念，在他们脑子里除了订单就是销量，缺少基本的大局观念，加之领导的错误引导和公司制度的不健全，导致他们为了完成销售任务或者因为绩效奖金不惜在产品价格上给予优厚折扣。

当所有销售员都在价格上不断地让步，那么公司拿什么来盈利?砍价是买家的本能，即使是可以接受的价格，他们也会表示不满，还会要求你让步，哪怕是 1%的折让。不要小看一个百分点，假如对方年销售额是 500 万元，让出一个百分点就是 5 万元，你有没有办法

自从幽默文学提倡以来，卖笑变成了文人的职业。幽默当然用笑来发泄，但是笑未必就表示着幽默。——钱钟书《写在人生边上·说笑》

可以马上将损失填补，好像很难。在买方提出降价的要求时，可以用其他让步方式来代替，例如一定范围内的退换货支持、加大宣传力度、提供人力支援等，尽量避免因价格的下降给企业带来不必要的损失。从买方角度思考，只要在交易中切实获得了更多，那么无论何种方式都是可以接受的。在每一阶段的让步都要与所让步的价值相对应，任何事物都有其独立的两面性，在一项让步中，双方需求不同、角度不同，所体现出的价值也会存在很大的不同，在你做出让步后得到对方回报的过程中，双方所得到的价值是否对等是让步的关键。

让步的原则：（1）谨慎让步，要让对方意识到你的每一次让步都是艰难的，不能使对方充满期待，每次让步的幅度不能过大。（2）尽量迫使对方在关键问题上先行让步，而本方则在对手的强烈要求下，在次要方面或者较小的问题上让步。（3）不做无谓的让步，每次让步都需要对方用一定的条件交换。（4）了解对手的真实状况，在对方急需的条件上坚守阵地。（5）事前做好让步的计划，所有的让步应该是有序的，将具有实际价值和没有实际价值的条件区别开来，在不同的阶段和条件下使用。

🍃 实践训练

1. 某市展览中心正在举行展销会，各大公司纷纷推出自己的名牌产品。请每位同学以公司业务员的身份介绍本公司的特色产品。产品可以自己拟定，要求掌握解说的基本要求，体现"真、准、趣"的特点。

2. 选择一处你熟悉的旅游景点，设计一段导游词，给"游客"解说。要求语言通俗，用语准确，善用修辞，有幽默感。

3. 某精密机械工厂生产某项新产品，将其部分部件委托分工厂制造，当分厂将零件的半成品呈示总厂时，不料全不合该厂要求。由于迫在眉睫，技术部的负责人只得令其尽快重新制造，但分厂负责人认为他是完全按总厂的规格制造的，不想再重新制造，双方陷入了争论。你作为总厂的负责人会怎样调解这一事情？

4. 大一新生刘梦鸿想买一台笔记本电脑，但资金不多，就打算买台二手的。正巧大三的袁媛因为快毕业了，想把用了两年多的笔记本电脑处理掉。如果你是刘梦鸿，该怎样和袁媛谈判才能获得最佳的效益？谈判前该做哪些准备？

快乐在人生里，好比引诱小孩子吃药的方糖，更像跑狗场里因有狗赛跑的电兔子，几分钟或几天的快乐赚我们活了一世，忍受着许多痛苦。——钱钟书《写在人生边上·论快乐》

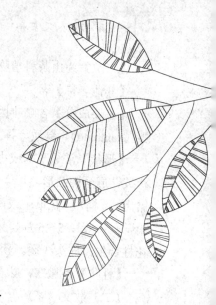

模块五　应用写作

　　积极向党组织靠拢的你，需要写一份入党申请书；即将毕业的你，需要上交一篇毕业论文；打算找工作的你，需要递交一份个人简历；运筹帷幄的你，需要用缜密细致的方案号召你的团队；圆满完成任务的你，需用一份报告汇报你的成绩……工作生活中常常需要写作应用文。常用实用文体的写作无疑是你驰骋职场必不可少的武器。

应用文写作概说

一、应用文写作与文学写作的区别

　　写作是人们沟通信息，表达情感，交流感情的基本手段。根据写作目的、写作性质的差别，可以把写作分为应用文写作和文学写作。

　　应用文写作是人们为了处理工作、生活中的各种事务所进行的写作。其目的是解决工作生活中的实际问题，起着宣传教育、公务联系、法律法规、留存凭据和记载事项等作用，往往遵循惯用格式。如各种公文、计划、总结、启事、信函、调查报告、说明书，等等。

　　文学写作是作者为了抒发主观情感、反映现实生活、创造文学形象而进行的极具个性的写作活动。起着认识生活、交流感情、陶冶情操、审美欣赏的作用。如各种风格的散文、诗歌、剧本、小说等。

【案例鉴赏】

　　（一）《茶叶说明书》

　　【功能主治】收敛，利尿，提神。用于神疲多眠、头痛目昏、烦渴、小便不利、酒毒。

　　事实上，一个人的缺点正像猴子的尾巴，在地面的时候，尾巴是看不见的，直到它向树上爬，就把后部供大众瞻仰，可是这红臀长尾巴本来就有，并非地位爬高了的新标识。——钱钟书《围城》

【来源】为山茶科植物茶 Camelliasinensis（L.）Kuntze 的嫩叶或叶芽。

【其他名称】茗　　　　　【汉语拼音】Chaye　　　　　【英文名】FoliumCamelliae

【主要成分】含咖啡因（caffeine）、茶碱（theophylline）、可可豆碱（theobromine）、黄嘌呤（xanthine）、鞣质、挥发油、槲皮素、维生素 C、胡萝卜素、二氢麦角甾醇。

【形状】常绿灌木或小乔木，高 1～6m。嫩枝和嫩叶有细柔毛。叶互生，薄革质，椭圆状披针形至椭圆形，长 4～10cm，宽 2～3.5cm，尖端急尖或钝而微凹，基端楔形，边缘有锯齿；叶柄短。花单生或两朵腋生，很少 3～4 朵腋生，直径 2.5～3.5cm；花柄长 6～10mm，稍下垂；萼片 5～6 片，果时宿存；花瓣 5～8 个，圆形，白色；子房上位，3 室，有柔毛，花柱合生，柱头 3 裂。蒴果圆形或呈 3 瓣状，每室有 1 种子。花期 9～10 月，果期 11 月。

【性味】性微寒，味苦、甘。

（二）散文《茶》

喝茶，喝的是一种心境，感觉身心被净化，滤去浮躁，沉淀下的是深思。

茶是一种情调，一种欲语还休的沉默；一种欲笑还颦的忧伤；一种"千红一杯，万艳同窖"热闹后的落寞。无茶的日子，真得觉得平淡、索然无味。

于我而言，最喜欢在一个寂寞的雨夜，泡一杯清茶，独坐在窗前，看落叶飘零，听雨敲窗棂，在氤氲的茶雾中，在淡淡的茶香中，品清清浅浅的苦涩，想浓浓淡淡的心事……

轻轻晃动手中的茶杯，看淡绿色的茶或针或片，忽上忽下，簇拥着，沉沉浮浮，变换着不同的位置，试图寻找一个属于自己的最佳平衡点。

心急的我常常等不得茶泡好，就轻吹杯口，带动一漾一漾的茶涡，看茶叶聚聚散散，无奈分离。

呷一小口茶，任清清浅浅的苦涩在舌间荡漾开来，充溢齿喉。之后，深吸一口气，余香满唇，在肺腑间蔓延开来，涤尽了一切的疲惫冷漠。人仿佛也醉了，朦胧中，久久不愿醒来。

是夜，茶香满室，杯中茶由淡变浓，浮浮沉沉，聚聚散散，苦涩清香中慢慢感悟：人生亦如茶。

【分析与思考】以上两篇文章分别给你什么感受？它们在语言、结构等方面分别有什么特点？为什么会有这样的区别呢？

应用文写作和文学写作的区别可以从以下几方面来理解。

（一）写作目的不同

国家机关、社会团体、企事业单位、个人为了处理各种事务，使用实用性的应用文，其写作目的是解决公务或个人事务中明确的、具体的、有着现实利害关系的问题。例如公司的规章制度，劳动者和单位之间的劳务合同，个人向慈善组织请求援助的申请书，等等。因此，应用文写作具有直接的社会功利性，其价值在于实用。

文学写作的作者则不期求通过文学作品来解决现实生活中的具体问题，只是通过写作

生命中有一些人与我们擦肩了，却来不及遇见；遇见了，却来不及相识；相识了，却来不及熟悉；熟悉了，却还是要说再见。——对自己好点，因为一辈子不长；对身边的人好点，因为下辈子不一定能遇见。——余秋雨

来抒发志趣和情怀，表达对社会人生的认识和感受，追求审美创造的满足。例如李白的诗歌，余秋雨的散文，张爱玲的小说等，都不是为了解决集体或个人的某一个具体事务而写，这些作品的艺术价值即使再高也不可能用于解决具体问题。因此，文学写作不具有直接的社会功利性，其价值在于表现和审美，正如学者王国维所言是"无用之用"。

（二）阅读对象不同

应用文写作的阅读对象是特定的责任（利益）相关人，如广告的阅读对象是潜在的客户，书信的阅读对象是收信人，请示报告的阅读对象是上级部门的相关负责人，通知的阅读对象是与通知事项相关的单位和个人。有些实用文书如行政公文的阅读权限是具有法律效力的，窃取或泄露重要文件机密者要受到法律的严惩。

文学写作的阅读者则是广泛的、自由的，不受时空限制的。

此外，阅读者的阅读表现也是有区别的。应用文写作的读者所阅读的是与公务或个人事务有直接利害关系的文本，所以必须及时阅读，认真领会，并做出相应的反应（处理），以免贻误公私事务。

文学写作的读者的阅读心态和阅读行为却极具自由性，随时可读，随兴而读；可字斟句酌，也可不求甚解；可得意忘"言"，也可玩味词句。

（三）真实性要求的内涵不同

应用文写作的目的是为了应用，真实性是其生命。应用文写作要针对具体的事情，不仅要求所反映的是生活中真实存在的真人真事，事实材料必须准确无误，而且要求写作者对事情的实质把握准确。此外，在引用和表述国家路线、方针、政策、法律法规时不得发生偏差和出入。所以写作者要以高度负责的态度，对内容的真实性严格把关，以免造成严重后果。

文学写作也要求真实性，但这个真实性指的是"艺术的真实"，是对生活本质的艺术概括。也就是说，文学写作中的真实不是强调生活中真实存在的真人真事，它可以是确实存在的，但更多的是按照生活逻辑可能出现的人和事。这其中充满了作者的想象、虚构，即使真有其人其事，也不过是将其作为"原型"加以加工，正如鲁迅先生笔下的孔乙己、祥林嫂、阿Q等不朽形象，都是通过"杂取种种，合成一个"的手法塑造的。

（四）语体风格不同

写作的目的决定了其语体风格。应用文写作因其实用的目的，往往采用事务语体或公文语体，这是一种平实的书面语体。应用文写作中所用的表达方式主要是叙述、议论和说明，极少使用状物摹形的描写和渲染主观情绪的抒情。其语言讲究准确、简明、平实、严谨，要避免歧义和含糊；用词讲究庄重得体，常常使用专用术语和公文习惯用语。修辞方面，应用文写作极少使用夸张、双关、拟人、借代、反语等修辞格。总体来说，应用文写作是一种在实际工作生活中使用频率极高的写作，为了确保文章的使用效率，语言一般较少体现个人风格。

文学写作因其审美的目的，使用的是文学语体，这是一种艺术性的书面语体。文学写

很多事物，没有得到时总觉得美好，得到之后才开始明白："我们得到的同时也在失去。"——余秋雨

作中常常离不开主观色彩鲜明的议论，生动传神的描写和富有感染力的抒情。其语言追求生动性、形象性、感染力和个性风格。为了塑造形象、表现意境和表达情感，文学作品的语言使用丰富的艺术辞藻，借助各种修辞手法，语言表达十分灵活自由。正因如此，不同的作家其文学创作呈现出不同的语言风貌。

需要特别说明的是，在实际使用中，演讲稿、广告词、一般书信等实用文章非常讲究文采，以情感人，突出个性风格，是因为这些文体兼具文学写作和应用文写作的特点。

二、应用文写作的核心问题——思维

（一）思维对应用文写作的意义

在初学应用文写作的人中，有一种认识倾向：应用文写作就是一种具有固定格式的写作，熟知各种应用文体的格式规范就能写好应用文。这种错误认识误导了学习者，他们会发现，自己尽管能正确地按照格式写作，但是仍然解决不了写作难问题，写出来的文章或文不对题，或言不得体，或不知所云。问题的症结在于忽视了思维的训练。

思维问题是应用文写作的核心问题。

"思维是人脑对客观现实概括的间接的反映，它反映的是事物的本质和事物间规律性的认识。"

一篇文章的主旨提炼、材料择取、篇章布局、语言表达，无不决定于思维水平。首先，从杂乱的表象材料中去伪存真，寻找规律，确定主旨，靠的是思维的深刻性和独创性；其次，将主旨按一定的结构形式表现出来，将精选的材料按一定思路组合起来，靠的是思维的逻辑性；最后，用准确精练的语言表达出来，则靠的不仅是思维的逻辑性，还有思维的敏捷性。

所以，应用文写作水平主要取决于思维的品质和水平。要学好应用文写作，就必须重视思维逻辑性、深刻性、敏捷性的培养。

（二）应用文写作的思维特征

1. 主体的群体性

应用文写作中有相当一部分具有遵命性，往往是群体意志的体现。例如，公文的写作往往就是在组织、领导班子的授意下，按照组织、领导班子的意志去写的，这时，写作主体不是执笔人，而是一个集体。在这种情况下，执笔人需要认真深入领会组织、领导的意图，并准确如实地表达出来，不能凭一己之见，随心所欲，用个人意志替代群体意志。

2. 方式的抽象性

应用文写作是以实际需要为出发点的，以解决人们工作生活中的实际问题为目的，需要以理服人。所以，应用文写作的思维方式以抽象思维为主。写作者在大量的感性材料中，通过整理、提炼，寻求其内在联系，挖掘事物的实质与规律，并逐步形成概念、判断、推理。无论在认识阶段还是行文阶段，都要善于运用辩证思维和逻辑思维，既要防止以偏概全，又要防止就事论事；既要善于概括，又要点面结合；既要正确使用概念，又要恰当地进行判断，还要推理严密。

在这个世界上，没有人真正可以对另一个人的伤痛感同身受。你万箭穿心，你痛不欲生，也仅仅是你一个人的事，别人也许会同情，也许会嗟叹，但永远不会清楚你伤口究竟溃烂到何种境地。——余秋雨

3．建构的规范性

应用文体在长期的使用过程中，逐渐形成一些约定俗成的结构和思路。这些固定的思路在人们长期的写作实践中相互沿袭，逐渐优化，最后形成一些规范化的模式。这就决定了应用文写作思维方式的规范性和稳定性，它不像文学写作那样不厌其新，强调独创。随着信息化社会的到来，人们对信息交流的效率要求更高，应用文写作思维的规范性和稳定性也将更加突出。

4．结果的明确性

应用文写作作为一种指导工作、解决实际问题的写作，要求思维的结果具有明确性、单一性。首先，主旨必须鲜明单一，主张什么，反对什么，要怎样做，不能怎样做，都必须明确、具体。其次，观点必须集中，一篇应用文所针对的事情，要解决的问题不能多，一般应该一文一事；针对问题提出的措施、办法、要求也不应该太杂太繁。

以上特点都是针对应用文写作的一般情况而言的。但是我们不能片面地认为应用文写作只有抽象思维。事实上，在应用文写作中，抽象思维和形象思维是互补的，例如一些专门用语"拳头产品""软着陆""市场疲软"等就是形象思维的结晶；一些应用文体如新闻、书信、广告的写作中形象思维很鲜明。此外，也不能误认为应用文写作的思维就是模式化思维。其实，在广告、评论、新闻等文体中，求异思维、逆向思维、发散思维是非常重要的。

三、应用文的结构规律

文章的结构，古人称之为"谋篇布局"。应用文的结构是文章内容赖以表现的重要手段，结构的好坏直接关系到文章的成败优劣。应用文由于在实际运用中形成了符合人们认知规律和习惯的规范，其结构往往有一定的规律和模式，初学者可以作为参考。

（一）应用文的一般结构

根据应用文的特点、功能，结合大量的应用文案例，可以发现大多数应用文的结构思路遵循由一般到特殊的直线型思维模式：开头用简要的句子说明全文的目的、结论或概况，（即所谓"立片言以居要"），再作具体的解释、说明、叙述，最后予以强调或总结。一般把前面简要交代目的、结论、概况的部分作为文章的总起，将中间具体解释、说明、叙述的部分作为文章的主体，将最后强调总结的部分作为结尾。

应用文特别讲究结构层次，注重层次间的内在衔接。对于内容较多的文章，为了使文章条理清晰，其主体部分往往使用小标题标明层次，或采用分条列项的写法，有的还借用图表来表达。

（二）应用文层次的展开方式

应用文讲究思路清晰，注重起承转合。根据文章内容特点和写作意图，可灵活安排层次展开方式。常用的应用文层次展开方式有。

1．递进式

递进式是按纵向展开层次的方式，这种方式往往反映事物或事理本身的自然联系，结构层次之间是延续、承接、深入的关系。

爱一个人，就是在漫长的时光里和他一起成长，在人生最后的岁月一同凋零。——余秋雨

具体的方式有：

① 按照时间先后顺序展开层次；

② 按照事物或矛盾发展的各个阶段展开层次；

③ 按照作者认识的发展深化展开层次；

④ 按照论证推理的各个步骤展开层次。

2. 总提分承式

较多的是先总后分，也有由总到分再到总的，偶尔也有先分后总的。

通告、通知、会议纪要等的正文结构常呈现这种层次。

3. 并列式

并列式是按事物的逻辑联系进行分类归纳，按事物构成部分、特性、性质的不同侧面来安排层次，将材料横向排列的方式，结构层次间是平行、平等的关系。

具体的方式有：

① 按照观察者立足点的转移或空间位置的变换展开层次；

② 按照事物各个构成部分展开层次；

③ 按照材料的类属展开层次；

④ 按照论述、说明的问题或各分论点展开层次。

4. 纵横交叉式

是将纵向递进式和横向并列式综合起来交叉展开层次的方式。或是以纵向为主，以横向为辅；或是以横向为主，以纵向为辅。内容比较复杂、时空变换较大、篇幅较长的报告、总结、调查报告常采用纵横交叉式。

四、应用文的语言风格

1. 应用文的语体类别

根据不同的交际目的，书面语体可以分为公文语体、科技语体、政论语体、文艺语体等。应用文体涵盖的范围很广，其语言风格不能一概而论。行政公文，计划总结、规章制度等事务文书，合同等经济文书，诉状等法律文书都采用公文语体；科技论文、实验报告、产品说明书等科技文书则采用科技语体；而演讲稿、书信、广告、祝词等兼有文学写作性质的应用文体则较多采用文艺语体。

公文语体的特点：平实明白，准确周密，简洁凝练，庄重得体。有大量的专用词语（承蒙、兹因、欣悉、遵照、如下、任免、审核、特此通报、予以查处、值此……之际等），多用陈述句和祈使句，很少使用渲染性的修辞格。

科技语体的特点：又叫"知识性语体"、"理智语体"。是适应科学技术的需要而形成的。准确、严谨、简洁是这种语体的语言要求。其具体语言特点在于：大量运用专业术语以及图表、符号、简称；不断吸取外来词和国际通用词；多用结构严谨的陈述句、复句以及关联词语等；少用比喻、比拟、夸张、映衬、借代等修辞格。

文艺语体的特点：指的是口头和书面的文艺作品的语体。主要以形象性、抒情性、美

一个不曾用自己的脚在路上踩下脚印的人，不会找到一条真正属于自己的路。——周国平

感性为其基本特征。句法比较灵活，多使用比喻、拟人、排比、夸张等修辞格。

2．应用文语言的总体特点

应用文的语言总体上比较注重简明平实、庄重得体、规范和谐。

简明平实，是指语言简练明确，平易朴实，不刻意求生动、形象，忌浮华艳丽。

庄重得体，是指语言行文庄重、礼貌、文雅，措辞恰当，分寸得当，适合对象，适合文体。例如，应用文使用大量的规范化模式化的专用语，是其语言庄重得体的鲜明标志。

规范和谐，是指使用规范的书面语言，包括规范化的简称和缩略语，并且使语句在语音、字数、节奏、句式等方面达到达到协调、整齐、连贯、统一等效果，使语言富有文采。

3．语言得体与角色定位

在具体的写作中，某一篇文书该怎样措辞，以什么样的语气来写，怎样写算是得体，是大有讲究的。要处理好这些问题，角色定位是关键。

每一个组织、每一个人在社会活动中会充当不同的角色。例如，一个人在老师面前是学生，在父母面前是孩子，在上司面前是下属，在买方面前可能是卖方，在被告面前可能是原告。在应用文写作中，应该根据实际需要确定写作主体的角色身份，采用相应的、得体的语言表述方式。例如一个人给父母写信与给用人单位写信措辞和语气会不同，一个组织给上级写请示与给下级写批复措辞也不能一样。

如果写作主体（不等于执笔人）对自己的角色身份认识不清，那么在写作中就难免出现疏漏和不当。因此，要使应用文的语言表达恰当、得体，写作者就应该对自己所代表的角色身份有清晰的认识。

项目一　求职文书写作

任务一　求职信的写作

案例鉴赏

尊敬的邢主任：

　　您好！

　　今天，我在《长沙晚报》看到了贵单位的招聘公告，我怀着对您和贵单位的无比信任与仰慕前来应聘，并恳求能在您的帮助下取得成功。

　　我是湖南××学院文秘专业的应届专科毕业生×××，女，今年22岁。大学三年，我不仅注意专业基础知识的夯实，还注意自己各方面能力的提升。在校期间我担任校学生会主席，积极组织了学校的各类学生活动，这使我的组织领导能力得到了提高，也强化了我

就像使沙漠显得美丽的，是它在什么地方藏着的一口水井，由于心中藏着永不枯竭的爱的源泉，最荒凉的沙漠也化作了美丽的风景。——周国平

的团结协作意识，得到老师和同学们的认可。

通过毕业前在×××公司半年的实习，我更了解了社会。在不断的学习和工作中养成的严谨、踏实的工作作风和团结协作的优秀品质，使我有信心干好文秘工作。我的理由如下。

1. 我专业基础扎实。学习期间，我各科学习成绩平均分在 85 分以上，多次获得学校的一等奖学金。爱好阅读，为我打下了扎实的写作功底，多次获学校征文比赛一、二等奖。2006 年曾获得我校第五届演讲比赛一等奖。在《湖南日报》《长沙晚报》上也发表了散文数篇。

2. 我的沟通协调能力比较强。在校学生会工作期间，我仪容仪表端庄得体，普通话标准流畅，经受了各种活动的锻炼，能力不断增强。特别是在人际交往方面，在遇到难办的事情时，我都能够圆满解决，沟通能力特强。

3. 我有实战的工作经验。在假期，我曾经在××公司实习过。在实习公司我的工作主要包括：收发文处理、协调各部门相关工作、安排会议并做好会议记录、负责拟定月、季、年终的绩效目标和工作总结、整理保存公司公文、负责本大区的费用预算等，这些工作锻炼了我从事文秘工作的能力，尤其是公关和组织协调能力等。

4. 我的计算机操作能力比较强。利用业余时间我学习电脑知识，能熟练地操作电脑，尤其能熟练地操作和使用 Office 2003，并取得了全国计算机二级证书。

这些为我真正从事文秘工作打下了基础，而这与贵单位所需人才的条件也十分吻合。因此我希望自己有幸能成为贵单位的一员，也自信能胜任秘书职务。恳请贵单位给我一次机会，如蒙录用，本人一定忠于职守，竭尽全力为单位效力。

此致

敬礼！

×× 敬上

2008 年×月×日

附：本人简历、学校推荐表、英语等级证书、获奖证书的复印件。

【分析与思考】这篇求职信格式与普通书信有何相关？内容上侧重哪些方面？语言表述方面有什么特点？

知识概要

一、求职信的概念与用途

求职信是求职者向用人单位介绍自己、推销自己，并申请谋求某具体职业岗位的具有祈使性的专用书信。

求职信起到毛遂自荐的作用。多数用人单位都要求求职者先递交求职材料，通过求职材料，他们对众多求职者有一个大致的了解后，再通知面试或面谈，从而确定人选。因此，求职信的质量直接关系到求职者能否拥有下一轮角逐的资格。

人们往往把交往看作一种能力，却忽略了独处也是一种能力，并且在一定意义上是比交往更重要的能力。反过来说，不善交际固然是一种遗憾，不耐孤独也未尝不是一种很严重的缺陷。——周国平

二、求职信的内容要素

1．要申请的职位

要直截了当地说明写信的目的，即要申请的岗位。如："……从报上看到贵公司招聘一名专职会计的消息，我不揣冒昧毛遂自荐，希望有幸成为贵公司的会计人员。"

2．简介本人基本情况

包括姓名、年龄、就读的学校、所学专业、政治面貌、个人爱好、特长，以及与求职岗位相关的社会实践、成绩以及相关的各种荣誉等。

3．对自己的相关实力做出公允的评价

即为什么你比别人更适合这个位置：说明自己能胜任本岗位工作的各种知识和技能，目的就是要明确表明自己具有的专业知识和实践经验，以及与工作要求相关的特长、兴趣、性格和能力。如果在竞争中处于劣势或者自身存在不足之处，必须在求职信中巧妙地化劣为优。

4．提出希望和要求。

如："盼望您的答复"，"若认为本人条件尚可，请惠予面试"之类的语言。这段属于信的收尾阶段，要适可而止，不要啰唆，更不要苛求对方。

❀ 操作指导

一、求职信写作要求

1．内容简短，言简意赅

招聘人员工作量很大，时间宝贵，求职信过长会使其效率大大降低。求职信内容切忌面面俱到，要重点突出你的背景材料中与未来雇主最有关系的内容，通常招聘人员对与其企业有关的信息是最敏感的。同时，要形成一个认识：不要企求仅凭一封求职信就能达到求职目的，求职信只是你求职材料的"开场白"。

2．谦虚诚恳，不卑不亢

用语得体并有一定感情色彩，态度既要礼貌又不过于谦卑，要用热情洋溢和令人振奋的语言来感染对方。切忌过分吹嘘和狂妄自大，例如"如本人有幸加入贵公司，定将会为你们带来新的活力"，"给我一个机会，还贵公司一个奇迹"，显然会让人产生不自量力的印象。

要记住：从求职信中看到的不只是一个人的经历，还有品格。

3．有的放矢，富于个性

是否了解用人单位情况，是否了解所求职位的特点与要求，是否有针对性地制作求职信，是求职信奏效与否的"生命线"。应该针对不同单位和不同职位，"量身制作"求职信，重点突出和职位相关的实力。那种想一劳永逸，用一份求职信打遍天下的"天女散花"式的求职方式很不可取。

此外，个性化也很重要。对于招聘人员而言；最怕看到求职信"千人一面"，陈词滥调。

幽默是一种轻松的深刻。面对严肃的肤浅，深刻露出了玩世不恭的微笑。——周国平

这样只会让你的求职信更快进入废纸篓。所以，不妨在遵循真实、诚恳、信息完整等原则的前提下，广开思路，体现出自己的个性风格。

二、写作求职信的几个技巧

1．换位思考

怎样才能让求职信有吸引力，发挥它应有的作用？最好的办法是换位思考。假设自己是招聘人员，从用人单位的角度出发考虑问题：它是否重点突出，是否针对性强，是否具有吸引力，是否符合招聘的条件，是否方便让人最迅速地了解你的基本情况。

2．明确目标

一封求职信一定要有明确的求职目标。有了明确的目标，介绍自己的实力时才会有所针对，从而更贴合岗位要求。一封"放之四海而皆准"的求职信，一定是泛泛而谈、模棱两可，因而毫无价值。专家们告诫说："求职信必须经对目标公司和职位的认真考察而后写成。请先取得你未来潜在的雇主的信息，衡量你是否适合、愿意从事某项工作，再动手写求职信。"

3．附件不宜过多过滥

有些人在求职信后面加上所有能证明自己能力和成绩的材料作为附件，诸如各类获奖证书、学业成绩、各种资格证、参加重要活动的照片等。其实，附件宜精不宜多，只要附上与所求职位有关的附件即可，附件过多，反而掩盖了重点。

另外，如果附件不止一个，就要在求职信末尾列上目录，以便查阅。

任务二　简历的写作

案例鉴赏

个人简历

个人情况

姓　　名	××	性　　别	女	照片
民　　族	汉族	出生年月	1986.06	
籍　　贯	湖南长沙	婚姻状况	未　婚	
专　　业	文　秘	健康状况	良　好	
学　　历	大　专	学　　制	三　年	
联系地址	湖南××学院文秘××班			
E-mail	××@163.com	邮　编	××××××	
联系电话	1359872××××			

成熟了，却不世故，依然一颗童心。成功了，却不虚荣，依然一颗平常心。兼此二心者，我称之为慧心。
　　——周国平

求职意向

★ 办公室文秘

教育背景

★ 2005.9－2008.6　　　就读于湖南××学院文秘专业

★ 2002.9－2005.6　　　就读于长沙市××中学

社会实践

★ 2007.12-2008.5　　　在×××公司实习

★ 2005.12-2007.11　　担任校"红叶"文学社编辑及主要撰稿人

个人技能及职业资格证书

★ 全国秘书资格三级证书

★ 全国英语四级证书

★ 普通话二级甲等证书

★ 全国计算机二级证书

荣誉证书

★ 2005 年 12 月获"大学生艺术节"三等奖

★ 2006 年 9 月获院级"三好学生"称号

★ 2008 年 5 月获"优秀实习生"称号

发表作品

★ 2006 年 10 月获校"庆国庆"征文比赛二等奖

★ 2007 年 8 月在《湖南日报》上发表《飞舞的青春》

★ 2008 年 3 月在《湖南日报》上发表《思乡》

自我评价

★ 专业功底扎实，拥有文秘工作实际经验

★ 工作责任心强，组织协调能力强

★ 对生活充满热情，积极进取，为人稳重，诚实守信

【分析与思考】个人简历要写清楚哪些内容？它有什么特点？与求职信有何关系？

❀❀　知识概要

一、简历的概念、用途和特点

　　个人简历是求职者对个人基本情况、生活经历和工作经历有重点地加以介绍的书面材料。

　　简历通常与求职信配合使用。简历主要叙述求职者的客观情况，而求职信主要表述求职者的主观愿望，是对简历的简洁概述和补充。

　　企业都是通过简历中的内容来初步筛选所需人才。简历中的表达、书写方式也能反映

人生的本质决非享乐，而是苦难，是要在无情宇宙的一个小小角落里奏响生命的凯歌。——周国平

出一个人的思维模式和社会观念，客观上也能反映求职者的表达能力，这也是企业考察一个人是否符合公司和岗位要求的重要标准之一。

简历具有以下特点。

1．真实性

真实性是指写简历时一定要客观理性地总结自己的经历，做到真实、准确、不夸大、不缩小、不编造，这样才能取信于人，具有保存的价值。

2．正面性

正面性是指内容以展示求职者优点和长处的材料为主。

3．精练性

精练性是指个人简历要简明扼要，在大多数情况下，一两页即可。

二、简历的内容要素

① 基本情况：求职者个人信息，包括姓名、性别、年龄、联系方法、住址、兴趣爱好、性格特点等。

② 求职意向：自己对行业、岗位的兴趣和定位。

③ 学习经历：一般只写大学以上的学习经历，包括正规、非正规的成人教育和专业培训。

④ 工作经历与业绩：对学生来说，工作经历也包括实习，义务性社团、社区性的工作。

⑤ 技术和技能：所获得的各种奖励证书和技能证书，包括发表的论文、发表演讲、社团成员资格、奖励和获得承认的计算机技能、英语等级、语言技能等资格证书。

⑥ 自我评价：简洁得当地对自己作概括性评价。

⑦ 证明材料

三、简历的类型

制作简历是一项创意性很强的工作，每个人的求职简历都可能各具形式，但是概括起来，主要是两种类型。

1．时序型个人简历

按照时间先后顺序排列出自己的个人经历，在学习或社会实践活动中取得的成就，应重点强调近几年的情况。它的优点是使最近的经历一目了然，容易看懂，这是普遍采用的形式。这种类型适用于经历丰富者。

2．功能型个人简历

把个人取得的成就分别列在不同的实践活动名称下。工作技能与专长是功能型简历的核心内容。一份功能型简历一般包括求职目标、成绩、能力、工作经历以及学历等几部分。一般把你认为最重要的成就排列在前面。这种简历可以掩饰你就业经历不足的劣势，可以针对你最感兴趣的职位目标组织个人经历背景。

简历在形式上可以采用条文式，也可以采用表格式。生活中采用何种简历，应视个人的需要和目标而定，看哪种形式最能展现你的优点和长处。

浩渺宇宙间，任何一个生灵的降生都是偶然的，离去却是必然的；一个生灵与另一个生灵的相遇总是千载一瞬，分别却是万劫不复。说到底，谁和谁不同是这空空世界里的天涯沦落人？——周国平

一、制作简历的原则

1. 真实性

简历是你交给企业的第一张"名片"。可以对自己的实际情况有针对性地进行优化处理，扬长避短，但不能弄虚作假。例如，一个应届大学毕业生没有工作经验可言，他不能因此捏造一段业绩优秀的工作经历，但是他可以重点突出在校时的学生会工作和实习、志愿者等工作经历，从中提炼出自己得到的具有价值的经验。

2. 针对性

和求职信一样，求职简历的针对性也至关重要。所以，投送简历之前要对自己进行职业定位，还要了解用人单位的聘任条件，了解企业的招聘情况，做到知己知彼；要针对不同单位和不同职位制作简历，如果简历与招聘岗位明显不符，其结果就是简历屡屡石沉大海没有回音。

3. 价值性

简历要在短短的一两页纸中集中地展现出一个人的能力、学识、价值。所以要讲究价值性。

首先，把最有价值的内容放在简历中，无关痛痒的不需要写。

其次，语言讲究平实、客观和精练，给人留下真实、务实、可靠的印象，太感性的描述不宜出现。

简历中说明自己工作业绩时尽量提供量化数据，比如拓展了多少个新的市场客户，年销售业绩达到多少万元，每年发表学术论文多少篇等。最好还可以提供能够提高职业含金量的成功经历，比如完成了一个很难的项目，拿下了一个很大的客户等。

再次，对于自己独有的经历一定要保留，在著名公司工作、参加著名培训、与著名人物接触等都可以重点突出处理。

4. 条理性

简历中要将公司可能雇佣你的理由用自己过去的经历展示出来，内容可能比较杂散，写作时需要将这些内容归类并条理化，分析出它的重要程度。最重点的内容有：个人基本资料、工作经历（职责和业绩）、教育与培训经历。次重要的信息有：职业目标（这个一定要标示出来）、核心技能、背景概述、语言与计算机能力以及奖励和荣誉信息。

二、简历制作小技巧

1. 求职目标精化

一份简历中求职目标（求职意向）不能太多，否则不能保证简历的针对性；而且，求职意向太多太分散，会让人对你的能力和信心产生怀疑。精化你的求职目标和公司有助于提高你的准确率和求职信心。

2. 根据公司要求调整简历

不要对所有企业都使用通用简历，如果看到一个你所中意的公司发布的招聘信息，你

谁的经历不是平凡而又平凡？内心经历的不同才在人与人之间铺设了巨大的鸿沟。——周国平

可以根据该公司的职位描述，适当地修改自己的简历，多设置一些关键词，体现出你针对该职位的特长及工作经验。

3．采用逆时序

一般来说，招聘者比较关心你最近的经历和业绩，所以，在介绍学习经历和工作经历、业绩的时候，最好采用逆时序的方式，便于招聘者在较短时间内了解到你最近的情况。

4．注意发送方式

如果采用网上投送的方式，注意不宜群发或转发，那样极易引起招聘者反感。发送的邮件标题应该直接、简洁、明了，不可拐弯抹角或哗众取宠，以免被当作垃圾邮件处理掉。

如果采用邮寄方式，不宜采用卡通图案等花哨的信封和信纸，以免留下幼稚或不庄重的印象。

任务三　劳动合同的签订

案例鉴赏

劳动合同

甲方：_____厂（公司）

法定代表委托代理人：_____　职务：_____

乙方：姓名：_____　性别：_____

出生日期：____年____月____日

家庭住址：_____

第一条　甲、乙双方经平等协商，同意签订劳动合同书，共同信守本合同所列各项条款。

第二条　本合同期限为___年，自___年___月___日起，至___年___月___日止。

（新入厂人员的试工期为___个月，从___年___月___日起，至___年___月___日止。在试工期内，甲方若发现乙方不符合录用条件，可解除合同；乙方若发现甲方未履行合同，也可解除合同。）

第三条　生产（工作）任务

1．甲方为乙方提供生产（工作）条件，并根据有关规定，按工种岗位要求发给乙方劳保用品，合理配置生产（工作）所必需的基本劳动工具，提供保障乙方安全、健康的生产工作环境。

2．甲方负责对乙方进行政治思想、职业道德、业务技术、安全卫生及各种规章制度的教育和培训。

3．乙方同意成为甲方的职工，并根据甲方生产（工作）任务和责任制的要求，完成规定的数量、质量指标或工作任务。

真实不在这个世界的某一个地方，而是我们对这个世界的一种态度，是我们终于为自己找到的一种生活信念和准则。——周国平

第四条　劳动报酬

1．甲方实行本企业的内部工资分配形式并根据"按劳分配"的原则，根据乙方从事的工种、岗位确定乙方的劳酬待遇标准，并根据乙方的工作表现、劳动成果和贡献大小，每月支付其劳动报酬。

2．乙方生产（工作）有突出贡献的，甲方应给予必要的精神鼓励和物质鼓励或晋级工资。

3．甲方按月为乙方计提本人月工资总额＿＿＿％的补充养老保险金，并代办职工个人专户。

第五条　劳动保险和福利待遇

1．乙方在合同期间的各种假日、补贴、福利待遇等，均按国家的有关规定执行。

2．乙方患职业病或因工负伤，以及女职工在经期、孕期、产期和哺乳期间的待遇，按国家有关规定执行。

3．乙方患病或非因工作负伤期间的待遇，按国家有关规定执行。

4．乙方家属按国家规定享受劳动保险待遇。

第六条　乙方在甲方工作期间，有参加政治、业务、生产技术学习，参加民主管理，获得政治荣誉和物质奖励等方面的权利。

第七条　劳动纪律

1．乙方应树立主人翁责任感，严格遵守国家的各项法律规定，遵守各项规章制度，服从甲方的领导管理和教育。

2．乙方如违反劳动纪律，甲方可对其进行批评教育，情节严重的，按有关规定给予必要的纪律处分或辞退。

第八条　劳动合同的终止、变更、续订和解除

1．劳动合同期满，合同即应终止。如双方同意续订合同，应提前一个月办理续订合同手续。

2．经双方协商同意，可以变更合同有关内容，办理合同变更手续。

3．具有下列情况之一，甲方可以终止、解除劳动合同：

（1）合同期满，有一方表示不再继续签订劳动合同的；

（2）按照国家有关辞退违纪职工的规定，乙方违纪应予辞退的；

（3）乙方因患病或非因工负伤，医疗期满仍不能从事原工作或经调剂后仍不能坚持正常工作的；

（4）合同期内，被列入厂内待业后，连续两次或累计三次未被组合的；

（5）乙方被除名、开除、劳教、判刑的；

（6）甲方宣告破产或者濒临破产，处在法定整顿期间的。

甲方提出解除合同应加发给乙方一个月的本人档案工资。

4．具有下列情况之一时，又不违背本条3（2）、（4）、（5）项规定的，甲方不得解除或终止劳动合同：

（1）劳动合同期未满，又不符合本条3项规定的；

一个人在衡量任何事物时，看重的是它们在自己生活中的意义，而不是它们能给自己带来多少实际利益，这样一种生活态度就是真性情。——周国平

（2）乙方患病或非因工负伤，在规定的医疗期内的；

（3）经劳动鉴定委员会确认，乙方在甲方工作期间患有职业病或因工负伤致重残的；

（4）甲方批准的请长假期间的职工以及女职工在孕期、产期和哺乳期间的；

（5）男职工年满 50 周岁，女职工年满 45 周岁以上的。

5．具有下列情况之一，乙方可以解除或终止劳动合同：

（1）合同期满，不愿继续签订劳动合同的；

（2）甲方不能按劳动合同规定支付（兑现）劳动报酬的；

（3）经国家有关部门确认，生产安全、卫生条件恶劣，严重危害职工身体健康，企业又不加以改善的；

（4）乙方应征入伍或经甲方同意，自费考入中等以上学校全日制学习的；

（5）甲方违反劳动合同条款，侵害乙方合法权益的。

6．任何一方提出解除合同，均应提前一个月通知对方。

第九条　任何一方违反本合同规定而给对方造成经济损失的，应视其后果和责任大小按有关规定予以赔偿。

第十条　其他事项

1．乙方被终止、解除合同，甲方协助乙方办理社会待业及领取待业救济金等手续。

2．甲、乙方双方在履行合同中发生的劳动争议，当事人可向厂劳动争议调解委员会申请调解；若调解无效，可上报劳动争议仲裁部门申请仲裁或到法院起诉。

第十一条　本合同中有未尽事宜，凡属国家有规定的，按有关规定执行；凡属国家没有规定的，甲、乙双方可协商修订、补充。

第十二条　本合同一式两份，甲、乙双方各持一份，自签订之日起生效，并由甲方主管部门监督执行。

甲方（盖章）：

法人代表的委托代理人（签字盖章）：

乙方（签字盖章）：

年　　月　　日

【分析与思考】这份劳动合同中双方分别就哪些方面的条款达成约定？合同规定的用人单位和劳动者的权利义务分别有哪些？作为将来的劳动者，你从这份合同中学到了什么？

知识概要

一、劳动合同的作用

劳动合同是劳动者与用工单位之间确立劳动关系，明确双方权利和义务的协议。

劳动者与用工单位之间订立劳动合同，能够明确相互的权利与义务。为双方履行合同规定提供法律保障，能够有效地保护用工单位及劳动者双方的合法权益，有利于用工单位进行劳动管理，组织劳动生产，从而促进用工管理的制度化、规范化和法制化。

生命的意义就在于你能创造这过程的美好与精彩。——史铁生《好运设计》

就劳动者来说，不与单位签订劳动合同或者错签劳动合同，可能影响到以下权益。

① 没有明确的劳动关系凭证，在权利受到侵害时没有直接的证据加以证明。

② 没有明确的劳动合同期限，可能被企业随意辞退。

③ 产生纠纷时，没有双方约定工资发放规定的凭证，可能被企业降低或克扣工资；

④ 容易被企业随意调动工作岗位。

⑤ 没有明确的工作时间和加班费发放规定，加班时间和相应的加班费得不到保障。

⑥ 没有劳动安全和卫生方面的约定，会增加职业病和工伤的风险程度。

⑦ 企业可能会借此不为职工办理社会保险，在养老、医疗、失业、工伤、生育等方面就没有保障……

二、劳动合同的内容要素

根据《中华人民共和国劳动法》的规定，劳动合同必须具备以下几方面的条款。

1．劳动合同期限

劳动合同期限是指所签订的劳动合同是有固定期限、无固定期限和以完成一定工作为期限的劳动合同。如果是有固定期限的劳动合同，则应约定期限是几年。

2．工作内容

工作内容是指用人单位安排劳动者从事什么工作，是劳动者在劳动合同中确定的应当履行的劳动义务的主要内容。包括劳动者从事劳动的岗位、工作性质、工作范围以及劳动生产任务所要达到的效果、质量指标等。

3．劳动保护和劳动条件

劳动保护和劳动条件是指在劳动合同中约定的用人单位对劳动者所从事的劳动必须提供的生产、工作条件和劳动安全卫生保护措施。即用人单位保证劳动者完成劳动任务和劳动过程所必须达到的安全健康保护的基本要求。包括劳动场所和设备、劳动安全卫生设施、劳动防护用品等。用人单位不仅必须为劳动者提供必需的劳动条件和劳动保护，而且必须提供符合国家规定的劳动安全卫生条件和劳动保护。

4．劳动报酬

劳动报酬是指用人单位根据劳动者劳动岗位、技能及工作数量、质量，以货币形式支付给劳动者的工资。包括工资的数额、支付日期、支付地点等以及其他社会保险（养老、失业、医疗、工伤、生育等）待遇。劳动报酬的内容和标准不得低于国家法律、行政法规的规定，也不得低于集体合同中的规定。

5．劳动纪律

劳动纪律是指劳动者在劳动过程中必须遵守的劳动规则，它是劳动者的行为规范。劳动合同的劳动纪律包括国家法律、行政法规，用人单位内部制定的厂规、厂纪、对劳动者的个人纪律要求等。如上下班制度、工作制度、岗位纪律、奖励和惩戒的条件等。

6．劳动合同的终止条件

劳动合同的终止条件是指劳动关系终止的客观要求，即劳动合同终止的事实理由。劳动合同中约定的劳动合同终止条件，一般是指劳动者和用人单位在国家法律、行政法规规定的劳动合同终止的条件以外，协商确定的劳动合同终止的条件。特别是在签订无固定期限劳动合同时，双方应约定劳动合同终止的条件。

7. 违反劳动合同的责任

违反劳动合同的责任是指在劳动合同履行过程中，当事人一方故意或过失违反劳动合同，致使劳动合同不能正常履行，给对方造成经济损失时应承担的法律后果。在劳动合同中约定违反劳动合同的责任，一般是指国家法律、行政法规对违约未作明确规定的内容，若法律、行政法规已有明确规定的，一方当事人违反劳动合同，应依照法律、行政法规的规定承担违约责任。当事人在劳动合同中约定违反劳动合同的责任，应当符合法律、行政法规的基本精神和原则，公平合理。

此外，有些劳动合同还有劳动争议的解决办法、双方约定的其他事项等内容。

三、订立劳动合同应遵循的原则

① 主体资格要合法。即用工单位要以单位的名义签订合同，劳动者应达到法定年龄。

② 合同内容必须齐全，必须合法，违反法律、行政法规的劳动合同为无效劳动合同。此外，必须以书面形式订立劳动合同。

③ 签约双方要平等。用工单位与劳动者签订劳动合同必须坚持平等自愿、协商一致的原则，采取威胁手段、欺骗手段签订的劳动合同无效。

四、劳动合同的效力

根据《劳动法》第18条的规定，违反法律、行政法规的劳动合同和采取欺诈、威胁等手段订立的劳动合同都是无效的。劳动合同的无效，由劳动争议仲裁委员会或者人民法院确认，引起无效的原因大体有以下几种。

1. 合同主体不合格

如受雇一方提供了假的学历、学位、专业技术资格证书，聘用单位不具备招聘资格等。

2. 合同内容不合法

即劳动合同有悖法律、法规及善良风俗，或是损害了国家及社会的公共利益。如约定贩运毒品、制造假钞等。内容不合法的劳动合同不受法律保护。

3. 意思表示不真实

劳动合同是双方合意的产物，应该是当事人真实的意思表示。采取欺诈、威胁等手段订立的劳动合同，违背一方的真实意愿，因而是无效的。

4. 合同形式不合法

这是指劳动合同没有采取书面形式，当事人也未实际履行主要义务，或者依法或应当事人要求应当鉴订的劳动合同没有鉴订等。在一般情况下，只要当事人采取补救措施，使合同形式上合法化后，就可以认定合同有效。

走不通而不觉得困难，这是庸人。连脚都没有动而心里却虚造出万千困难，这是妄人。——陶行知《思想的母亲》

一、怎样订立劳动合同

《中华人民共和国劳动合同法》第3条规定：订立劳动合同，应当遵循合法、公平、平等自愿、协商一致、诚实信用的原则。劳动合同由用人单位与劳动者协商一致，并经用人单位与劳动者在劳动合同文本上签字或者盖章生效。劳动合同文本由用人单位和劳动者各执一份。

二、劳动合同变更的条件和程序

劳动合同一旦签订，就具有法定约束力。如发生特殊情况，经双方协商一致后，可变更劳动合同的有关内容，但必须按照一定的程序办理变更手续。

1. 变更劳动合同的条件

① 订立劳动合同时所依据的法律、法规已修改或废止；

② 用人单位转产或调整、改变生产任务；

③ 用人单位严重亏损或发生自然灾害，确实无法履行劳动合同规定的义务；

④ 当事人双方协商同意；

⑤ 法律允许的其他情况。

2. 变更劳动合同的程序

① 及时提出变更合同的要求；

② 对方按期作出答复；

③ 双方达成书面协议。

三、哪些劳动合同不能签

1. 口头约定的合同

个别外资企业、私营企业和集体企业经营者出于企业自身需要，在招聘时故意不与求职者订立劳动合同，仅作一些简单的口头约定。由于求职者大多数极为珍惜这一就业机会，一般不敢对此提出或坚持签订劳动合同的要求。如此，一旦出现纠纷，求职者权益就将受到损害。我国《劳动法》第19条明确规定："劳动合同应当以书面合同订立……"因此，口头约定合同在我国是没有任何法律效力的。

2. 显失公平的合同

部分用人单位与劳动者订立的劳动合同，其约定条款明显倾向用人单位一方，此种情形目前相当普遍，应引起求职者的重视。求职者在订立劳动合同时，一定要逐条审查，对一些不合理、显失公平的内容应坚决拒绝。

3. 胁迫的合同

一些用人单位招工时，强迫劳动者交纳巨额集资款、风险金，并胁迫劳动者与其订立所谓的自愿交纳协议书，企图以书面协议掩盖其行为的违法性。《劳动法》第17条规定，订立劳动合同，应当遵循平等自愿、协商一致的原则，不得违反法律、行政法规的规定。

生命是一种缘，你刻意追求的东西或许终身得不到，而你不曾期待的灿烂反而在你的淡泊从容中不期而至。
　　——杨晓晖《生命是一种缘》

4. 附带保证的合同

部分企业为约束劳动者的行为，在与劳动者订立劳动合同时，硬性规定另签一份"保证书"，其内容是强迫劳动者接受一些不合理的规则和条件，并把该保证书作为劳动合同附件来约束劳动者。

5. 两面合同

一些用人单位为了应付劳动保障部门检查，准备了两份合同，一份是合法、规范的假合同，仅由用人单位保管，应付检查，实际上并不执行。另一份不规范、不合法的真合同则用来约束劳动者。

6. 抵押性质的劳动合同

部分用人单位为防止劳动者"跳槽"，在订立劳动合同时，要求劳动者将其身份证、档案、现金作抵押物，甚至扣留劳动者应得的福利或工资，一旦劳动者"跳槽"，用人单位便将抵押物扣留。这种做法不但违反了国家有关政策规定，而且严重损害了劳动者权益。

四、哪些资料可以作为劳动关系成立的证据

有些劳动者由于法律意识淡薄或找工作心情急迫，没能与用人单位签订劳动合同。在发生劳动纠纷要起诉用人单位时，往往举证困难。法律界人士提示：劳动者应注意平时收集工作证、工资单等相关资料，以证明与用人单位之间属于事实劳动关系而非承揽关系。

按照劳动和社会保障部的有关规定，用人单位未与劳动者签订劳动合同，认定双方存在劳动关系时可参照下列凭证：

① 工资支付凭证或记录（职工工资发放花名册）、缴纳各项社会保险费的记录。
② 用人单位向劳动者发放的"工作证""服务证"等能够证明身份的证件。
③ 劳动者填写的用人单位招工招聘"登记表""报名表"等招用记录。
④ 考勤记录。
⑤ 其他劳动者的证言等。

视野拓展

一、推荐阅读：《海投简历的那些事儿》

海投简历作为"精投"的补充手段，是增加面试机会的重要途径，因此，大面积撒网的工作还是要做的。不过海投简历也并非简单地在招聘网站上搜索、筛选然后发信，海投也要用心，也讲究技巧。

海投的简历要做得好

既然是海投，肯定是一份简历打天下，那么这份简历就要做得精致、通用。简历要突出重点，格式要条理分明，用词要正式干练。身高、体重、个人爱好等无用的信息只会弱化简历重点，尽量不要出现；工作技能和经验是关键内容，要清晰、有条理；主观的词汇尽量不用，除非你对自己很自信，不要用非常规的写作方式。网络上有很多如何写简历的指导。总而言之，海投的简历也要是用心制作的，要让 HR 从简历中看到求职者的良苦用心。

我常以为是丑女造就了美人。我常以为愚氓举出了智者。我常以为是懦夫衬照了英雄。——史铁生

求职信一定要写

相对于"精投"来说，海投简历缺乏的是针对性，写求职信的意义就是弥补这个不足。求职信作为求职的开场白，不需要长篇大论，也不可煽情露骨。写明自己在哪里看到对方的招聘信息，注明自己应聘的职位，简单分析一下自己如何能够胜任该职位，总共一百字左右即可。同一类职位可以用相同的求职信，但称呼要有分别，不要千篇一律的"贵公司您好"，公司的名称、职位的名称要分别注明，这是基本的礼节问题。

对招聘单位要有大致了解

海投不是盲投，简历投给谁了自己要清楚。笔者公司的 HR 通知面试时，竟然被很多求职者反问"你们是什么公司？你们公司是做什么的？你们公司在哪里？"——毫无准备的求职者是无法获得 HR 的怜悯的。海投简历自己要清楚投递了哪些公司、哪些职位，对方的性质、规模、业务、需求职位等信息要有大致的概念，可以做个 Excel 表格记录下来。至少，不要让 HR 在通知你面试的时候，还要被问到你们是什么公司！

发送求职信要注意细节

很多朋友都选择在一些招聘网站制作简历，然后在招聘网站进行投递，由于诸多原因，笔者个人不太赞成这种做法。用自己邮箱发送的简历更显得真诚用心，在发送简历时要特别注意细节的处理：信件主题注明姓名、应聘职位、应聘公司等信息；不使用群发邮件和转发邮件功能；简历贴在正文，不要添加附件；邮箱没有广告，不要设置不妥当的邮件签名；最好不要用过于幼稚的邮箱用户名；发送邮件要存档以便于以后检索等。邮件可以以求职信为开场白，以简历为主要内容，以期望和致谢为结尾，称呼、落款、日期都不能少。细节体现着态度，很多求职者都是细节做得不到位而无法获得 HR 的青睐。

如果说有针对性的投递是精心包装的自我推销的话，海投简历也不是将自己贱卖。在求职中，处处用心是对自己的尊重，也是对对方的尊重，也才能赢得招聘单位的好感，才能把握住求职中的机遇。

（摘自中国教育新闻网）

二、职场警示录：揭秘劳动合同中暗藏五大玄机

很多劳动争议事件是因为劳动者在签订劳动合同时没有引起注意而引发的，法律界人士提示，在订立劳动合同时要警惕五个玄机。

玄机一：试用期

看试用期是否合法

就劳动合同的试用期来说，法律从约定期限、约定方式以及试用期工资等方面进行了具体规定。劳动合同期限三个月以上不满一年的试用期不得超过一个月；劳动合同期限一年以上不满三年的，试用期不得超过两个月；三年以上固定期限和无固定期限的劳动合同试用期不得超过六个月。

人的故乡，并不止于一块特定的土地，而是一种辽阔无比的心情，不受空间和时间的限制。这一心情一经唤起，就是你已经回到了故乡。——史铁生

同一用人单位与同一劳动者只能约定一次试用期；以完成一定工作任务为期限的劳动合同或者劳动合同期限不满三个月的，不得约定试用期；劳动合同仅约定试用期的，试用期不成立，该期限为劳动合同期限。

试用期工资不得低于本单位相同岗位最低档工资的 80%；不得低于劳动合同约定工资的 80%；不得低于用人单位所在地的最低工资标准。

玄机二：合同中的必备条款

五项条款需谨慎对照

以下五项条款属于劳动合同中的必备条款，劳动者在签署劳动合同时需要一一对照。如果用人单位提供的劳动合同文本未载明，劳动者可请求劳动行政部门责令改正；给劳动者造成损害的，劳动者可要求用人单位承担赔偿责任。

1．用人单位的名称、住所和法定代表人或者主要负责人，知晓所在用人单位的基本信息，便于争议发生时锁定诉争对象。

2．工作内容和工作地点，以防止日后用人单位不合理地调岗和变更工作地点。

3．工作时间和休息休假，确保自己定额内及定额外的劳动均可获得法定对价，同时拥有符合法律规定的休息休假权利。

4．劳动报酬及社会保险，防止日后在劳动报酬、休假工资、经济补偿金基数计算等方面，陷入举证不利。

5．劳动保护、劳动条件和职业危害防护，对已有或潜在人身危险及风险有足够的把握，以便采取应对及防护措施，同时确保知情权受保护。

玄机三：违约条款

违约条款不能随意设定

一般情况下，用人单位无权与劳动者约定违约金条款，以"劳动者在劳动合同期限届满前决定不再和用人单位续签合同，须提前一个月通知，否则支付对方违约金××元"为例，最终导致的结果可能是：劳动者未提前告知用人单位不续订意向，须按约定向用人单位支付相应违约金。

玄机四：服务期条款

单位无权随意约定服务期限

目前，在很多企业中，常会与员工约定这样的条款："A 公司与员工甲在签订劳动合同时约定，双方劳动合同期限为五年，甲不得提前解除劳动合同，否则，须支付 A 公司违约金××元。"由于很多劳动者不了解法律相关规定，受其牵制不少，从而影响了自己寻求更大发展空间机会的可能。

根据相关法律规定，与劳动者约定服务期条款并非用人单位的自主权利，其必须基于一项前提，即用人单位曾提供专项培训费用对劳动者进行了专业技术培训。换句话说，服

对一个情人来说，不管多么漫长的时光也是稍纵即逝，那时他便明白，每一步每一步，其实一步步都是走在回去的路上。当牵牛花初开的时节，葬礼的号角就已吹响。——史铁生《我与地坛》

务期条款其实是一条对等条款，基于用人单位为劳动者先期提供了专业技术培训，先行履行了义务，作为用人单位已单方付出了对价，劳动者以服务满一定年限作为回报。如果用人单位在没有任何法定要求付出的情况下，仅通过协议将劳动者的服务期确定下来，也仅是"一相情愿"。

玄机五：企业规章制度

看清企业规章制度，以防被动"违纪"

根据《劳动合同法》的相关规定，劳动者严重违反用人单位的规章制度的，用人单位可以解除劳动合同。但何谓"严重违反用人单位的规章制度"，法律法规均未做出具体规定和细化，而是要求用人单位在企业规章制度中加以明确和界定。因此，不同的用人单位对"严重违纪"的界定多多少少会存在不同，尤其是一些特殊行业或企业，往往对内部员工存在一些特殊的行业或企业要求。因此，建议劳动者在准备好迈入一家新的用人单位之前，首先应对其纪律要求有清晰、明确的认识。很多劳动者对《劳动合同》以及相关附件的签收较为程序化，只履行程序，不知晓内容。之后，莫名其妙地背负上了"违纪"之名，极为被动。

🌿 实践训练

1. 请点评下列求职信

尊敬的领导：

您好！

我是一名机械自动化专业的毕业生。非常感谢您在百忙之中抽出时间，阅读我这份自荐材料，给我一次迈向成功的机会。大学三年转眼已过，我满怀希望地走进社会这个更加博大的课堂。当今世界充满着竞争，充满着挑战，也充满着机遇。

我希望能从贵公司得到一个机遇、一个舞台，用我所学去服务公司。怀着自信我向您推荐自己，如果有幸成为贵公司的一员，我愿从小事做起，从现在做起，虚心尽责、勤奋工作，在实践中不断学习，发挥自己的主动性、创造性，竭力为公司的发展添一份光彩。

最后，再次感谢您阅读此信，期待着您的早日答复。祝愿贵单位兴旺发达！

此致

敬礼

×××　敬呈

2. 案例分析

个性简历闯入"模拟面试"

2009 年 4 月，浙工大举行模拟招聘会，一位女生把自己做成《药品说明书》成功闯入面试。这份简历名称是《符伟凤药品说明书》。看看其内容：

《OTC 药物简历》——药品通用名称:符伟凤；英文名称: Summer Fu；药物分子式（本人的两寸照）；药物性状：女、外向开朗；适应症则是"销售"……

黄昏是青春短暂的悲伤。——莫言

接下来，符伟凤在"临床试验"一栏，描述了自己的社会实践经验，从经历上看，她确实做过很多次销售。

组织活动的老师看了看小符的简历，会心地笑笑，没打分，直接让小符去场内碰碰运气。

没想到，考场里几位人力资源部负责人看了这份简历后，一致同意小符进入模拟面试。

"现在要用人单位看一眼你的简历，实在是太难了！"这名叫符伟凤的医药学院大三女生说，"这次我豁出去啦！"符伟凤把自己变成"OTC 药物"，成功得到了面试机会。虽然是"模拟"的，但还是让很多同学羡慕不已。

"我觉得她这份简历有一点点冒险，有些单位不喜欢花哨的形式。"浙工大一位老师认为。

有的同学就不这么看了："我在网上看过，省外有些学校还鼓励学生把简历做成一只鞋子（针对鞋类企业）呢！"

但这是一份老师和企业招聘人员都没直接打分的简历。许多羡慕小符的大学生都想知道，这份简历，适用度大不大，还需要完善些什么？

你怎么看待这份"出格"的简历？

3. 开展模拟求职活动，为自己制作一份求职信和个人简历，并与模拟单位签订一份劳动合同。

项目二　常用公文写作

公文是法定机关和社会组织在公务活动中按照特定程序制作和使用、具有法定效力和规范体式的文书。是党政机关、企事业单位、社会团体依法进行行政管理和其他公务活动的重要工具。在工作中起着法规准绳、指挥管理、宣传教育、公务联系、记载凭证等方面的作用。

公文除了在形式和格式上具有规范性，语体上具有简明性外，还在制发时具有严格的程序性，在效力上具有权威性和约束力。

国务院 2000 年 8 月 24 日发布的《国家行政机关公文处理办法》规定了行政公文为 13 种：命令、决定、公告、通告、通知、通报、请示、批复、报告、意见、函、议案、会议纪要。

任务一　通知、通告、公告的写作

案例鉴赏

（一）

教育部关于举办 2010 年全国职业院校技能大赛的通知

各省、自治区、直辖市教育厅（教委），各计划单列市教育局，新疆生产建设兵团教

呆坐在眼睛里的空洞和茫然，凝结成氤氲的哀伤，在青春的天空渐渐延伸和漫散。——莫言

育局，有关单位：

为充分展示职业教育改革发展的丰硕成果，集中展现职业院校师生的风采，努力营造全社会关心、支持职业教育发展的良好氛围，促进职业院校与行业企业的产教结合，更好地为我国经济建设和社会发展服务，我部联合天津市人民政府、人力资源和社会保障部、工业和信息化部、住房和城乡建设部、交通运输部、农业部、文化部、卫生部、国务院扶贫办、中华全国总工会、共青团中央、中华职业教育社、中国职业技术教育学会、中国机械工业联合会、中国物流与采购联合会等部门，决定于 2010 年 6 月 24 日至 27 日在天津市举办 2010 年全国职业院校技能大赛。现将大赛方案印发给你们，请做好有关准备工作。

大赛期间还将同时举办 2010 年全国职业院校学生文艺调演晚会、2010 年全国职业院校学生技能作品展洽会、全国中等职业学校德育工作经验交流会和职业教育国际论坛。有关事项另行通知。

附件：2010 年全国职业院校技能大赛方案

教育部

二〇一〇年四月二日

（二）

关于实施摩托车定期强制报废的通告

根据国家经济贸易委员会、国家发展计划委员会、公安部、国家环境保护总局联合发布的《摩托车报废标准暂行规定》以及粤经贸贸易[2002]541 号文件要求，结合我市的实际，对摩托车定期强制报废回收有关工作通告如下。

一、在广州市办理注册登记的所有两轮摩托车的使用年限为 10 年；所有三轮摩托车的使用年限为 8 年。

二、达到使用年限的两轮摩托车需要延缓报废的，不需要进行审批。车辆每年定期检验两次，经检验符合国家机动车运行安全技术条件的，可继续使用，但最长不超过 3 年。连续两个检验周期未参加检验的，实行强制报废。三轮摩托车达到报废标准后一律强制报废，不得延期。

三、车辆延缓报废期间，不予办理过户、转籍登记手续。

四、在 1990 年 1 月 1 日前注册登记的到期报废摩托车，在 2003 年内一律报废，不得延期。

自通告之日起，使用满 15 年以上（含 15 年）的摩托车在 2003 年 10 月 1 日前一律强制报废。

五、达到强制报废标准的摩托车禁止上路行驶。违者，按有关规定处罚。

特此通告。

广州市公安局

二〇〇三年四月一日

（摘自 http://www.gzjd.gov.cn/pub）

模块五　应用写作

当时光碾过青春，我将以快乐注解悲伤。——莫言

（三）

国务院公告

为表达全国各族人民对四川汶川大地震遇难同胞的深切哀悼，国务院决定，2008 年 5 月 19 日至 21 日为全国哀悼日。在此期间，全国和各驻外机构下半旗志哀，停止公共娱乐活动，外交部和我国驻外使领馆设立吊唁簿。5 月 19 日 14 时 28 分起，全国人民默哀 3 分钟，届时汽车、火车、舰船鸣笛，防空警报鸣响。

二〇〇八年五月十八日

【分析与思考】以上三个案例在实际工作中有什么用途？它们在接受对象、效用上分别有什么不同？你能看出它们在写法上的异同吗？

知识概要

一、通知的用法和特点

（一）用法

通知适用于批转下级机关的公文，转发上级机关和不相隶属机关的公文，发布文件；传达要求下级机关办理和需要有关单位周知或者执行的事项；任免人员。

通知是各级党政机关、人民团体、企事业单位在公务活动中最常用的一种公文，使用范围相当广泛。具体来说用于以下情况。

① 用于发布不宜用命令（令）发布的行政法规和规章、办法、措施，这种通知往往带有强制性、指挥性和决策性的特点，称为发布性通知。

② 用于转发上级、同级或不相隶属机关的公文以及批转下级机关的公文，称为批示性通知（批转、转发性通知）。

③ 用于布置下级机关工作事项。除交代任务外，通常还提出工作原则和要求，让受文单位贯彻执行，具有强制性和行政约束力。这种通知，属于指示性通知。

④ 用于告知某一事项或某些信息，诸如庆祝节日，成立、调整、合并、撤销机构，人事任免，启用新印章，更改电话等，这种就是知照性通知。

⑤ 用于告知有关单位或个人参加会议的事项，叫做会议通知。

（二）特点

1. 使用范围具有广泛性

通知不受发文机关级别高低的限制；通知的行文路线限制不严，上级机关对下级机关、组织对所属成员，平行机关之间、不相隶属的机关之间，都可以使用通知；通知写作灵活自由，使用比较方便。

2. 受文对象的确指性

与通告、公告的广泛性告知对象不同，无论是上级机关和组织下发到下级机关和组织的通知，组织、单位发到个人的通知，还是平行机关和不相隶属机关之间互发知照性通知，都要指明确定的受文对象。

我们总是以诗般的语言刻画自己在青春的罅隙中的那般狼狈。——莫言

3. 有较强的时效性

通知事项一般是要求立即办理、执行或知晓的，不容拖延。有的通知如会议通知，只在指定的一段时间内有效。

二、通告的用法、种类和特点

通告是在一定的范围内，向人民群众、机关团体公布应当遵守和周知事项的文件。

（一）种类

1. 制约性通告

制约性通告是法规性文件有关规定的具体化，用于公布有关方面应当遵守的要求和规定。为确保某一事项的执行与处理，此类通告往往提出强制性行政措施，以要求相关单位和个人遵守。如《关于坚决清理非法占道经营的通告》。

2. 告知性通告

用于在一定范围内公布社会各方面应当周知的事项，没有强制性措施，不具行政约束力，仅供人们知晓。如关于因施工停水、停电等事项的通告。

（二）特点

1. 行文单位的广泛性

通告的内容是一般事项，所以发文机关级别和使用范围不受限制。行政机关、企事业单位、人民团体等社会组织都可以发布通告。

2. 行文效果的周知性

通告的内容，要求在一定范围内的人们或特定的人群普遍知晓，以使他们了解有关政策法令，遵守某些规定事项，共同维护社会公务管理秩序。

3. 行文内容的行业性

不少通告都具有鲜明的行业性特点，如税务局关于征税的通告，机动车管理部门关于机动车辆年度检验的通告，银行关于发行新版人民币的通告，房产管理局关于对商品房销售面积进行检查的通告，等等，都是针对其所负责的那一部分的业务或技术事务发出的通告。因此，通告行文中要时常引用本行业的法规、规章，也免不了使用本行业的术语、行话。

三、公告的用法和特点

公告是国家权利机关、行政机关向国内外宣布重要事项或者法定事项时使用的公文。

公告具有以下特点。

1. 发布内容重要

公告宣布的是重要事项或法定事项，即事关全局或在国内外能产生重大影响的事项。公告所发布的内容通常是政治、经济、军事、法律等领域的大事。多见于宣布国家领导人的选举、出访、逝世，宣布宪法、重要法规的颁布，军事演习、导弹发射等。

2. 发文机关级别较高

公告一般由级别较高的国家行政机关或者权力机关及其常设机构制发，例如，全国人民代表大会、全国人民代表大会常务委员会、国务院、各省市人民政府、各省市人大及人大常委会或授权新华社制发。

3. 发布范围广泛

公告是向国内外宣告事项，所以其告知对象范围广。

4. 发布形式独特

一般以登报、广播的形式发布。借助新闻媒体能使传播更为迅速和广泛。

四、通告和公告的区别

通告和公告都是告知性公文，都有公开、广泛等共同点，但它们也有明显的区别，不要混淆使用。这两种公文的区别如下。

1. 内容的重要程度不同

公告是用来发布重要事项和法定事项的，涉及内容多是国家大事或省市级的行政大事，或者履行法律规定必须遵循的程序。小的局部性事项和非法定的事项，不能采用公告的形式公布。

通告是用来发布在一定范围内需要遵守或周知的事项的，它所涉及的事项一般没有公告那么重大。

2. 对发文机关的限制性不同

公告是一种高级别的文体，只有涉及全局性的重大事项或法定事项时，才能由高级别的行政部门发布。

通告是一种高级机关和基层单位都可使用的文体，不仅行政机关可以制发，社会团体、企事业单位在自己的职权范围之内，也可以制发。

3. 发布范围有所不同

公告是向国内外发布重要事项和法定事项采用的文种，它的发布范围比较大，面向全国，有时面向全世界，遍示天下，一体周知，接受的人越多越好。

通告虽然也是面向社会发布的，但多是限定在一个特定社区范围内，而且内容也多是指向一个特定的人群，要求这一社区的某一类特定人群遵守或周知。所以通告的定义中特意强调了"在一定范围内公布"。

4. 发布的方式不同

公告多数是在报刊上刊登，一般不用红头文件的方式下发，也不能印成布告的形式公开张贴。

通告可以在新闻媒体上刊登，也可以用红头文件的形式下发，还可以公开张贴。

操作指导

一、公文的一般写法

1. 公文标题

公文标题一般由发文机关名称、公文主题（事由）、文种三部分组成。例如，《国务院关于加强血吸虫病防治工作的决定》，这里"国务院"是发文机关；"关于加强血吸虫病防治工作"是事由；"决定"是文种。

因为懂得，所以慈悲。——张爱玲

公文标题也有部分省略的情况。例如法规类或单位内部的公文，标题中可以省略发文单位；内容单一、正文简单的公文在标题中可省略事由，如《中华人民共和国主席令》。

2．主送机关

主送机关是单位的主要受理机关，应当使用全称或规范化的简称。左起顶格书写。

3．正文

公文的正文一般包括行文缘由、主体（事项）、结尾三部分。

行文缘由用来表明行文的依据、目的或原因，常用"由于"、"依据"、"为了"等开端用语开头。

主体（事项）是公文的核心部分，结构安排要有逻辑性、条理性。内容多而重要的要分条列项写出。运用序码的顺序是一、（一）、1、（1）、①。

结尾常常提出希望、号召或用与文种相适应的习惯结尾用语。

4．附件

附件指与公文内容有关的随文发送的文件、材料等。公文如有附件，在正文下空 1 行左空 2 字标识"附件"字样，并说明所附材料名称及份数，如"附件：1．×××××"。

5．成文时间

行政公文的成文日期用汉字书写，要将年、月、日标全，"零"写为"〇"。

6：公文生效标识（印章和署名）

公文生效标识是证明公文效力的表现形式，它包括发文机关印章或签署人姓名。

单一机关制发的公文在落款处不署发文机关名称，只标识成文日期。成文日期右空 4 字；加盖印章。

当联合行文需加盖两个印章时，应将成文日期拉开；主办机关印章在前；两个印章均压成文日期。当联合行文需加盖 3 个以上印章时，应将各发文机关名称（可用简称）按加盖印章顺序排列在相应位置，并使印章加盖或套印在其上，主办机关印章在前。印章之间互不相交或相切。

署名，以国家领导人名义发布的公文需要领导人署名。

二、通知、通告的写法

通知、通告在结构上基本相同，都由标题、正文、落款、发文日期这几个部分组成。在这几个组成部分中，最主要也是最难写的部分是正文。

（一）通知的写法

1．通知正文的写法

通知的种类不同，正文的写法会不一样。下面列举几种通知正文的写法。

（1）指示性通知的拟写

指示性通知的正文由三部分组成：通知的依据（原因、目的、意义）、主体部分、结尾部分。

通知的依据：是用简明的语言说明为什么发此通知，然后用一句过渡语，如"现通知如下"和"特作如下通知"等转入主体部分。

照片这东西不过是生命的碎壳；纷纷的岁月已过去，瓜子仁一粒粒咽了下去，滋味各人自己知道，留给大家看的唯有那狼藉的黑白的瓜子壳。——张爱玲《连环套》

　　主体部分：是通知的具体事项。指示性通知主体部分比较复杂，应分条或分段叙述，使人一目了然。

　　结尾部分：一般写执行要求。如"以上通知，望认真执行"；有时则用一般号召性文字提出希望和要求，有的通知也可没有结尾部分。

　　（2）知照性通知的拟写

　　知照性通知告知需要知道的一般事项。如启用或废止公章、机关更名、变更地址及电话号码，等等。知照性通知的正文往往采用篇段合一的形式。只把通知的是什么事情说清楚即可，没有必要予以议论评价或阐发意义，也不提执行要求。结尾往往用"特此通知"等习惯语收束，例如。

××公司关于地址迁移的通知

　　我公司已迁至北京市鼓楼西大街甲××号办公，新开户银行：北京市地安门分理处，账号××--××，原来的开户银行及账号7月1日撤销。

　　特此通知。

××公司
×年×月×日

　　（3）会议通知的拟写

　　各单位在召开会议时，会前要告知与会者开会的时间、地点、携带材料等，这时要用会议通知。除了一些小型或紧急会议就近口头或电话通知外，一般都要使用书面会议通知。会议通知的正文一般由召开会议的背景（目的、意义）和会议注意事项两部分构成。

　　召开会议的背景：主要写明为什么开会，一般文字比较简短，不要长篇大论。

　　会议注意事项：是指会议的时间、地点、与会人员、日程安排、报到日期，有时还具体地提出准备的材料及与会者赴会所乘车、船、飞机班次等。例如：

××公司关于2012财年总结会议的通知

公司各部门：

　　2012财年已经结束，为总结经验，分析问题，表彰先进，公司将于12月18日9:00在德胜大酒店五楼恒胜厅举行2012财年总结大会。会议主要议程。

　　1. 总经理作2012财年总结。

　　2. 表彰2012年度优秀员工。

　　3. 各部门主管汇报下一年度本部门工作规划。

　　请各部门主管、优秀员工准时到会。

　　特此通知。

××公司行政部
2012年12月10日

我要你知道，在这个世界上总有一个人是等着你的，不管在什么时候，不管在什么地方，反正你知道，总有这么个人。——张爱玲《半生缘》

2．通知的写作要求

（1）事项具体。无论是对情况的介绍，还是对有关单位和人员的要求，都要明确、清楚，以便执行办理。

（2）行文简省实际。不说空话、套话，有话则长，无话则短，内容精悍实用。

（3）措辞严密得体。通知的表述要准确、严密，方能保证其效用；同时语气要庄重诚恳，指示性通知既要体现出权威性和严肃性，又要突出协调性和尊重性。

（二）通告的写法

1．通告正文的写法

正文采用公文通用结构模式撰写，共分三大部分。

通告缘由：主要用来表达发布通告的背景、根据、目的、意义。缘由部分应力求简洁。通常用"现（特）通告如下"开启下文。例如。

"近期以来，我市清理非法占道经营，经过几次集中整治，取得了一定效果，但在一些主干道上仍有反复，禁而不止，影响交通和市容环境，群众反映强烈。为推进'讲文明、树新风'活动和精神文明建设八大工程的深入开展，市政府决定，集中一段时间，加大工作力度，实行综合整治，坚决彻底清理非法占道经营，让路于车，还道于民，改善交通秩序和市容环境。现通告如下"。

通告事项：这是主体部分，如果事项涉及的要求、措施较多，则采用分条列项的写法，以做到条理分明，层次清晰。内容注意由主及次，由大到小，以便读者或听众能够迅速、正确地领会文件的精神实质。

通告结语：多采用"本通告自×月×日起实施"或"特此通告"等模式化结语，也可以提出希望要求，还可以省略结语。

2．通告写作的注意事项

（1）通告使用的范围虽然比较广，但不能随意乱用，诸如单位搬迁、更换电话号码等，不能用通告。

（2）通告重在事项写作，要求具体而明确，通常对事由不作说理解释。

（3）通告语言要求准确、简明、通俗。

（4）要力戒表述上的主次不分或忽轻忽重，否则就会使人产生繁杂无序的感觉，不利于读者或听众迅速地、准确地理解文件。

三、通知、通告常用习惯用语

为了使语言书面化和精练、庄重，公文较多使用固定结构的习惯用语。在通知、通告中常用的习惯用语列举如下。

表明发文缘由的开端用语有：关于、据、根据、据报、为了、按照、遵照、由于、目前、最近、接、前接、现接、经××（单位）批准（下面接叙××问题）等。

用在缘由和事项之间起过渡作用的承启用语有：为此，特通知如下；基于以上原因，作出如下要求；现通知如下等。

对于三十岁以后的人来说，十年八年不过是指缝间的事。而对于年轻人而言，三年五年就可以是一生一世。

——张爱玲《十八春》

用在正文尾部表达希望号召的祈请用语有：请、恳请、务请、希、望等。

用作全文结束语的有：特此通知（通告）、本通告自×日起实施等。

任务二　通报的写作

案例鉴赏

（一）

武冈市人民政府
关于对武冈市公安局荆竹铺派出所记功表彰的
通　报

各乡、镇人民政府，街道办事处，市直机关各有关单位，省、部驻武各有关单位：

近年来，武冈市公安局荆竹铺派出所在艰苦的自然环境下，全面贯彻落实"十六"精神，忠实实践"三个代表"重要思想。全所一班人团结拼搏，开拓创新，牢固树立群众观念，建立了一系列的便民利民措施，在热情服务工作上大做文章。同时，充分发挥公安职能作用，逐步形成了以派出所为龙头、警区为基础、警区民警为桥梁、辖区单位为依托、治保会为骨干、安全小区为辐射点的群防群治立体网络，走出了一条社会治安综合治理的新路子，为维护辖区社会稳定，促进经济发展做出了较大的贡献。为激励先进，弘扬无私奉献的时代精神，全面推进我市公安工作和队伍建设，市人民政府决定对武冈市公安局荆竹铺派出所记集体三等功，并予以表彰。

二〇〇五年元月八日

（摘自 http://www.wugang.gov.cn）

（二）

整治互联网低俗之风行动第六批曝光网站整治情况通报

1 月 29 日，互联网违法和不良信息举报中心公布了整治互联网低俗之风第六批曝光网站名单，对 3 家存在大量低俗内容的网站进行曝光。几天来，这 3 家网站积极开展清理和整治工作，但个别网站整治不力。现将第六批被曝光网站整治情况通报如下：

一、清理整治工作较好的网站

1．"西陆网"（所在地：北京）关闭了"贴图"栏目。

2．"博客大巴"（所在地：上海）对"博客"栏目进行了全面的清理。

上述网站整改措施比较得力，予以表扬。

二、需要继续清理整治的网站

"WAP 中国"（所在地：广东）关闭了"相册"栏目，但 "彩图动画"栏目仍存在低俗图片。该网站应加大清理整治力度，采取更加有效的措施，对低俗内容进行全面清理。

笑全世界便与你同笑，哭你便独自哭。——张爱玲《花凋》

【分析与思考】以上两则案例的文种可不可以改换为通知或通告，为什么？这两则通报在语言表述和结构条理方面有哪些值得学习的地方？

知识概要

一、通报的概念、作用与类型

通报是用于表彰先进，批评错误，传达重要精神或者情况的公文。各级行政机关、人民团体、企事业单位均可使用通报，其受文对象往往是全体下属。

（一）作用

1. 嘉奖和告诫的作用

在一定范围内对具体的人和事表扬或批评，借以达到鼓励先进、弘扬正气或批评错误、打击歪风邪气的目的。表彰通报和批评通报对当事人的奖励或惩罚，具有行政约束力。

2. 交流作用

传达重要情况和知照事项的通报，能及时交流信息，上情下达，并能促进上下级之间、有关部门之间的相互了解。

（二）类型

根据通报的作用和应用范围，可将通报分为三类。

1. 表彰通报

选择先进集体和先进个人，予以通报，以期给人们树立学习的榜样，激励人们的积极性。此类通报着重介绍先进典型中值得人们学习、效法的事迹，分析其精神实质，然后发出号召，提出要求或如何学习先进的意见。

2. 批评通报

选择犯有错误的集体或个人典型，予以通报批评。此类通报着重叙述错误典型的问题或错误事实，分析其产生的原因和危害性，然后作出处理的决定，指出人们应当从中吸取教训，引以为戒。

批评通报和表彰通报，都是下行文，制发单位没有级别限制。

3. 传达通报

用于传达上级重要精神与重要情况，引起人们的警觉与注意，对当前的工作起指导作用。

二、通报的特点

1. 晓谕性

不管是哪一种类型的通报，其目的都是为了使人们获得信息和情报，上下沟通，上情下达。

271

模块五　应用写作

父母对待儿女，虽然儿女像风筝远扬了，父母的心总还是绑在线上。充满爱的脸是文字难以形容的。爱，只能体会，不能描绘。——林清玄

2．指导性

通报对下级和有关方面的指导作用重于指挥作用，它不像通告那样依靠强制措施制约人们，而在于通报各类典型事例或情况后，注重指导人们学习先进，摒弃错误，总结经验，以弘扬正气，树立新风。

3．时效性

通报的指导和交流作用都是与特定的社会背景相关的，一旦形势发生变化，就失去了指导效力。因此，要使通报很好地发挥作用，就要抓住时机适时通报。

三、通报与通知的区别

通报和通知都有告知性特点，但适用范围、目的要求、表达方式都有所不同。

1．适用范围不同

通知用于批转和转发文件，任免和聘用干部，告知需办理和周知的事项等一般工作；通报则仅仅用于表彰先进，批评错误，传达交流重要情况这三项重点工作。

2．目的要求不同

通知的目的是告知事项，布置工作，部署行动，有严格的约束力，要求受文机关遵照执行；通报的目的不在贯彻执行，而是通过正反两方面的典型教育人们，或通过传达重要精神和情况引起人们的注意，而没有具体执行的事项。

3．表达方式不同

通知的写作主要采用说明，告知人们做什么，怎样做；通报则兼用叙述、议论和说明等表达方式。在叙述先进事迹或者错误事实、陈述情况时用叙述；在对事实做分析评述或提出希望、号召时用议论，在公布表彰或奖惩决定、意见时用说明。

操作指导

一、通报的写作要求

1．讲究时效性

无论哪一种类型的通报，都要及时发布，才能起到交流和指导的作用。错过时机的通报，就失去了它的时效性，没有行文的意义了。

2．讲究指导性

通报要有普遍的指导意义，就应选择典型。先进的典型要能反映事物的本质特征，能揭示时代的本质，体现时代的精神。反面的典型，应有一定的代表性，能体现鉴戒的作用。所以，只有选准、选好典型，通报才能起到激励教育、推动工作和批评警戒的作用。

3．注意真实性

通报中所涉及的事例，必须是客观存在的，经过反复调查、认为是真实可靠的，绝不允许捏造和虚构。同时，对事例的反映要准确，不能夸大或缩小，要实事求是。通报在结尾提出的希望和号召，也必须切合实际，有一定的针对性，使读者能够接受或受到启示。

面对人生难以管理的生老病死，我们能以起承转合去寻找心灵的故乡。人总是有限制的，但有梦总是最美的。——林清玄

二、通报的结构和写法

通报的写作格式与公文的一般格式一样。鉴于不同类型的通报，正文侧重点有所不同，下面介绍通报正文的写法。

1. 表彰通报正文的一般写法

① 叙述先进事迹，包括时间、地点、人物、事迹、结果。

② 对上述事件进行分析、评议，指出其典型意义，或概括其主要经验。语言要简明概括。

③ 提出表彰或发出号召。

2. 批评通报正文的一般写法

① 通报原由，即将事故或错误事实的经过情况、时间、地点、事故、后果等交代清楚。

② 对事故进行分析评议，重点分析事故发生的原因，指出事故的性质及其危害，并提出处分决定。

③ 写明防止此类事故的措施，要对症下药，提出告诫，或重申某一方面的纪律。

3. 传达通报正文的一般写法

传达通报的正文，关键在于对情况的掌握要确实、全面、充分。它包括：

① 叙述情况

② 分析情况，阐明意义

③ 提出指导性意见

三、通报常用习惯用语

用在批评通报开头表明发文缘由的有：经查、查等。

用在总起和情况概述之间起过渡作用的承启用语有：现将情况通报如下等。

用在结尾表明希望和指导性意见的有：希望、望等。

任务三 请示、报告的写作

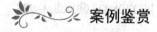 案例鉴赏

（一）

关于改组设立光远精密仪器股份有限公司的请示

××市经济体制改革委员会：

光远精密仪器有限责任公司是 2006 年 3 月 2 日经省体改委同意，并经贵委批准成立的股份制试点企业，经过几年的股份制运作，经营管理水平、经济效益不断改善和提高，股份制经营模式已逐步完善。随着公司业务的不断展开，力量日益壮大，现在全国各大城市共拥有 30 个分支机构。

为了加强管理，进一步规范股份制经营，现经董事会拟定，股东大会通过，拟对原光远

今天扫完今天的落叶，明天的树叶不会在今天掉下来，不要为明天烦恼，要努力地活在今天这一刻。——林清玄

精密仪器有限责任公司进行改组，设立光远精密仪器股份有限公司。按照上市公司的产业政策要求，将原光远精密仪器有限责任公司的所有债权、债务关系交由光远精密仪器股份有限公司负责，同时将 2005 年初发行的全部股本 3000 万转给光远精密仪器股份有限公司管理。光远精密仪器有限责任公司为光远精密仪器股份有限公司的控股公司。

以上意见，请予审查批准。

光远精密仪器有限责任公司
二〇一一年十月十九日

（二）

关于张××同志职称评定问题的答复报告

××市人民政府办公室：

接市办 5 月 20 日查询我单位张××同志有关职称评定情况的通知后，我们立即进行了调查。现将有关情况报告如下：

××同志是我集团公司二分厂工程师。该同志 1962 年起曾在××工学院受过四年函授教育，学习了有关课程。由于"文革"而未能取得学历证明。因缺乏学历证明，在今年上半年职称评定时，根据上级有关文件精神，我单位职称评委会决定暂缓向上一级职称评委会推荐评定他的高级工程师职称，待取得学历证明后补办。该同志认为这是刁难，因而向市政府提出了申诉。

接到市政府办公厅查询通知后，我们专程派人去××工程学院查核有关材料，得到××工学院的支持，正式出具了该同志的学历证明。现在，我集团公司职称评委会已为××同志专门补办了有关评定高级工程师的推荐手续，并向该同志说明了情况。对此，他本人已表示满意。

特此报告。

××集团公司
二〇〇五年五月三十日

（来源于 http://www.dhyedu.com）

（三）

××县工商局二〇〇四年计划生育工作汇报

今年以来，我局认真贯彻落实中共中央、国务院《关于加强人口与计划生育工作稳定低生育水平的决定》，按照省、市、县部署，进一步推动城市计划生育管理体制改革，采取有力措施大力加强计划生育管理工作，一手抓系统内育龄妇女管理，一手抓流动人口计划生育管理，确保了国家计划生育法律法规和省、市、县计划生育政策的贯彻落实。

一、系统内计划生育管理工作

1. 组织领导

我单位成立了计划生育工作领导小组，党组书记、局长××任组长，副局长××任副

一个人的心原来是世界上最寂寞的地方，每个人都渴望被爱，如果没有人主动爱人，则没有人会被爱。困难已经过去，也就不必讨论值得与否，努力面对现实是正经。——亦舒

组长，并配有专职计划生育干部 1 名。成立了计划生育协会，副局长××任会长，下设副会长、常务理事及成员。局党组每季度至少召开一次计划生育工作专题会议，解决具体问题，并针对实际情况制订具体方案。计划生育协会也建立了例会制度，并定期召开会议……

2. 工作情况

加大计划生育支出，在经费紧张的情况下，每年投入专项资金用于购买学习材料、计划生育用品及支付查体费用、宣传费用和其他费用。计划生育设施齐全，对本单位的育龄妇女情况实行月报制度，每月上报××镇计生办，每季度孕情查体一次。举办人口学校 2 次，对 200 人次学习人员进行考试 1 次，对已婚男性进行计划生育调查一次……

二、流动人口计划生育管理工作

1. 高度重视，加强领导

我局认真贯彻上级精神，按照县委、县政府和市工商局关于流动人口计划生育管理的各项要求，把流动人口计划生育管理工作列为工商工作的一项重要工作来抓，与其他业务工作同安排、同部署、同考核……

2. 明确责任，狠抓落实

我局同企业注册局和各工商所签订了《流动人口计划生育管理工作责任书》，制订了严格的考核方案，把这项工作的考核结果作为评先和奖惩的重要依据，充分调动起各基层单位的工作积极性……

3. 发挥职能，严格把关

为切实履行工商行政管理部门在流动人口计划生育管理方面的职责，今年以来我局多次要求各工商所对流动人口个私经营业户严格管理，明确提出，凡是流动人口申请注册登记，必须提交《流动人口婚育证明》、身份证、户口暂住证及公安机关证明，手续不全的，工商所不得受理报批，也不得发放临时营业执照……

下一步，我局将以更严的要求、更高的标准，促进国家计划生育政策的落实，进一步做好计划生育工作。

××县工商行政管理局

二○○四年十二月八日

【分析与思考】以上案例分别有什么用途？它们在写法上有什么特点？

知识概要

一、请示、报告的用法和类型

（一）请示的用法和类型

请示是下级机关向上级机关请求指示、答复、批准的公文。其行文目的是就本单位权限范围内无法决定的重大事项或无章可循的疑难问题，请求上级机关给予答复。

根据行文目的，请示主要有两种。

真正有气质的淑女，从不炫耀她所拥有的一切，她不告诉人她读过什么书，去过什么地方，有多少件衣裳，买过什么珠宝，因她没有自卑感。——亦舒

1．请求指示

遇到新情况、新问题，找不到相应的处理依据，无章可循，需要上级机关给以指示；对有关方针、政策和规定有疑问，需要上级机关给予明确解释和说明；本单位在较重要的问题上出现意见分歧，需要上级机关裁决。例如《关于确定××市高校行政级别的请示》。

2．请求审批

对涉及经济、编制、物资、人事等下级机关在职权范围内不能决定或解决的；对本单位因特殊原因不能按统一规定执行须变通处理的，这些都属于请求上级审批的工作性请示。如《关于××建设项目需用资金的请示》。

（二）报告的用法和种类

报告是指向上级机关汇报工作，反映情况，提出意见或者建议，答复上级机关的询问的公文。报告使用范围很广。按照上级部署或工作计划，每完成一项任务，一般都要向上级写报告，反映工作中的基本情况、工作中取得的经验教训、存在的问题以及今后的工作设想等，以取得上级领导部门的指导。

按行文目的分，报告可分为。

1．汇报工作报告

这是向上级机关汇报工作情况的报告。可以写工作的成绩经验、困难问题、今后打算，也可以反映工作进展情况。工作报告既可以反映本单位本部门一个时期内全面工作的综合情况，又可以反映某项工作、某一方面的情况。前者是综合报告，如《关于长沙市十一五规划执行情况的报告》；后者是专题报告，如《关于元旦春节市场安排情况的报告》。

2．反映情况报告

发生特殊情况、较大事故、突发事件时，常采用这种报告。主要用于向上级机关反映重大情况、特殊情况、新问题、新现象等，这些情况将为上级机关制定方针、政策、决策提供依据。如《铁道部关于193次旅客快车发生重大颠覆事故的报告》。

3．答复询问报告

针对上级来文所询问的内容或交办的事项进行答复，使上级机关全面掌握情况，有效地指导工作。因此，这类报告内容具有规定性，往往开头要提及对方的询问文件或所交办的内容，如"×月×日函悉"等。然后针对所询问事项，专题专报，逐一明确。如《关于我校工会干部待遇的报告》。

4．建议报告。

下级机关或主管部门向上级领导机关提出工作意见，或贯彻某文件、指示的意见，或解决问题的措施、工作方案等，如《关于粮食政策性财务挂账停息的报告》。

5．报送报告。

下级机关向上级机关报送物件或有关材料的报告，如《关于报送我区企事业单位机构设置等情况的报告》。

千疮百孔的世界，值得哭的事原是非常多的。——亦舒

二、请示与报告的区别

现实工作中，许多人将请示与报告不予区分，将请示用报告替代或混合使用，往往出现如"关于请求增加××设施的报告""关于××的请示报告"等写法，这是不规范的，问题在于对两种公文的认识不准确。

1．性质和行文目的不同

报告属陈述性公文，其行文目的在于汇报工作、反映情况、提出意见和建议、答复询问等，故不要求上级机关回复；请示属呈请性公文，其行文目的在于请求指示或审核批准，需要上级机关给予答复。

2．上级机关处理原则不同

对待报告上级机关只在认为有必要时才予批复，而对请示上级机关不管同意与否均应批复。

3．篇幅容量不同

报告虽也提倡一文一事，但像综合报告等显然多为一文数事且篇幅较长；请示则严格要求一事一请，篇幅相对较短小。

4．行文时间不同

报告多在事后行文；而请示必须事前行文。

操作指导

一、请示、报告的写法

请示、报告文体结构也是由标题、主送机关、正文、落款、日期组成。不同的是正文的写法。

（一）请示正文的写法

请示正文一般由请示起因、请示事项和请示尾语三部分构成。

请示起因一般先说明行文的目的、依据，强调请示的必要性，为请示事项的提出作好铺垫。

请示事项是请示的核心内容，要求明确、具体地指出，并做到既符合政策、法规，又具有建设性、可行性。

请示尾语一般有"特此请示，望予批复""以上请求，请予批准""当否，请批示""以上请示妥否，请批示"等惯用语。

（二）报告的正文写法

总体来说，正文由报告缘由、报告事项和报告尾语三部分组成。

报告缘由主要交代报告的起因、理由或注明目的、意义等，是正文的开头。

报告事项即正文的主体内容，如基本情况、措施与办法、成效与问题或者是经验与教训、意见与建议、打算与设想等。不同类型的报告中，报告事项的内容应有所侧重。

汇报工作的报告侧重于写主要做法、取得的成绩、经验与问题。成绩常常通过数字、比较、事实来表现。

反映情况的报告侧重于将情况或事件的缘由、经过、结果、性质表述清楚。

答复询问的报告侧重于针对所询问的问题回答意见和处理结果，问什么答什么，不可借题发挥。

报告尾语常用"特此报告""专此报告""请审阅"或"以上报告如有不妥，请指正"等语作结。

二、请示、报告的写作注意事项

（一）请示写作注意事项

① 请示的主送机关只能有一个，而且应是发文机关的直属上级机关，不得多头请示。

② 请示的事项要写得具体、明确、集中，不笼统含糊。

③ 必须坚持一文一事的原则，否则不利于问题的解决，甚至可能贻误工作。

④ 请示的理由要充分，可包括政策依据和事实，但要实事求是，概括而精练。

（二）报告写作注意事项

① 报告的主送机关只有一个，通常应是发文机关的直属上级机关，一般不允许越级上报。

② 写综合报告应注意抓住重点，突出主要矛盾和矛盾的主要方面。在此基础上列出若干观点，分层次阐述。说明观点的材料要详略得当，以观点统领材料。

③ 选用典型的材料，找出规律。报告反映问题应有所选择，不必面面俱到，而且要从做法、成绩、经验、效果等具体情况中找出规律性。

④ 报告要用事实说话，以叙述为主，叙议结合。但叙述多用概述，不能有过多的细节描写和详细叙述。

⑤ 切忌将报告提出的建议或意见当作请示，要求上级指示或批准。

任务四　函的写作

案例鉴赏

（一）

关于××超市总公司商租商场一事的复函

上海××超市总公司：

贵公司《关于商租××商厦五楼的函》（沪×超函［×××］20 号）收悉，经研究，现答复如下：

贵公司欲租我商厦五楼闲置的楼面开设超市，这是方便顾客的购买需求、有利于盘活我商厦的闲置资源、扩大我商厦的经营规模与商品种类的好事，本商厦欢迎贵公司来我商厦五楼开设超市。具体租金请贵公司来人面洽。

特此复函。

上海××商厦

××××年四月一日

（来源于 http://www.dhyedu.com）

很多时候，因为没有选择的缘故，人们往往走对了路。——亦舒

（二）

关于商洽委托代培涉外秘书人员的函

××大学文学院：

　　本集团公司新近上岗的秘书缺乏专门的涉外秘书知识，业务素质亟待提高。据报载，贵院将于今年 9 月开办涉外秘书培训班，系统讲授涉外秘书业务、公关礼仪、实用文书写作等课程。这个培训项目为我集团公司新上岗的涉外秘书人员提供了一个难得的在职进修机会。为能尽快提高本集团公司涉外秘书人员的从业素质，我们拟选派 8 名在岗秘书人员委托贵院代培，随该班进修学习。有关代培费用及其他相关经费，将按时如数拨付。

　　是否慨允，恳请函复为盼。

××集团公司（印章）
二〇〇五年七月二十日

　　【分析与思考】以上两份函与一般信件有什么联系和区别？与其他公文相比，函的行文措辞和语气有什么特点？

知识概要

一、函的用法

　　函是不相隶属机关之间商洽工作，询问和答复问题，请求批准和答复审批事项的公文。

　　"不相隶属机关"包括两种情况：一是双方在行政或组织上没有领导与被领导关系、业务上没有指导与被指导关系的机关单位，无须考虑双方的级别大小；二是一个系统内部的平级机关。

　　函作为平行文，主要用于不相隶属机关之间，但有时具有隶属关系的上下级之间不宜于用其他公文时，也可使用函。所以，函是运用最为广泛、灵活、方便的一种公文。

二、函的种类

　　根据主动与被动，函有发（去、问）函和复函之别。

　　根据形式和规格，函又可分公函与便函两类。公函与便函都是处理公务的文书，公函的内容往往比较重要，涉及行使权力，故行文郑重，具有完整的公文格式。便函为单位、领导之间处理具体事务时用，不加标题，不编文号，不需存档，但亦需加盖公章。

　　根据发函的目的和内容，函可以分为商洽函、问答函和请批、批答函。

　　商洽函是不相隶属机关间商洽工作的函。这种函，或要求对方协助办事；或洽谈公务；或就某问题进行沟通联络；或向对方提出处理某事的意见等。

　　问答函，是不相隶属机关询问和答复问题的函。

　　请批、批答函是不相隶属机关请求批准和答复审批事项的函。请批函是向有关主管部门请求批准的函；批答函是有关主管部门批答请批事项的函。

操作指导

一、函的写法

函和前述几种公文的格式一样，由标题（便函可不写）、主送机关、正文、落款、成文日期组成。

函的正文，通常由三部分构成。

1．发函缘由

这是函的开头部分，如果是去函，一般说明发函的根据、目的、原因等。如果是复函，则先引用对方来函的标题、发文字号，然后再交代作出答复的根据，说明缘由。这部分结束时，常用一些习用的套语转入下一部分，如"现将有关情况说明如下"、"现就有关问题函复如下"等。

2．函文事项

这是函的主体部分。就有关某项工作展开商洽，提出询问或作出答复，就有关事项提请批准等主要内容，都在这一部分予以表达。如是发函，要写清楚商洽、询问或请求批准的主要事项；如果复函，要针对来函事项逐一郑重作答，答复时要求具体、明确，不能不置可否或答非所问。

书写事项时，如果事项复杂，则需分条列项书写。

3．尾语

尾语是礼节性用语。不同类型的函有不同的尾语。

商洽函的尾语常用："特此函商""恳请协助""不知贵方意见如何，请函告""望大力协助，盼复"等。

询问函的尾语常用："特此函询""即请复函""请予复函""盼复"等。

请批函的尾语常用："请审查批准""当否，请审批"等。

答复函的尾语常用："特此函复""此复""专此函告""特此专复"等。

二、函的写作要求

1．用语平和，措辞得体

函是平行文，语言要平和礼貌，既不能盛气凌人，又要避免谦卑恭顺。

2．一函一事，言简意赅

函的内容要求单一性，一函一事便于办理和答复。函的篇幅短小，言简意赅，不需过细阐述。

视野拓展

推荐阅读：《国家行政机关公文处理办法》

专题网站：http://www.examda.com

今天很残酷，明天很残酷，后天很美好。但很多人都倒在明天晚上。——马云

一、模拟情境写作

1. 根据下列情境拟写请示

天河超市是××市商业局的直属单位，近两年来，随着超市营业规模的扩大，超市广告宣传任务越来越重，而超市至今没有专门的广告宣传部门。为了解决这个问题，超市管理层决定从今年 10 月开始，设立专门的广告宣传部，设一名主任（由原经理秘书王雨田担任）和两名办事员（向社会公开招聘）。为此，请你拟写一份请示向上级部门商业局征求意见。

2. 下面是 2008 年 4 月 18 日《株洲日报》的一则消息，请你根据消息的内容，以株洲市公安局公安交通管理局的名义，拟写一份关于交通管制的通告。

本报讯　原定于 4 月 15 日开始全封闭施工的田心立交桥，因施工进度的原因，将推迟至 18 日上午 10 时起，进行全封闭施工，至 12 月 31 日结束。交警称，届时，320 国道链条厂路段和响田路的部分路段将实行交通管制。

链条厂路段交通管制范围是从链条厂路口以南 350 米至路口以北 985 米，响田路的交通管制范围是从响田大桥东口至响田路与田林路的交叉路口，约 500 米距离。该路段实行交通管制后，市区经 320 国道前往长沙、湘潭的交通将中断，前往上述地区的司机需绕道京珠高速、醴潭高速或株长线行驶，但前往田心方向的车辆仍可通过链条厂路口往北站路和田林路行驶。

据悉，为方便车辆上下 320 国道，交警拟在 320 国道田心路段田心北门附近和空压机厂附近开设两个临时通道。

响田路以东路段实行交通管制后，前往响田路的车辆需通过周边道路绕行。封闭期间，北站路和田心大道禁止大型货车通行。此外，田心大道在职工上下班 4 个高峰期内禁止机动车通行。交警提醒司机，绕行时，务必注意路口的交通标志牌，以免违章。

3. 阅读以下情境描述，完成写作任务

昨天中午，东方乐园前开来了一辆编号为××的空调大客车。乘客上车后，乘务员宣布每位票款 2 元。乘客说："平常只收 1 元，为何……？"乘务员说："不坐可以下车！"于是十几位乘客下了车。其他乘客见天阴快要下雨，只好忍气吞声买了票。奇怪的是，乘务员一律只收款不给车票。车到市内，一些乘客没要车票，便接连下车走了，有些乘客则非要车票不可，乘务员才每人给了一张 1 元的车票。票上印着"××市××客车有限公司机动车票"字样。

此事被反映到×交通局，交通局责令××市××客车有限公司尽快查实此事，要求对当事人进行严厉处罚，并将情况予以汇报。

××市××客车有限公司今天做出决定：对敲竹杠的司机、乘务员罚款 200 元，停职检查 1 周，并在全公司通报批评。

工作任务：

有些人一生没有辉煌，并不是因为他们不能辉煌，而是因为他们的头脑中没有闪过辉煌的念头，或者不知道应该如何辉煌。——俞敏洪

（1）作为××市交通局工作人员，请向××市××客车有限公司拟写一份询问函。

（2）作为××市××客车有限公司秘书，请你完成以下任务：

① 就以上情况，写一份批评通报。

② 就整个事件的情况，写一份报告向××市交通局汇报。

二、指出下列句子不符合公文语言要求之处，并加以改正

① 与会者请于4月23日前来报到。

② 当前经济领域中的严重犯罪活动，已经和正在破坏我们的干部队伍，破坏我们党、政府及其军队的肌体和国家的信誉。

③ 我们的请示已送去一个多月，你们为什么迟迟不予批复？

④ 贵校府高庭阔，物实人济，且具宽大为怀、救人之危的美德。以上区区小事，谅贵校不难解决。

⑤ 目前局势之恶劣与严重，已被你们等看见。

三、评析、修改病文

1．评析下面的公文有什么错误？

关于××市民政事业费管理使用问题的通报

××市任意挪用、占用和滥用民政事业费的问题，是非常严峻的。民政事业费是体现党和国家对广大优抚、救济对象生活疾苦的关怀，任何人挪用、侵占和占用民政事业费必须限期如数追回。为了严明党纪国法，对挪用、占用民政事业费的有关人员，要按党纪政纪严肃处理，并将处理结果报省人民政府。

各地要把××市的问题引以为借鉴，加强民政事业费的管理，杜绝××市问题再度发生。

一九九×年×月×日

2．指出下列公文的错误并进行修改

××厂关于加强安全保卫工作的公告

近来，我厂连续发生被盗事件，工厂及职工的财物损失达数万元，为保证工厂的正常生产秩序，特作如下公告：

一、凡是本厂职工进入厂门，一律佩带厂徽，否则扣发奖金。

二、外来人员进入工厂，必须持所属单位的介绍信或证件登记，出厂时，应接受行李物品检查，必要时厂方可对其进行搜身检查。

三、来客投宿应得到厂保卫科的批准。在此期间若厂内发生失窃，来客要集中接受审查。

四、厂内职工离开车间或办公室，应关好门窗。

本公告自××年×月×日起生效。凡自觉执行者予以奖励，拒不执行者予以行政处分和经济处罚。

××厂（公章）

××××年×月×日

3．分析下面这份请示，指出毛病，进行修改。

上帝制造人类的时候就把我们制造成不完美的人，我们一辈子努力的过程就是使自己变得更加完美的过程，我们的一切美德都来自于克服自身缺点的奋斗。——俞敏洪

市人民政府、市教育局：

我校今年由于住宿生急剧增加，已有的学生宿舍已无法容纳，现在住宿生基本上是一个床位两个人睡，严重影响学生的身心健康。为解决这一困难，我校决定再建一栋学生宿舍楼。另外，我校图书馆也尚未达到省"两基"标准，望上级部门给予适当支持。

特此请示，请回复。

×市三中

2003 年 12 月 15 日

4. 下列公文存在哪些问题？请运用所学知识分析并进行修改。

回迁通知

原住××区××街的动迁户，于明年 6 月底前回迁。请所有回迁户持动迁证、动迁协议书以及交款单据，于明年 5 月底前，到我公司办理回迁手续。

具体办理时间：上午 8 时至 12 时，下午 2 时 30 分至 5 时 30 分。

特此通知。

×××房地产开发公司

××××年××月××日

项目三　策划文案写作

任务一　专题活动策划方案的写作

❀ 案例鉴赏

七夕节活动策划方案

前　言

谈起中国的情人节，年轻人反应平淡，没有舶来品 2 月 14 日情人节的热烈，或许是外来文化的张扬掩盖过了本土文化的含蓄，或许是年轻人对外来事物的热情胜过对本土文化的品位……[45]

西方 2 月 14 日情人节，玫瑰花、巧克力点缀摇曳的诗意，简直到了举世同庆的地步。但东西方的思维想法与表达方式毕竟不同。我国七夕节始于汉代，是表达典型东方情感的节日，韩国已将端午申遗成功，难道我们还要在丢弃了"七夕"以后才记起叹息和遗憾吗？

"坐看牵牛织女星"，是民间七夕习俗。相传，在每年的这个夜晚，是天上的织女与牛郎鹊桥相会之时。据说在七夕的夜晚，抬头可以看到牛郎织女在银河相会，或在葡萄架等

世界上没有绝对的公平，公平只在一个点上。心中平，世界才会平。——俞敏洪

瓜果架下可偷听到两人在天上相会时的脉脉情话。

现在虽然没有机会去听葡萄架下的情话了，但是作为中华文化习俗的一部分，我们来演绎此种"真情"也是责任使然。

一、活动目的

1．提高品牌知名度、美誉度、赞誉度。

2．提高产品销售量。

二、活动主题

诗"情""花"意 漫步七夕

创意说明

诗

诗词歌赋，永远是文人骚客的情趣爱好。文人在一定意义上也是文明的标志，他们所代表的就是一个时代的精神文明。为了吸引文人的参与，我们就有必要设置一些文化方面的板块。

情

一个情字，诠释了人世间所有的"爱"，囊括了爱情、亲情、友情等感情，可见内涵寓意之广大。珍爱世间的每一种感情，也感谢世间的每一种感情，由此，××珠宝成了"爱"的化身，有爱的地方便有××珠宝，××珠宝是"爱"的使者。有了这么一个寓意深刻的内涵，我们就有可能把"情"做成类似与"送礼就送脑白金"一样，人人知晓的名言。

花

有情人的地方，就有花；有花的地方，就有情人。可见，花于情人的意义是多么的与众不同。这里我们也把花提炼出来，作为本次活动的一个主题，是很有必要的。

意

"诗""情""花""意"，来源于"诗情画意"的谐音，而其中的"意"就有一个串联的作用。从整个活动来讲，一个"意"字把一个个分散的小板块串联成一个整体。一个"意"字也贯穿在整个活动当中，一个有意义的活动由此展开。

漫步

本身就给人很闲适、很浪漫的感觉，前面再加上"诗""情""花""意"，就像一个飘逸的天使，带着"诗""情""花""意"随风向我们飘来，美丽的天使给我们带来了文明、人间的真爱、鲜花等一切的美好，难道你还真舍得去虚度这么美好的一天吗？从另一方面"漫步"的运用也使整个创意鲜活了起来、动了起来、形象了起来。

三、活动时间

2006 年 7 月 30 日

心事浩茫连广宇，于无声处听惊雷。——鲁迅《无题·万家墨面没蒿莱》

四、活动地点

华北区××珠宝各卖点

五、活动协办单位

各大新闻媒体

六、活动细节

1. 诗

面向社会征集关于"诗词"方面的作品。

要求：作品力求以反映时尚文化（珠宝）为主，每人限 1～3 首。

评审办法：来稿均由××珠宝聘请的专家评选，由中华诗词学会组织专家终评。大赛结果与获奖作品将公布在网站上。

奖项设置：

一等奖一名，奖××；　　　　　二等奖三名，奖××；

三等奖十名，奖××；　　　　　优秀奖二十名，奖××。

时间地址：

（1）截稿时间为 2006 年 7 月 31 日。

（2）投稿地址：××珠宝专用电子邮箱……

（3）颁奖时间：2006 年 8 月 2 日，在石家庄卖点举行颁奖晚会。

2. 情

××珠宝爱心一

此单元的活动是××珠宝宫殿开业庆典活动的一个升华，关注社会贫困群体渗透到每时每刻，让有时间停留的地方就有××，有时间停留的地方就有爱心。

形式：时间—××—爱心

顾客购买的饰品中每 1000 元将有 10 元作为爱心基金，存储在××。在公证部门公证下，按照法律程序上交给希望工程办公室，全部用于资助贫困儿童，帮助他们顺利完成学业，成长为祖国有用之才。

××珠宝爱心二

此单元的活动是××珠宝宫殿开业庆典活动的一个延续。

宣传语：××珠宝和您一起过一个有意义的情人节

活动形式："情人节联谊贫困地区的孩子们"

由报纸作宣传，召集一批有爱心的青年朋友，由××珠宝组织到鲁家裕村希望小学与孩子们共度一个有意义的情人节。

活动内容：包饺子、玩游戏、合影等

活动时间：上午 9：00 出发；11：00 左右到现场；11：00～14：30 包饺子；14：30～16：00 玩游戏、合影等；17：00 返程

活动意义：与孩子们共度情人节，让生活在大都市中的青年人了解到贫困地区孩子们

的疾苦，从而激发他们内心深处的爱心，由单纯的宣扬爱情升华到了更广阔含义的爱，实在是一件非常有意义的活动。

3．花

当天购物者赠送鲜花

4．意

作为一个整合的大环节，××珠宝有一个意想不到的大礼回馈。

凡在××珠宝各专柜购买珠宝饰品价值在 5000 元以上者（包括 5000 元），自购买之日起满三年，××珠宝均可原价回购。

我们的用意是：一方面是××保证珠宝的增值性；另一方面，三年之后，您可能不再喜欢这款饰品，或者急需用钱，那么，你可以把首饰拿过来，钱拿回去！温馨又快捷。

七、现场布置

要求：挂旗、宣传单、柜台内水晶展架、X 展架

执行人：各卖点店长安排

八、媒体宣传

预热期

活动的宣传自 7 月 20 日开始。

媒体的选择上：侧重于报纸类、电视类的宣传。《燕赵都市报》、《燕赵晚报》、河北电视台。

中期宣传

主要是七夕期间的一个全方位宣传。

时间：7 月 25 日～7 月 31 日

地点：××珠宝华北区各卖点

宣传方式：

1．各大报纸、电视类宣传，聚集人气，以期提高销售量。

2．各大活动现场销售人员宣传和活动现场布置的宣传轮番进行，给到现场的消费者以感官上和心理上的强烈刺激，从而促成销售。

3．活动期间所做公益活动宣传，既是对公司店庆活动的一个延续，也表示××一直是关注社会贫困群体的主体。

后期延续

诗词评选颁奖晚会以及各大媒体适当的后期报道。

九、预算

电视台合作的费用：1.2 万元

燕赵都市报：0.7 万元

燕赵晚报：0.7 万元

活动衬衫：0.3 万元

真正的伟大，即在于以脆弱的凡人之躯而具有神性的不可战胜。——（古罗马）塞涅卡

十、前期准备

1. 人员安排：附件1
2. 物资准备：附件2

十一、效果监测评估

略

（摘自南昌拼客网）

【分析与思考】你认为这个活动创意如何？看看这份策划书由哪些内容、哪些部分组成。你从中看出活动策划方案有什么特点？

知识概要

随着社会文明的进步和社会竞争的加剧，"策划"成为一个最具智慧魅力和最时尚的词汇，吸引着人们的眼球。策划已经是我们生活中的不可或缺的一种行为，大到治国安邦，小到穿衣戴帽，都离不开策划。影视行业有影视策划，制作广告有广告策划，观看新闻有新闻策划，娱乐节目有娱乐策划，体育比赛有体育策划，市场营销有营销策划……可以说无"策"不成事，无"划"不成业。策划就在眼前，就在身边。

一、策划的概念及分类

策划就是如何在全面谋略上指导操作者去圆满地实施对策、计策或计谋，从而达到办事的目的。

策划范围很广，没有严格意义的分类。但根据策划的具体内容，现代意义的策划一般有新闻策划、宣传策划、广告策划、产品策划、公关策划、营销策划、危机策划、专题策划、运动策划等内容层面。把这些内容用具体的文字表达出来就是策划方案。

二、专题活动的概念和特征

专题活动主要指组织为了达到一定的目的，在一个特定的时期、特定的场合下举办的对外接待、参观、开业、庆典、新闻发布会、记者招待会、竞赛、捐助等大型活动。这种大型活动通常具有以下几方面的特征。

1．鲜明的目的性

专题活动的开展都有其目的。对于组织机构来说，其目的往往是围绕整个组织机构的组织形象策略和近期公关目标而确立的。专题活动往往耗费很多资源，包括人力、物力。如一个产品要进入一个中心城市，恐怕要花数百万元的传播费用。没有目的而耗费资金做活动是不可能的，目的不鲜明也是不值得的。

2．广泛的社会传播性

专题活动本身就是一个传播媒体，其作用像一个大众传播媒介。一旦这个活动开展起来，就能产生良好的传播效果。此外，活动本身吸引了公众与宣传媒介的参与，更加强了社会传播效应。

青春不是人生的一段时期，而是心灵的一种状况。——（古罗马）塞涅卡

3. 严密的操作性

在组织专题活动的过程中，给我们成功与失败的机会只有一次。因为专题活动不同于拍电影、电视，能拍三、四组镜头，最后再重新编辑，专题活动每一次都是现场直播，一旦出现失误就无法弥补了。所以策划要特别注意其操作性。

4. 高投资性

一个专题活动往往要投入的资金和费用都是比较多的。我们可以提倡一个铜板掰成两个甚至是多个来花的精神，但高投资是大型活动最基本的特点。如果不是特别的需要，一般不要动辄使用大型活动的手段。

三、专题活动策划方案的内容要素

专题活动策划方案的写作没有一成不变的固定格式，写作者可以根据实际需要来灵活处理。但是从总体上来说，一份专题活动策划方案应该具备以下内容要素。

1. 活动背景

具体包括基本情况简介、近期状况、活动开展原因、相关目的动机、环境的内在优势和弱点、机会及威胁等因素。如环境不明，则应该通过调查研究等方式进行分析加以补充。有些策划方案将活动背景放在前言中。

2. 活动意义及目标

活动的目的应用简洁明了的语言表述清楚；在陈述目的要点时，该活动的核心构成或策划的独到之处及由此产生的意义（经济效益、社会利益、媒体效应等）都应该明确写出。活动目标要具体化。

3. 主题

主题是整个策划的灵魂，是统领整个活动，连接各个项目、各个步骤的纽带。专题活动要为广大公众接受，就必须选好主题。

4. 活动内容

要力求详尽，写出每一点能设想到的东西，做到没有遗漏。在此部分中，不仅仅局限于用文字表述，也可适当加入统计图表等；对策划的各工作项目，应按照时间的先后顺序排列，绘制实施时间表有助于方案核查。人员的组织配置、活动对象、相应权责及时间地点也应在这部分加以说明。

5. 经费预算

活动的各项费用在根据实际情况进行具体、周密的计算后，用清晰明了的形式列出。在通常情况下，经费预算并不直接写入方案中，有时候是根据单位既定的预算来考虑活动方案，有时候是先考虑方案的合理性，再实事求是地考虑和审批方案的预算。但作为撰写方案的人，头脑中必须考虑预算问题，没有经济基础支撑的策划方案是没有意义的，所以，必须在本单位财力能够承受的范围内来考虑具体方案，达到少花钱办好事的目的。

某些策划书还有调查分析、媒介策略、效果评估等。

不管发生什么事，都请安静且愉快地接受人生，勇敢地、大胆地，而且永远地微笑着。——（德）罗莎·卢森堡

一、专题活动策划的原则和标准

1. 专题活动策划的原则

① 主题明确，内容具体。

② 时机适当，规模适中。

③ 形式新颖，组织周密。

④ 符合公众心理，赢得社会支持。

2. 成功活动策划的标准

① 是否能引发目标消费者的强烈关注？

② 是否和产品、服务密切相关？

③ 是否是本行业的原创性活动策划？

二、专题活动策划方案写作的注意事项

1. 主题要单一

一份活动策划方案中只能有一个主题。这是在策划活动的时候，根据企业本身的实际问题（包括企业活动的时间、地点、预期投入的费用等）和市场分析的情况（包括竞争对手当前的广告行为分析、目标消费群体分析、消费者心理分析、产品特点分析等）做出的，也是当前最值得推广的一个主题。在一次活动中，不可能做好所有的事情，只有把一个最重要的信息传达给目标消费群体，才能充分引起受众群关注，并且比较容易记住你所要表达的信息。

2. 活动要围绕主题进行并尽量精简

有人认为在策划活动方案的时候要执行的活动越多越好，理由是只有丰富多彩的活动才能够引起消费者的注意，其实不然，活动不在多，而在精——突出主题。片面追求活动的丰富，会有不良后果。其一，容易造成主次不分。有些市场活动搞得很活跃很热闹，但是在围观者或者参加的人当中，往往没有多少人是企业的目标消费群体；而有一些活动既热闹，同时又能达到良好的效果，就是因为活动都是紧紧围绕主题进行的。其二，提高活动成本，执行不力。在一次策划中，如果加入了太多活动，不仅要投入更多的人力、物力和财力，直接导致活动成本的增加，而且还容易使操作人员执行不力，最终招致方案的失败。

3. 具有良好的可执行性

一个活动执行是否成功，主要取决于策划方案的可操作性。策划要做到切实可行，除了需要进行周密的思考外，详细的活动安排也是必不可少的。活动的时间和方式必须考虑执行地点和执行人员的情况，在具体安排上应尽量周全。另外，还应该考虑外部环境如天气、民俗、安全因素等的影响。

4. 切忌主观言论

活动策划必须是以严密的市场分析和调查为基础的，主观臆断的策划者是不可能做出成功的策划的。同样，在策划方案的写作过程中，也应该避免主观臆断，切忌出现主观类字眼。

策划者的主观臆断将直接导致执行者对事件和形式产生模糊的分析甚至疑虑，导致执行不力。

任务二 营销策划方案的写作

案例鉴赏

快速消费品营销策略——"今米房"策划案

第一部分：产品策略

一、今米房是什么？

今米房，它是一种营养方便米饭，是方便面、中式盒饭、洋快餐的替代品，具有"更营养、更方便、更健康"的独特性。

今米房，为什么要这样定位？这样定位的核心优势有哪些？我们的理由如下。

1. 今米房这样定位，不需要重新教育市场，而是直接切割现有的成熟市场，避免了成为行业先驱和殉道者的悲剧。

众所周知，行业领先者最担心的事情莫过于中途殉道，成为后来者的垫脚石。今米房，虽然是一个全新的产品品类，可是它具有强大的消费基础：日益庞大的快餐市场。据商贸部的统计数据表明：现代社会，由于人们生活节奏的日益加快，快餐市场每年以8%的速度递增，其中蕴藏着上千亿的市场机会，如一个简单的方便面市场，每年就有几百亿的市场份额，例如华龙面，一个小小的石家庄市，其销售额就高达7个亿。今米房，它只需从中切割1%的市场，就能获得年销售近10亿元、利润过亿的财务目标。

2. 今米房，它凭借"更营养、更方便、更健康"的核心诉求，可以牢牢锁住对手的死穴，对方便面、中式盒饭、洋快餐等竞品，进行毁灭性打击。

方便面、中式盒饭、洋快餐，天生具有"垃圾食品、无营养、不卫生"的死穴，对于它们的危害，人们都有了相当清醒的认识。在美国，政府不惜动用电视、报纸等媒体，公开宣扬垃圾食品的危害，并号召美国人民一致抵制垃圾食品，尤其是要保护好少年儿童的身体健康，让他们远离垃圾食品。

今米房与方便面、洋快餐相比，它更营养更健康；与盒饭相比，它更营养更卫生。只要今米房始终坚持"更营养、更方便、更健康"的核心诉求，就牢牢锁住了方便面、中式盒饭、洋快餐等竞品的死穴（方便面没营养、盒饭易导致传染病的交叉感染、洋快餐高能量高脂肪），必将获得目标消费群的一致认可。

二、今米房卖给谁？

快速消费品，属于广谱消费的范围，具有长期重复购买的特点，换句话说，有多少人就有多大的市场。凡是消费方便面、中式盒饭、洋快餐的人群，都是今米房的目标消费群。

可是，为了提高推广效率，我们还是有必要进行核心购买人群的梳理。哪些人群是今米房的核心购买人群？哪些人群经常消费方便面、中式盒饭、洋快餐？通过分析，我们不

失去财产的人损失很大，失去朋友的人损失更大，失去勇气的人则损失了一切。——（西班牙）塞万提斯·萨维德拉

难看出下列人群就是今米房的核心购买人群。

1．都市白领、上班族、出租车司机

现代社会，竞争日益激烈，工作压力越来越大，快餐文化日益流行。像北京，每栋写字楼都有几千名上班族，一个写字楼群就有几万或十几万上班族，中餐几乎都是清一色的快餐。下班后急于挤公交、赶地铁，到家后已经晚上七八点了，白天上班累，晚上既没心思也懒得做晚饭，很多时候就是方便面应付了事。至于那些经常熬夜加班的人群，生活、工作完全没有规律，根本没有时间和心思考虑吃饭问题。可是，正是这个群体，他们最需要更有营养的方便食品。

2．大中小学生

我国有 2 亿多大中小学生，他们对快餐食品的需求日益迫切。在我国，很多城市的中小学生，都有带中饭上学的习惯，可是对于炎热的夏季和寒冷的冬季，带饭上学就困难重重。所以，冬夏两季，中小学生就到学校附近的餐馆吃盒饭或洋快餐（麦当劳、肯德基等）。现在的大学生，饮食生活没有规律，常常错过食堂的饭点，所以方便面、盒饭就成为他们必不可少的充饥品。

3．留守在家的老人

对于晚饭，老人们都精心准备，一定要做得既营养又好吃，因为儿女都回家了。可是，对于中饭，老人们就不爱摆弄，因为儿女们上班去了，一两个老人在家吃饭，根本没有心思去大张旗鼓，怎么方便就怎么来。

4．出差在外、旅游观光的人群

俗话说：出门在外万事难。外出的人们，为了填饱肚子，再没营养的东西，再马虎的就餐环境，也得将就凑合。

三、今米房，如何才能打动消费者？

1．产品重新命名：今米房改成今米香

一个好的产品名称，对产品的销售具有举足轻重的作用，如农夫山泉就是一个典型的例子。今米房，既是一个企业品牌，又是一个产品品牌，可是它所表达的品牌形象与产品的功能定位不太吻合，因为今米房无法体现"更营养、更方便、更健康"的功能定位。所以，我们建议将"今米房"改成"今米香"，不管是从企业的长远发展来说，还是从品牌延伸的角度来看，"今米香"具有更大的品牌优势。

品牌建设初期，产品品牌创建策略建议：

（1）今米香：营养方便饭

（2）今米香：营养煲仔饭

（3）今米香：营养便当

（4）今米香：营养快餐

品牌初具规模后，"今米香"可以推出二代产品，如"一拉香"系列，如同康师傅方便面推出"来一桶"一样，这样就能不断丰富产品的品牌形象，其子品牌可以采取类似的名称：

一个有坚强心志的人，财产可以被人掠夺，勇气却不会被人剥夺的。——（法）维克多·雨果

（1）一拉香：农家饭

（2）一拉香：营养快餐

（3）一拉香：营养便当

（4）一拉香：营养煲仔饭

2．营养泰斗洪昭光：黄金营养配方+形象代言

为了体现"更营养、更方便、更健康"的功能定位，今米房需要借助营养权威和专家来佐证。我们建议由洪昭光来调配套餐配方，并出任今米房的代言人。洪昭光，我国当代最著名的营养保健泰斗，一个妇孺皆知的医学权威，央视曾多次邀请他开设养生讲座，各大卫视争先邀请他主持健康栏目。如果能邀请到洪昭光，今米房"更营养、更方便、更健康"的功能定位，就顺理成章了。其后，我们将洪昭光的头像印在包装盒的醒目位置上，头像下面有两行字，第一行字是：我国营养保健泰斗洪昭光。第二行字是：今米房配方均由洪昭光教授亲自调配。

由于今米房的定位在营养，而快餐给人的印象是不营养的，所以，今米房必须突出洪昭光教授，必须借助他的公信力来消除消费者的顾虑。

今米房聘请营养泰斗，除了体现"更营养、更方便、更健康"的功能定位外，还有一个重要的功能，那就是设置壁垒，有效防止跟风者。像老干妈，就是这方面的典型代表，它的包装上就印有一个老太太的头像，消费者在购买产品时，会根据包装上是否有这个老太太的图像来区分品牌的真假。今米房在包装上使用营养泰斗的头像，也是希望可以设立像老干妈一样的品牌壁垒，从而避免胜利果实被他人抢占的悲剧。

3．"3.15维权保优打假中心"给今米房保驾护航

"3.15维权保优打假中心"隶属中国商贸部，它具有毋庸置疑的权威性，哲宇策划可以为今米房争取到"3.15维权保优打假中心"的认证资格，并可直接将其标志印刷在包装盒上。更让人欣慰的是，任何消费者只要对认证的事宜有疑惑的话，都可以拨打"3.15维权保优打假中心"的咨询电话（该电话印刷在包装盒上），该中心的工作人员都能确认此事，这样的话，不但经销商的腰杆子硬了，消费者也心服口服了。

4．留住回头客：大众口味、保健养生，两大主线始终贯穿产品线

（1）主打几大经典家常菜或地方特色菜

今米房要想快速走量，就必须在口味上迎合消费者原有的饮食习惯，所选的菜系必须符合大众口味，这样就能缩短上市的周期，能够被消费者快速接受。事实证明，凡是经典的家常菜，都会有稳定的回头客，如梅菜扣肉、辣子鸡丁、宫保鸡丁等。所以，今米房的套餐应该主打大众口味，只有这样，才能实现规模化生产，才有利于渠道的建设。此外，在经典家常菜的基础上，今米房还可根据各地的饮食差异，推出几大地方特色的产品，如东北的酸菜排骨饭、湖南的毛氏红烧肉饭，等等。

（2）精心配制保健、美容、养生汤

因为吃米饭的人都有喝汤的习惯，今米房根据不同的消费人群，可以提供不同的汤料，如VC美容养颜汤、养生健脾汤、补肾强身汤、益智明目汤、暖胃健脾汤等。现在的人们，

信仰是伟大的情感，一种创造力量。——（前苏联）马克西姆·高尔基

保健意识越来越强，像北京有个洪状元的粥铺，主打的是各种功能粥，由于把握了消费者的脉，洪状元几乎天天爆满，喝粥的人还得排队等待。

5. 营养大师+美国军队保鲜技术+国家高科技专利，四招破解产品死穴

对于米饭的保鲜问题，肯定是一个无法回避的产品死穴，因为在人们的印象中，米饭是很难保鲜的，别说 6 个月，就是过了 3 天的米饭，人们都不爱吃。如何才能化解这个产品死穴，我们为今米房设置了四大法宝。

（1）美国军队的保鲜技术

美国是全世界公认的技术王国，美国军队，又是高科技云集的地方。对于食品保鲜，美国军队的技术应该是比较先进的。所以，打出美国军队的技术牌，可以逆转人们对"米饭不能保鲜"的传统观念。

（2）今米房是国家高科技专利

今米房，它为什么能被评为国家高新专利，据专家介绍，正是由于突破了传统保鲜技术的限制，今米房才被批准为国家高科技专利。所以，我们可以采取反问的方法来打消消费者的顾虑：一个因为保鲜技术而获得国家高新专利的产品，它难道还不能保鲜吗？

（3）营养泰斗洪昭光亲自调配的黄金营养配方，8 位营养权威高度认可

普通的老百姓，对专家权威是高度信任的，尤其对于那些货真价实的真专家真权威，只要多位专家一致认可今米房，如他们现场品尝今米房，那么，绝大多数的消费者都能放心食用。

（4）聘请东南亚最当红的营养权威林博士担当形象代言人

这样既能赢得消费者对今米房的信任，又能彻底建立市场壁垒，防止跟风者恶意搅局。

6. 捆绑促销，双重让利

所有的汤料包，在包装上都打上价格，如 3 元/包，既可单独销售，也可随饭赠送。也就是说，凡是购买一盒今米房，可以免费得到一包汤料，方便的话，可以直接将汤料包用透明胶带粘贴在今米房上。当今米房搞促销的时候，老百姓就会大量购买，因为今米房实在太优惠了：① 原来 10 元/盒，一下子变成了 8 元/盒；② 购买一盒今米房，汤料包免费送，8 块钱真是花得值呀！

第二部分：价格策略

今米房，它既然是方便面、中式盒饭、洋快餐的替代品，那么它的价格体系就可以参照方便面的价格体系。从零售价格上来说，今米房属于异质化产品，价格不是一个敏感因素；可是，对于经销商来说，供货价格就异常敏感。一般来说，一个新品上市，如果没有足够的利润空间，经销商是不会追捧的。

1. 零售价格：10 元/盒

作为方便面、中式盒饭、洋快餐的替代品，今米房的零售价格，我们初步建议定为 10 元/盒。无数成功的营销实践证实：对于替代产品来说，价格不是一个敏感因素。如 VCD，刚出来的时候，价格高达数千元，可现在 200 多块的 VCD，满大街都是。

市场推广初期，10 元/盒的价格，对销售不会有多大的障碍，因为新兴的快餐市场具有

乐观是一首激昂优美的进行曲，时刻鼓舞着你向事业的大路勇猛前进。——（法）亚历山大·仲马

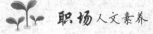

超强的购买力；此外，10 元/盒的价格，还起着一个形象定位的作用，很多人会羡慕那些经常使用今米房的人，因为今米房体现着一种"营养保健、快捷方便、引领时尚"的生活方式。

2．促销价格：8 元/盒

在市场推广期，每隔一段时间，今米房就来一次促销，将 10 元/盒的价格直接降到 8 元/盒，定期制造一股抢购浪潮，定期回笼资金。

促销时间的把握，可根据我国的传统节日或法定节假日决定，如三八妇女节、六一儿童节、九九重阳节、端午节、中秋节、国庆节、春节等特定时期。

3．阻击竞品的价格：8 元/盒

当今米房的市场达到一定的规模后，必然会导致大量的跟风者。这个时候，我们可突然将 10 元/盒的价格直接降到 8 元/盒，不但可使今米房的销售出现井喷式增长；还可给对手一个出其不意的打击，彻底达到清洗市场、巩固自身地位的双重效果。

4．经销价格：上市初 35 扣，品牌提升期 50 扣

今米房在上市之初，应采取切实可行的经销策略。为了尽快提高市场占有率，为了最大限度地调动经销商的积极性，我们建议今米房先采取 35 扣的供货价格，从短期来看，企业的利润空间有所降低，企业是少赚了一部分钱。可是，从长远来看，企业是有百利无一害的，因为经销商的积极性高了，市场占有率也就水涨船高了，企业的整体利润也上去了。

现在的快速消费品，大都对经销商的经销让利，还没有实质性的操作。可是，经销让利的模式在医药保健品领域已经非常成熟，20 多年的市场经验证实，经销让利是快速占领市场的一大法宝。今米房，首创经销让利模式，必将快速调动经销商的经销热情，从而在短时间内快速引爆消费需求。

当今米房的市场份额达到一定的规模后，就可以尝试在中央电视台投放广告。这个时候，经销商的信心更加坚定，我们顺势将经销价格抬高至 50 扣。

第三部分：渠道策略

1．今米房的主流渠道在哪里

快速消费品行业，铺货率的大小，直接决定着产品的成败。美国的营销大师说，中国的广告费至少有 60%是被浪费掉的，原因何在？因为中国企业的产品，在渠道上都存在着硬伤，都是天上打广告、地上难见到。如健力宝的第五季就是典型。

快速消费品领域，说到铺货能力，可口可乐已经无人能及。

今米房，应该向可口可乐学习，提高铺货能力。尽最大可能的去占领各种大大小小的终端市场，也就是说，除了占领少数几个大型超市外，今米房更要重点抓好下列渠道：

（1）写字楼、学校附近的杂货店、小便利店。

（2）车站、旅游景点、宾馆招待所附近的食品店。

（3）居民区的小超市、便利店、杂货店。

客观地说，大型超市还不是今米房的主流渠道，其主要原因有二。

（1）大型超市的费用太高，什么进店费、保底费、摊位费、促销费、店庆费，五花八门，以北京这为例，铺上 100 多个大型超市或商场，光进店费就需上百万。

（2）一个新品，如果没有大品牌撑腰或没有良好的地政关系，是很难进入大型超市的。即使想方设法进去了，如果没有成熟的网络关系，也不会有很好的陈列位置，往往处于被人遗忘的角落。

可是，今米房不能放弃大型超市，因为大型超市具有下列三大优势。

（1）可以实行一对一或一对多沟通，进行市场的早期教育，并可进行有效的终端拦截。

（2）可进行体验营销，通过终端演示，将产品的特点展示得淋漓尽致。尤其是产品独特的香味，绝对可以吸引眼球，让目标消费群对其有一个直观的了解。

（3）通过终端演示，今米房可将"美国军队专用的保鲜技术、国家高科技示范项目、营养大师专门设计的套餐配方和营养界的高度肯定"等优势充分发挥出来，彻底消除人们对米饭保鲜问题的顾虑。

2. 建立完善的物流体系和协销体系

（1）建立合理的物流体系，是决定产品供货能力的关键。

（2）全国组建协销体系，使总部的销售指令畅通无阻。同时提升经销商的消化能力，并起着信息桥梁的作用，随时将地方信息反馈到总部。

第四部分：推广策略

第一套方案：北京样板+招商+央视广告

1. 为什么选择北京作为样板市场

（1）北京的快餐文化非常发达，即使不投放大面积的广告，仅靠终端拦截，也能快速回笼资金。

（2）北京是一个国际化的大都市，它可以引领时尚，起着榜样消费的作用。今米房被北京老百姓接受了，那么，全国市场的推广就势如破竹。

（3）2008 年的奥运会在北京举行，全世界、全国的焦点都聚集在北京，其中蕴藏着无穷的商机。例如，今米房可以拿出 100 万元的产品（价格按零售价格计算），免费赠送给奥运志愿者，并利用媒体对此事进行炒作。

（4）北京被公认为是一个最难做的市场，如果今米房在北京运作成功了，那么，全国的经销商顿时信心百倍，就会大力追捧，全国的招商工作就易如反掌。

（5）今米房在北京有公司，可以直营，能不折不扣地执行既定的营销策略。

（6）哲宇策划一直立足北京，在本地有着广泛的社会资源和地政关系，可以有力地配合今米房的市场推广，必要的时候，哲宇策划可以同时承担今米房企划部、营销部的双重职能，全面为今米房保驾护航。不管是策略调整，还是活动促销，还是市场协销以及协助解决各种地政问题，哲宇策划都能全程贴身跟踪，发现问题，帮助企业立刻解决。

2. 北京市场如何运作（略）

（1）选择 10～20 个大型超市，如华堂、沃尔玛、物美等。派专人进驻超市内，现场进行产品功能的演示，充分发挥体验营销的优势，让消费者看得见、闻着香、吃得放心。

生活就像海洋，只有意志坚强的人，才能到达彼岸。——（德）卡尔·马克思

（2）在学校附近、写字楼周围，组织"今米房送餐小分队"，统一服装如蓝色或红色，类似于小蓝帽或小红帽的感觉，让人很容易记住。上班前、上学前、午饭前，组织专人向学生、上班族发放营养知识卡，大力打击方便面、盒饭、洋快餐的危害，全面阐述今米房"更营养、更方便、更健康"的功能利益，对快餐人群进行重点拦截。

（3）报纸广告：事件炒作抓眼球+恐吓竞品危害+阐述今米房的功能利益

都市白领、上班族、老人，都有阅读报纸的习惯。今米房可选择主流都市报，如北京的京华时报、娱乐信报，通过 30 篇造势软文、20 个通栏硬广告、8 个分阶段的促销广告，可进行如下炒作。

① 我国营养泰斗洪昭光，精心打造"营养第一餐"。

② 拒绝垃圾食品，世界卫生组织一致推荐"营养工作餐"。

③ 中国营养协会：解决 3 亿人民的吃饭难题。

④ 天天方便面，女人老得快，男人肾更虚。

⑤ 盒饭不卫生，跑肚拉稀、还易导致传染病。

⑥ 洋快餐，是导致儿童肥胖的罪魁祸首。

⑦ 小孩：吃了今米房，营养充足个子高，智力发育快又好。

⑧ 老人：吃了今米房，营养健康精神好。

⑨ 上班族：吃了今米房，一天的营养能量全补充，工作不困也不累。

3．如何招商（详细内容略）

（1）设立专门的招商部。

（2）将北京的运作资料制作成光盘，供经销商参考复制。

（3）将报纸广告、宣传单页、终端物料等整理成册，供经销商参考复制。

（4）制订详细的媒体投放计划、销售奖励政策、协销措施，给经销商打气加油。

4．央视广告的投放

如果今米房能上央视，其起点就非比寻常，因为中国老百姓最信任的媒体仍然是央视。由于央视 1 台的价格极贵，我们建议今米房上央视 2 台的 10 秒品牌广告，为产品树立一个高品质形象。

第二套方案：卫视联动+全国招商+终端拦截

（略）

（摘自营销与策划网）

【分析与思考】以上这份营销策划书策划的主要内容有哪些？这份策划书的可行性如何？从中可以了解到营销策划书应怎么写？

知识概要

营销项目的成功通常需要有合理的营销策划，营销策划是对营销活动的设计和谋划，是借助科学方法与创新思维，策划营销的行为方针、目标、战略以及实施方案的行为。随

走得最慢的人，只要他不丧失目标，也比漫无目的地徘徊的人走得快。——（德）高特荷德·埃夫拉姆·莱辛

着市场竞争日益激烈，好的营销策划更成为企业创名牌，迎战市场的决胜利器。策划方案又称营销策划书，是营销策划的书面反映。

一、营销策划方案的基本内容

营销策划书没有一成不变的格式，它依据产品或营销活动的不同要求，在策划的内容与编制格式上也有变化。但是，从营销策划活动一般规律来看，其中有些要素是共同的。

（一）营销策划的主题和项目介绍

根据不同的营销策划对象（营销策划项目），拟定各自所应围绕的主题。营销策划主题是整个营销策划的基石和内核，是营销策划的基本准绳。在阐述营销策划主题的基础上，要对策划的项目情况作一简要的介绍，包括项目的背景、项目的概况、项目的进展、项目的发展趋势等。

（二）营销状况分析

目前营销状况分析可以是逐项分类分析，也可以作综合分析，视策划的具体情况来定。一般包括。

1. 项目市场分析

宏观环境状况。主要包括宏观经济形势、宏观经济政策、金融货币政策、资本市场走势、资金市场情况等。

项目市场状况。主要包括现有产品或服务的市场销售情况和市场需求情况、客户对新产品或服务的潜在需求、市场占有份额、市场容量、市场拓展空间等。

同业市场状况。主要包括同业的机构、同业的目标市场、同业的竞争手段、同业的营销方式、同业进入市场的可能与程度等。

各种不同的营销策划所需的市场分析资料是不完全相同的，要根据营销策划需要去搜集，并在营销策划中简要说明。

2. 基本问题分析

营销策划所面临的问题和所要解决的问题，这些问题的生成原因是什么？其中主要原因有哪些？解决这些问题的基本思路如何确定，出发点是什么？通过何种途径，采取什么方式解决？等等。

3. 主要优劣势分析

主要优势分析：围绕营销策划主题，将要开展某一方面的市场营销活动（如市场调查、新产品开发、市场促销、广告宣传等），拥有哪些方面的优势，主要是自身优势（即自身的强项）分析，也应考虑外部的一些有利因素。营销策划就是要利用好有利因素，发挥出自身优势。分析优势应冷静客观，既不能"过"，也不能"不及"，要实事求是。

主要劣势分析：主要劣势分析就是分析与将要开展的市场营销活动相关联的外部一些不利因素和自身的弱项、短处等。营销策划就是要避免和化解这些不利因素，弥补自身的不足，错开自身的弱项。

主要条件分析：主要条件分析就是分析将要开展的市场营销活动所需要的条件，包括已具备的条件和尚须创造的条件，逐一列出，逐一分析，以求得资源的最佳利用与组合。

（三）营销目标

营销目标是公司所要实现的具体经济效益指标，要求用量化指标表达，如总销售量为×××万件，预计毛利×××万元，市场占有率为××。

（四）营销战略（具体行销方案）

营销战略即营销执行方案，是营销策划的重头戏，是对市场营销活动各道环节、各个方面工作的精心设计、周密安排和逐一布置与落实，是营销活动组织、开展的脚本。主要包括以下5点。

1．产品策略

通过前面产品市场机会与问题分析，提出合理的产品策略建议。内容不外乎以下几方面。

① 产品定位。② 产品质量功能方案。③ 产品品牌。④ 产品包装。⑤ 产品服务。

2．价格策略

主要是制约定价的基本因素分析，包括如何定价、价格调整策略、如何利用价格取得营销的成功等方面的内容。若企业以产品价格为营销优势的则更应注重价格策略的制定。

3．销售渠道

包括产品目前销售渠道如何，对销售渠道的拓展有何计划，如何鼓励中间商、代理商的销售积极性。

4．媒体策略（广告宣传）

主要是指营销过程中采用哪些媒体进行宣传，各阶段宣传的重点及其理由，如何适时调整宣传方式等方面。

5．具体行动方案

根据策划期内各时间段特点，推出各项具体行动方案。行动方案要细致、周密，操作性强又不乏灵活性。还要考虑费用支出，一切量力而行，尽量以较低费用取得良好效果为原则。尤其应该注意季节性产品淡、旺季营销侧重点，抓住旺季营销优势。

（五）策划方案各项费用预算

这一部分记载的是整个营销方案推进过程中的费用投入，包括营销过程中的总费用、阶段费用、项目费用等，其原则是以较少投入获得最优效果。

（六）方案调整

这一部分是作为策划方案的补充部分。在方案执行中可能出现与现实情况不相适应的地方，因此必须随时根据市场的反馈及时对方案进行调整。

营销策划方案一般由以上几部分组成。但是，企业产品不同、营销目标不同则所侧重的各项内容在编制上也可有详略取舍。

二、营销策划方案编制的原则

为了提高策划方案撰写的准确性与科学性，应首先把握其编制的几个主要原则。

我愿意用我所有的科技去换取和苏格拉底相处的一个下午。——（美）史蒂夫·乔布斯

1．逻辑思维原则

策划的目的在于解决企业营销中的问题，按照逻辑性思维的构思来编制策划书。首先是设定情况，交代策划背景，分析产品市场现状，再把策划中心目的全盘托出；其次对具体策划内容详细阐述；最后是明确提出解决问题的对策。

2．简洁朴实原则

要注意突出重点，抓住企业营销中所要解决的核心问题，深入分析，提出可行性的相应对策，针对性强，具有实际操作指导意义。

3．可操作原则

编制的策划书是要用于指导营销活动的，其指导性涉及营销活动中的每个人的工作及各环节关系的处理，因此其可操作性非常重要。不能操作的方案创意再好也无任何价值。不易于操作也必然要耗费大量人、财、物，管理复杂、显效低。

4．创意新颖原则

要求策划的"点子"新、内容新、表现手法也要新，给人以全新的感受。新颖的创意是策划书的核心内容。

操作指导

一、营销策划方案写作注意事项

1．要突出卖点

说服是策划方案的本质特征。每个策划方案一定要有独特的"卖点"，让读者一看就明白，一看就心动，以便说服领导采纳。

2．要突出创新

不要把策划方案当作计划来写，因为计划无须创意，只处理细节，而策划必须要有创意。

3．要突出重点

策划方案切不可面面俱到，无论是项目介绍、策划分析还是营销执行方案都要重点突出。

二、专家支招：成功的营销策划书的六大特点

贵派营销学院院长郭汉尧老师指出，一份成功的营销策划书应具备六个特点。

① 粗略过目就能了解策划的大致内容。

② 使用浅显易懂的语言，充分体现对方的利益和要求。

③ 策划书展现的内容与同类策划书相比，有相当明显的差异性与优越性。

④ 图文并茂，加强策划书的表现效果。

⑤ 全文条理清晰，逻辑严密，阅读者看完策划书后，能够按照策划书的内容有计划、有步骤地执行下去。

⑥ 策划书能够充分体现企业的勃勃生机和企业的基本特征。

命运有一半在你手中，只有另一半在上帝手中。你的努力越超常，你手里掌握的那一半越强大，你的获得就越丰硕。——（美）威廉·贝纳德《哈佛家训》

视野拓展

推荐阅读：《物流企业金牌策划》，中国企业管理出版社，2008 年 3 月。

专题网站：http://www.heopen.edu.cn

　　　　　http:// www.cehua.com.cn

实践训练

1. 为扩大学院知名度，提升学院形象，请你策划一次宣传活动，并写出策划方案。

2. 组成 5 人小组，选定一种家乡特产，对其销售状况进行调查，制作一份营销策划书，作为对家乡的报答。

项目四　经济合同的写作

案例鉴赏

买卖合同

订立合同双方：

供方：湘潭市电机厂，驻湘潭市建设路 21 号。

需方：株洲爱家电器商场，驻株洲市新华西 155 号。

根据《中华人民共和国合同法》及有关规定，为明确供方和需方的权利和义务，经双方协商一致，签订本合同。

一、产品名称：金璐牌电风扇。

二、产品数量：300 台。

三、单价：125 元。

四、货款总额：三万七千五百元整。

五、产品质量：按 2006 年国家颁布标准执行。

六、交货日期：2010 年 5 月 1 日全部交清。

七、交货地点：株洲市火车北站。

八、交货办法：铁路托运，由供方负责办理，运费由供方支付，途中损失由供方承担。

九、付款方式：银行转账。2010 年 5 月 1 日一次付清。延误一天，需方向供方交付相当于货款总额 5%的滞纳金。

十、产品验收：需方销售后，由需方技术人员跟踪抽查，如发现确因原产品质量问题，供方负责保修或更换，其所需费用由供方承担。

十一、违约责任：供方误期十五天交货，按每台原价 10%赔偿，误期一个月交货，按每台原价 20%赔偿。需方中途减少购买台数或全部退货，供方按每台原价 60%退款。

领袖和跟风者的区别就在于创新。——（美）史蒂夫·乔布斯

十二、解决争议方法：本合同执行中如果双方发生争议，按照国家有关规定解决。

十三、本合同未尽事宜，由双方另行商定。

十四、本合同正本一式两份，双方各执一份；合同副本两份，送各自的主管部门备案。

供方（盖章）   需方（盖章）

法定代表人：张×   法定代表人：柳××

委托代理人：王××   委托代理人：何××

开户银行：××工商银行××支行   开户银行：××工商银行××支行

账号：×××××××××   账号：×××××××××

电话：×××××××××   电话：×××××××××

传真：×××—×××××××××   传真：×××—×××××××××

邮编：×××××   邮编：×××××

签约地点：湘潭市××饭店

签约时间：二〇一〇年二月二十日

【分析与思考】这份合同就哪些具体内容进行约定？其结构由哪几部分组成？语言表述上有什么特点？

知识概要

一、经济合同的概念和作用

合同是平等的自然人、法人、其他经济组织之间设立、变更、终止民事权利义务关系的协议。经济合同则是自然人、法人、其他组织之间为实现一定的经济目的，明确相互的权利义务关系而订立的书面协议。经济合同具有法律约束力，用于保护合同当事人的合法权益，在加强经济管理，维护社会经济秩序和建构和谐社会方面发挥着重要作用。

二、经济合同的特点和种类

经济合同在社会经济建设中被广泛使用，按其不同内容，可分为很多类别，如买卖合同、赠与合同、租赁合同、承揽合同、建设工程合同、运输合同等。

经济合同具有以下基本特点。

1．立约人的限定性

签订合同的双方或多方当事人必须是具有法律行为能力者。未成年者、精神病患者、醉酒者和被剥夺政治权力的人，以及丧失语言思维能力的人不能作为立约人。代表经济组织团体签订合同的签约双方，必须具有法人资格。

2．协商互利性

订立合同，当事人任何一方不得把自己的意志强加给他方。各方当事人必须平等相待，协商一致，本着自愿、公平、诚信的原则，订立互利互惠的合同。

生命诚可贵，爱情价更高；若为自由故，二者皆可抛。——（匈牙利）裴多菲·山陀尔《裴多菲文集》

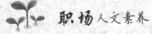

3．法律约束性

合同一经依法签订，就具有了法律效力，当事人必须全面履行合同规定的义务，任何一方不得擅自变更或解除合同。违反合同，要追究责任，赔偿损失，直至法律制裁。执行经济合同中发生纠纷时，由当事人协商解决。协商不成时，任何一方均可向合同管理机关申请调解或仲裁，亦可向法院起诉。

三、经济合同的条款

经济合同的条款也就是其主体内容。具体由当事人约定，一般应包含以下条款。

1．标的

是合同双方的权利和义务所共同指向的对象，即双方当事人要求实现的目的，可以是货物、劳务、工程项目、智力成果等。标的应加以明确说明，如货物的名称、规格、型号、商标等。

2．数量和质量

数量是确定双方权利和义务大小的标准，是对标的的具体计量，如贷款金额、购买货物数量等。质量是合同的基本条件之一，包括产品的规格、型号、轻重、大小、性能等。在合同中应详尽、准确地标明质量要求及检验、验收方法。有法定标准的用法定标准，有产品等级的，要规定产品等级。

3．价款和酬金

是标的的价值，即取得对方产品，接受对方劳务所支付的代价，它以货币数量单位来表示。

4．履行合同的期限、地点和方式

履行的期限是享有请求权的一方要求对方履行合同的时间规定，是衡量合同是否按时履行的标准；履行的地点是指履行合同义务和接受对方履行义务的地方，它直接关系到履行合同的费用和时间；履行的方式指当事人履行合同的具体方法，不同的合同有不同的规定，如购销合同，交货方式是送货、提货还是代运，合同中都应该规定清楚。

5．违约责任

指合同当事人一方或双方因过错造成合同不能履行或不能完全履行时所承担的经济和法律责任。违约责任是合同不可缺少的最重要的部分，是履行合同的重要保证，是出现矛盾分歧时解决合同纠纷时的可靠依据。要写明制裁措施及违约金、赔偿金的数额等。

6．解决争议的方法

指合同执行过程中如果发生争议，解决争议的办法，是当事人自己协商解决，还是由仲裁机构调解，或者是由人民法院调解或判决。

操作指导

一、经济合同的写法

在实际使用中，一些常规性的业务活动往往采用固定式合同，即把合同中必不可少的

疯子、情人、诗人都是想象的产儿。——（英）威廉·莎士比亚《仲夏夜之梦》

相关内容分项设计、印制成一种固定格式的合同。各方当事人在签订合同时，只需把达成的协议逐项填写到表格或文字空档处即可。例如，快递公司的快递合同、出版社的出版合同、房产公司的房屋销售合同等。在一些非固定性的业务活动中，临时撰写合同则必不可少。

根据合同内容的需要，可以将合同设计为表格式、条款式或表格条款结合式。不管哪一种形式的合同，都由以下几个部分组成。

1．标题

标题主要有两种类型：一是合同性质＋文种，如《借款合同》《仓储合同》；一种是合同标的＋合同性质＋文种，如《汽车租赁合同》《苹果买卖合同》。

2．首部

位于标题下方，包括合同当事人名称、合同编号、签订时间地点。合同当事人的名称，应按照其法定核准的名称写全称，不能写代称、代号、简称，也不能用"你方"、"我方"代替。为叙述方便，习惯上常在双方当事人名称后括号内注明甲方、乙方，或者将当事人名称直接写"供方、需方"或者"发包方"和"出租方、承租方"等。

3．正文

正文的结构包括三部分：前言、主体、结尾。

① 前言。即合同的开头部分，简要地写明订立合同的目的、根据，常用"为了……根据……法律的规定，……双方经过充分协商，特订立本合同，以便共同遵守"等习惯语过渡领起下文。

② 主体。分项写合同的各项条款。

包括标的，数量，质量，价款或者酬金，履行期限、地点和方式，违约责任，解决争议的方法和当事人之间补充约定的其他条款。

③ 结尾。写与订立合同有关的事项说明。如说明解决争议的方法，合同的份数、保管及有效期；说明合同所附的表格、图纸、实物等附件。

4．尾部

包括：① 双方当事人签名、盖章。② 双方单位住址、电话号码、电报挂号、传真号码、邮政编码。③ 双方开户银行、银行开户名、账号。必要时由双方自愿可请有关机构鉴证或公证，鉴（公）证机构可在双方当事人情况栏后签署有关意见。有的合同不将签订时间签于合同上方，而是落在合同全文右下方，这也是可以的。

二、撰写经济合同的注意事项

1．合法、合理

合同内容必须符合法律规定，如果合同内容违反国家的法律和政策，不仅不受法律保护，还要依法追究法律责任。同时，签订合同必须贯彻平等互利、协商一致、等价有偿的原则。

2．条款规定全面完整

即合同所必备的各个构成部分不能缺少，关键条款不能遗漏。

逆境和厄运自有妙处。——（英）威廉·莎士比亚《皆大欢喜》

3．表达简明准确

合同的写作采用说明方式，应做到周密严谨，言简意赅。要写得明确具体，条款清晰，概念准确，切忌词不达意或含糊不清。例如，必须使用规范汉字，不使用"最近""基本上""可能""大概""上一年"一类模糊词语。价款与酬金数字必须大写。

4．充分了解合作方的资格、资信和履行合同的能力

三、经济合同的效力确认

根据《合同法》第二条、第三条、第四条、第五条、第七条的规定，经济合同应具备下列四个要件：经济合同当事人、经办人和代理人的资格要合法；经济合同的内容必须符合国家的法律、行政法规，不得违背国家利益或者社会公共利益；合同当事人必须平等自愿，协商一致，意思表示真实；合同的形式和主要条款必须完备。

具备了上述四个要件的经济合同，为有效合同。

视野拓展

一、推荐阅读

谨防经济合同中的语言陷阱

在现实生活中，签订经济合同时必须要特别注意其语言的严谨、准确和科学，防止钻进别有用心的人在合同语言上设下的陷阱。在经济合同中常见的语言陷阱有以下几种。

一、在签订合同双方的名称上使用不规范的字或同音字，致使一方受到损害时无法向对方追讨。如 1995 年 11 月某日，被告朱某到新疆吐鲁番采购葡萄干，供货人需要预付现款 5 万元，朱某因没有现款，交易未成。次日，朱某返回乌鲁木齐，向在新疆电力研究所供职的朋友冯×钢借得了货款并打入供货人的账户。

当时，朱某向冯某立下一张借据，言明：今借冯×刚同志伍万柒仟元整，12 月 12 日归还。借款人：朱××。落款时间：1995 年 11 月 30 日。可是，朱某如一去不复返的黄鹤，冯某苦等近两年杳无音信。冯某无奈呈一纸诉状将朱某告到法院。

冯某的诉讼请求为：1．判令被告朱××立即返还借款 57000 元及利息 18952 元；2．本案诉讼费 2788 元由被告承担。在审理中，细心的法官敏锐地发现：原告身份证上的姓名冯×钢与借据上的姓名冯×刚的一个字音同字不同，即：此"钢"非彼"刚"。据此，法院认为：原告提供的借条权利人"冯×刚"与原告姓名不符，原告又无证据提供给法院，被告下落不明，故原告不具备主体资格。依照《中华人民共和国民事诉讼法》的规定，法院作出了如下裁定：驳回原告冯×钢的起诉；本案受理费 2788 元，由原告负担。原告至此才后悔不已，但已无法挽救。由此可知，在经济合同中要特别注意单位名称及姓名的写法一定要和单位的注册名称或身份证上姓名的写法完全一致，否则一旦发生经济纠纷便难以维护自己的权益。

二、在产品数量的计量单位上打马虎眼。经济合同中涉及产品的计量时一定要注意使用法定的计量单位，或对此作出明确的界定，不能用"××车"、"××船"、"××趟"等

简洁是智慧的灵魂，冗长是肤浅的藻饰。——（英）威廉·莎士比亚《哈姆雷特》

含混不清的说法。如广东某单位和港商签订了一份出售废矿渣的合同。矿渣是广东这家工厂的生产废料，在院中堆积如山，正苦于无法处理，有港商来购买真让人喜出望外，所以未经仔细斟酌便在合同上签了字。合同上写明港方每天来拉一车，共拉十天，最后总付货款。广东方面没想到港方第一天来的是小翻斗车，第二天是小卡车，第三天是大卡车，至此广东方面才发现吃了亏，赶去交涉。港方强调并未违反合同，广东方面就只有哑巴吃黄连有苦难言了。

三、在产品的质量标准上故意使用含混不清、难以做出科学界定的概念。产品的质量标准是对产品使用价值的规定，也是买卖双方经济利益的重要体现，所以在经济合同中关于产品的质量必须有科学化的界定，否则极易让对方钻空子，给自己造成难以挽回的经济损失。例如：中国南方某机械厂曾经与G国签订了一份机床销售合同，谈判之时此种产品在国际市场上十分走俏，所以谈判在轻松愉快的气氛中进行，双方顺利地签订了合同。合同当中关于机床的噪声问题，G国商人提出以不刺耳为标准，中方人员未及多想就在合同上签了字。产品发往G国后，中方左等右等都不见对方付款，于是派出代表团赴G国谈判。G国商人提出拒付货款的原因在于产品噪声太大，超过了"不刺耳"的标准。众所周知，噪声应以分贝来计算，所谓不刺耳是个不科学的概念，无法用一个绝对的标准来衡量，所以中方只好自认倒霉了。

四、在交接货的日期上使用模糊性的时间概念。由于时间上的模糊性，一方便会在不违反合同的前提下按有利于自己的期限来交货，而另一方的利益则会受到损害。如某染化厂从一家化工厂订购了全年所需的十二吨染料，由于在谈判中染化厂已经说明他们每月需要一吨染料，所以在合同中，关于交货日期这一款写的是：年初开始交货。谁知化工厂在年初就将十二吨染料全部运抵染化厂，因为这样可以降低自己的仓储成本。这种染料性似海绵，比重轻体积大，染化厂的仓库只能装下三吨货物。染化厂声言拒收提前交付的货物，但合同条款规定"年初开始交货"，没写明交多少，染化厂不得己只好让化工厂运回染料，但运输费用及仓储费用由自己负责。经济合同中像这样关于交接货日期的模糊性时间概念还有很多，诸如"尽快发货""分期分批发货"等都是。因为"分期分批发货"没有说明分几期、分几批，每一期每一批具体的起始时间及数量，故很容易造成不必要的经济纠纷。

五、在产品的计价方式或计价标准上模棱两可。经济合同中标的的计价方式或计价标准是双方经济利益的具体体现，如在这上面出现漏洞，将会给其中一方造成直接的经济损失。如：广州市番禺区窝头镇的何某在1993年至1995年期间，借款10万元给同村的郭某，郭某在1998年归还了2万元后，余款一直未还。经何某多次追讨后，郭某在1998年5月12日向何某写了一张借条，明确欠款8万元在1998年10月30日前清偿，并在该借条的最后一句写上"到期不还按总额的3%计息"。因事先两人已商定是按月计息，因而何某并未在意这句话是否恰当。

借款期限届满，何某见郭某仍不还款，便向番禺区法院提起民事诉讼。在法院审理中，双方便围绕"到期不还按总额的3%计息"这句话打起了嘴巴仗。"3%"到底是指月息还是

爱情里面要是搀杂了和它本身无关的算计，那就不是真的爱情。——（英）威廉·莎士比亚《李尔王》

年息？计息时间到底是从借款之日算起还是从约定的还款之日算起？双方争论不休。最后何某因拿不出对自己有利的有力证据，法院判决郭某除归还借款本金外，从借据规定的还款之日起到判决生效之日止，参照中国人民银行规定的同期 6 个月内短期贷款利率计算利息给何某，对何某所要求的高利息不予支持。何某因提不出有力的证据，只得白白损失了一大笔快要到手了的利息。

（摘自《应用文写作》2006 年第 3 期）

二、经济合同的合法主体有哪些

根据《中华人民共和国合同法》的规定，经济合同的合法主体包括自然人、法人、其他组织。

1. 自然人：是指依法享有民事权利承担民事义务的人，是指因出生而获得生命的人类个体。不仅包括公民还包括外国人，无国籍人。

2. 法人：是指依法成立，有必要的财产或者经费，有自己的名称、组织机构和场所，能够独立承担民事责任的组织。法人的创立人和成员对法人的债务不负责任。法人组织的内部机构不得以自己的名义对外活动。

3. 其他主体。其他经济组织、个体工商户、农村承包经营户虽然不具备法人资格，但是在依法取得营业执照后也就依法取得经济合同当事人的资格，可以在国家允许的个体工商户和农村承包经营户的业务范围内依法签订经济合同。

一般情况下，经济合同应当由法人的法定代表人、其他经济组织的主要负责人签订。但是经法定代表人、主要负责人授权的经办人或者委托的代理人也可以签订经济合同。如果经济合同是企业法人的法定代表人、其他经济组织的主要负责人授权的其他经办人或者委托的代理人代为签订的，在审查合同主体是否具有法定资格的同时，还应注意审查经济合同签订人是否具有代理人、经办人的资格。

实践训练

一、判断下列合同条款表述是否恰当？如不恰当，请修改。

1. 甲方收到货后须及时汇付货款给乙方

2. 合同双方利润三七开

3. 本工程应在三个月内完工

4. 乙方供应给甲方的原木应直径至少 50 厘米以上

5. 交货地点：广州

6. 项目开发经费十万元。甲方在合同签订后向乙方汇出三万元；乙方交付开发成果鉴定证书后，甲方付清全部余款并汇入乙方开户银行账号。逾期不付，将按加息 20%收取滞纳金。

二、分析下面的合同存在什么问题。

订货合同

本合同订立于 1999 年 6 月 15 日，以××进出口公司为甲方，以××贸易有限公司为乙方。

生活里没有书籍，就好像没有阳光；智慧里没有书籍，就好像鸟儿没有翅膀。——（英）威廉·莎士比亚本合同规定：

甲方为考虑乙方对其所作承诺，特与乙方达成协议，由甲方负责于今年6月至12月，在××市交付国产钢材4000吨，保证质量并可在工业市场行销，并按下列特定期限，分批交货：8月6日以前，交2000吨；10月20日以前，再交1000吨；至12月31日前，全数4000吨全部交清。

乙方为考虑甲方迅速履行本合同，与甲方达成协议，对上述钢材支付每吨人民币×××元价格，货到立付。

如订立合同的任何一方未履行协议，根据本合同规定并经双方同意：违约一方应向对方赔款人民币×××元，作为议定之损失补偿。

以昭信守起见，订约双方签名于下：

订约人××进出口总公司（经理）×××　　　　××贸易公司（经理）×××

公证人：×××　　×××

三、根据下列情境撰写一份经济合同。

王云大学毕业后准备自主创业——开设一家日常用品超市。经过考察，王云决定将超市开在母校北门口口附近。场地租用当地居民刘某某的沿街的房屋178 m²。请模拟双方洽谈协商合同条款的情景，并以王云的身份与刘某某草拟、签订这份合同。

项目五　科技文书写作

任务一　科技论文的写作

❀ **案例鉴赏**

城市轻轨地下隧道结构抗震分析探讨

作者：略

摘要　针对当前方兴未艾的城市轻轨交通中的地下隧道，在结构抗震分析方面进行了探讨，建立了地下隧道结构抗震验算模型，确定了各项计算参数，据此提供了地下隧道结构的抗震构造措施。

关键词　城市轻轨　隧道　抗震分析

大城市的交通设施，无论国内外都是人们关注的问题，完全依赖地面交通难以获得令人满意的效果，利用地下空间开拓城市轻轨交通，已是国际上大城市解决交通问题的共识。自20世纪60年代中期开始，北京着手筹建地下铁道，并于60年代末建成了国内第一条地下轨道交通线。尔后，国内各大城市也都在筹划开展地下轻轨交通的兴建。

人可以支配命运，若我们受制于人 那错不在与命运，而在于我们自己。——（英）威廉·莎士比亚

我国属多地震国家，受地震影响的城市，覆盖范围极广，逾 70 % 的省会城市，抗震设防烈度均在 7 度（含）以上。显然，在这些城市兴建地下轻轨交通时，都会涉及结构抗震问题，但目前我国相应的设计规范中，尚无明确规定合理的抗震设计方法。为此，本文针对地下轻轨交通中的隧道结构，探讨其合理的抗震分析方法，提供给相关的设计人员参考。

一、地下轻轨隧道结构的地震动反应

地下轻轨交通的结构形式，可以是圆形、矩形或上顶拱形结构等，通常与采用的施工方法相关，就其在地震作用下的受力状态而言，不论其结构形式如何，均视作地下隧道线状结构考虑。（以下省略）

二、地下隧道结构抗震验算模型的建立与应用

将地下结构视作埋设于土体中的弹性地基长梁，早在 20 世纪 50 年代后期提出并在工程上应用。从实用出发，考虑地震动时耗能最大的剪切波的行进作用，同时简化为正弦函数表达。根据这一前提，当地下隧道遭到任意入射角（<）的剪切波作用时，其影响结构的土体变位将产生变化。

三、各项计算参数的确定（以下省略）

四、地下隧道结构的抗震构造措施（以下省略）

五、结语

本文主要针对当前地下轻轨隧道结构抗震验算的现况，提出了抗震验算的合理计算模型。这种计算模式，早在 20 世纪 60 年代末美国加州兴建地下隧道时应用，有别于地面结构的抗震计算方法，两者的地震动反应是完全不同的，不能混同应用。文内并对随后的研究成果及信息，综合汇入探讨，尤其对各项计算参数的合理确定，在实际应用时尚需多加推敲，连同抗震构造措施，一并提供读者参考，以期对地下隧道结构的抗震设计有所裨益。

参考文献 （略）

（引自 http://www.ccc68.com）

【分析与思考】这篇文章的结构由哪几部分构成？其语言表达有什么特点？仔细体会这篇文章的逻辑思路，看是否严密合理。

知识概要

一、什么是科技论文

科技论文是在科学研究、科学实验的基础上，对自然科学和专业技术领域里的某些现象或问题进行研究，运用概念、判断、推理、证明或反驳等逻辑思维手段，分析和阐述研究成果的文字材料。

科技论文区别于其他文体的特点，在于创新性。科学技术研究工作成果的科学论述，是某些理论性、实验性或观测性新知识的科学记录，是某些已知原理应用于实际中取得新进展、新成果的科学总结。因此，科技论文应该具有科学性、创新性、严谨性和专业性，

正是一个人怎么看待自己，决定了词人的命运，指向了他的归宿。——（美）亨利·戴维·梭罗《瓦尔登湖》

这也就构成了科技论文的基本特征。

二、科技论文在格式上有哪些规范

一篇完整的科技论文应包括标题、摘要、关键词、论文的内容、参考文献。

1. 题目

题目要求用简明、恰当的词组反映文章的特定内容，是论文内容的高度概括，应当反映出研究的范围、对象和深度。一般情况下，题目中应包括文章的主要关键词。题目要做到简明规范，不宜太长，一般不超过 20 个汉字。

2. 署名

署名体现作者对论文负责并拥有著作权。多人署名应按论文工作贡献的大小顺序排列。署名内容包括姓名、单位、邮编等。

3. 摘要

摘要是对论文内容的概括性陈述，是论文的内容梗概。摘要主要起报道和检索作用。摘要内容包括研究目的、对象、方法、结果、结论。

摘要的编写要求：编写时要客观、如实地反映论文内容，不加评论和补充解释。把关键步骤、方法、论点交代清楚；要用第三人称的写法；表达要简明，语义要确切，字数一般在 300 字左右。

4. 关键词

关键词是能反映论文核心内容的词和词组，它是为了便于读者从浩如烟海的书刊中寻找文献，特别是适应计算机自动检索的需要而设立的。关键词数量为 3～8 个。

5. 引言

引言（前言、序言、概述）经常作为科技论文的开端，主要回答"为什么"（Why）这个问题。它简明介绍科技论文的研究背景、研究目的、研究范围、研究方法、研究的意义等。引言应言简意赅，但不要等同于文摘，或成为文摘的注释。

6. 正文

正文，又称本论，是科技论文的核心组成部分，主要回答"怎么研究"（How）这个问题。正文是以充分的论据对所研究的问题进行分析论证，解决问题并得出结论的过程。因此，应充分阐明论文的观点、原理、方法及论证过程。其结构较灵活，可根据需要，分层深入，逐层剖析，按层设分层标题。

7. 结论

结论不是科技论文的必要组成部分。主要是回答"研究出什么"（What）。它是在本论的充分论证的基础上水到渠成地得出的总结说明，如文章解决了什么问题，发现了什么规律，仍存在什么不足，有何建议等。

8. 注释

注释分为两大类：一是对论文中的一些内容、词汇的含义加以解释说明，帮助读者理解文章；二是指明引文的出处，增强文章的可信度。注释的方式有三种：夹注、脚注

大部分的奢侈品，大部分的所谓生活的舒适，非但没有必要，而且对人类进步大有妨碍。所以关于奢侈与舒适，最明智的人生活得甚至比穷人更加简单和朴素。——（美）亨利·戴维·梭罗《瓦尔登湖》

和尾注。

9. 参考文献

它是为了反映论文的科学依据和作者对他人研究成果的尊重，而向读者提供的文中所引用资料的出处。被列入的参考文献应该只限于那些作者亲自阅读过和论文中引用过，而且正式发表的出版物，或其他有关档案资料，包括专利等文献。

此外，有些论文还有致谢、附录等部分。

操作指导

一、科技论文写作有什么要求

1. 突出一个"新"字

创新点是科技论文的首要特征。没有创新性，就失去了写科技论文的意义。

2. 内容真实，符合实际

科技论文的内容务求真实客观、科学、完备，必须以真实的数据和观察到的现象说明问题。

3. 语言表述严谨周密、准确庄重、简洁平实

科技论文写作不要求文字华丽，但要求表达准确，逻辑严密，常用到专业化语言，不用俗语、口语。凡用简要的文字能够说清楚的，应用文字陈述，用文字不容易说明白或说起来比较繁琐的，应由表或图来说明。物理量和单位应采用法定计量单位。

4. 结构合理，层次清晰

结构安排是科技论文写作的一个重要问题。一篇合格的科技论文必须要对结构作精心安排。论文的结构既要符合论证的逻辑，又要符合读者的认识规律。

二、科技论文写作有哪些技巧

1. 选题量力而行

题目有大有小，有难有易。如果题目太大，涉及的面过宽，会由于学力不足，无法深入，很容易写成蜻蜓点水、浮光掠影、面面俱到，结果一个问题也没有论述透彻。写作时要确定一个角度，把题目缩小，可以是着重谈某一点，如某个重要问题的某一个重要侧面或某一当前疑难的焦点。因此确定科技论文的具体题目和论证角度，应该量力而行，不能好高骛远，贪大贪深，勉强去做一个自己无力胜任的题，自己毫无基础和准备的题。

2. 抓好创新点

创新并不神秘。对某专业的基本问题和疑难问题有独到的见解，对这个专业的学术水平的提高有推动作用，也就是所谓的创新点。只要是在国内、国外的文献中没有记载的，在前人研究的基础上，我们提出来的新方法、新经验；或是将某项成熟的技术运用到实践中加以改造，解决了实际问题的方法均属于创新。关键是我们撰写的时候一定要将其总结出来，使之一目了然。

自命不凡的学者总会把事物变得臃肿、复杂和有破坏性，而在相反的方向上努力是需要不凡的天赋和极大的勇气的。——（美）阿尔伯特·爱因斯坦

3. 拟写提纲

拟写提纲对于写科技论文的意义非同一般。提纲写好了，论文的结构是否合理，逻辑是否严密，思路是否清晰，深度广度是否得当，就一目了然，文章的整体结构和内容就部署好了，具体写作就因为有了框架而顺利通畅。在构思提纲时，至少要将这几个大的方面设计进去：中心论点是什么，分为几个分论点（小标题）来写，用什么方法来写，用什么材料来证明，结构怎么安排，哪几部分作为重点来写？

三、怎样著录参考文献

1. 专著的著录规范

序号　主要责任者. 书名. 出版地：出版者，出版年：起止页码

【示例】1. 薛华成. 管理信息系统. 北京：清华大学出版社，1993：230

2. 期刊文献的著录规范

序号 主要责任者. 题名. 刊名，年，卷（期）：起止页码

【示例】5. 姚振兴. 用 P 波波形资料测定中强地震震源过程和方法. 地球物理学进展，1991，6（4）：34-36

3. 报纸文献的著录规范

序号 主要责任者. 题名. 报纸名，出版年-月-日（版次）

【示例】6. 国务院新闻办公室. 中国的粮食问题. 人民日报，1996-10-25（2）

4. 专利文献

序号　专利所有者. 专利题名. 专利国别：专利号，出版年-月-日

【示例】7. 姜锡洲. 一种温热外敷药制备方法[P]. 中国专利：881056073，1989-07-26

5. 电子文献的著录规范

序号　主要责任者. 题名[文献类型标志及文献载体类型标志]. 出版地：出版者，出版年（更新或修改日期）[引用日期] 获取和访问路径

【示例】3　王明亮. 关于中国学术期刊标准化数据库系统工程的进展[EB/OL]. http：//www.cajcd.cn/pub/wml.txt/980810-2.html. ［1998-08-16/1998-10-04］.

任务二　毕业论文的写作

案例鉴赏

"秘书腐败" 现象思考

摘要：秘书腐败是指从事秘书职业的组织和个人，严重违反国家法律和法规，运用不正当的手段牟取利益，侵犯国家和人民财产并造成恶劣政治影响的蜕化变质行为。它是市场经济条件下，客观事物不断发展、变异的产物。它的滋生和蔓延严重影响了社会的稳定和发展，阻碍了社会的进步。本文对预防秘书腐败提出了思考。

在真理和知识方面，任何以权威者自居的人，必将在上帝的嬉笑中垮台！——（美）阿尔伯特·爱因斯坦

关键词：秘书 腐败现象 角色定位 道德 人才 素质

目 录

引言：关于秘书腐败现象

秘书是社会组织中重要而特殊的成员，他们是组织领导者的参谋和助手，以协调关系，处理信息，办理事务和辅助决策为主要职责。他们职责履行的状况将在一定程度上影响社会组织的发展，他们在实现自身组织与公众，包括内部公众和外部公众的和谐发展中起着重要的作用。秘书的思想道德素质和法律意识不仅决定了他们的自身素质，同时也决定了他们是否能有效地履行好职责。然而，秘书腐败现象成为一个社会问题，对社会和组织造成了不良影响，也阻碍了人们正确认识秘书这个职业。因此，本文将以秘书腐败为主题，从秘书腐败现象原因和预防策略两方面来进行探究。

一、秘书腐败现象原因探究

秘书腐败问题危害极大，不仅直接影响决策能否正确实施，影响领导之间、领导与群众之间的关系，更影响党和政府的形象，备受人们关注，主要有以下六个原因。

1．秘书本身职业特性

从公共权力的结构形式看，公共权力可以分解为决策权和执行权。决策权在政府官员

真正的教育是把学校学的东西都忘掉后剩下的。——（美）阿尔伯特·爱因斯坦

手中，而秘书在整个国家行政管理体系中充当着领导的参谋、助手的角色，充当着执行权的角色，拥有执行权，特别是拥有"传声"权和"传音"权，领导的话和决策、意见等都是通过秘书传达下去。这种职位特点，意味着秘书本身并不具备权力，秘书的权力只是领导权力的"派生物"。相对于秘书来说，前者是一种显性权力，后者是一种隐性权力，而在缺乏透明度的权力体制和政治生活中，秘书运作权力时的"隐蔽性"很容易成为权利寻租者追逐的对象。

2. 秘书选拔制度……

3. 秘书监督机制……

4. 秘书权力集团形成……

5. 秘书自身约束……

6. 社会环境影响……

二、秘书腐败现象预防策略

（一）自律

1. 熟知秘书角色定位……

2. 遵循秘书职业道德规范

（1）自觉履行各项职责……

（2）当好参谋，跟从领导……

（3）兢兢业业，甘当无名英雄……

（4）热情服务 谦虚谨慎……

（5）遵纪守法，廉洁奉公……

（6）恪守信用，严守机密……

（二）他律

1. 选准秘书人才模式

受各国人事制度和管理体制的影响，中外在对秘书人员的选用方面，既有相同之处，也各有不同做法。

（1）我国传统的秘书人才选用模式……

（2）外国秘书人才选用模式……

2. 把握秘书素质培养标准

秘书素质，对秘书人员来说，是其工作行为的内资基础，它直接影响到其工作表现和工作绩效；对任用秘书的组织和领导者而言，它既是选任秘书、考察其任职资格的重要标尺，又是决定秘书承担工作任务、升迁的重要依据。

（1）中国秘书的素质标准……

（2）中国秘书素质标准特征……

结　论

总之，秘书是为领导工作服务的。在实践中，只有在领导者依法行政，正确使用其领

不是所有有价值的都能被计算，不是所有能计算的都有价值。——（美）阿尔伯特·爱因斯坦

导权力和有效采用领导方法的前提下，秘书的服务才能取得积极的社会效应。

因此，秘书腐败作为一种社会现象，危害大，影响广，必须予以高度重视。若从事秘书工作的秘书人员不严于律己，就有可能堕入违法违纪的泥潭，除了个人不能抗拒各种诱惑外，在政治选择上的迷失，受错误观念的影响，唯命是听、方向不明、是非不分也是重要原因。要有效防止秘书腐败，必须不断提高秘书工作者的综合素质，并建立和完善相应的体制和法规。呼吁各界秘书人员端正自己的态度，明确自己的职责，争做高素质、高技能人才。

参考文献（略）

致　谢

在周××老师的悉心指导下，在与同门的深入讨论中，在经历了无数次挑灯夜战后，我的论文终于定稿了！

随着论文的完成，大学生的学习生活也将结束。这时我猛然发现，我已经在株洲职业技术学院度过了三年时光，从对未来怀着无限憧憬却惘然不知方向的幼稚少年，成为清楚自己的理想并正努力为之奋斗的成人。在这个过程中，实在是有太多太多的回忆，有太多太多需要感谢的人。

首先，感谢我的恩师们。……

其次，我要感谢一直在我身边支持我的同窗好友。……

（摘自株洲职业技术学院毕业论文集）

【分析与思考】作为毕业论文，这篇文章格式与一般科技论文相比有什么特别之处？仔细体会其语言表达的特点。

知识概要

一、为什么要写毕业论文

毕业论文是大学毕业生在教师的指导下，综合运用所学专业的知识和技能，针对某一现象或问题进行独立分析和研究后形成的具有一定学术价值的文章。毕业论文也是科技论文中的一种，其特点与科技论文基本相同。

撰写毕业论文，是高校教学过程中的一个重要环节，其目的是促使学生总结在校期间的学习成果，考查学生运用所学知识解决实际问题的能力，同时让学生接受初步的科研训练，培养创新意识和探索精神。所以，对于大学生来说，撰写毕业论文也是毕业阶段的重要学习内容。

二、毕业论文由哪几部分组成

毕业论文的写作是一项创造性的活动，具体内容和写法会各不相同，但是作为一种严肃的学术性写作，在形式上有它固定的规范。毕业论文与一般科技论文的格式基本相同，包括标题、作者署名、摘要、关键词、引言、正文、结束语、注释、参考文献这几部分。

与一般科技论文稍有不同的是，毕业论文因是独立装订，一般要求有目录；因是在教

通往幸福的最错误的途径，莫过于名利、享乐和奢华的生活。——（德）亚瑟·叔本华

师和相关人员的指导下完成，一般要求在结束语之后还有致谢。

目录。目录一般在论文正文的前面。设置目录一定要注意，凡是目录中的最小层次应该一致。为了检索的方便，目录页要标明页码，目录的设置一定要准确、清晰、完整。

致谢。致谢在结束语的后面。以精练的文字，对在毕业论文写作过程中曾直接给予帮助的人员，如指导老师、答疑老师和其他有关人员表示谢意，所写内容要实在，语言要诚恳。

❀ 操作指导

一、毕业论文的逻辑结构要如何处理

一篇毕业论文应该是一个有机统一的整体，内容之间、层次之间应该有着不可割裂的联系。

1．处理好论文内容之间的逻辑结构

（1）总论点、分论点和小论点之间的逻辑顺序，以及分论点之间，小论点之间的逻辑顺序

一篇论文为了阐述总论点，要列出几个分论点，每个分论点扩展为一个部分，各个分论点之间，各个部分之间，应有内在联系。每个分论点又分为几个小论点，每个小论点又扩展为一段，各个小论点之间，各个段之间，也应有内在联系。这样，全篇论文的纵向逻辑联系便体现出来了，并且相应地形成了论文的完整体系和严谨结构。

（2）论点和论据，观点和材料之间的逻辑联系

论文要做到有很强的说服力，富有逻辑力量是最重要的。首先，要把总论点和材料有机地结合起来。其次，还要处理好分论点和材料的关系，以至小论点和材料的关系。这不仅能直接证明分论点或小论点，而且能间接地为突出总论点服务。

2．处理好整体关系：以意为主，首尾统一

意是文章的中心论点，要写好毕业论文，就要抓住中心。这个中心的要求应当是简单明了的。抓住这样的中心，紧扣不放，一线到底，中途不可转换论题，不可停滞，不可跳跃遗漏，这样就能使中心思想的发展具有连续性。

作为一篇论文，开头提出的问题，文中要有分析，结尾要有回答，做到前有"呼"，后有"应"。

3．处理好层次间的关系：层次有序，条理清晰

文章要有层次，有条理，这和材料的安排处理关系极大。材料之间的相互关系可分为平行关系、递进关系、接续关系和对立关系。要遵循这些关系的规律来安排层次，否则，层次就不清楚，自然也不会有条理。

4．处理好细部关系：瞻前顾后，调整结构

结构是文章内容的组织安排形式，论文的结构应是顺畅有序，层次清晰，前呼后应，合乎逻辑。结构的修改主要从三方面检查入手：其一，看各层次是否明白清晰，有无重复或相互矛盾的地方，有无缺少或多余之处，意思上是否连贯通畅，是否达到了各分论点的证明要求；其二，看各层次之间的过渡与照应是否吻合，起承转合是否自然得体，各段落之间的衔

模块五　应用写作

人是自己幸福的设计者。——（美）亨利·戴维·梭罗

接是否紧密；其三，看序论、本论与结论是否协调一致，是否有前已"呼"而后不"应"，前面提出问题而后面没有做回答的情况。

二、完成毕业论文有哪些步骤

（一）选题

对毕业论文而言，选题就是选择课题。选择与确定一个合适的研究题目，是毕业论文写作中关键性的第一步。毕业论文确定选题时要遵循的原则主要有。

1．价值性

任何论文的选题，都需要面向实际，有科研价值、有社会需要。

2．可行性

这是说论文选题时应综合考虑作者的主客观条件，这些因素主要包括论文作者的兴趣特长、知识结构、专业基础、研究能力等。

3．创新性

选题是属于有所发现、发明、创造性质的。可以是新领域探索、空白填补、通说的纠正（推陈出新）、前说的补充（充实完善）等。

（二）搜集资料

1．查阅与整理有关资料

选择时要特别注意资料的真实、准确，资料要经过核实，而且所选资料还要有一定的典型性和代表性。

2．确定主要参考书目

从查阅到的相关资料中，依据与毕业论文关系的亲疏程度，作一个初步的筛选，并把自己选出的参考书目提交论文指导教师审阅，并与指导教师一起对相关资料进行去粗取精的分析整理。

（三）确立论点，筛选论据材料

论点要明确、有新意。除了确定总论点，还要确立分论点。

材料一般分为两类：理论材料与事实材料。筛选材料的过程也是分类整理和研究的过程，对材料的比较、思考、筛选是毕业论文立论与论证的前提和基础。

（四）拟写提纲

1．提纲拟定的准则

① 要有全局观念，从论文整体出发去检查论文的各章节，看看它们的比例分配是否恰当，每一部分能否为中心论点服务。

② 从中心论点出发，决定材料的取舍，把与主题无关或关系不大的材料大胆舍弃。

③ 要考虑各部分之间的逻辑关系。论点与论据之间要存在必然的联系，论据要能切实支撑论点，论证过程也要有严密的逻辑性。

2．提纲的写法

一篇论文提纲大体而言，应有以下四个方面的内容。

读史使人明智，读诗使人灵秀，数学使人周密，科学使人深刻，伦理学使人庄重，逻辑修辞使人善辩，凡有所学，皆成性格。——（英）弗朗西斯·培根

（1）标题

（2）论文的写作意图（选题理由、题材的价值、中心思想等）

（3）内容纲要

第一部分：论点、论据一、二、三，结论。

第二部分：论点、论据一、二、三，结论。

第三部分：论点、论据一、二、三，结论。

（4）主要参考资料

（五）写作初稿

注意结构要严谨、层次要分明；语言要准确、简明、规范、平实。

（六）修改定稿

在写好初稿后，需要对论文进行修改。

1．先过基础关

这实际上就是指论文中标点符号、图表等运用是否规范，论文中是否有病句、错别字等。

2．推敲润色，对论文进行必要的推敲、润色、加工

（七）论文打印、装订

论文打印后，装订顺序一般为：封面（包括题目、作者、指导老师等）、内容提要（摘要、关键词）、目录、论文主体（引言、正文、结束语）、参考文献、致谢、封底。

（八）答辩

毕业论文答辩是一种有组织、有准备、有计划、有鉴定的比较正规的审查论文的重要形式。为了搞好毕业论文答辩，在举行答辩会前，答辩者（撰写毕业论文的作者）要做好充分的准备。

三、怎么进行论文答辩

（一）答辩老师提问的范围和类型

论文答辩时，老师提问的范围是有严格界定的，所提问题只能在论文所涉及的学术范围之内，不得提与论文毫无关系的问题。在这个范围内，老师的提问主要有三个类型。

1．检验真伪题

就是围绕毕业论文的真实性拟题设问。它的目的是要检查论文是否是学员自己写的。如果论文不是通过自己辛勤劳动写成，只是抄袭他人的成果，或是由他人代笔之作，就难以回答出这类问题。如你在写这篇论文时，收集了哪些方面的资料，是怎样收集的？

2．探测水平题

这是针对与毕业论文主要内容相关的，探测学员水平高低、基础知识是否扎实，掌握知识的广度深度如何来提出问题的题目，主要是论文中涉及的基本概念、基本理论以及运用基本原理等方面的问题。如某两个概念间有何区别，你如何看待（如何理解）某一现象（理论观点）等。

3. 弥补不足题

这是针对围绕毕业论文中存在的薄弱环节，如对论文中论述不清楚、不详细、不周全、不确切以及相互矛盾之处拟题提问，请作者在答辩中补充阐述或提出解释。

（二）毕业论文答辩的一般程序

① 学生必须在论文答辩会举行之前半个月，将经过指导老师审定并签署过意见的毕业论文连同提纲、正文等交给答辩委员会。答辩委员会的主答辩老师在仔细研读毕业论文的基础上，拟出要提问的问题，然后举行答辩会。

② 在答辩会上，先让学生用 15 分钟左右的时间概述论文的标题以及选择该论题的原因，较详细地介绍论文的主要论点、论据和写作体会。

③ 主答辩老师提问。每个答辩老师一般提 1～2 个问题。老师提问完后，有的学院规定，可以让学生独立准备 15～20 分钟后，再来当场回答；而有的学院则规定，主答辩老师提出问题后，要求学生当场立即作出回答（没有准备时间），随问随答。可以是对话式的，也可以是主答辩老师一次性提出几个问题，学生在听清楚记下来后，按顺序逐一作出回答。根据学生回答的具体情况，主答辩老师和其他答辩老师随时可以有适当的插问。

④ 学生逐一回答完所有问题后退场，答辩委员会集体根据论文质量和答辩情况，商定通过还是不通过，并拟定成绩和评语。

⑤ 召回学员，由主答辩老师当面向学员就论文和答辩过程中的情况加以总结，肯定其优点和长处，指出其错误或不足之处，并加以必要的补充和指点，同时当面向学员宣布通过或不通过。至于论文的成绩，一般不当场宣布。

对答辩不能通过的学生，提出修改意见，允许学生半年或一年后另行答辩。

（三）学生答辩要注意的问题

① 充分准备，熟悉论文及其相关知识和材料。尤其是要熟悉主体部分和结论部分的内容，明确论文的基本观点和主论的基本依据；弄懂弄通论文中所使用的主要概念的确切涵义，所运用的基本原理的主要内容；了解论文的薄弱之处，并预先解决论文中的疑点。

② 调整心态，要镇定自信。

③ 听清问题后经过思考再作回答。

④ 回答问题要简明扼要，层次分明。

⑤ 对回答不了的问题，不可狡辩。

⑥ 当论文中的主要观点与主答辩老师的观点相左时，可以与之展开辩论。

⑦ 注意文明礼貌。

习惯真是一种顽强而巨大的力量，它可以主宰人的一生，因此，人从幼年起就应该通过教育培养一种良好的习惯。——（英）弗朗西斯·培根

任务三 产品说明书的写作

案例鉴赏

铁笛片说明书

【药品名称】

通用名称：铁笛片

汉语拼音：Tiedi pian

【成　　分】麦冬、玄参、瓜蒌皮、诃子（肉）、青果、凤凰衣、桔梗、浙贝母、茯苓、甘草。

【性　　状】本品为灰色片；气微、味甜、微苦。

【功能主治】润肺利咽，生津止渴。用于肺热津伤的咽干口燥，声音嘶哑，咽喉肿痛。

【规　　格】每片重 1 克

【用法用量】含化。一次 2 片，一日 4 次。

【不良反应】尚不明确

【禁　　忌】尚不明确

【注意事项】

1. 忌食辛辣、煎炸、鱼虾等食物。

2. 凡声嘶、咽痛初起，兼见恶寒发热、鼻流清涕等外感风寒者慎用。

3. 发热重，咽痛甚者不宜服用。

4. 若声嘶日久，逐渐加重，或伴痰中带血者，应考虑咽喉严重疾病的可能，需及时去医院就诊。

5. 按照用法用量服用，糖尿病患者及儿童应在医师指导下服用。

6. 一般症状在服药 3 天内无改善或出现发热渐高等其他症状应去医院就诊。

7. 对本品过敏者禁用，过敏体质者慎用。

8. 本品性状发生改变时禁止服用。

9. 儿童必须在成人的监护下使用。

10. 请将此药品放在儿童不能接触的地方。

11. 如正在服用其他药品，使用本品前咨询医师或药师。

【药物相互作用】如与其他药物同时使用，可能会发生药物相互作用，详情请咨询医师或药师。

【贮藏】密闭、防潮。

【包装】铝膜袋包装，24 片/袋×袋/盒。

【有效期】24 个月。

【执行标准】国家标准 WS3-481（Z-063）-2004（Z）

时间乃是最大的革新家。——（英）弗朗西斯·培根

【批准文号】国药准字 Z20010090

【说明书修订日期】2011 年 11 月 21 日

【生产企业】

企业名称：成都新希臣药业有限责任公司

生产地址：成都市蒲江县寿安镇石渔沱

邮政编码：611633　　　电话号码：（028）85135×××　　　88678×××

传真号码：（028）85134×××

【分析与思考】这份药品说明书重点内容是什么？它用的是什么表达方式，语言有什么特点？

知识概要

一、产品说明书的概念和用途

产品说明书，也称用户手册，是厂家或商家提供的指导消费者使用产品的文书，它向消费者介绍产品的性质、结构、使用方法、操作方法及保养、维修等方面的知识。一般由生产单位编写，印成册子、单页或印在包装、标签上，随产品发出。产品说明书是产品与消费者之间的桥梁。

产品说明书的作用主要是。

1. 指导消费者正确使用产品

写作产品说明书是为了让消费者了解产品，解决消费者使用中可能遇到的问题，减少使用产品时的麻烦，避免误用。正因为如此，产品说明书还能在一定程度上为企业规避风险。

2. 宣传产品

产品说明书对产品结构、性能、材料、特点等的介绍说明，增进消费者对产品的认知，客观上起到了宣传产品的作用。此外，产品说明书完整规范与否，影响着消费者对产品的信任度。

3. 传播知识

产品说明书介绍产品的工作原理、主要的技术参数、零件的组成、原料、保养方法、排除常见故障的方法等，具有传播某种知识和技术的作用。

二、产品说明书的特点

产品说明书作为指导消费者正确使用产品的文书，它具有如下特点：

1. 科学性

产品说明书本着科学严谨的态度，客观、真实地反映产品的实际情况，介绍的参数、原理、成分等必须是经过科学测定的，须经得起实践的验证，不能夸大其词或想当然。

2. 说明性

产品说明书采用说明的表达方式，详细、清晰地对产品进行介绍。介绍产品时，或按产品内在的结构顺序，或按用户的认知顺序，或按使用步骤进行说明，以便使用者了解产品，按说明书进行使用和操作。

一个人不是在计划成功，就是在计划失败。——（美）约翰·戴维森·洛克菲勒

3. 实用性

让消费者看得明白，懂得按说明正确使用和保养，实现产品最大使用价值是说明书的基本追求，因而其实用性很突出。

4. 多样性

产品说明书的表达形式多样，可以用文字表达，可以用图表，也可以图文兼备。可以直接写在产品包装上，也可以专门印制，甚至装订成册，附在包装内。

❧ 操作指导

一、产品说明书的结构

1. 标题

产品说明书的标题通常由产品名称加上"说明书""指南""用户手册"等构成。如"浓维生素 E 胶丸说明书""科龙空调器用户指南""紫光扫描仪用户手册"等。标题一般放在说明书第一行，为了注重视觉效果，可以作不同的形体设计。

2. 正文

详细介绍产品的产地、原料、特征、性能、规格、型号、使用方法、保养维护、注意事项等内容。不同产品的说明书，正文的侧重点也有所不同。

家电类产品：侧重于介绍产品的性能特点、规格型号、功率、安装方法、使用方法及故障排除方法、维护保养、注意事项等。

日用生活品：侧重于介绍产品的原料、适用范围、规格型号、使用方法、注意事项等。

食品饮料：侧重于介绍产品的原料成分、性状、制作方法、保存方法、有效期限、注意事项等。

药品化妆品：侧重于介绍原料成分、功效、用法用量、禁忌、有效期限、注意事项等。

大型机器设备：侧重于介绍材质、技术指标、工作原理、使用方法、维修保养、零件表、注意事项等。

3. 附文

即写明生产者、经销单位的名称、地址、通信方式、产品生产日期等内容，为消费者进行必要的联系提供方便。

二、产品说明书正文的形式

正文是整个产品说明书的核心部分，根据产品的特点、内容的复杂程度以及读者对象的情况，可以采用不同的形式来写作。

1. 概述式

只对产品作综合性的概括介绍，内容完整连贯，文字简明扼要。抓住产品的关键点，阅读用时少，内容容易掌握。这种形式适用于用法简单，或用户普遍熟悉的产品，如牙膏、玻璃杯等。

2. 条款式

分成数个条款就产品的性能特点、适用范围、使用方法等要素逐一进行详细解说。这

人不是忙着活，就是忙着死——（美）电影《肖申克的救赎》

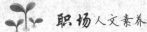

种形式的说明书内容具体、层次分明、条目清晰。适用于对结构（成分）复杂、操作要求高、涵盖方面多的产品，如家电产品、药物产品等。

3．图文式

有些产品说明书使用文字说明还不够，还需采用图表和图片辅以说明，例如，产品的电路图、部件构造或操作步骤等。图文式说明书图文并茂，直观明了，清楚易懂。一些纯用文字难以说清、难以理解的内容都可采用图表或图片表达。

4．综合式

将概述式、条款式、图文式综合起来使用的说明书，对产品的介绍十分详细和周密，往往印制成册。它结合了上述几种形式的优点，适用于说明结构复杂、精密性强、操作难度大的产品，如一些贵重仪表、大型设备等。

三、写作注意事项

1．充分考虑用户的阅读需要

不同产品的用户有不同的阅读需要，应充分考虑用户最需要知道什么。比如药品用户最需要知道适应症，用法、用量、不良反应、注意事项、禁忌、有效期等；家电产品用户最需要知道的是安装方法、使用方法、日常维护和保养、常见的故障排除。当然不同的人可能有不同的需要，产品说明书应照顾到大多数人，具有一定的普遍性。

另外，产品说明书的语言要大众化、通俗化。给不同阅读对象的说明书采用的语言应有所不同。例如，笔记本电脑、彩色打印机的说明书，可以有一些必要的科技术语，比较复杂的图解，可以编写成字数较多的小册子；电水壶和电饭锅的说明书，文字则是越浅显易懂越好。

2．体现产品的特点

这里特点包括两个方面，第一，产品本身具有的特点；第二，本产品相对于同类产品有什么不同。抓住这些特点进行介绍，便于用户更好地了解产品、使用产品。这客观上也是一种宣传手段。

3．不要写成广告

广告是为了宣传产品，吸引消费者注意，引发购买行为，它需要采用一些特别的手法，讲究艺术性。而说明书则主要是指导用户正确安全使用产品，撰写时要本着对用户高度负责的态度，实事求是、客观科学地进行解说和介绍。为了便于阅读，产品说明书必须语言准确、通俗、简洁，内容条理清楚。

视野拓展

一、"八句话"规范说明书写作

1．不说过头话

说明书不应写成广告词，因为说明书的作用不在宣传，而在于指导和帮助消费者正确使用产品，所以不应有夸大和虚假的内容。否则，非但不能有效地吸引消费者，反而有可

社会是一个泥坑，我们得站在高地上。——（法）巴尔扎克《高老头》

能影响产品在消费者心目中的形象。

产品经营贵在诚。食品包装都应注明保质期，但有的厂家往往不注明生产日期，只在不显眼的地方标有"生产日期见外包装箱"或"生产日期见袋口"字样，对不能成箱购买的广大消费者来说，这个说明等于没说。而袋口的生产日期一般也都模糊不清。这种不明说的做法显然是不负责任和没有诚意的。

2．不说过时话

随着产品的不断改进和更新换代，说明书也应随之修改和补充。由于产品说明书的过期使用或未按规定及时修改，导致使用者权益受损的，生产企业应负相应责任，而负责撰写说明书的秘书部门恐怕也难辞其咎。

3．表达力求口语化

产品说明书的内容应当简洁明了、通俗易懂，使一般消费者都能理解，因此应尽量不使用深奥难懂的专业术语。针对一些特殊消费人群的产品的说明书，其内容应符合这类消费者的阅读习惯和理解方式，特别像农药、化肥一类产品的说明书，考虑到农民的文化水平，应力求通俗、直观，让农民看得懂、会操作、会使用。

4．说好中国话

产品销售的对象是中国人，那就不但要有中文说明，说明还要符合中国人的阅读习惯和理解方式。有些进口商品，必须有准确、完备的中文说明，不能只介绍商品的原产地、名称和规格，而对其功能、使用方法、注意事项、禁忌等关键内容忽略、省略或错译，尤其对警示性内容更不可掉以轻心。几年前，北京一家餐厅发生一起卡式炉炸伤顾客的事故，原因就是销售商把充气罐上"空罐绝不能再次充气"的英文说明译成了"本罐使用无损坏可再次补充"。

5．不说含糊话

因表意含糊不清引起歧义，这是许多产品说明书的通病。这一点在药品说明书中表现更为突出：一是名称混乱；二是计量不明。有的药品生产企业为了突出自己的产品，给药品换了"洋名"，加上这些药以前的旧名和俗称，就使一种药品有了四五种名称，但其"说明书"却对同药异名、老药新名、英文名、拉丁名均不加说明，搞得人满头雾水。至于药品用法用量说明就更让人无法准确掌握。如有的只以克、毫克、毫升表示，并缺少对儿童等特殊群体的用法用量的准确说明，广大消费者不好掌握、不易理解，也不便于换算。因此，要根据不同类别的产品在说明书中使用普通消费者容易理解、容易掌握、便于换算的统一计量单位。

6．说清提醒话

一些著名医药生产企业本着对消费者负责的精神，对药品的用法用量、不良反应、注意事项、禁忌等内容在说明书中叙述得极为详尽。特别是对不良反应，哪怕该药品在全球只出现过一例，也都要详细说明，以充分体现对患者负责。诸如药品、电器等与使用者的健康、安全密切相关的产品，该提醒的一定要提醒，并力求详细、准确、明白。

7．说好关键话

如今许多生产企业对封口商品从防伪、求真、创名牌的角度出发，刻意在瓶盖上出奇

出新，"罐头好吃口难开"的问题虽基本解决，但如今又出现了新的问题。为此，许多厂家在详细介绍商品使用方法的同时还要对开瓶方法标以图示，这种设身处地为消费者着想的做法值得肯定。其他诸如挂衣柜、组合柜等需要安装、开启的商品更应将关键环节的操作用通俗易懂的语言讲清楚，以方便消费者安装和使用。

8. 避免不说话

要增加产品小包装中说明书的配置，以方便零星购买商品的消费者。一些商品，如农药基本上是一箱中只有一份说明书，还堂而皇之地标有"说明书见包装箱"的字样，而购买者多是以瓶为单位购买，这样就等于没有说明书。鉴于此，生产厂家在小包装单位内部也应附带一份说明书。

（摘自《秘书之友》2001 年 8 期）

二、推荐阅读

《毕业论文（设计）写作导论》：刘治映主编，中南大学出版社，2006 年。

实践训练

一、阅读以下说明书要点，你认为问题何在，应如何改进？

1. 点心（印在盒子底部）："请勿倒置"。
2. 某退烧药：年龄大的多吃点，年龄小的少吃点。
3. 某笔记本电脑：采用了先进的奔腾三处理器，拥有一颗强劲的芯。
4. 某纸箱包装的电脑桌：先安装起来，然后将电脑放到桌子上。使用时不要碰撞，不要站到桌上。（后面都是关于使用的一些说明）
5. 儿童咳嗽药："服用后请勿开车。"

二、模拟写作

选择自己熟悉的某种产品（保温杯、烟灰缸、自动铅笔、运动鞋等），为其写作一份说明书。

三、结合本学年学习的内容，自选课题，写一篇学科小论文。

项目六　事务文书写作

任务一　工作计划的写作

案例鉴赏

××公司 2011 年行政人事部年度工作计划

为加强公司行政人事部工作的计划性及行政制度刚性执行，行政人事部结合公司整体发

展规划及企业发展方向，参考公司 2010 年相关资料，制定出行政人事部 2011 年工作目标。

一、费用控制

公司确定了各部门 2011 年年度费用预算后，各部门将以每个月的费用预算明细数据作为各项日常费用控制的依据，进行合理采购及支出，行政人事部以月预算执行偏差≤10% 为月度费用控制目标，来开展此项工作。每月底各部门进行费用汇总，如有预算超支的现象，行政人事部将督促费用超支部门进行超支原因分析，并在下月费用支出时进行控制和调整，以保证全年费用控制目标的实现。

二、行政管理工作

1．制度的监督执行

目前各部门的管理制度已建立起来，《公司行政管理制度》以电子版传达至每位员工。鉴于 2010 年制度的执行力不够，在 2011 年的工作中，行政人事部将以"持续改善"为工作原则，以下达《改善通知单》为主要方式，来加大制度执行力度。

2．规范办公秩序与员工行为

此项工作以日常抽检作为主要方式，当场发现，当场进行纠正，抽检次数每周至少两次。

3．公司硬件规划及管理，网络系统建设与管理

公司的硬件规划结合各部门 2011 年的目标设定，以"提高部门满意度""确系办公所需"为购置原则。

目前公司的服务器已架设成型，域名已申请到位，行政人事部将在 2 月 1 日之前将公司的邮件服务系统开通，解决公司与门店之间传发资料不规范的问题，同时对外发布以公司名称为域名的邮箱，从另一个角度提升公司的形象。

公司日常网络维护和维涛系统的使用维护由行政人事部 IT 专员具体负责，每月至少做一次全面检查，并做巡检记录。月底报行政人事部汇总备案。维涛系统权限分配情况，一并由 IT 专员负责记录和跟进，每月汇总一次。

4．公司会议组织及有关事项落实与传达（略）

5．部门间协调与沟通（略）

三、日常行政事务处理

日常行政事务是行政人事部最基础的工作，行政人事部将以书面记录清晰可查、手续完备率 100%、办事效率高和忙而不乱为工作指导方针来开展工作。

1．资料管理

2011 年行政人事部将严格执行资料管理制度，进行资料分类存档。文件资料收发登记率要做到 100%。

2．办公易耗品的采购与保管（略）

3．行政用车及公务车管理（略）

4．钥匙管理（略）

站在痛苦之外规劝受苦的人，是件很容易的事。——（古希腊）埃斯库罗斯《被缚的普罗米修斯》

四、部门组织架构及人员组织规划。

1. 完善公司及部门组织架构（略）

2. 完善职位分析（略）

五、员工的培养及成长（略）

六、绩效考核机制的建立与推行。（略）

【分析与思考】行政人事部的职责范围很广，这份工作计划是怎样处理其复杂的内容的？该计划在哪些方面体现了其可行性？

知识概要

一、工作计划的特点

"凡事预则立，不预则废"，有计划有预案地做事，避免了盲目性，少走了弯路，有助于我们达成目标。工作计划就是党政机关、企事业单位和个人为完成某项任务而事先做出部署的事务文书。它具有以下特点。

1. 预见性

工作计划要对未来一段时期的情况做出科学的预见，比如前景如何，目标是否切实，措施能否有效，各种可能出现的情况等。没有科学的预测，也就谈不上可行的工作计划。

2. 可行性

制订工作计划，就是为了执行。因此，工作计划必须立足于客观现实、预见准确、针对性强，这样才能真正可行。切忌盲目无根据地制订计划。

3. 指导性

工作计划具有明确的目标和可行的措施，是开展工作的方向和依据，具有很强的指导性和规范性。但是，需要注意的是，工作计划并非一成不变，随着客观情况的变化，它应该做相应的调整，才能保证其对工作的有效指导。

二、工作计划的别称

工作计划是一个统称，它实际上有多个别称。根据适用范围的差异，计划的别称可分为如下几种。在制订工作计划时，可以根据实际内容选用合适的名称。

1. 设想

属于工作的初步构想。因为设想是为正式的计划做准备的，所以不必写得很详细具体，只要能概括地、粗线条地把"思路"或想法写出来就可以了，如《××学院拓展学生就业渠道的设想》。

2. 纲要

为实现总体目标而做出的长远部署，内容注重原则性和概括性，一般只对工作方向、目标提出纲领式要求和指导性措施。是倾向于政策性、指导性的提纲挈领式的计划，如《幼儿园教育指导纲要》。

凡是有甜美的鸟歌唱的地方，也都有毒蛇嘶嘶地叫。——（英）托马斯·哈代《德伯家的苔丝》

3．规划

跨越时间较长（至少三年以上），涉及面较广，内容比较原则概括，只指出长远设想或粗线条要求的计划。如《××市城市建设总体规划》。

4．要点

只写出未来一段比较短的时间内的工作重点的计划。它可能是进一步制订详细计划的写作提纲，也可能是详细计划的摘要。如《××公司财务部2013年度工作要点》。

5．安排

是针对短时间（如周、月、季度）内的工作所提出的工作计划。安排一般内容单一，措施和步骤具体，如《学生会暑假值班安排》。

6．方案

对专项工作从目的、要求、方式、人员、进度等方面进行具体周密部署，有很强操作性的计划，如《××彩电"五一"黄金周促销方案》

7．计划

狭义的计划是广义计划中最适中的一种。时间一般在半年到一年，内容比规划具体、深入，比设想正规、详细，比方案简明、集中，如《××公司新员工培训计划》。

三、工作计划的种类

根据不同的分类标准，工作计划可以划分出不同的类别。

按时间分，有短期计划、中期计划和长期计划等。

按性质分，有指令性计划、指导性计划、一般性计划等。

按范围分，有班组计划、单位计划、系统计划、地区计划、国家计划及国际间的合作计划等。

按内容分，有专项计划与综合计划等。

按写法分，有条文式计划、表格式计划和文表结合式计划等。

四、工作计划的内容要素

目标、措施、要求三项内容，是工作计划的"三要素"。

目标：它是工作的动力和方向，即回答"做什么"的问题。可以是总体目标，也可以是具体任务或指标。总体目标往往是要实现的最终目的，是多方面综合指标的最终体现。具体任务或指标，则是具体说明要完成任务，达到什么指标，做好哪些工作，开展哪些活动等，务必写得具体明确。工作计划的目标要切实可行。

措施：是为达到目标所要采取的具体办法，即回答"如何做"的问题，包括组织分工、进程安排、人力物力保证和方式方法等。

组织分工，即安排哪项任务由哪个单位或部门负责，以免计划实施起来因无人负责而不能落实。进程安排，是指一项目标要分阶段完成，例如做好某项工作，可以分为准备阶段（包括传达、动员、学习、成立组织、物质准备等）、实施阶段（具体工作的展开、落实）、总结阶段（扫尾、小结）。人力物力保证，即实施计划所需的人力、财力、物力，配备多少、如何配备等。方式方法，即完成任务的具体手段。

这里有一种无处投诉的罪行。这里有一种眼泪不足以象征的悲哀。这里有一种绝大的失败，足以使我们的一切成功都垮台。——（美）斯坦培克《愤怒的葡萄》

要求：是对目标任务完成的质量、时间、数量上的要求，即回答"做得怎样""做到什么程度"之类的问题。

目标、措施、要求三者是相互联系、相互影响的。目标是努力方向，措施是实施保证，而要求则是督查标准。

操作指导

一、制订工作计划的方法步骤

制订工作计划不仅仅是个文字表达上的事，还是个涉及工作决策和组织的问题，除了要注意写作章法，还要遵循一定的原则，经过一定的程序。

（一）制订工作计划的原则

① 对上负责的原则。要坚决贯彻执行党和国家的有关方针、政策和上级的指示精神。

② 切实可行的原则。要从实际情况出发定目标、定任务、定标准，既不要因循守旧，也不要盲目冒进。

③ 集思广益的原则。要深入调查研究，广泛听取群众意见，博采众长，反对主观臆断。

④ 突出重点的原则。要分清轻重缓急，突出重点，以点带面，不能眉毛胡子一把抓。

⑤ 防患未然的原则。要预先想到实行中可能发生的偏差，可能出现的故障，有必要的防范措施或补充办法。

（二）制订工作计划的步骤

① 认真学习研究上级的有关指示办法，领会精神，了解上级主管部门对编制计划提出的各项要求。

② 深入调查研究，认真分析本单位本部门的具体情况，这是制订计划的根据和基础。

③ 根据上级的指示精神和本单位的现实情况，确定工作任务、要求，再据此确定工作的具体措施、办法和步骤。并且要预见可能出现的偏差、障碍和困难，确定预防和解决的办法。

④ 计划草案制定后，应交领导班子或全体人员讨论、审议。

⑤ 根据讨论审议的意见，对计划草稿进行修改、定稿，形成正式计划。有的要报送主管部门，经审批同意后即成为正式计划。

计划一经制订出来，并经正式通过或批准以后，就要坚决贯彻执行。在执行过程中，往往需要继续加以补充、修订，使其更加完善，切合实际。

二、工作计划的写法

工作计划结构大致由两部分组成：标题和正文。

（一）标题

计划的标题常规写法是由单位名称、适用时间、指向事务、文种四个要素组成。如《××建筑工程安装公司 2013 年工作计划》《××学院 2012～2013 年第一学期后勤工作计划》。

有些计划标题，省略单位名称，由适用时间、指向事务和文种组成，如《1999 年度全民义务植树造林工作计划》。还有的计划标题，省略适用时间，这在专题计划中比较常见，

四月最残忍，从死了的土地滋生丁香，混杂着回忆和欲望，让春雨挑动着呆钝的根。——（英）托马斯·艾略特《荒原》

如《××集团公司职工安居工程工作计划》。

另外，根据不同的特点，工作计划还可以选用不同的文种名称，如规划、安排、要点、设想等。例如《××公司物流部 2010 年度工作要点》《××厂春节放假期间保卫工作安排》。

（二）正文

工作计划的正文可采用表格式、条文式或文表结合式。

表格式适用于时间短、范围小、内容单一而数据多的工作计划。条文式适用于时间长、范围广、内容多而详细的工作计划，是最典型最通用的写法。文表结合式综合前两种的优点，多用于内容较复杂的工作计划。

从结构上来讲，工作计划的正文通常包括前言、主体和结尾三个部分。

1．前言

前言是计划的开头部分，简明扼要表达出制订计划的背景、根据、目的、意义、指导思想等，以精练简洁为原则。

2．主体

主体部分要列出工作任务（目标），方法措施和要求。通常由于内容繁多，主体部分需要分层、分条撰写。常见的结构形式为：用"一、二、三……"的序码分层次，用"（一）、（二）、（三）……"加"1．2．3．……"的序码分条款。具体如何分层递进，依内容的多少及其内在的逻辑性而定。

内容简单的单项计划，其主体部分写法也比较简单，通常是一条任务指标配一条措施步骤，或先集中写任务、指标，再集中写措施步骤。

内容复杂的计划，先按一定的逻辑（如工作部门和行业、工作环节或时间顺序等）分成几大层次，给每个层次拟上小标题，其下再按任务和指标、措施和步骤展开。

3．结尾

结尾可以提出希望、发出号召、展望前景、明确执行要求等，也可以在条款之后就结束全文，不写专门的结尾部分。

计划在结尾之后，还要署明单位名称和制订计划的具体时间，如果以文件的形式下发还要加盖公章。

三、写作工作计划的注意事项

1．**具体明确**

计划的内容是要具体落实到实际工作中去的，所以计划中的任务指标、措施、步骤、组织、安排等都不能含混不清，模棱两可。否则执行起来无从下手，检查起来没有依据，成为一纸空文。

2．**表述周严**

周严有三种含义，一是指计划提出的问题和指标都是以调查研究、严格计算为基础的，言之有理，持之有据，经得起质疑和检查。二是指用语要准确，不能引起理解和执行上的分歧。三是表达要周密，要留有余地，以便在实施过程中做必要的调整和修补。

如果一个人不知道他要驶向哪头，那么任何风都不是顺风。——（古罗马）塞涅卡

任务二　工作总结的写作

案例鉴赏

客服部 2009 年度工作总结

2009 年，客服部紧紧围绕公司总体发展目标开展工作，进一步整合服务资源，促进以保单为中心的服务向以客户为中心的服务转型，不断提升服务水平，创造客户价值，在做好本职工作的同时做好服务创新，积极承担社会责任，为公司后续经营打下坚实的基础。主要成绩体现在以下几个方面。

一、在制度建设方面，继续加强客户服务基础管理工作，进一步完善相关管理制度

主要从"内强素质、外树形象"着手，通过狠抓公司各岗位人员素质，进一步提高客户满意度，树立公司良好的对外形象。

一个优秀的团队须有一个素质、技术过硬的服务队伍，今年我部着重从完善制度着手，通过加大制度的执行力不断加大服务考核力度，以进一步提高客服人员综合素质。

针对我司部分柜员在柜面服务礼仪方面尚存在不规范现象的问题，我部着力抓好全体客户服务人员的服务规范性，并从加强服务意识、强化服务执行标准等几方面对客户服务人员做了一些强化训练，加大了现场监督考核力度，对不良行为予以相应处罚。通过一系列的措施，使柜面人员加强了操作的规范性，服务礼仪的执行上也有了很大的提升，为我司不断提高服务水平奠定了很好的基础。

2009 年 6 月，总公司举行了全国柜面人员上岗资格考试，我部全体人员 13 人参加，合格 9 人，持证率达 70%。

二、强化业务制度学习，树立执行理念，确保制度执行力

为进一步强化公司业务管理制度执行力，从制度上为业务发展提供坚强保障，分公司筛选出的用于客服员工加强学习的文件和制度，我部进行了认真梳理及汇集，并制订了业务管理强化制度学习计划，定期组织客服人员通过集中学习和自学的方式全面、系统地进行了学习，要求所有参加人员认真做好学习笔记，撰写学习心得并进行测试；根据测试情况，要求各相关岗位撰写整改报告。通过以上措施，确保了业务制度学习的有效开展，切实提高了我部遵循业务制度依法合规经营的自觉性。

三、以服务为本，促进销售，使日常业务处理和服务工作相结合（略）

四、从服务的本身出发，"一切为了客户着想"，不断创新服务内容（略）

2009 年的工作，取得了以上成绩，但与公司的要求还存在一定的距离，主要不足。

一、我部今年人员调整较大，客户服务部新入人员专业知识及业务技能不足（略）

二、柜面管理工作仍存在一些问题，有较大改进空间（略）

我部明年将以加强客服队伍建设为根本，以加强柜面服务质量考核为重点，以人员管理办法为后盾，以教育训练为基础，积极推进柜面职场标准化建设，不断创新服务方式，

血沃中原肥劲草，寒凝大地发春华。——鲁迅《无题》

建立科学、完善、严格的品质管理办法和监督、考核机制，提高客户满意度，提升柜面运营能力。防范经营风险，树立中国人寿热情、真诚的服务形象，使柜面真正承担起中国人寿品牌载体的重任。

一位实战培训专家曾说过，"简单的事情重复做，你就是专家；重复的事情快乐做，你就是赢家"。客户服务工作是一项长期的、较为复杂的综合性工作，我部将要求所辖人员在平凡的工作中，不断提高服务意识，营造全员为客户服务的氛围，将简单的工作做成不简单的事，达到客户、公司、自我的三赢。

（摘自 http://wenku.baidu.com/view/ea8d311c964bcf84b9d57bc0.html）

【分析与思考】这是某公司一个部门的年度工作总结。它的内容可以分为哪几个层次？一年的工作琐碎复杂，它是怎样处理点与面的关系的？

知识概要

一、工作总结的用途和种类

工作总结是单位或个人对过去一定时期的工作进行全面回顾、系统分析评价，从中寻找经验教训，得出规律性认识，以指导今后工作的书面材料。

通过总结，可以把工作实践由感性认识上升到理论认识的高度，以便发扬优点，克服缺点，吸取经验教训，使今后的工作少走弯路，多出成绩。

根据内容涉及面的大小，工作总结可分为综合总结和专题总结。

1．综合总结

又称全面总结，是对一定时间内各方面工作的整体综合和全面概括的总结。其特点涉及面广，篇幅较长，综合反映工作的全貌和全方位的情况。

2．专题总结

又叫单项总结，是对一定时间内某一项工作或是一个问题所做的总结。往往内容单一集中，针对性强，内容也更集中、更具体、更深刻。

二、工作总结的特点

1．实践性

工作总结是对前段工作实践的系统回顾，因此它的材料必须真实地来自自身的工作实践，而不是东拼西凑，到处"借用"。工作总结中的观点完全是从自身的工作实践中概括出来的认识和规律，而不是随意套用文件、报刊上的提法。因此，工作总结在写法上应以叙述说明为主，据实议事，运用画龙点睛式的议论，提出主题，写明观点。

2．规律性

工作总结是对工作实践的本质概括，而不是客观实践的"流水账"式的简单记录。它必须对零散的事实、数据等进行认真的整理、分析，提炼出规律性的东西，上升到理论高度，以正确认识和把握客观规律。工作总结是否具有理论性、规律性，是衡量其质量好坏的重要标志。

三、工作总结的基本内容

工作中取得的主要成绩和经验、存在的问题和教训，以及今后的努力方向，构成工作总结的基本内容。

1. 成绩和经验

成绩是对过去的物质成果和精神成果及成功原因与条件的分析归纳。主要成绩可以概括为几点或几个方面来写，要有具体的事实材料和必要的统计数据，有时还需要与上期工作情况、本期计划规定的任务指标进行对比说明。

主要经验要说明工作的基本做法、体会和取得成绩的原因。总结经验既不能就事论事，忽视理论分析，又不能空发议论，没有具体材料。要从观点和材料的统一、理论和实践的统一上形成结论，总结出经验。

2. 问题和教训

问题指没有做好、没有完成的工作，有待进一步解决的问题及工作中的失误和缺点。教训是工作没有做好及工作出现失误、缺点的原因。写问题缺点也要实事求是，不能为了表示谦虚或保证总结内容的绝对全面而去生硬拼凑。在一些专题性经验总结中，由于工作成绩突出，又是为了供上级机关在全局推广先进经验，这方面的内容便可以少写甚或不写。

3. 今后的努力方向

即在总结经验和教训的基础上提出今后的任务和打算，包括以后如何发扬成绩、克服缺点、纠正失误、要首先解决哪些问题等。这项内容，要切合实际，严肃认真地写好，而不能用套话敷衍了事。

操作指导

一、工作总结的写法

总结的格式构成一般包括标题、正文和落款三个部分。落款包括署名和署时，可以写在标题之下，也可以写在文尾。

（一）标题的写法

1. 三要素式标题

综合性总结一般采用总结单位、总结时限、文种三要素构成标题，如《××公司××年度工作总结》。

2. 文章式标题

以揭示观点或者概括内容作为标题。这样的标题不仅省略了单位名称、时间限度，甚至连文种也省略了，只有总结的内容或主要观点，如《股份制使企业走上腾飞之路》。这种标题则较为灵活，适合于专题性总结。

不管风吹浪打，胜似闲庭信步。——毛泽东《水调歌头·游泳》

3．双标题

即采用正副标题的结合形式。正标题往往用来揭示总结的主题，而副标题则指明总结的内容、单位、时间等。这样的标题使总结的重点更突出。如《面向国际市场，立足适销对路——××市大力组织出口商品生产和收购的经验总结》。

（二）正文的结构安排

工作总结的正文由前言、主体和结尾三部分构成。

前言一般简要概述基本情况，交代工作完成时间、地点、背景，或点明主旨，为主体部分做铺垫。主体部分一般写主要成绩和经验、问题和教训等，有些总结还把基本情况和今后方向两项内容也纳入主体来写。结尾或归纳全文，或指明今后的努力方向。

正文部分作为工作总结的核心部分，要回答"做了什么""做得怎么样"的问题，因此这部分篇幅长、内容多，需要精心安排其结构。根据总结内容的特点，正文结构可以采用如下几种形式。

1．程序式结构

是按工作总结的基本内容（情况、成绩、经验、问题、意见，或主旨、做法、效果、体会等），分项来写，一项内容成为结构上的一个部分，依次展开叙述。这种写法具有头绪清楚、条理分明的特点，适用于内容比较单一的总结。

2．经验式结构

以经验作为划分层次的依据，即将上升到理性认识的经验归纳成若干条，每条列出一个小标题来进行阐述；每条经验下都有认识、有做法、有效果、有体会。这种结构能突出理论性，适合专题工作总结。

3．阶段式结构

以时间顺序作为划分层次的依据，即把整个工作过程划分为几个阶段，再分别对各个阶段的情况进行介绍、分析、归纳，找出每一个阶段的经验和教训。这种结构适用于时限长又有明显阶段性的工作总结。

4．项目式结构

以工作内容的自然分工作为划分层次的依据，即按整体工作的不同分工，将工作内容分为几个区块，每一区块作为一个分项目构成结构上的一部分，分别对每一项目情况、做法、效果、体会等进行介绍、分析和归纳。这种结构适用于涉及范围广、分工复杂的综合总结。

以上四种结构形式是大体上的归类，实际写作中应根据工作特点、实际材料、主旨需要灵活运用。

二、工作总结的写作要求

1．事实为据，准确可靠

工作总结中的材料必须真实可信，数字要准确可靠。切忌闭门造车，随意编造事实或数据，欺上瞒下，或者走过场。

俱往矣，数风流人物，还看今朝。——毛泽东《沁园春·雪》

2．分析事实，找出规律

经验与教训是一篇工作总结的重点。不能只铺叙工作过程、罗列工作情况，也不能是概念与事例的简单相加，而应当对所占有的材料和所掌握的情况作透彻分析和深入研究，提炼出现律性的理论认识，这样的总结才有意义。

3．点面结合，详略适宜

写总结容易犯大而全的错误。应当对内容进行精心的裁剪，要有精选的典型事例，还要有恰当的概括；有重点内容，有次要内容，有详写部分，有略写部分，做到有点有面，有主有次，详略得当。

三、提高工作总结写作水平的技巧

写作工作总结不仅是对语言表达能力的考验，更是对政治理论修养和逻辑思维水平的考验，富有经验的人往往会运用以下技巧来提高自己写作工作总结的水平。

1．扣政策

在对前一时期的工作进行回顾时，要对工作贯彻执行党和国家方针政策、依法办事等情况进行审视。具体来讲：一是有无违背党和国家方针政策、违背客观规律、侵犯群众利益的行为被作为经验总结；二是理论上的提法是否符合党报党刊中的舆论指向和新提法；三是引用政策法规是否得当。

2．抓特色

所谓抓特色，首先要从具体工作情况中挖出有独特性和创造性的经验，体现新做法、新见解、新经验；其次要在形式上突出这些特色，例如标题要突出工作的总体特色，正文各部分要突出各方面的特色。

3．找典型

典型指具有代表性的人或事，对于工作总结来说，典型就是最能体现特色、最能说明问题的材料。具体包括成效上的典型，做法上的典型，思想认识上的典型等。写工作总结要善于找出这些方面的典型，并利用它们来说明问题，

4．选材料

对于收集到的材料，要围绕总结的中心或主旨进行清理筛选。保留新颖的、贴切的、有力的材料，摈弃过时的、拼凑的、外围的材料。

5．理思路

写作之前要设计、整理、修改好写作思路。好的工作总结必须思路清晰，犹如一位出色的导游，预先设计好线路，引导游客有条不紊地观看完所有的景点。

6．删冗文

工作总结要简练精当。有效的办法是写完后进一步修改，删除可有可无的文字，提高文章的含金量，争取在尽量少的文字中包含最大的信息量。

横空出世，莽昆仑，阅历人间春色。——毛泽东《念奴娇·昆仑》

一、怎样进行个人职业生涯规划

面对日益激烈的职场竞争，每个人都不得不面对这样的问题：我未来的路在哪？如何找到我满意的工作？所以每个人其实都有潜移默化地在心里想过自己的职业规划。

个人职业生涯规划也叫个人职业生涯设计。是指个体根据自身的能力特点、性格特征、教育背景、工作经历以及价值观，结合外部环境，所确立的职业目标、职业方向、职业道路，以及实现这些计划和目标的时间表和行动方案。

为什么要进行职业生涯规划？如果把一个人的职业生涯比作一次旅行，那么出发之前最好先设定旅游线路，这样既不会错过梦想已久的地方，也不会千辛万苦却去到并不喜欢的景点。

1. 个人职业生涯规划设计应该遵守如下准则。

（1）择己所爱。

从事一项你所喜欢的工作，工作本身就能给你一种满足感，你的职业生涯也会从此变得妙趣横生。调查表明：兴趣与成功概率有着明显的正相关性。在设计自己的职业生涯时，务必注意：考虑自己的特点，珍惜自己的兴趣，择己所爱，选择自己所喜欢的职业。

（2）择己所长。

任何职业都要求从业者掌握一定的技能，具备一定的能力条件。所以你必须在进行职业选择时择己所长，从而有利于发挥自己的优势。运用比较优势原理充分分析别人与自己，尽量选择冲突较少的优势行业。

（3）择世所需。

社会的需求不断演化着，旧的需求不断消失，新的需求不断产生。新的职业也不断产生。所以在设计你自己的职业生涯时，一定要分析社会需求，择世所需。最重要的是，目光要长远，能够准确预测未来行业或者职业发展方向，再做出选择。不仅仅是有社会需求，并且这个需求要长久。

（4）择己所利。

职业是个人谋生的手段，其目的主要在于追求个人幸福。所以你在择业时，首先考虑的是自己的预期收益——个人幸福最大化。明智的选择是在由收入、社会地位、成就感和工作付出等变量组成的函数中找出一个最大值。这就是选择职业生涯中的收益最大化原则。

2. 职业生涯规划的步骤

（1）自我评估。

主要包括对个人的需求、能力、兴趣、性格、气质等的分析，以确定什么样的职业比较适合自己和自己具备哪些能力。

（2）组织与社会环境分析。

短期的规划比较注重组织环境的分析，长期的规划要更多地注重社会环境的分析。

踏遍青山人未老，风景这边独好。——毛泽东《清平乐·会昌》

（3）生涯机会评估

生涯机会的评估包括对长期机会和短期机会的评估。通过对社会环境的分析，结合本人的具体情况，评估有哪些长期的发展机会；通过对组织环境的分析，评估组织内有哪些短期的发展机会。

（4）生涯目标确定。

职业生涯目标的确定包括人生目标、长期目标、中期目标与短期目标的确定，它们分别与人生规划、长期规划、中期规划和短期规划相对应。首先要根据个人的专业、性格、气质和价值观以及社会的发展趋势确定自己的人生目标和长期目标，然后再把人生目标和长期目标细化，根据个人的经历和所处的组织环境制定相应的中期目标和短期目标。

（5）制订行动方案。

把目标转化成具体的方案和措施。这一过程中比较重要的行动方案有职业生涯发展路线的选择、职业的选择，相应的教育和培训计划的制订。

（6）评估与反馈。

职业生涯规划的评估与反馈过程是个人对自己的不断认识过程；也是对社会的不断认识过程，是使职业生涯规划更加有效的有力手段。

二、总结与报告、调查报告的联系与区别

1. 总结与报告

报告，特别是工作报告，即用来反映和汇报工作情况的那一类，和总结非常相似，但也有本质的区别。

性质不同：总结是企事业单位经常使用的事务性文体，它以回顾和评价自身的实践活动为核心和根本。报告是行政公文的一种，是下级机关向上级机关汇报工作、反映情况、提出建议时使用的陈述性公文。

内容要求不同：报告主要是汇报做了哪些工作，主要叙述工作的完成和进展情况，一般不作经验的提炼，不作理论论述。而经验的提炼和理性的论述是总结的灵魂，抓住规律，指导未来，总结才有意义。

表达方式不同：报告以叙述为主要表达方式，总结是叙议结合的文体，经常以概述的形式介绍工作情况，以议论的形式谈认识和体会。

结构内容不同：工作报告一般分两个部分，前一部分汇报工作完成情况，后一部分交代下一步工作打算，结构比较均衡；总结主要谈以往，今后的努力方向和工作重点往往泛泛而谈，并在结构上作为总结的结尾。

2. 总结与调查报告

典型经验的调查报告和经验总结很相似，都是为了总结经验，指导工作；写法也相近，很容易让人混为一谈。它们的主要区别在于。

首先，从作者的角度看，总结的作者是本单位的有关人员；而调查报告的作者多是来自外部的机构和人员，有时是二级部门，有时是社会。他们的出发点不同、看问题的角度不同、认识也就不同。

其次，从文章的角度看，总结是采用第一人称写作，侧重于介绍工作的过程，做法与体会。它叙议结合，以叙为主。而调查报告一般采用第三人称写作，叙议并重，且倚重材料，要求用事实说话。

最后，从作用的角度看，总结是用于回顾和反思自身的过去实践，以便指导将来。而调查报告更多见于新闻媒体，更倾向于揭露问题。它的宣传教育作用、推动工作作用、传递信息作用都很突出。

实践训练

一、运用工作计划的写作知识评析下面这份计划

××县经委今后八个月工作计划

为了完成县委、县政府下达 3.1 亿工业总产值（力争 3.5 亿）的任务以及各项经济指标，我们计划在今后八个月主要抓好几方面工作。

（一）进一步深化企业改革。我们在全面推行厂长（经理）任期目标责任制的基础上，从实际出发，有针对性地分别实行租赁、承包、百元工资税利制和工资总额与企业经济效益包干等经营方式，把权、责、利全面落实到企业及其经营者身上，使企业真正成为相对独立的经济实体，成为自主经营、自负盈亏的社会主义商品生产者和经营者，较好地调动企业厂长职工的积极性，增强企业活力，促进生产发展，并使这一改革能够健康发展，深入持久地坚持下去，采取有效措施加以保证。

（二）加快新项目和技术改造项目的建设速度，确保这些项目预期投产，发挥效益。主要抓好苎麻纺织、印染工程等项目，并实行目标责任制管理，使这些项目预期投产，早日发挥效益。

（三）进一步加强企业管理，提高企业经济效益。我们坚持以改革为动力，促进企业的发展，加强管理，提高企业经济效益，把增产节约、增收节支的工作作为提高企业经济效益的重要工作来抓，要求企业产品总成本、企管费及车间经费都要下降。具体措施：（1）调整企业产品结构，大力增产适销对路产品，实现多产快销。（2）加强企业管理，挖掘企业潜力，调整定额，向管理要效益。

（四）加强企业职工思想教育、技术培训，努力提高企业职工队伍思想、技术素质。为企业上等级和企业现代化管理打基础。

（1）全面进行思想、纪律、法律教育和坚持四项基本原则，反对资产阶级自由化的教育，全面提高工人思想觉悟。

（2）搞好技术培训和职工文化、技术学习，努力提高职工队伍技术素质。

世人都晓神仙好，唯有功名忘不了。——清·曹雪芹《红楼梦·好了歌》

二、指出下面这份总结存在的瑕疵

××公司上半年工作总结

半年来本公司在精神文明和物质文明建设方面做了许多工作，取得了很大成绩。半年来，主要做了以下工作：动员组织公司干部和广大群众学习中央文件；安排、落实全年生产计划；推行、落实工作责任制；修建子弟小学校舍；建方便面生产车间厂房；推销果脯、食品、编织产品；解决原材料不足问题；美化环境，栽花种草；办了一期计算机技术培训班；调整了工作人员，开始试行干部招聘制。

半年来，在工作繁杂，头绪多而干部少的情况下，能做这么多工作，主要是：

一、上下团结。公司领导和一般干部都能同甘共苦，劲往一处使。工作中有不同看法，当面讲、共同协商。互相间有意见能开展批评与自我批评，不犯自由主义。例如有干部就经理未作商议，擅自更改果脯销售奖励办法，影响产量一事有意见，经当面提出，经理做了自我批评，并共同研究了新的奖励办法，又出现了增产势头。

二、不怕困难。本企业刚刚起步，困难很多，技术力量薄弱，原材料不足；产品销路没有打开等等。为此，领导干部共同想办法，他们不怕跑路，放弃自己的休息时间，忍饥挨饿受冻，四处联系，终于解决了今年所需要的原料，推销了一些产品。

三、领导带头。公司的几位主要领导带头苦干，实干。他们白天到下边去调查了解情况、解决问题，晚上才开会研究问题，寻找解决的办法。领导干部夜以继日地工作，使公司工作上了台阶。

××公司

××××年×月×日

三、请结合自身实际，制定一份切实可行的大学生活规划。

四、回想第一年大学生活，一定有许多感慨，请将这一年大学生活的得失，撰写一份总结。

苟利国家生死以，岂因祸福避趋之。——清·林则徐《赴戍登程口占示家人》

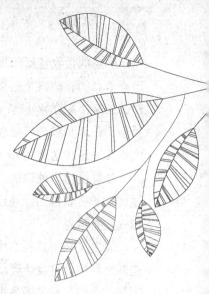

模块六 信息搜集与处理

或许，你正为求购学习资料而苦恼；或许，你正为撰写毕业论文而犯愁；或许，你正为寻找就业信息而沮丧。走进信息搜集与处理，一切问题将迎刃而解。

信息搜集与处理概述

因特网的飞速发展，使人类社会迅速步入了信息时代。现今网络信息量高速增长，浩如烟海。如何从这海量的信息中找到我们所需要的信息就成为信息搜集的重任。伴随着计算机进入多媒体时代，信息科技也步入了多媒体发展时期。手工搜集靠手翻、眼看、大脑判断的搜集方式已难以全面适应当今信息的发展，计算机信息搜集就必然地被提到了应用与发展的阶段。

随着信息技术的发展，上网获取信息，无疑离不开搜索引擎。有句话说的是，"内事问百度，外事找谷歌"。这句话道出两个搜索引擎不同的特点。百度是世界上最大的中文搜索引擎，而谷歌却是世界上最大的搜索引擎。无论使用哪种搜索引擎，找到我们想要的信息才是关键。

由此可见，搜索引擎在人类与信息之间搭起一座方便的桥梁，它与人们的生活和工作息息相关，在信息搜集中扮演着重要的角色，而且将在今后扮演越来越重要的角色。

信息处理就是对信息的接收、存储、转化、传送和发布等。随着计算机科学的不断发展，计算机已经从初期的以"计算"为主的一种计算工具，发展成为以信息处理为主的、集计算和信息处理于一体的、与人们的工作学习和生活密不可分的一个工具。

千人之诺诺，不如一士之谔谔。——汉·司马迁《史记·商君列传》

信息的接收包括信息的感知、信息的测量、信息的识别、信息的获取以及信息的输入等；信息的存储就是把接收到的信息或转换、传送或发布中间的信息通过存储设备进行缓冲、保存、备份等处理；信息转化就是把信息根据人们的特定需要进行分类、计算、分析、检索、管理和综合等处理；信息的传送把信息通过计算机内部的指令或计算机之间构成的网络从一地传送到另外一地；信息的发布就是把信息通过各种表示形式展示出来。

计算机信息处理的过程实际上与人类信息处理的过程一致。人们对信息处理也是先通过感觉器官获得的，通过大脑和神经系统对信息进行传递与存储，最后通过言、行或其他形式发布信息。

总之，在信息社会中，一方面，信息资源不断更新，不断扩容；另一方面，冗杂信息也随之增多，日益泛滥。因此，提高搜集和处理信息的能力，使人们能够更好地驾驭信息、利用信息就显得尤为重要。

项目一　信息的搜集

案例鉴赏

信息搜集

2009 年 6 月 25 日下午 6 点，湖南省高考成绩公布。高三毕业生小李登录湖南招生考试信息港网站查询自己的高考成绩，因为登录人数太多，一时难以登录上去，小李无法获知自己的分数。于是他拨打全省统一的声讯号码 16885168，电话始终处于占线状态。最后他拨打 12580，由中国移动公司发布短信息告知了小李的高考成绩。

【分析与思考】小李通过什么方法搜集到了自己想要掌握的信息？

知识概要

一、信息及信息搜集的含义

信息是一种十分广泛的概念，它在自然界、人类社会以及人类思维活动中普遍存在。生活在客观世界里的人们，无时无刻不在利用感觉器官接受来自外部世界的信息。从图书馆学、情报学的角度来看，信息是文献、资料、情报、知识、数据以及消息、新闻等的总称。

信息搜集是依据一定的目的，通过有关的信息媒介和信息渠道，采用相适宜的方法，有计划地获取信息的工作过程。

二、信息搜集的一般程序

① 确定信息搜集的目的，明确解决的问题；

② 制订信息搜集计划，明确搜集的内容，选择信息媒介、信息渠道及运用的方法；

凡论人，必先称其所长，则所短不言自见。——宋·司马光《资治通鉴·晋纪》

③ 设计必要的表格和提纲；

④ 组织实施，安排具体的时间、地点，加强搜集过程的信息沟通，保证信息搜集的质量。

三、信息搜集的基本类型

根据所要解决的问题不同，信息搜集分为三种类型，即专题搜集、数据搜集和事实搜集。

1. 专题搜集

专题搜集是指根据某一特定主题查找一批各类型的出版物，从而获取所需信息的过程。专题搜集主要通过查找文献线索来实现。因此，凡属查找某一主题、某一时代、某一单位、某一著作的有关文献及其出处的，均属专题搜集的范畴。例如查找有关"《红楼梦》及其作者的研究"有些什么文献，这些文献发表在什么地方。

2. 数据搜集

数据搜集是以数据为对象的搜集，例如查某数学公式，某电子元器件的参数，某材料的成分、性能等。

3. 事实搜集

事实搜集是以从信息中抽取的事项为搜集内容的信息搜集。其搜集对象既包括事实、概念、思想、知识等非数值信息，也包括一些数据信息，但要针对查询要求，由检索系统进行分析、推理后，再输出最终结果。

四、信息搜集的渠道

一般来说，获取信息的渠道主要有两类。

1. 直接获取信息

主要是通过眼、耳、鼻、舌等器官和身体直接与事物接触，使事物在我们的大脑中留下印象，从而认识事物。

2. 间接获取信息

① 通过人与人的沟通获取信息；

② 通过查阅书籍和报刊等资料来获取信息；

③ 通过广播、电视获取信息；

④ 通过影视资料获取信息；

⑤ 通过电子读物获取信息；

⑥ 利用数字设备获取信息；

⑦ 利用因特网获取信息。

五、信息搜集的方法

1. 观察法

观察法是人们有目的、有计划、客观仔细地去察看、测量、记载有关事物和现象的方法。这是最常用的一种获取感性材料的方法。采用观察法要注意如下几点。

① 根据需要确定观察目的，选择观察对象。

② 制订观察计划，坚持观察的目的性、计划性、全面性、客观性。

③ 对某一对象的观察要按一定的程序进行，要由表及里，由易到难，由简单到复杂，由现象到本质，由大致轮廓到具体细节，由显著特点与显著变化到细微特点与细微变化逐步深入地进行。

④ 要边观察边记录，边观察边思考。

2．文献法

文献是指用文字、图形、符号、声频、视频等手段，记录人类知识的一种载体。它积累着无数有用的事实、数据、理论、方法以及构思和假说，记载了人们成功或失败的经验教训，反映了科学技术和人类文明的进展水平，预示了未来的发展趋势和方向。采用文献法，可从有关书籍、报刊中收集资料，如事例、数据、图表、照片等。

要想迅速有效地检索出与需要有关或有用的文献资料，就要掌握文献资料的查找方法。一般来说，文献资料具有像篇名、作者名、发表年月、出版地点等外表特征以及文献主题类型等内容特征，我们可以以这些特征为检索途径，利用检索工具查找所需要的资料。一般步骤为明确查找的目的与要求——选择检索工具——确定检索途径——根据文献线索查阅原始文献。

文献资料收集的地点主要有图书馆、博物馆、展览馆、科研单位的资料室、新华书店等。为提高查阅文献资料的效率，可充分利用文献目录、索引和文献检索期刊，也可使用电子计算机检索情报。

3．咨询法

咨询，现代的含义是向各类专家请教，同专家商议。所谓专家，可泛指具有某种专业知识的人，如科学家、专业工作者、教师等。

咨询要注意以下几点：

① 要选择与主题相关领域的专家来咨询。

② 拟订好需要咨询的问题，设计要具体、全面。

③ 要事先与专家约好时间和地点，咨询过程中态度要谦虚，并要对专家的劳动表示感谢。

4．问卷法

问卷法是通过事先统一设计的问卷来向被调查者了解情况、征询意见的一种资料收集方法。它是咨询法的延伸和发展。

操作指南

一、信息搜集应注意的事项和技巧

① 目标专一，紧紧围绕工作任务。

② 尽量扩大搜索的视野和范围。

③ 信息的搜集要多角度，要兼顾事实资料、数字资料等。

二、资料记录的方法

在查找资料的同时，要随时将有用的信息记录下来。根据收集信息的方法不同，资料记录的方法也有一定区别。概括起来，大致有如下几种。

谁伴明窗独坐？我共影儿两个。——宋·李清照《如梦令》

1．做摘录

做摘录主要记录资料原文的重要、精彩之处，以作为今后的引证、论证之用。做摘录还要注意注明出处，包括书名或论文题目、作者姓名、出版单位、时间等。做摘录可尝试制作资料卡的方法。制作资料卡是查询资料中常做的一件事，目的在于：① 便于以后的再次查找；② 使文献的主要内容一目了然。

2．做提要

做提要，就是将原文的基本内容、主题思想、观点、数据等方面的信息用自己的话写下来。需要注意的是，做提要不要改变原来作者的观点。

3．做札记

做札记就是随时在笔记本上将自己读书的感受以及读书时的各种想法记录下来。

4．做文献综述

编写文献综述即将收集的资料，按照主题研究的需要，加工成概述性的文献。需要注意的是，文件综述既不要参加评论，也不要提出自己的看法。此外，文献综述的条理也是很重要的。如何做到有条理呢？一个有效的方法就是列小标题。例如，在收集"酸雨对植物生长的影响"的有关文献材料中，列出了几个小标题来进行整理综述：① 酸雨对农作物的影响；② 酸雨对森林的影响；③ 酸雨对土壤质地的影响。

5．复印法

复印法就是通过复印获得资料。复印省时、省力，但要点不够突出，还受财力限制。

视野拓展

推荐阅读：《搜索引擎：原理、技术与系统》李晓明等著，科学出版社，2005 年。
专题网站：http://baike.baidu.com/view/4785503.htm

实践训练

1．实践活动一

围绕"我的美丽新校园"（或"我的专业"）这一主题，采取不同的渠道，进行信息搜集。

活动步骤一：根据主题，自由组合，五人一组，计划本组要获取信息的类型、获取方式、获取途径，尤其是随机采访的目的及人员，明确小组长，建立小组文件夹。

"我的美丽新校园"资料搜集表

小组名称		小组成员（组长在前）	
资料名称	资料类型	获取方式	获取途径

活动步骤二：由教师审核计划，确定学生有必要的设备（拍照、录音等），根据需要，协助进行必要的联系，学生开始活动。

活动步骤三：课堂上展示搜集成果，并进行汇报总结。

三更酒醒残灯在，卧听潇潇雨打篷。——宋·陆游《东关》

2. 实践活动二

查阅专业资料：将最近 3 至 4 期专业期刊中你最喜欢的栏目的资料，分类编成小资料卡或小文集。

项目二　信息的处理

案例鉴赏

信息处理

2008 年 11 月 15 日，央视《新闻 30 分》报道称，家住北京的李先生不久前突然感到小便时身体疼痛，在百度搜索引擎上他找到了一家排名首位的某医院，被诊断为前列腺发炎，花了 1 万多元钱却始终不见好转。后来人民医院医生称该情况应该是上火导致的内分泌失调，药费只需 100 多元。

【分析与思考】李先生为什么花了 1 万多元冤枉钱？他自己有责任吗？

知识概要

一、信息处理的定义

信息处理就是对已获取的信息进行整理、分析和综合。

二、信息处理的一般程序

文献信息是人类知识的结晶，对获取的信息进行整理并准确分析信息是有效利用的前提。通过各种渠道采集的原始信息通常是真假混合、繁杂无序的，因此首先需要进行加工整理。信息的整理过程，实际上就是信息的组织过程，目的是使信息从无序变为有序，成为便于利用的形式。

1. 整理

信息整理大致经过筛选、鉴定、核实、统计等过程。通过筛选去掉那些与主题无关的、次要的、琐碎的信息，选出那些能够真正反映事物本质的、典型的信息；通过鉴定去掉那些不可靠的或虚假的信息，留下经得起推敲的信息；经过核实，可起到改错补漏的作用，特别是用于统计的数据资料，经过核实以保证准确无误。对数据进行统计是整理信息中最重要的环节，可按不同标准、特点进行统计，也可以分组、分类进行统计。

2. 分析

信息分析是一个从现象一层层向本质深入的过程。其目的在于逐步认识事物的各个方面及其属性和关系，并从许多方面分辨出主要的方面，从偶然性中找到必然性，从个别、特殊中找出一般。信息分析必须采用科学的方法。随着科学技术的发展，人们在信息分析的实践中采用的信息分析方法越来越多，越来越成熟，概括起来，主要有以下几种。

人生代代无穷已，江月年年只相似。——唐·张若虚《春江花月夜》

（1）定性、定量分析法

定性分析主要解决认识对象的属性、类型及性质等问题。如在复杂的社会现象中，哪些是先进的，哪些是落后的，哪些是一贯的，哪些是偶然的，等等。定量分析旨在确定认识对象的规模、速度、范围等，解决大小、多少等问题。

（2）比较分析法。

比较分析法是通过对事物之间相同点或不同点的比较去认识事物的方法。任何事物都有自己的多种属性，有些和其他事物相同，有些则和其他事物不同。就是同一事物，在其发展过程中也有相同和不同的地方。把握住事物的异同点，就能更准确地认识事物。

（3）因果分析法

因果分析法即是寻求事物或现象之间因果关系的方法，旨在解决"为什么是这样"的问题。

（4）图表法

图表法的特点是生动、形象、直观，它比一般的文字说明更集中，更简练，具有较强的说服力和感染力。用图表显示，有时会发现新的问题、新的线索。图表的种类有几何图（直线图、条形图、方块图、扇形图），象形图（曲线图、实体图）及统计数据图表等。

（5）综合法

综合法就是将分析资料汇总，在已有认识的基础上，把研究对象各方面的本质有机地联合成为一个整体的方法。综合分析可以使认识实现由个别到普遍的转化，可以超越原来的认识，站得更高，看得更深刻，从而获得更具普遍意义的新认识。综合分析时应注意，用于综合的各个部分（研究对象的各个方面）必须正确，必须充分周密地考虑用于综合分析的各部分间相互作用的效果。

三、信息处理的方法

信息处理的方法通常有如下 5 种。

1. 查重法

即剔除内容重复的信息，选留有用信息，以减少其他信息工作环节的无效劳动。当然这种方法也并非一味重复，如果需要，也可以保存一部分重要的信息资料复本，以供一定情况下人们使用。

2. 时序法

即按时间顺序对信息资料进行取舍。在同一内容的情况下，较新的信息资料选留，较旧的则剔除。这样可以使选留的信息在一定时间区间内更有价值，特别是对于来自文献中的信息资料，更需选择时间最近的予以留存。

3. 类比法

即将同类型的信息进行比较，哪个信息量大，哪个更能反映事物的本质问题，则选留下来；反之，则剔除。

4. 专家评估法

即对某些专业性强、技术性强的信息，人们一时难以确定其取舍问题，可以请有关专家或专业人员进行评估，根据其评估结果，考虑选留和剔除问题。

5. 老化规律法

这主要是针对文献信息资料而言的。文献学认为，文献的使用价值随时间而逐渐降低，甚至完全失去参考价值，这就是老化规律。一般来说，文献的利用率第一年最高，以后逐渐下降，呈等级分布状态，文献的老化情况在文献学中一般用半衰期来表示。所谓半衰期，即指某学科目前尚在利用的全部文献的一半是在近期内多长的一段时间内发表的。一般来说，半衰期越长，说明老化速度越慢；半衰期越短，说明老化速度越快。文献信息资料的处理应对其行文年代及本学科文献老化的半衰期两方面进行考察，以便确定取舍。

操作指南

一、常见的信息处理工具

常见的信息处理工具有哪些呢？处理信息的工具包括收集信息的工具、存储信息的工具、传递信息的工具。

处理信息的工具：摄像机、录音机等。

存储信息的工具：磁带、磁盘、光盘、闪存盘等可以用来存储信息。

用来传递信息的工具：电视、电话、收音机、计算机、手机等。

二、信息处理的要求

要使信息能有效地发挥作用，在处理它的过程中就必须做到及时、准确、适用、经济。

及时，就是信息的传递速度要快。

准确，就是在信息处理过程中，要使处理后的信息能客观地如实地反映实际情况。我们为了某一问题，往往收集到大量的信息，其中大多数是客观情况的反映，但一些有虚假成分的信息不可避免地混入，因此必须去伪存真，使信息真实、可靠。

适用，就是处理后的信息必须能符合主题的实际需要。

经济，就是指信息处理采用什么样的方式，才能达到取得最大的经济效果的目的。信息处理采用什么样的方式，与其他事物一样，同样存在价值论的问题。信息处理既要求及时、准确、适用，经济效果也是信息处理的要求之一。

视野拓展

推荐阅读：《信息处理技术基础教程》马崇华，清华大学出版社，2007年8月。

专题网站：http://www.doc88.com/p-995317481309.html

实践训练

1. 实践活动一：查找古典四大名著（任选其一）的主题及其作者的研究，对获取的信息进行处理，并写一篇小论文。

2. 实践活动二：建立个人小档案（书面形式）。

行到水穷处，坐看云起时。——唐·王维《终南别业》